区域经济学

QUYU JINGJIXUE QUYU JINGJIXUE

丁任重　主编

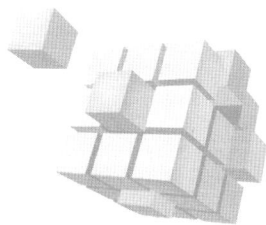

人民出版社

序

气候变暖影响人类的生存和发展，已对 21 世纪人类社会提出重大挑战，成为涉及全球环境、国际政治、世界经济、国际贸易问题并对未来世界的政治、外交、投资、金融、贸易、能源市场配置、能源技术开发、能源结构转型等产生影响的复杂议题。可以预见，一场以低碳经济为核心的产业革命即将出现。21 世纪围绕低碳经济和低碳技术的竞争将日益激烈，谁能抢先发展低碳经济、低碳技术和低碳产业，谁就能在 21 世纪的竞争中抢占战略高地。低碳经济不但是未来世界经济发展结构的大方向，更成为全球经济新的支柱之一，也是我国占据世界经济竞争制高点的关键。

减少温室气体排放是减缓气候变暖、应对气候变化的最主要措施。发展低碳经济是应对气候变化问题的必然选择。低碳经济最早见诸政府文件是在 2003 年的英国能源白皮书《我们能源的未来：创建低碳经济》。低碳经济的实质就是用较少的能源消耗、较少的温室气体排放和较少的环境污染来保证国民经济和社会的可持续发展。

从国内看，中国当前经济社会发展面临日益强化的资源和环境制约。虽然中国在节能减排方面已付出巨大努力，也取得显著成效，但由于经济的快速增长，能源消费和二氧化碳排放总量大、增长快的趋势仍难以改变。从 1990 年到 2011 年，中国 GDP 增长 8 倍，单位 GDP 的能源强度下降 56%，二氧化碳强度下降 58%，而同期发达国家 GDP 的二氧化碳强度下降的幅度只有约 35%，世界平均水平约 15%。但同期中国二氧化碳排放总量也增长到 3.4 倍，而世界只增长 50%。2011 年中国煤炭产量已达 35 亿 tce（吨标准煤当量），超出了科学产能的供应能力，石油对外依存度已达 56%，超出了美国石油进口的比例，能源总消费量达 34.78 亿吨，约占世界的 20%，而中国 GDP 总量只占世界 10% 左右，单位 GDP 能耗是发达国家的 3—4 倍，中国实现低碳发展的任务比发达国家更为艰巨。中国化石能源消费的二氧化碳排放接近全球的 1/4，人均二氧化碳排放达 5.8 吨，已接近某些欧洲国家的水平。由于化石能源生产和消费产

1

生的常规污染物排放和生态环境问题也难以得到根本遏制，当前这种资源依赖型、粗放扩张的高碳发展方式已难以为继。加快经济发展方式转变，走上科技创新型、内涵提高的绿色低碳发展路径，既是世界应对全球气候变化的变革趋势，也是中国突破资源环境瓶颈性制约、保障能源供给安全、实现可持续发展的内在需求和战略选择。

较大幅度地降低单位GDP的能源强度和二氧化碳排放强度，是中国中近期应对气候变化与减缓二氧化碳排放的主要目标和着力点。中国2009年底在哥本哈根气候大会上，提出了2020年单位GDP的二氧化碳强度化比2005年下降40%—45%的自主承诺目标。与之相应，国内制定了"十一五"期间单位GDP能源强度下降20%左右的约束性目标，实际下降了19.1%，再加上能源结构变化因素，相应GDP的二氧化碳强度下降约21%。"十二五"期间又制定了单位GDP能源强度下降16%和二氧化碳强度下降17%的约束性目标，并已将新能源、节能环保、电动汽车、新材料、新医药、生物育种和信息产业作为未来的战略性产业，给予重点扶持。此目标完成后，"十三五"只要GDP的二氧化碳强度下降15%—16%。到2020年单位GDP的二氧化碳强度比2005年下降幅度即可实现45%的目标高限值。党的十八大报告中又明确指出，中国应"着力推进绿色发展、循环发展、低碳发展"。这是"低碳发展"这一概念首次出现在中共党代会的报告中。

中国当前实现绿色低碳发展的核心是建设以低碳排放为特征的产业体系和消费方式，促进经济发展方式的根本性转变。绿色低碳发展将要求构建以低碳为核心的生产、交换、分配和消费新模式，这也是新一轮西部大开发中的重要发展模式。我国西部地区区域战略位置非常重要，资源丰富、市场潜力大，但由于自然、历史、社会等原因，经济发展相对落后，2011年人均GDP仅为27673元，只相当于全国平均水平的77.5%，东部地区的52.3%；经济发展方式仍属于一种能源消耗型的经济发展方式，资源消耗不断增加，地质灾害、洪涝灾害、水土流失、大气污染、水质污染等严重影响到了经济增长的质量。在新的历史发展时期，我国西部地区面临着跨越式发展和可持续发展两大任务。经济发展方式的转变是西部生态环境重建的必然要求，在西部地区今后的经济发展中要由过去的数量速度型发展向质量效益型发展转变，由过去的资源耗费型和环境污染型的发展，向资源节约型和环境友好型的发展转变，由经济主导型的发展向经济社会协调发展转变。要大力发展战略性新兴产业和现代服务业，限制"两高一资"型产品出口和产能扩张，促进结构节能；提高能源转换和利用效率,加强先进能效技术和新能源技术的研发和应用,促进传统产业技术升级,产品向价值链高端发展,推进技术节能;大力发展新能源和可再生能源,积极开发利用天然气、页岩气、煤层气等低碳能源,降低能源构成中的含碳率;需要加快淘汰电力、钢铁、水泥、电解铝、煤炭、化工等行业落后产能;加快电石、铁合金、焦化、铅锌等行业技术升级步伐;大力发展发新一代信息、高端装备、生物医药、新材料、节能环保装备、新能源装备制造、新能源汽车等产业为代表的低能耗、低污染、高效益的战略型新兴产业;大力发展低碳服务业,在物流信息化程度不断提升的基础上,提高运输工具实载率,减少空驶率;发展低碳金融业,开展碳排放权交易试点;开展碳排放权及其衍生品的交易和投资,开展低碳项目开发的投融资等金融中介活动;引导社会消费方式转变,加强公众自觉参与,树立健康文明的消费理念,倡导绿色低碳的出行方式和居住方式,促进低碳社会的建设,推动产业结构调整。

近年来,研究低碳经济发展的丛书像雨后春笋般地涌现,但专门研究西部地区低碳经济发展的学术专著却很少,而《西部地区低碳经济发展研究》一书正是西南财经大学徐承红教授等中青年学者近几年的研究成果。此书是基于2011年国家社会科学基金项目所研究的成果,其鲜明的特点是聚焦西部地区经济发展中的现实,揭示、剖析西部地区经济发展中存在的突出问题,进而提出促进西部地区低碳经济发展的模式、机制、制度和政策建议。本书研究有以下重要观点。

1. 研究成果以党的十八大报告精神和新的科学发展观为思想指导,在梳理低碳经济发展相关理论综述和相关基础理论的基础上,尝试构建一个动态的数学模型来说明经济会呈现出生产技术飞跃与治理污染的阶段性的循环发展过程,从回顾人类社会发展模式以及对能源利用方式的历史,分析了低碳经济发展的必然性。

2. 通过对中国低碳经济发展水平进行多指标的层次分析以及对碳排放与经济增长关系的实证研究,分析了西部地区发展低碳经济的重要现实意义。

3. 创新性地探讨了西部地区低碳经济区域空间布局。报告认为,低碳产业空间布局是低碳产业在一定地域空间上的分布与组合,是反映低碳经济相关组织、生产要素和生产能力在地域空间上的集中和分散情况。以区域要素禀赋理论为指导,以环境承载力为现实约束,参照我国低碳经济发展规划及主体功能区规划等政策,西部地区低碳经济发展的空间布局应分为四个大板块:西北地区应着力发展新能源与低碳畜牧业,西南地区应大力发展低碳农业和以低碳钢铁为代表的低碳工业，长江上游地区应着力搞好绿色生态屏障区的保护，少数民族地区应大力发展低碳旅游业。

4. 西部地区资源丰富，但生态环境脆弱，亟须改变以往落后的传统工业发展方式。通过对工业企业的节能减排，发展以新能源、新材料及再生能源为新兴主导产业，以发展循环经济、清洁生产为主要方式，建设低碳工业园作为西部地区工业发展载体的经济发展模式，将传统工业发展方式转变为低能耗、低污染、低排放和高效能、高效率、高收益的发展方式，是西部地区工业发展的重要途径。

5. 基于西部地区低碳农业发展现状的研究，本书提出了西部地区低碳农业发展的五大模式：循环农业模式、绿色农业模式、节能农业模式、节水农业模式和碳汇林业模式。在西部地区，上述五大低碳农业模式已逐步推广，在推广和实施过程中发挥了减少碳源与增加碳汇的双重作用，在农业生产过程中，不仅有效减少了二氧化碳、甲烷等温室气体以及农业生产废弃物的排放，而且增大了对温室气体的吸收过程，提高对农业生产废弃物的利用效率，极大地推动了西部地区农业的低碳发展。但我们也要认识到，与国际平均水平相比，我国西部地区单位面积森林蓄积水平还比较低，提升单位面积森林量是未来西部地区发展森林碳汇的重点任务之一。

6. 城市是社会经济活动的中心，发展低碳城市是低碳经济发展的重要内容。通过建立评价指标体系，采用因子分析法及聚类分析法的方法，实证检验和评价了西部地区的低碳城市发展状况，并分析了影响低碳经济发展的因素。城市发展的过程，也是城市发展模式演变的过程。要实现城市发展模式向低碳模式转变，西部地区须以低碳城市的内涵为核心，通过低碳建筑、低碳交通、低碳生活等模式，制定合理的低碳城市规划，以低碳经济发展为动力实现低碳经济系统（主要是生产系统和消费系统）。低碳城市发展模式不是以牺牲城市的发展为代价来实现环境的发展，也不是牺牲环境来换取城市经济的发展，而是二者兼顾的一种发展模式。

7. 创新性地提出了"低碳扶贫"的概念和发展模式。中国西部农村是中国贫困人口最集中的地区，贫困面大、贫困程度深，贫困人口呈现大分散、小集中态势，形成了一些集中连片的特殊困难地区，且致贫原因复杂，其贫困问题往往与生态问题、民族问题等交织。"低碳扶贫"是指在反贫困过程中，将贫困区域作为一个自然——社会——经济复合的大系统，全面分析区域内物质循环、能量流动和信息传递过程，从扶贫对象、扶贫方式、扶贫物资、扶贫教育和扶贫发展等各个环节，提出节能减排、减源增汇的目标、方法和措施，在扶贫农村的同时尽可能减少或控制二氧化碳及其他温室气体的排放，创建良性循环、生态的、低碳农村可持续发展模式。报告通过测算 1998—2010 年间我国不同省区的二氧化碳排放绩效指数，运用系统广义矩方法估计了这一时期内我国的二氧化碳排放绩效与我国不同地区、不同能耗行业的就业量以及就业总量的关系，研究了低碳经济发展与扶贫之间的关系。对于西部地区这样一个以高能耗行业为主的地区，从短期看，发展低碳经济可能暂时看不到明显的改变，但从长期看，将有助于西部地区经济发展方式的改变，有利于提高产业结构，有利于西部地区增强自我发展的能力和经济的可持续发展，有助于贫困状况的改善。

8. 努力构建了一个西部地区低碳经济发展的制度创新机制的架构。本书提出了西部地区基于国际社会宏观层面的低碳经济发展推进机制，包括碳排放交易机制、CDM 机制、碳税机制；提出了基于国内环境的中观层面的低碳经济发展推进机制，包括低碳技术的创新机制、政策制度的保障机制；还提出了基于当地区情的微观层面的低碳经济发展推进机制即生态补偿机制；最后，报告提出了西部地区实现低碳经济发展的政策，包括财政政策、税收政策、金融政策、产业政策、技术政策、消费政策等。

本书内容丰富深入，从多角度观察低碳经济发展领域的热点和难点问题。本书主要著作者徐承红教授和团队成员都是热衷于区域经济学领域研究的学者，对西部地区经济发展问题的研究倾注了大量心血和汗水，提出了许多研究思路和政策建议。出版《产业集群与西部区域经济竞争力研究》《中国区域经济发展与水资源问题研究》等书，主持了若干个国家级和省级、地区级的研究课题，发表了五十多篇相关学术专著，相关研究获得了有关专家的高度评价。故此，我愿意将这本专著郑重地推荐给各级政府的领导、大专院校的师生及从事区域经济理论研究的学者们，与大家共享。

2014 年 12 月于成都

（丁任重：四川师范大学校长，西南财经大学教授，博士生导师）

目　录

第一章　区域经济学的基本理论……………………………………1

第一节　区域经济学的形成和发展………………………………… 1

第二节　区域经济学的研究对象和研究内容……………………… 6

第三节　区域经济学的学科性质和理论体系……………………… 14

第四节　区域经济学的研究方法…………………………………… 18

第二章　区域经济学的基本范畴………………………… 24

第一节　经济区域…………………………………………………24

第二节　经济区位…………………………………………………42

第三节　经济区划…………………………………………………56

第三章　区域经济要素……………………………… 64

第一节　要素内涵、要素分类与要素流动………………………64

第二节　自然资源…………………………………………………72

第三节　资本………………………………………………………78

第四节　科技进步与科技创新……………………………………91

第五节　制度与政策………………………………………………95

第四章　区域经济优势………………………… 100

第一节　区域优势概述…………………………………………… 100

第二节　绝对优势与比较优势…………………………………… 104

第三节　后发优势与竞争优势……………………………………… 111

第四节　潜在优势与现实优势……………………………………… 126

第五章　区域经济增长与发展……………………………… 135

第一节　区域经济增长与发展的界定……………………………… 135

第二节　区域经济增长与发展的基本条件………………………… 138

第三节　区域经济增长与发展的核心理论与模型………………… 144

第四节　集聚与区域经济增长……………………………………… 157

第六章　区域经济结构…………………………………… 167

第一节　区域产业结构……………………………………………… 167

第二节　区域基础结构……………………………………………… 186

第三节　区域空间结构……………………………………………… 192

第七章　区域分工、贸易与经济一体化………………… 207

第一节　区域分工…………………………………………………… 207

第二节　区域贸易与区域市场……………………………………… 217

第三节　区域经济合作与经济一体化……………………………… 231

第八章　区域经济与城市经济…………………………… 258

第一节　城市是区域经济中心……………………………………… 258

第二节　城市化道路………………………………………………… 270

第三节　城市群与都市圈…………………………………………… 285

第四节　统筹城乡发展……………………………………………… 300

第九章　区域经济竞争力………………………………… 310

第一节　区域经济与竞争…………………………………………… 310

第二节　区域竞争力的主要内容及理论基础……………………… 320

第三节　区域竞争力的分析模型及评价…………………………… 333

第四节　区域竞争力的提升途径…………………………………… 348

第十章 区域经济政策 ································ **354**

第一节 区域经济政策的产生 ···························· 354

第二节 区域经济政策的目标 ···························· 362

第三节 区域经济政策的手段与工具 ······················ 374

第十一章 区域经济发展战略 ·························· **388**

第一节 区域经济发展战略原理 ·························· 388

第二节 区域经济发展战略模式 ·························· 394

第三节 区域经济发展战略规划 ·························· 399

第四节 区域经济发展规划的类型 ······················ 405

第五节 区域经济发展规划的方法 ······················ 410

第十二章 区域可持续发展 ···························· **416**

第一节 区域可持续发展的基本理论 ···················· 416

第二节 人口、资源、环境与区域发展 ·················· 425

第三节 生态经济与区域经济 ·························· 439

后 记 ·· **452**

第一章 区域经济学的基本理论

任何一门学科都有其基本理论问题，这些基本理论问题决定了区域经济学的学科体系、理论依据、学科研究的方法等。通过基本理论的研究，为区域经济实践问题研究和区域经济政策的制定提供理论依据。

第一节 区域经济学的形成和发展

区域经济学作为一门新兴的经济科学，经过 20 世纪 20—40 年代的酝酿，在 50 年代才初步形成。区域经济学是在 20 世纪 50 年代为适应国际与各国内部地域分工深化的要求，针对当时国家间、地区间经济发展不平衡加剧的情况，从生产力布局学中发展出来的一门新兴学科。冯·杜能、韦伯、帕兰德、萨特林普雷德尔、克里斯泰勒等学者都做出了开创性的贡献。在西方经济学中，区域经济学又被称为"空间经济学"、"空间科学"和"区域科学"等。汤普森说，在经济学家族中，"区域经济学只不过是一个继子"。

一、西方区域经济学的形成与发展

区域经济学是一门新兴学科，其每一步进展都与经济社会发展的客观现实紧密联系在一起。区域经济学的形成与发展大体经历了以下三个阶段。

（一）区域经济学的萌芽：区位研究

区域经济学产生的主要学科渊源是经济学、生产布局学和经济地理学。早期对区域经济学学科的建立和发展影响最大的是古典区位理论。区域经济学最早可以追溯到 1826 年德国经济学家冯·杜能出版的《孤立国同农业和国民经济的关系》，提出了农业区位论。农业区位论的提出是由于当时城市农产品需求主要靠城市周围的农村满足，所以在城市周围的农村存在如何种植农作物最经济合理的问题。杜能根据自己多年生产经营的经验，发现距离消费市场的远近对农作物布局有重大影响，提出了围绕城市，根据运输成本的大小，不同类

1

型的农业生产成圈层分布的思想。19世纪中期后，德国完成了产业革命，随着一批新兴工业部门的发展，工业区位问题凸显出来。20世纪初德国学者韦伯提出了工业区位论。他认为工业的区位选择着重考虑的是成本问题，影响工厂区位的成本因素主要有运输成本、劳动费用和聚集因素，因此，企业应该选址在三个因素所决定的成本最小的地方。20世纪20年代之后，企业市场竞争日益激烈，市场需求对区位的影响越来越重要。这一时期，很多学者提出了区位理论，如贸易区位论、一般区位论、竞争区位论、中心地理论等。比较典型的是1939年德国学者廖什在《经济空间秩序》中提出的市场区位论，以利润最大化为基础。他认为合理的区位选择应该由产品的需求量的大小决定，企业最佳的区位选择应该在有足够的消费需求的地点。二战之后，区位研究从个别企业区位选择扩展到区位体系，研究认为影响区位选择的因素不仅仅是成本最低或利润最高，而是综合因素最显著的区位。该时期的区域经济学是以生产布局区位理论为依据，研究单个企业的最佳区位选择问题，目的是降低企业成本，提高企业利润，还不能解决区域整体经济布局优化问题。在这一时期形成了有代表性的四大区位理论。20世纪50年代，从区位研究中衍生出了一个新的研究领域——区域研究，这时的研究也从微观领域扩展到了宏观领域。

（二）区域研究：区域经济学的形成

20世纪50—70年代，世界资本主义发展进入了"黄金时期"，西方各国把大量的人财物投到经济发达、技术雄厚、基础设施好的地方，一方面带动了整个国家的发展；另一方面由于大量的产业和人口向经济发达区域流动，造成了一些地方发展缓慢，经济状况日益恶化的情况，经济差距拉大成为各国学者关注的主要问题。这一时期由于世界各国、各地区出现了许多需要协调的区际经济发展问题（主要是两极分化问题），区域经济学研究的重点开始转向区域经济关系、区域协调发展和区域政策问题。在这一时期，各国区域经济学者提出了许多有关区域发展的理论和战略模式，如梯度推移理论、增长极理论、累积因果理论、核心—外围模式等。

佩鲁在1955年提出了增长极理论，认为增长首先出现在增长极上，然后通过不同渠道扩散，最终会对整个经济产生不同影响。缪尔达尔在1957年提出了循环累积因果理论，认为由于因素之间存在着循环累积的因果关系，市场力量的作用一般趋向于强化而不是弱化区域间的不平衡。赫希曼于1958年提出了不平衡增长理论，认为经济进步不会出现在所有地方，一旦增长极出现，经济增长会围绕增长极集中，扩大区域差距。弗里德曼于1966年提出中心—

外围理论，认为当要素在某些地区聚集成累积发展之势，就会获得经济竞争优势，这些地区就会成为经济中心，没有竞争优势的区域就会变为外围地区，从而形成空间二元结构，并随着时间推移不断强化。其他一些学者，如纳克斯、威廉姆森、布代维尔、卡尔多、弗农等也提出了非常有见地的理论。这些学者的理论观点成为区域经济学的雏形。在此基础上，又衍生出许多新的研究领域，如城市化、区域产业结构、区域分工与协作、区域经济一体化、区域发展战略、区域经济政策等，从而形成了较为完整的区域经济学理论体系。

（三）新经济地理学：区域经济学的新发展

20世纪80年代以来，无论是区域发展问题还是区域政策问题的研究都取得了很大进展。在研究方法方面，借助信息网络技术的飞速发展，开始走向计量化、实证研究与规范研究的新时期。

目前，西方区域经济理论研究最活跃的领域是新经济地理学。1977年，迪克斯特与斯蒂格利茨建立的垄断竞争模型为空间因素纳入西方主流经济学的分析框架奠定了基础，新经济地理学由此产生。广义地讲，新经济地理学的研究有两个发展方向：一是用新方法对区位选择进行再研究；二是以新方法为基础，用"空间"观点分析区际贸易。

区域经济学前期的研究，无法解释经济活动的空间聚集不断自我强化的机制问题，克鲁格曼1991年发表了《收益递增与经济地理》一文，建立了核心—边缘模型，为解释经济活动空间聚集现象做出卓越的贡献，奠定了新经济地理学的理论基础。2008年，克鲁格曼因对贸易模式和区域经济活动的研究而获得诺贝尔经济学奖。"区位理论是经济地理学这个更加广阔领域的一部分"。克鲁格曼定义的经济地理，是指"生产的空间区位"。他研究经济活动发生在何处且为什么发生在此处。为什么研究这种经济地理是非常重要的？克鲁格曼解释说有三个重要的理由：首先，国家内部经济活动的区位就是一个重要的主题，对于美国这样的大国来说，生产的区位是和国际贸易一样重要的问题；其次，在一些重要的情形中，国际经济学和区域经济学的界线变得越来越模糊了，譬如用标准的国际贸易范式来谈欧盟成员国的关系就越来越没有意义了；第三，这是最重要的原因，20世纪80年代的新贸易理论和新增长理论，告诉人们一个新的经济学世界观，却很难从贸易、增长和商业周期中找出令人信服的证据，来说明这就是世界经济的实际运行方式，但研究国际国内经济活动的区位时，这样的证据就不难找到，因此，经济地理为新贸易理论、新增长理论等提供了一个思想和实证的实验室。

随后，经克鲁格曼、鲍德温、藤田、维纳布尔斯、福斯里德、马丁等学者发展，初步形成了新经济地理学的理论框架。新经济地理学借助规模收益递增、冰山运输成本和计算机模拟技术，通过核心—边缘模型、自由资本模型、自由企业家模型、资本创造模型、垂直联系模型、知识溢出模型等，把空间因素纳入一般均衡的分析框架中，从更深的层次分析了企业区位选择、产业分散与集中机制、贸易政策与经济增长、公共产品供给、税收政策与资本流动、国民收入区际分配、区域协调发展等问题，从而为正确的经济决策提供了扎实的理论基础。目前，新经济地理学的研究已经处于区域经济学研究的焦点和前沿领域。

二、我国区域经济学的发展

在我国，区域经济学起步很晚，作为一门独立的经济学分支学科，只有三十多年的历史。在高度集中的指令性计划经济体制下，我国曾研究过生产力布局问题，但区域经济学成为一门独立的经济学分支学科，是改革开放以后。随着改革开放进程的深入和市场经济机制的不断完善，我国出现了一系列的区域性经济问题，如不同地区发展路径问题、缩小区域之间经济发展差距问题、区域经济协调发展问题、城市化问题、贫困问题等。目前区域经济发展和区际关系协调已成为地方政府和理论学界关注的核心。区域经济学也以其研究区域经济发展的独特视角和解决区域经济问题的卓越贡献，受到社会广泛重视和赞许，成为现代应用经济学中一门富有活力和发展前景广阔的新兴学科。"区域经济学是当代最使经济学家感兴趣、又深为政府决策部门所重视的经济学科之一"[①]。

自1978年起，我国开始了以市场化为目标的经济体制改革，以中央向地方和企业放权为主线，循着重新构筑经济主体和利益分配机制的道路而展开，使地方政府成为具有独立利益和决策权力的经济主体。区域经济的垂直依赖弱化，区际间的横向关系迅速发展。这激发了地方政府对本区域经济建设的扩张冲动，使区域经济出现了空前的发展和建设高潮。与此同时，区域产业结构的转换、区域市场与统一的国内市场以及区际间的利益分配调节等区域问题随之提出而备受各方关注，而区域经济研究也冲破了传统的生产力布局论的枷锁，以全新的视角，全方位地开展工作。

[①] 程必定：《区域经济学：关于理论和政策问题的探讨》，安徽人民出版社1989年版，第2页。

从 20 世纪 80 年代开始，我国的经济学者以及经济地理学、人文地理学、社会学、城市科学工作者等纷纷参与区域经济发展的研究和探索工作。一方面，引进国外的区域经济学的理论和方法，如增长极理论、点轴与网络开发理论、梯度推移理论、区域发展阶段理论、地域综合体理论、大推动理论、经济增长模型等；另一方面，积极地参与各区域的经济发展战略制定、国土规划、区域规划、资源开发和地区产业政策制定等具体的实践工作，不断地拓展区域经济的研究空间。90 年代以后，面对我国区域经济实践深入和区域问题具体化，区域经济研究在宏观领域，注重区域空间经济格局演变、区际经济联系、区域政策、宏观经济政策的区域效应等问题的研究；在中观领域，进行区域发展模式、区域产业结构转换与优化、城市经济、城乡一体化、区域市场建设、城市和区域可持续发展问题、区域城市与区域形象设计与建设以及区际间差异、区际分工与合作等诸多方面的研究；在微观领域，关注（外商）企业直接投资区位选择、企业组织、多工厂企业区位与空间组织、企业兼并及组建企业集团、跨地区跨行业的联合与区域产业重组与改造等经济活动。当前中国区域经济学已开始进入到一个新的繁荣时期。

我国是一个幅员辽阔、人口众多、各地自然条件千差万别、资源禀赋各有千秋、社会经济水平差异明显的大国。这种客观现实构成了我国国民经济及其空间结构的多样性和复杂性，如何从国情出发，合理组织经济的空间运动，就成为我国经济发展中的重大课题之一，也成为区域经济学研究的重大现实和理论问题。我们相信，只要我们在研究中坚持实事求是的科学态度，把握区域经济的基本特征，吸收和借鉴人类的一切文明成果，尤其是国外的区域经济理论和现代信息技术，我国的区域经济学研究一定会步入新的更高的层次。

三、区域经济学的研究前沿

当前世界经济全球化、一体化趋势日益加强，在新经济时代，生产要素的空间布局和产业的空间一体化协调发展，有许多新问题正在发生，网络经济的出现使许多生产无形产品和服务的产业的区位选择几乎不受运输成本的限制，使整个世界变成了一个无成本、无重量的世界。其中，最受影响的产业就是那些提供无形产品及服务或者说无重量的部门，如金融与咨询服务业、软件业、保健咨询业、音乐与娱乐业，等等。这需要区域经济学者与时俱进，做深入研究。

尽管国外区域经济学研究的内容繁多，但在 3 个主要领域的研究，为经济理论的建立与分析做出了真正的贡献。这 3 个主要的研究领域为：区位分析、区域经济模型的建立和空间相互作用分析、区域经济发展和区域经济政策分析。当前世界各国区域经济研究方法的理论前沿[①]，主要集中在 7 个领域：（1）地区差异的构成与分解。提出当前采用的研究方法，主要有对基尼系数进行分解、用加权差异系数法进行分解和采用西尔（Theil）系数及广义熵指数法。（2）区域经济增长的收敛性。其中就一国之内各地区经济的长期增长趋势是否会出现收敛（趋同），经对若干经济发达国家的实证，认为地区收入水平的趋同现象是客观存在的，只不过这一趋同过程十分缓慢。（3）城市和区域可持续发展。一些区域经济学者依据可持续发展的思想，提出了"城市可持续发展和可持续城市化"概念。（4）多工厂企业区位与空间组织。该项研究面对企业组织机构空间布局的分散化，一些区域经济学者突破传统区位论的思维框架，开始研究多工厂企业的区位选择与空间组织问题。（5）外商直接投资区位选择。主要运用多元回归模型和条件选择模型来分析区域特性对外商直接投资区位的选择。（6）宏观经济政策的区域效应。主要研究财政政策、金融政策和产业政策，以及由于地区的差别性产生的不同政策效果。（7）跨区域产业重组与改造。地区产业结构调整一直是我国区域经济学界致力探索的核心问题，如何解决过度重复建设造成的恶性竞争，发达国家的经验主要是通过企业内部的结构调整，如通过企业破产、购并、联合等途径，形成跨区域产业重组与改造，区域经济学者为此对区域产业重组的途径、模式、效果及政策进行了系统研究。

总之，区域经济学发展到今天，其研究内容在不断扩展，理论体系在不断完善，应用方法在推陈出新。区域经济学这个"经济学的最后前沿"，在经历了 60 年之后，正迎来一个学科发展的最好时机。

第二节　区域经济学的研究对象和研究内容

一、区域经济学的研究对象

任何一门学科都存在其特殊的研究对象和研究领域。由于区域经济学是一

[①] 魏后凯：《当前区域经济研究的理论前沿》，《开发研究》1998 年第1期。

门新兴的、正在发展的学科，所以对其研究对象及研究内容的表述众说纷纭。那么，区域经济学研究对象是什么？

从西方区域经济学的研究来看，对研究对象的界定尚不统一，总体来看有四种不同的观点。（1）"区域空间组织说"。这种观点认为，区域经济学研究的是"人类经济活动的地理分布和空间组织"。（2）"地区生产力布局说"。这种观点认为，区域经济学应研究生产力的空间布局，以实现区域经济的空间均衡。（3）"经济活动的空间分布与协调说"。在西方权威性的《区域与城市经济手册》中，彼得·尼茨坎普和埃德温·S.米尔斯认为区域经济学是研究空间经济分析的，并将区域经济学的研究对象界定为"经济活动的空间分布与协调"。[①]（4）"区域要素流动与产业布局说"。这种观点认为，"区域经济学的主要问题是解释一国国民经济范围内生产、人口以及产业的地区分布状况"。[②]从西方区域经济学研究对象的不同界定来看，其基本特点是从空间角度来研究资源配置问题的。这种界定存在的问题是研究对象界定不统一，没有把区域经济学放在大经济学背景下，从国民经济整体与区域经济相联系的角度进行研究。

从目前我国区域经济学研究对象的界定来看，也存在许多不同的观点。（1）认为区域经济学是"研究区域经济活动的自组织和区际经济联系，以及与此相关的区域决策的科学"。[③]这种研究对象的界定强调了区域各组成部分在经济上的相互依赖性质以及区域经济发展的路径问题。（2）认为区域经济学与经济地理学、国土经济学相接近，"以历史上形成的以一定中心城市相依托，以经济网络联结起来的具有某种相对独立性、完整性的经济区域为研究对象"。[④]这种研究对象的界定突出了地域的独立性，侧重于经济地理问题的研究，认为区域经济学研究特定地理范围的经济学，他与一般经济学并没有什么差别，只是其研究的地理范围一个是国内区域，而另一个是国家。（3）认为区域经济学是在分析综合经济区和不同类型地区差异性的基础上"研究不同区域发展的目标、发展模式，完善国民经济大系统"[⑤]在有利于全国经济发展的前提下，探索如何通过区域经济的发展，来实现不同层次地区多目标的利益。（4）认为区

---

① 彼得·尼茨坎普：《区域和城市经济学手册》，经济科学出版社 2001 年版，第 1—2 页。
② 约翰·伊特韦尔：《新帕尔格雷夫经济学大词典》，经济科学出版社 1996 年版，第 124 页。
③ 高洪深：《区域经济学》，中国人民大学出版社 2000 年版，第 4 页。
④ 杨欢进：《经济学家族》，中国青年出版社 1989 年版，第 210 页。
⑤ 周起业：《区域经济学》，中国人民大学出版社 2001 年版，第 13 页。

域经济学是"研究和揭示区域与经济相互作用规律和互相关系的一门科学"。[①]区域经济学主要研究区域经济的演变规律,探索市场经济条件下生产力的空间分布及发展变化规律;研究在国家范围内建立多层次经济区域体系,在发挥地区优势基础上实现资源优化配置和整体经济效益最佳的途径;研究区域经济增长、产业结构转换升级、区域政策与规律、区际经济关系变动的规律。(5)认为区域经济学是"从宏观角度研究国内不同区域经济发展及相关关系的决策性科学"。[②]这种观点强调了区域经济学的整体性与宏观性,认为区域经济学不能以区域内单个经济主体的行为作为研究对象,研究区域经济相互关系,应该回答区域经济发展中的宏观问题。(6)认为区域经济学是以"经济地理区域"为研究对象,"从不同区域经济社会发展的实际情况出发,研究各类区域经济运行的特点和发展变化规律"[③],研究各种区域经济学问题。他依据区域间的相互作用、相互依赖关系,对区域的生产要素按照区域分工与合作的原则,进行空间优化与组合,以实现资源的优化配置,建立能发挥区域优势的产业结构,形成以多层次的城镇系统为节点,由运输网、信息网和服务网等网络组成的协调发展的区域经济系统,从而为区域生产力布局、区域产业结构优化、区域经济社会发展战略奠定科学理论与方法依据。

在对国内外有关区域经济学的研究对象进行述评后,我们认为,区域经济学的研究对象应该界定为:在实现国民经济总体目标最优的前提下,以区域分工与区位优势理论为依据,以经济活动的空间分布均衡为目标,以经济的空间分析为出发点,以具有相同经济特征的经济区域为单元,研究区域内人口、自然资源、资本、劳动力、制度、体制、政策等基本要素的空间配置以及经济活动的空间结构与空间过程。这一研究对象的界定包含了以下内容:区域经济学研究的前提条件是实现国民经济总体目标的最优,区域经济学的基本理论依据是区位优势理论和区域的分工理论,研究的目标是使经济的空间均衡与协调,重点是区域经济的空间结构与空间过程,研究的内容是揭示区域经济的总体运行趋势与规律。[④]

出于区域经济问题的多样性和复杂性,再加上不同发展阶段区域经济问

① 张敦富:《区域经济学原理》,中国轻工业出版社2001年版,第17页。
② 陈栋生:《区域经济学》,河南人民出版社1993年版,第18页。
③ 张金锁:《区域经济学》,天津大学出版社2003年版,第8页。
④ 白永秀、任保平:《关于区域经济学几个基本理论问题的思考》,《山西财经大学学报》2004年第5期。

题的演化，不同学者从不同角度上观察和认识区域经济问题，从而形成不同的观点是自然的。为什么不同的学者对区域经济学研究对象的理解会出现如此之大的差异呢？一方面，作为一门新兴的学科，区域经济学的研究范围在不断扩展，研究领域也在不断变化之中。随着时间的推移，一些新现象、新问题将会不断涌现出来，需要我们去解答和探索。另一方面，区域经济学是一门实践性、应用性很强的交叉边缘学科，他与生产力布局学、经济地理学、区域科学和城市科学等相关学科有着密切的联系。许多学者从不同的角度研究同一个问题，如企业区位选择、城市与区域发展等。由于知识和精力的限制，或者所研究的角度不同，不同学者对区域经济学研究对象的内涵可能有不同理解。

实际上，广义的区域经济学应该由区际经济学和狭义的区域经济学构成。前者主要侧重于研究区际资源的优化配量与组合，以及区际经济的运行规律，研究区域经济发展和区际关系的科学，包括三大部分，即区域经济发展、区际经济关系和区域经济政策；后者主要侧重于研究区内资源的优化配置与组合，以及区内经济的运行规律。这种区分有利于区域经济学的健康发展及其体系的尽快形成。许多区域经济学著作要么是区内、区际没作严格的区分，要么即使区分了但在研究内容上又含混不清。这种认识上的模糊性是导致我国许多区域经济学著作没有完整体系的重要原因之一。

但随着研究的深入，对区域经济学的认识在逐渐趋于一致。正如我国著名经济学家李京文在主编的《走向 21 世纪的中国区域经济》一书中陈述："综观学术界对区域经济学的种种认识，结合区域经济研究的现状，我们认为，从本质上看，区域经济学就是研究区域经济发展的科学。这里，所谓'区域经济发展'既包含了单个区域的经济增长和发展，也包括各个区域之间的经济联系和相互制约关系。"这一定义明确阐明了当代区域经济学的实质和区域经济学的学科特性。作为一门独立的学科，区域经济学必然有其特有的排他性的研究对象和领域，应当有一个比较统一而正确的规范。他具有区域性、综合性和应用性三个最基本的特征。目前有关区域经济学研究对象的描述主要包含几个关键词：经济活动（供给与需求）现象及规律、区域空间组织、区际关系、区域经济发展、区域经济政策等。综上所述，我们认为，区域经济学的研究对象简单地说就是区域经济发展，具体来说就是区域经济发展中的资源配置及其利用，完整地说是研究区域（区际、区内）资源的优化配置与组合，以及区域（区际、区内）经济运行规律的一门应用经济学。区域经济学属于经济学范畴，属于应用经济学范畴。区域经济理论是建立在空间概念上的经济学思想，具有交叉学科和应用性学科的特点，与社会学和地理科学有天然联系。

二、区域经济学的研究内容

区域经济学的研究内容，是依据其研究对象而确定的。他是把区域与经济相互作用、相互联系与关系作为中心内容，不是孤立地或分别地研究区域空间或经济学问题，而是把区域与经济作为一个有机整体来观察，分析其产生、发展、演变的规律。陈栋生认为区域经济学的研究内容包括区域经济发展、区际经济关系、区域经济政策。[1]魏后凯对上述研究内容进行了扩展，认为应包括经济活动区位、区域供给与需求、区域经济发展、区际经济关系、区域经济政策与管理。[2]与上述观点稍有差异，郝寿义、安虎森特别强调研究内容还应包括区域的拓扑性质、区域的自组织能力和区域的地域结构[3]；陈秀山、张可云认为还应包括区域经济经验研究（方法）。[4]虽然存在上述差别，但几乎所有的学者认为，区域经济学研究的核心内容是区域经济发展，因为区域经济学完全是适应解决日益突出的区域经济问题的需要而产生的；区域经济学研究的归宿是区域经济政策和区域管治。

与区域经济学的研究对象相适应，区域经济学研究的主要内容包括：（1）区域经济发展方式研究，如区域经济发展的理论研究、区域经济分工与合作等；（2）区域经济发展中的相关问题研究，如对相关问题的分析及对策等；（3）区域经济的空间优化研究，包括对农村区域经济和城市区域经济发展问题以及农村城市化问题的研究等；（4）区域经济专题研究，如区域产业结构、产业集群研究等。

区域经济学的研究主要包括区域经济发展、区际经济关系、区域经济政策三个方面。从空间组织行为性质和研究目标角度，区域经济学宜分为区域微观经济学、区域宏观经济学、区域计量经济学以及区域经济政策学。如果按空间组织等级类型划分，又可分为"邻里经济学、城市经济学、国家区域经济学、全球区域经济学"。这是从不同角度细化分析，突出了计量分析方法。

---

① 陈栋生：《区域经济学》，河南人民出版社 1993 年版，第 22 页。

② 魏后凯：《现代区域经济学》，经济管理出版社 2006 年版，第 15 页。

③ 郝寿义、安虎森：《区域经济学》，经济科学出版社 2004 年版，第 37 页。

④ 陈秀山、张可云：《区域经济理论》，商务印书馆 2003 年版，第 15 页。

本书主要讨论的内容：区域经济学的基本范畴、区域经济要素、区域经济优势、区域经济增长、区域经济结构、区域分工、贸易与经济合作、区域经济与城市经济、区域经济竞争力、区域经济政策、区域经济发展战略和区域经济可持续发展。这些都是区域经济学研究的主要内容。

三、新区域经济学的研究内容

近几年，西方经济学界出现了一种新区域经济学（亦称新经济地理学）热潮。著名经济学家如克鲁格曼、波特、巴罗、阿瑟和维纳尔布斯等的著作都涉及"区域"、"地理"和"空间"问题。可以说，新区域经济学是由新技术革命和经济全球化直接推动产生的，是传统区域经济学的创新结果。结合国内外区域经济学新进展，我们认为，新区域经济学研究的主要内容包括四个方面[①]。

（一）新区位因素研究

传统区域经济学研究的区位因素主要集中在地理位置、自然资源、生产技术和一般的社会经济条件等方面，而且在研究过程中存在着重视自然资源、劳动力成本、运费等因素，忽视社会经济条件的状况，尤其在原苏联和我国的区域研究方面表现得更为突出。新区域经济学在重视研究传统区位因素的同时，更加重视信息技术、网络、市场、外资、政策等新区位因素的研究。20世纪90年代以来，伴随跨国公司和经济全球化研究的兴起，学者们将这些新区位因素研究提升到一个新的高度，并试图用数学模型来揭示这些因素作用的新机制。这与传统区域经济学对区位因素的分析思路有差异。

（二）全球区位论研究

20世纪80年代末期以来，经济全球化风起云涌，许多跨国公司改变了以往的多国公司战略，纷纷以全球为市场目标，开始注意充分发挥不同地区的要素优势，并对各种优势进行有机组合，建立全球生产经营体系（或称为一体化国际生产体系），调整自己的投资地区布局。这种全球生产经营体系不仅导致实行全球战略的公司在国外子公司的数量上同实行多国公司的跨国公司有所区别，而且导致两者在经营观念、生产方式等方面的差异。后者可以说是一种质的变化，他影响着跨国公司对投资区位的选择。传统区位论显然不能为这些跨国公司提供理论上的帮助，在此背景下，全球区位论应运而生。

---

① 朱传耿、朱舜：《论区域经济学的理论创新》，《财贸研究》2003年第5期。

全球区位论主要研究在经济全球化背景下，以跨国公司为主体的现代企业对投资区位的国别选择。他将研究企业活动的范畴从国内扩展到全球，因此，企业对区位的选择范围也就从国内扩展到国际。对于特定地域来说，全球区位论就是从动态的角度，研究构成不同区位特性的区位因素，根据首位区位因素和区位因素的显著性来分析地域的空间分布规律，并以此指导企业选择适宜的投资区位；对特定类型的企业来说，其对外投资并不局限于特定的地域，而是在全球范围内选择，通过对不同区位因素分析来确定适宜的投资区位，并探讨这些不同类型企业投资区位的全球分布规律。

跨国公司的区位系统可以分为3个层次，即宏观区位、中观区位和微观区位。不同区位层次，具有不同的定位目标和不同的区位因素。跨国公司不同组分（如总部、地区分部、R&D部门、生产企业等）的空间定位要分为3个阶段：首先，要以全球区位论为指导，通过比较不同国家的自然资源、人力资源、科技资源、管理体制、市场容量、经济基础、开放程度和政策稳定等状况，选定某个国家；其次，要以城市区位论和产业区位论为指导，通过比较不同城市的经济发达、人口密集、人才富集、位置优越、交通便捷、信息灵通、政策灵活的程度，选定某个城市；再次，要以产业区位论和行为区位论为依据，根据城市的电力供应、水源供应、环境保护、协作条件、排水防洪、生活条件、扩展余地等状况，以确定最佳的地址。可见，跨国公司的区位选择，离不开全球区位论的指导。

（三）新地域运动规律研究

信息技术、跨国公司与经济全球化是形成新区域经济学的重要推动力量，他们的地域运动规律理所当然地成为新区域经济学的研究内容。

1. 新地域运动的影响因素研究。要探讨信息技术、跨国公司与经济全球化地域运动的影响因素，深入分析主导因素，寻找限制因子，并研究因素之间的相互作用模式。

2. 新地域运动的空间模式及其演化规律研究。要分析信息技术、跨国公司与经济全球化的地域运动的构成要素、功能，以及空间组合模式，并探讨各种空间模式的演化规律。

3. 新地域运动的城市效应研究。通过实证调查研究，分析信息技术、跨国公司与经济全球化对城市性质、规模、空间组织的影响机理，在此基础上，探讨全球城市体系形成与演化规律。

（四）新空间集聚研究

1. 报酬递增与空间集聚研究。这一内容最早是由克鲁格曼、阿瑟和维纳布尔斯等人研究的。他主要建立在这样的理论基础之上，即：报酬递增、规模经济和不完全竞争在形成贸易和专业化方面远比报酬稳定、完全竞争及相对优势等更重要；市场、技术及其他使报酬递增的因素在规模上既不是国际也不是国内的，而是通过区域或地方的经济集聚过程形成的。在空间集聚的过程中，不同的学者强调报酬递增的不同形式。比如在克鲁格曼和维纳布尔斯的模型里，集聚的动力主要是三个外在因素，即劳动力市场、技术溢出、中间商品的供求关系，他们导致区域经济活动的空间集聚。

2. 区域成长与空间集聚研究。新区域经济学非常强调区域增长与空间集聚的关系。经济学家在改进新古典增长模型和增加内生增长变量基础上形成的新增长理论，激发了人们对区域集聚研究的兴趣。根据巴罗和沙拉马丁研究，新古典集聚模型在一国内部的区际之间比在国际之间更为实用。这是因为一个国家不同地区的工业发展因素，诸如技术、文化、政府管制与政策、制度和立法体系等具有相似性。这就会导致一国内部的地区之间的集聚比国家之间的集聚更容易实现。经济全球化对区际经济活动集聚与扩散的影响将取决于市场波及范围、交通费用及区域间劳动力可移动性。可以说，经济全球化提高了资本及劳动力的可移动性，这必将产生更大范围的空间集聚，核心和边缘区之间的差距将加大，空间上的不平衡将加剧。

四、三十多年来中国区域经济研究的主要问题

（一）改革开放到 90 年代初，我国区域经济的研究主要集中在区域均衡发展与非均衡发展、经济结构与对策、国土整治、经济发展战略、我国生产力总体布局框架和经济区划研究等方面。其中对三大地带划分和产业梯度转移问题的研究最为突出，争论也最多，给我们的反思也最多。

（二）在 20 世纪 90 年代，研究主要集中在：（1）区际分工与贸易，并提出了"行政区经济"的概念；（2）区域发展差异及落后地区开发；（3）区域政策，认为国家区域政策主要包括区域补偿政策、区域发展政策、公共投资政策和产业布局政策等；（4）区域可持续发展研究；（5）区域经济发展模式研究。学者们从不同角度对我国区域经济发展模式作了阐述。第一是空间模式，主要有"弓箭"形开发模式（以沿海为弓，以京广铁路为弦，以长江为箭，上海为箭头）；"T"形开发模式（以沿海为横轴，长江为竖轴）；"∏"形开发模式（以沿海为横轴，长江和陇海铁路为竖轴）；"开"字型开发模式（以陇海铁路、

长江为横轴、沿海和京广铁路为纵轴）；第二是区域产业选择模式，主要有初级产品出口模式、出口替代模式、进口替代模式、协调发展模式等；第三是区域经济的体制模式，如"苏南模式"、"温州模式"等。

（三）从2000年以来，我国区域经济发展研究主要围绕以下问题展开：（1）区域协调发展，主要是对"四大板块"（西部开发、东北振兴、中部崛起、鼓励东部率先发展）和三大地带经济发展及其差距的研究；（2）对城市化道路和城市化理论问题的研究；（3）产业集群，主要从聚集经济、专业化分工、后福特制生产方式、知识溢出等角度研究产业集群的形成过程、形成机制及集群经济的经济效应等；（4）城市与区域竞争力；（5）区域创新。研究集中于区域创新系统的结构模式、要素组成、运行机制、时序进程、区域创新系统的构建和评价等方面；（6）资源型城市转型；（7）区域政策与管理；（8）重大工程项目区域效应的评价（如南水北调工程、西部开发重大项目）；（9）对现实区域问题的研究（如温州模式、台州现象、行政经济等）；（10）中国行政区划与经济区域的关系、中国区域差异问题等；（11）四类主体功能区规划与建设研究；（12）我国区域金融研究；（13）次区域经济及区域一体化研究，等等。

第三节　区域经济学的学科性质和理论体系

每一门学科都有自己独特的学科性质，以及以学科性质为基础理论体系，从而与其他的学科相区别。本章将着重探讨区域经济学的学科性质和理论体系，使人们对区域经济学的认识更加充分。

一、区域经济学的学科性质

经过三十多年的探索，我国学术界对区域经济学的区域性、综合性、应用性特点基本达成共识。区域经济学主要是从空间角度研究经济活动规律的，因此，区域性是区域经济学最基本、最显著的特征。在区域经济学看来，区域是能够在国民经济分工体系中承担一定功能的经济区。各个区域的不同特点，使区域经济烙上突出的地域性特点。区域经济学以区域为着眼点，这是他与世界经济、国民经济最显著的区别。其贡献和独到之处，就在于他以空间维来观察经济现象，对经济活动做出理性的解释和把握综合性。区域经济是一个相对独立而内部又有着密切联系的有机系统，区域经济的构成要素既有地区要素，又有产业要素；既有经济要素，又有非经济要素；区域经济既涉及生产领域的活动，又涉及生产领域的活动；区域经济表现为产业间和地区间经济联系的综合与交叉。因此，任何区域的经济活动尽管各具特色，但都具有一定的综合性和系统性。

　　区域经济学是由传统的经济地理演化而来的，是二战后为适应国际、国内的地域分工而成熟起来的一门新兴经济学科。从国内的研究队伍来看，经济学家和地理学家构成了区域经济学的研究群体。区域经济学的研究源流和研究群体的特殊性，导致了学科属性认识上的差异。在区域经济学学科性质的认识上，国内外学术界形成了不同的观点。第一种观点认为，区域经济学属于经济学科。"由于区域经济介于宏观经济与微观经济之间，处于宏观经济与微观经济的结合部"[1]，所以区域经济学与产业经济学一起构成中观经济学，他们都属于应用经济学范畴。这种观点认为，主流经济学家只注重宏观经济学、微观经济学、国际经济学和产业经济学的研究，而对经济要素的空间布局和空间运动规律、区域资源在产业间和空间上的配置规律，以及区域经济管理的运行机制等研究不够，区域经济学就是着重研究经济的空间布局均衡。因此，区域经济学当然属于经济学科。第二种观点认为，区域经济学属于地理学科。"经济学家最多不过是表面上注意到空间"，"区域经济主要研究空间格局和空间价值量如何影响企业、消费者和各类机构"[2]，所以其研究内容与经济地理学是大同小异的，甚至是一致的。区域经济学是研究如何建立经济地域系统，并组织经济地域系统内产业发展与布局，以形成合理的产业结构和优化的空间结构的一门学科。以此为依据可以认为区域经济学在学科属性上属于地理学科在研究中应突出其经济地理的学科特征。第三种观点认为，区域经济学属于边缘学科。区域经济学是介于经济学与地理学之间的边缘学科，他是经济学与地理学的交叉，研究内容不仅包括特定区域的产业分析、企业分析和经济政策分析，而且包括生产要素的地理分布与地区流动、生产力的地区布局、国土资源整治等问题。这样，"把区域经济学视为经济学与地理学之间的边缘学科，更有利于发

---

① 李世华：《中国区域经济管理概论》，中央党校出版社 2000 年版，第 2-3 页。

② 瓦尔特·艾萨得：《区域科学导论》，高等教育出版社 1991 年版，第 2 页。

挥区域经济学的实践功能"①。

尽管学术界对区域经济学学科性质的界定不同，但是我们认为，区域经济是一门应用性的经济学科。原因有三。（1）区域经济学的研究对象是特定区域的经济问题。这些经济问题包括：区域的经济增长与发展、区域的产业发展与规划、区域经济政策等。区域经济学与经济地理学有历史的渊源关系，是由传统的经济地理演化而来的。传统的经济地理强调区域的独特性，其研究主要集中于考察不同地区的经济活动与贸易状况，重点在于收集具体商品的区域流向或具体地区的经济状况，地区之间的规律多被忽视。经过长期演化后，他开始逐步注重研究区域间的相互作用以及空间动态过程，由此地理学和经济学逐步走向融合，从对区域经济地理和区域独特性的关注转向了对区域经济发展的重视，区域经济学的地理特征在减弱，经济特征在增强，其研究重点由经济地理问题转向了经济问题，"区域"仅仅成为研究的范围和条件。这样，在20世纪50年代以后，区域经济学成为经济学的一个成熟的分支学科。（2）区域经济学的基础理论是经济学理论。这些理论有：区域分工与贸易理论、区域经济增长与发展理论、区域空间作用与结构理论、区域经济政策理论和区域经济管理理论等。作为区域经济学早期源头形式的经济地理学，其研究的重点在于静态地描述区域的经济特征，而不是研究区域的空间经济规律。20世纪50年代，区域经济成熟以后，区域经济学着重研究区域的空间经济结构与经济的空间过程以及区域经济发展的规律，其研究重点在于区域经济变迁的空间过程，注重区域经济发展的动态特征，体现了区域经济学从静态到动态、从描述到解释、从空间结构到空间过程的演进方向。"在西方经济学理论中，虽说任何解释国民经济增长的理论对解释区域经济的增长都有一定的意义，但是其作用很有限。因为解释区域经济增长，必须考虑到经济活动的空间关系，而一般增长经济学刚好忽略了这种关系，所以无助于解释区域经济增长与区域经济差距。要分析区域经济的增长现象，必须分析要素在空间中的变化"②，其理论基础和研究的范式完全转化到了经济学方面。（3）研究的方法是经济学的研究方法，如空间均衡分析方法、投入产出分析方法、线性规划分析方法等。20世纪50年代，区域经济学成熟以后，其研究方法始终受到古典经济学和新古典经济学研究方法的影响。当时，其方法论的新古典特征日益明显，以新古典的"经济人"假

---

① 朱传耿：《区域经济学》，中国社会科学出版社2001年版，第8页。
② 杨云彦：《区域经济的结构与变迁》，河南人民出版社2001年版，第15页。

设为前提，以"信息完全"和"利益最大化"为基本假设，将自由竞争引入区域经济的分析，在空间分析的框架下研究各种区域经济活动的模型和理论。70年代以来，经济学上的行为主义、结构主义方法也逐步引入区域经济学的研究中，以此来研究区域经济决策、区域经济结构的变动过程、要素的区域流动和区域经济的一体化问题。

从国内外看，区域经济的研究成果广泛分布于经济学、经济地理学、人文地理学、社会学，以及边缘学科和交叉学科的文献之中。从研究群体来看，经济学者、地理学者、社会学者，甚至政治工作者和哲学工作者，都投身于区域经济学的研究之中。正是由于区域经济学的源流和研究群体的特殊性，导致了对其学科属性认识上的差异性。

二、区域经济学的理论体系

美国区域经济学家埃德加·胡佛 1975 年在《区域经济学导论》中提出区域经济学的三个基石：生产要素的不完全流动性、生产要素的不完全可分性、产品和服务的不完全流动性。区域经济学的基础理论包括：经济地域分工与贸易理论、区域经济增长与发展理论、区域空间作用与结构理论、区域经济政策理论和区域经济管理理论等。这些理论是区域经济学的基本理论原理，是区域经济问题研究的基本理论依据，所有区域经济问题的研究都是以这些理论为原理的。

区域经济学是一门研究区域经济发展理论与方法的应用性经济学科，其基本任务在于揭示经济活动的空间组织规律以及区域之间的经济联系与相互制约关系，并制定区域经济政策，进行区域经济管理，以推动区域经济的发展，协调区域经济关系。可以说，区域经济学是立足于区域经济的增长与发展，着眼于区域经济活动在结构、空间和组织上的最优化，着重于对区域经济问题进行总体、综合和动态的研究，探寻区域经济可持续发展的实现程度。要在复杂的区域经济系统中完成这些任务，不仅在实际工作中需要多方面专业人员协同作战，而且在理论研究中也需要有多门学科理论的配合。因此，区域经济理论体系的构建必须吸收微观经济与宏观经济的理论、人地关系理论、古典区位理论、地域生产综合体理论、生产力布局理论、资源配置的空间均衡理论、社会再生产理论等经济学基本理论的精华，借鉴当代系统科学、行为决策科学和管理科学理论的研究成果，形成以区域经济发展为核心的区域经济理论体系。区域经济学的内容体系主要由三个部分构成，即：区域经济理论、区域经济研究方法、区域经济政策，这三个部分密切相联，缺一不可。在一定的理论基础上建立模型并同现实加以对照、进行检验，这是区域经济研究的一个不可忽视的重要内容。

对区域经济进行经验研究也是必要的，这是为了检验抽象演绎得出的原理、结论，或者是为了运用归纳方法获得进一步的理论认识。从经验上把握、描述和分析一个区域过去与现在的结构、相互作用及发展过程，是进行区域经济预测的基础，并且是制定区域政策的重要前提条件。所以，经验研究的成果对于理论的形成、对于解决现实的区域经济问题、对于预测将来的发展趋向，都具有重要的意义和作用。因此，对于一个区域的过去、现在乃至将来进行经验研究，是区域经济学研究体系中的一个重要内容。区域经济学除了要研究理论模型以及对区域经济进行经验分析之外，还有一个重要内容，就是要对调控区域经济发展过程，实现社会经济发展最佳化目标做出贡献。这属于区域经济政策研究的范围和任务。

第四节　区域经济学的研究方法

区域经济学是一门理论性和实践性都很强的学科。区域经济学是借鉴和运用一般经济理论和其他经济学科的理论工具分析区域问题的，因此，研究方法主要源于经济学方法、区位分析方法、区域分析方法和数学分析方法。定性分析与定量研究相结合，是其研究的基本指导思想。定性分析是主要凭分析者的直觉、经验，凭分析对象过去和现在的延续状况及最新的信息资料，对分析对象的性质、特点、发展变化规律做出判断的一种方法。定量分析则是依据统计数据，建立数学模型，并用数学模型计算出分析对象的各项指标及其数值的一种方法。具体而言，区域经济分析运用到的定性分析方法有综合调查法、专家会议预测法、德尔菲法等方法。定量分析方法有确定性预测、回归分析预测等方法。定量和计量方法是推动区域经济学和其他相关学科向前发展的主要的推动力，因为他提高区域经济学的操作性意义。

区域经济学是研究一国范围内的区域经济规划和区域经济发展问题的经济学科，其主要任务是为区域经济发展战略的选择、经济发展政策的制定以及实现战略目标和发展规划所需方法、手段的确定提供理论依据。区域经济学不仅可为地区经济发展提供最佳的方案，而且可为区域经济建立计量经济模型，利用实际的统计数据对这些模型进行运算和求解提供理论支持。

一、区域经济研究的一般过程

（一）界定范围，明确任务

一是要界定研究的区域范围。区域经济研究的范围可以大到一个县、一个省或一个经济区，也可以小到一个镇、一个村或一个组。可以是一个城市，也可以是一个城镇的某一功能区。二是要界定研究的内容。从研究内容看，可以是农业、工业、第三产业等方面的专题研究，也可以是区域经济的综合研究。界定区域范围和研究内容是从事区域经济研究的前提。三是要明确任务，并确定工作程序。包括指导思想、研究人员构成、研究步骤、研究大纲、时间安排等的确定。四是经费预算。经费预算要详细具体。要设想在研究过程中可能会遇到的最大困难并寻求解决的方法。

（二）搜集资料，初步整理

如果课题属于区域经济的综合研究，搜集的资料应包括以下内容。

（1）自然条件、自然资源组合特点、类型。

（2）位置、交通与信息条件。

（3）人口与劳动力资源。

（4）区域发展的环境。

（5）工业现状特点。

（6）农业现状特点。

（7）交通运输及其网络。

（8）第三产业现状特点。

（9）城镇及其系统。

（10）商品流通的网络系统。

（11）区域行政区系统及历史基础。

如果课题属于区域经济的专题研究，应围绕某一专题从条件、特征、问题、方向和途径等方面来搜集资料。如果从资料的形态看，搜集的资料应包括。

文字资料。如经济上的年度计划、长远规划和年度总结等，统计资料和典型材料也往往在搜集之列。

图表资料。图表是从事区域经济研究较为直观的材料，有很重要作用。

资料又可分为第一手资料和第二手资料。由于时间、资金和能力的限制，不可能全部用第一手资料来从事区域经济研究，要广泛地占有第二手资料。一切成文资料，包括文字、图表、图片等均属第二手资料。在搜集大量第二手资料基础上，要按照研究大纲的要求进行初步分类、整理，为现场调查、实地考察做准备。

（三）现场调查，实地考察

进行现场调查、实地考察是获取第一手资料的主要途径，是从事区域经济研究的重要一环。调查、考察一是有利于研究者形成直观印象，不至于使研究工作"纸上谈兵"，脱离实际；二是有利于搜集到大量最新的"鲜、活"材料。只有这样，才能真正明确区域经济的基本特征，看出存在的问题，从而为区域经济的健康发展提出良好的切实可行的建议。在调查访问过程中，要真正深入群众，要根据不同调查对象进行恰如其分的访问。

（四）分析资料，提出设想

室内资料的分析与综合是全面锻炼工作能力的阶段，也是进行区域经济研究的最关键阶段。因此要严格要求、认真对待，要以区域综合思想为指导去汇总、整理、筛选和分类资料，唯此才能把搜集到的庞杂的资料变为系统的有价值的资料。在充分分析研究的基础上，要认真撰写研究报告。一定要注意论文的表达属于科学表达，而不属于通俗的文学表达。要从区域经济发展的条件、特点、问题、方向和对策等许多方面进行系统表达。不仅有文字表述，而且要有大量图表；不仅要进行定性分析和表达，而且要进行定量分析和表达。可以说，论文的文字表达工作也是一种创造性劳动。

（五）专家咨询，科学鉴定

为了保证课题研究的科学性，从课题的初步设想到最后撰写研究报告的每一阶段，都要走访有关业务部门和相关的科研单位的专家，虚心听取意见，博采众长，补己之短。课题完成后，要邀请有关专家对研究报告进行全面分析和科学评价。

（六）跟踪研究，反馈调整

由于区域经济条件处于不断变化之中，因此区域经济的研究成果具有阶段性。为了使研究工作真正深入下去，必须进行跟踪研究。要根据区域经济内外部环境的变化不断对研究报告进行调整、修正，并与经济部门时刻保持紧密联系。从现实情况看，相当部分的区域经济研究课题往往是以成果的发表和鉴定的结束而告终，对跟踪研究和反馈调整注意不够。这样，既让人感到区域经济研究成果时效性短，也不利于真正发挥科研为生产服务的功能。

二、区域经济研究的主要方法

区域经济研究的方法有区域经济的计量化、实证研究的基本方法，以及由此建立的区域经济计量模型和区域政策效应测度等，同时还包括描述统计、回归分析、数字分析、过程分析、系统分析、决策优化技术等方法在区域经济基础分析、区域投入产出分析、区域空间均衡模式分析等方面的运用。

（一）绝对比较法

"没有比较就没有鉴别"。绝对比较法是区域经济研究的基本方法。所谓绝对比较法，即将各种情况大体相同的不同区域经济主体或区块的绝对值指标进行比较，以便对所研究的区域经济主体的发展情况进行判断的一种方法。比如，将不同省份或不同县域的GDP总量或工农业生产总值进行比较，即可以对不同省份或县域的经济发达程度做出大致的判断。

（二）相对比较法

相对比较法也叫百分比方法，即通过计算各种相对指标，以了解和确定各个分析对象或不同区域主体占总体指标的比重，以便了解区域经济结构的构成情况的一种分析方法。相对比较法是区域经济研究和分析中最常用和最基本的方法。比如三次产业的比例，农轻重的比例等，这些比例是与区域经济发展的阶段和资源及环境特点等密切相关的。因此，通过相对比较法（百分比及其变化）的计算分析，可以清楚地了解区域经济的发展阶段和演化方向。区域经济研究中使用比较多的相对比较方法包括：背景比较法、恩格尔系数和基尼系数等。

（三）结构分析法

结构分析法是区域经济学研究中经常使用的又一基本方法。区域经济学在对很多问题进行分析的时候都需要从结构分析入手，这是由区域经济学研究对象的特点所决定的。区域经济学研究的对象是区域经济系统。区域经济系统的首要特点就是系统性。按照系统理论的要求，毫无疑问，对于任何系统的研究，都必须进行系统分析。而结构分析正是系统分析的基本方法之一。也正因为如此，产业结构研究就构成了区域经济学研究的一个非常重要的内容。区域经济学对于产业结构研究采用的基本方法就是结构分析法。结构分析法，在某种程度上实际上也是一种比例分析法。

（四）具体方法

所谓区域经济学理论研究的具体方法应指与区域经济学相联系的方法。

1. 系统（综合）分析法。在进行区域经济研究时，必须具有系统的观点和综合的观点。系统是若干复杂事象的统一体，是一个综合体。系统论把研究对象看成系统，从整体上综合地考虑问题。系统的观点是在注意局部的同时，特别注意各部分间的有机联系，把系统内的各个部分，系统内、外部因素看作互相联系、互相影响和互相制约的。研究系统内部各个因素组成及变化的情况，有利于各因子以及他们与外部因素的联系，提高系统的整体水平。

2. 经济数学模式分析法。不仅扩大了系统分析法的运用，而且使计划经济核算具有明确的方向性和多方案性，这种经济数学模式比较多，如回归模型、投入产出模型、决策分析模型、城镇模型，等等。在区域分析方面，区域经济学注重对经济因素的深入分析，如劳动生产力的增长、国民收入的地区分配、地租关系、固定资产的构成与效益、地区差价等，侧重于空间形态下的人类经济活动，是从经济的目的来进行区域分析，区域范围是为经济目的服务的。

3. 统计图表分析法。统计数字是区域经济研究的主要资料，区域经济工作者应当借助统计学方法，把大量数字加工成图表，用以说明区域经济发展与布局的状况等。统计图表具有直观、生动、形象的特点，可以说他是把统计资料通俗化的一个重要工具。

4. 动态分析法。区域经济总是处在不断的变化之中，所以必须进行动态研究。如果用统计数字来表示区域经济水平、速度和结构随时间推移的发展变化，就形成了动态数列，或称时间序列。利用时间序列进行分析的方法叫动态分析法。如果把所研究的区域看作三维结构（时间维、空间维和结构维），那么从时间维来考察区域经济发展的全过程，就可以了解区域经济的来龙去脉，掌握现在的区域特征，预测未来的发展趋势。

5. 区域系统工程分析法。经济学与信息论、系统论和控制论的融合，形成了经济信息论、经济系统论和经济控制论。与区域经济研究密切相关的区域系统工程，主要有区域经济发展水平的综合分析与预测法、区域经济效益分析法、区域经济结构分析方法、区域发展规划分析方法等。

第二次世界大战以后，现代科学不断地走向系统化和综合化。与此同时，区域经济学的研究方法也出现了新的特点：一是研究方法的深刻化。随着计算机网络技术的迅速发展，区域经济学研究开始逐步走向计量化，无论是在区位理论还是在区域发展和区域政策方面，区域经济研究的范围和领域都有了很大的扩展，且越来越深入。二是研究方法的新颖化。随着科学技术的进步，区域经济的研究出现了一些新的理论方法，诸如信息论、系统论和控制论，耗散结构论、协同论和突变论的研究方法等。三是研究方法渗透化。区域经济研究就是通过对某一区域经济发展条件、产业结构特征、经济地域差异和政策进行全面科学的分析，依据区域经济发展的一般规律，指出区域经济健康发展的对策。学科的综合性较强，这就导致各种不同学科的研究方法之间相互渗透、相互影响日益明显。区域经济研究方法就是要科学地认识区域经济的研究过程和途径。

参考文献

安虎森：《新区域经济学》，东北财经大学出版社 2008 年版。

魏厚凯：《现代区域经济学》，经济管理出版社 2006 年版。

陈秀山、张可云：《区域经理论》，商务印书馆 2004 年版。

陈栋生：《区域经济学》，河南人民出版社 1993 年版。

程必定：《区域经济学：关于理论和政策问题的探讨》，安徽人民出版社 1989 年版。

郝寿义、安虎森：《区域经济学》，经济科学出版社 1999 年版。

魏后凯：《区位决策》，广东经济出版社 1998 年版。

周起业、刘再兴等：《区域经济学》，中国人民大学出版社 1989 年版。

朱传耿、沈山、仇方道：《区域经济学》，中国社会科学出版社 2001 年版。

高洪深：《区域经济学》，中国人民大学出版社 2000 年版。

张敦富：《区域经济学原理》，中国轻工业出版社 2001 年版。

张金锁：《区域经济学》，天津大学出版社 2003 年版。

彼得·尼茨坎普：《区域和城市经济学手册》，经济科学出版社 2001 年版。

第二章 区域经济学的基本范畴

区域经济学的基本理论是由一系列的理论范畴所构成的，区域经济学也有许多理论范畴，如经济区域、经济区位、经济区划等，这些理论范畴构成了区域经济学学科理论的基础。

第一节 经济区域

人类的一切活动都是在一定区域内完成和实现的，"区域"（Region）概念最早用于地理学中，自17世纪以来一直是地理学所研究的中心概念之一。20世纪以来，区域问题的研究日渐引起社会学家、政治学家和经济学家的重视，因而"区域"已经成为众多学科广泛使用的词汇。

"区域"可以分为广义的"区域"和狭义的"区域"。前者一般可分为自然区域、行政区域和经济区域三种基本类型，而后者专指经济区域。区域经济学所研究的"区域"为狭义"区域"概念，即"经济区域"（Economy Region）。

区域经济学研究的不是一般区域概念，他研究的是经济区域的概念和内容。

一、经济区域的概念

（一）经济区域的概念的界定

在经济学界，对于"经济区域"的定义众说纷纭。国外最早从经济学角度对"区域"概念进行的界定当推1922年前苏联全俄中央执行委员会直属经济区划问题委员会所下的定义。即："所谓区域应该是国家的一种特殊的经济上尽可能完整的地区。这种地区由于自然特点、以往的文化积累和居民及其生产活动能力的结合而成为国民经济总链条中的一个环节。"[①]该定义强调"区域"

[①]［俄］T. M. 克尔日查诺夫斯基：《苏联经济区划问题论文集（1917-1929）》，王守礼译，商务印书馆1961年版，第82页。

是一国范围内的"一个特殊的经济上尽可能完整的地区",其经济活动是"国民经济总链条中的一个环节"。在国际区域经济学领域影响最广的"区域"定义当推美国区域经济学家埃德加·M.胡佛(E. M. Hoover)在《区域经济学导论》一书中所提出的观点。胡佛从应用和管理的角度指出,"区域即是区域经济学家获准研究的地区";区域是"基于描述、分析、管理、计划或制定政策等目的而作为一个应用性整体加以考察的一片地区。他可以按照内部的同质性或功能一体化原则划分"。[①]此定义强调"区域"是按同质性标准或功能一体化标准划分出的"一片地区"。

国内学者从不同的角度对"经济区域"(简称"区域")概念提出了多种具有代表性的观点(见表2-1)。其中,程必定等(1989)提出的"区域"定义是中国区域经济学形成初期最具代表性的一种观点,他强调"区域"是一国范围内具有特定的地域构成要素且不可无限分割的经济社会综合体。郝寿义、安虎森等(1999,2004)提出的"区域"定义借鉴了胡佛观点的合理内核,强调"区域"通常是指"极化区域"。张可云(2001)提出的"区域"定义强调区域的同质性或内聚性特征、毗邻性特征以及共同利益特征。张敦富等(1999)提出的"区域"定义强调区域的地域性、独立性、内部联系紧密性等特征。魏后凯等(2006)提出的"区域"定义强调区域的内聚力、结构、功能、规模和边界是构成区域的五大基本要素。杜肯堂、戴士根等(2004)提出的"经济区域"定义是一种各家观点的集成之说,强调"经济区域"是一种范围内的、具有特定地域构成要素的、赋予相当自主权益的、载负一定经济活动能力的、经济上较为完整的地区[②]。

(二)经济区域概念的基本内涵

以上关于"经济区域"概念界定的众说纷纭的状况说明,对我们所研究的经济区域下一个比较确切的并且为人们所普遍接受的定义是比较困难的。但是综合国内外众多学者的研究成果,可以概括出经济区域概念所包含的基本内涵:

(1)经济区域一般是一个主权国家范围内基于分析、研究、规划、管理的需要而划分的经济空间[③]。首先,经济区域是一个空间概念,同时也是有限的空

[①] [美]埃德加·M.胡佛、弗兰克·杰来塔尼:《区域经济学导论》,郭万清等译,上海远东出版社1992年版,第200、239页。
[②] 吴传清等:《区域经济学原理》,武汉大学出版社2008年版,第3页。
[③] 吴传清等:《区域经济学原理》,武汉大学出版社2008年版,第5页。

表 2-1　国内区域经济学学者关于"经济区域"（"区域"）概念定义的代表性观点

学者（年份）	基本观点
程必定等（1989）	区域是人的经济活动所造成的、具有特定的地域构成要素的不可无限分割的经济社会综合体。在国家没有消亡的时代，经济学所研究的区域一般是指一国范围的经济区域
张敦富等（1999）	区域是指经济活动相对独立、内部联系紧密而较为完整、具有特定功能的地域空间
郝寿义、安虎森等（1999、2004）	区域是指便于组织、计划、协调、控制经济活动而以整体加以考虑，并在考虑行政区划基础上的一定的空间范围，他具有组织区内经济活动和区外经济联系的能力，常由一个以上高级循环占重要比重的中心城市、一定数量的中小城镇以及广大乡村地区所组成
张可云（2001）	区域是指在经济上具有同质性或内聚性且构成空间单元的具有一定共同利益的彼此邻接的地区，是通过选择与特定经济问题相关的特性并排除不相关特征而有目的地界定的
杜肯堂、戴士根等（2004）	经济区域是一国之内具有特定地域构成要素和自主权益，在专业化分工中担负一定职能、经济上尽可能完整的地区
魏后凯等（2006）	区域是指根据一定的目的和原则而划定的地球表面的一定范围的空间，是因自然、经济和社会等方面的内聚力而历史奠定，并具有相对完整的结构，能够独立发挥功能的有机整体。区域的内聚力、结构、功能、规模和边界是构成一个区域的五个基本要素

资料来源：整理自程必定等：《区域经济学》，安徽人民出版社 1989 年版，第 4 页；张敦富等：《区域经济学原理》，中国轻工业出版社 1999 年版，第 2 页；郝寿义、安虎森：《区域经济学》，经济科学出版社 1999 年版，第 8 页；郝寿义、安虎森：《区域经济学》，经济科学出版社 2004 年版，第 8 页；张可云：《区域大战与区域经济关系》，民主与建设出版社 2001 年版，第 170 页；杜肯堂、戴士根等：《区域经济管理学》，高等教育出版社 2004 年版，第 3 页；魏后凯等：《现代区域经济学》，经济管理出版社 2006 年版，第 1-2、19 页。

间范围。人类的所有经济活动，不管他的发展处于何种阶段，不管是物质生产还是非物质的信息生产，最终都要落实在一定的区域空间。从空间角度研究经济现象，正是区域经济学与其他经济学学科的根本所在。有了这种空间维度，我们才能考虑"何事在何地"的问题以及"为何"的问题[①]。其次，经济区域一般来说包含于某一主权国家的疆域内（有时可能相等）。本来经济区域可分为三个层面：一个国家范围国内的经济区域；超越国家界限由几个国家构成的世界经济区域（如欧盟经济区）；几个国家部分地区共同构成的经济区域（如湄

---

① 郝寿义、安虎森等：《区域经济学》，经济科学出版社 1999 年版，第 3 页。

公河流域经济区）。但是在世界经济区域和几个国家部分地区构成的经济区域中，涉及不同的币种、海关、国界等问题，而在一国的经济区域则没有这样的障碍，区域之间可以自由地进行货物交换以及资本、劳动力、技术信息的流动。因此，在大多数情况下，这一概念表明的是一国经济范围内划分的不同经济区域[①]。再次，经济区域是基于分析、研究、规划、管理的需要而划分的经济空间。把区域作为一个集合体可以减少所需掌握的数据和事件，这样有助于描述区域。在大多数情况下，人口普查区、县的统计量和平均数所提供的信息量与一大堆个别的普查结果含义同样丰富。但在分析、处理上，前者比后者要容易得多。同样，集合能够简化对信息的分析过程，这在一个地区内存在大量相互依存的单位或活动，而这一整体又不仅仅是各个个体的总和时尤为重要。最后，基于同一原因，这一集合体对于管理、计划及公共政策的制定和实施都是必需的。从这一点上至少可以看出，最实用的区域划分应当符合行政区域的疆界[②]。

（2）经济区域是由在经济上具有同质性、内聚性的地域单元所构成的经济空间。同质性和内聚性是界定和划分经济区域的两大基准。由某一或某些重要因素特征上具有一致性或相似性特点的多个不同空间经济单元所组成的经济区域为"均质区域"（Homogeneous Region）。如西方国家常常根据人均收入和就业率指标，划分出贫困区、萧条区和发达区等类型。又如中国基于资源环境的承载力、发展基础及潜力等因素的一致性，将全国国土空间划分为优先开发区域、重点开发区域、限制开发区域、禁止开发区域等四类主体功能区。由若干异质空间经济单元所组成的在功能上联系紧密的经济区域为"极化区域"（Polarizable Region，又称"聚集区域"、"功能区域"、"节结区域"、"节点区域"）。如长江三角洲城市圈区域、珠江三角洲城市圈区域、武汉都市圈区域等。尽管"规划区域"（Planning Region）是基于政府规划或政策取向而划定的经济区域，但其划分实质上仍是以同质性或内聚性为基本原则的[③]。

（3）经济区域是由在经济上具有共同利益、在地缘上彼此邻接的地域单元所构成的经济空间。内聚力是构成经济区域的基本要素之一[④]。胡佛强调"一个

---

① 陈秀山、张可云：《区域经济理论》，商务印书馆 2010 年版，第 1—2 页。
② ［美］埃德加·M. 胡佛、弗·杰来塔尼：《区域经济学导论》，郭万清等译，上海远东出版社 1992 年版，第 220 页。
③ 吴传清等：《区域经济学原理》，武汉大学出版社 2008 年版，第 5 页。
④ 吴传清等：《区域经济学原理》，武汉大学出版社 2008 年版，第 6 页。

区域，他之所以成为一个区域，就在于区域内有一种认识到某种共同区域利益的一般意识"[1]。张可云将"共同利益"引入经济区域概念的内涵之中，提出了"区域：一个空间利益共同体"的命题，认为，如果没有任何共同利益，多个空间单元是不能构成一个经济区域的，匀质区域的共同利益源于其同质性，节点区域的共同利益源于彼此功能的相互依存，规划区域的共同利益在于区域内统一的政策与规划；若没有一个共同利益维系，多个地域单元将缺乏凝聚力，既不可能有共同发展的基础与动力，也不可能产生区域经济冲突与合作行为[2]。

（4）经济区域是一个在全国专业化分工中分担一定职能、经济结构较为完整的社会经济综合体。首先，经济区域在经济上应是一个结构较为完整的社会综合体。这种完整，是指区域能够独立地生存和发展，具有比较完整的经济结构，能够独立地组织与其他区域的经济联系。这就要求区域具有能够组织和协调内部经济活动和区际经济联系的能力。这种组织能力并不单纯地指制定符合国家宏观政策而同时又刺激区域经济高涨的有关政策的能力，还指他必须具备有"高级循环"，也就是由银行金融业、贸易和服务业、信息产业、现代化工业、商业批发业等所组成的循环系统。一般来讲，这种制定政策的权力机构和高级循环系统主要集中在较高等级的中心城市里，这种中心城市充当区域经济的组织者和协调者。根据核心—外围理论或极化空间理论，或克里斯泰勒的中心地理论，只要存在调节或协调一定范围内经济活动的核心，则在理论上可以构成某种区域。但关键是这种核心所具有的功能，如果他所具有的是"下级循环"或较低级的功能，则无法组织区域的独立生存与发展。因此，完整的地区需要这样一个中心城市的存在，他能够组织和协调区内经济活动和区际经济联系、并以高级循环占主导地位[3]。其次，任一区域在全国或更高一级的区域系统中担当某种专业化分工的职能。区域的划分首先考虑的是在区域共同利益基础上经济活动的内在联系（如果某一范围内的一些生产部门不与区域内其他部门发生联系，而主要与国际或其他区域发生联系，则这些生产部门就构成"飞地式经济"），由于这种密切的联系，区域内经济活动显示出本地性特征，具有一种同质性特征。同时，不同地区的资源要素状况以及发展水平是不同的。这

[1] Hoover E·M. An introduction to regional economics. New York : Alfred A. Knopf Inc, 1975；[美]埃德加·M.胡佛：《区域经济学导论》，王翼龙译，商务印书馆1990年版，第174页。

[2] 张可云：《区域大战与区域经济关系》，民主与建设出版社2001年版，第165、170页。

[3] 郝寿义、安虎森等：《区域经济学》，经济科学出版社1999年版，第4页。

种区内的同质性与区际间的差异性，表现为一种区际间的分工与专业化。不同经济区域之间在分工与专业化的基础上结成密切的经济联系，构成了一国的国民经济体系。

基于以上的分析与讨论，我们可以进一步界定"经济区域"的概念：经济区域（区域）是指一国范围内在经济上具有同质性或内聚性，具有一定的共同利益，经济结构较为完整且在全国专业化分工中分担一定职能的地域空间[①]。

二、经济区域的特点与形成基础

（一）经济区域的特点

经济区域（区域）是指一国范围内在经济上具有同质性或内聚性，具有一定的共同利益，经济结构较为完整且在全国专业化分工中分担一定职能的地域空间。经济区不同于一般的地理区域。他具有如下特点：

第一，经济区具有区内一致性和区外差异性。任何经济区的存在都必然在客观上具备区内的一致性，这种一致性通常表现为经济发展基础和条件的同一性、共同追求经济发展的特定目标、共同享受政府赋予的特殊优惠政策或者共同面临着区域经济发展的障碍与问题等等。这种一致性是客观存在的，他促使经济区的各子区域密切联合为一体，为解决区域经济发展的重大问题共同付出努力。

第二，当经济区的层次和规模达到一定程度时，他的合理发展通常受到政府的重视，并通过经济区划和制定区域规划来规范经济区的发展。因此，经济区是国民经济发展最重要的空间组成部分，对国民经济发展有着重大的支持或制约作用。

（二）经济区的形成基础

社会劳动地域分工是经济区形成和发展的客观基础。

人类社会发展史是一部社会劳动分工不断深化、细化的历史。社会劳动分工有部门分工和地域分工两种形式：部门分工表现为部门间产品的交换；地域分工是部门分工的空间表现形式，劳动分工首先表现为部门分工，落实到空间上就成了地域分工。地域分工的存在标志着经济区的初步形成，这时，一些经济区域利用区内共同存在的特殊有利条件生产特定产品，从而区别于其他经济

---

① 吴传清等：《区域经济学原理》，武汉大学出版社 2008 年版，第 7 页。

区。地域分工越发达，经济区的发展就越成熟。

大机器生产的出现和社会化大生产的发展使全国性甚至世界性社会劳动地域分工成为必要和可能，从而极大地促进了经济区的发展。机器大工业的发展为扩大市场规模、寻求规模经济效益提供了可能；大机器创造了现代化的交通工具，大大缩短了区际联系的时间距离，为经济区扩大原料产地、扩大市场提供了条件。另一方面，市场竞争使经济区的存在和发展成为必要。在机器大工业迅速发展的条件下，各地区只有充分发挥优势，形成富有特色的专业化部门和产业结构，才能迅速提供劳动生产率，取得最大的经济效益，从而在竞争中取胜。社会劳动地域分工的不断发展，促使各个地区都依赖市场求生存，求发展，各地区市场通过错综复杂的经济联系形成全国统一市场和世界统一市场，世界市场的形成标志着劳动地域分工得到空前的发展，经济区也发展到成熟阶段。

可见，经济区是生产力发展的产物，是客观存在的。如果经济区存在的客观性得到科学的认识，并通过经济区划来实现合理的劳动地域分工，便能极大地促进国民经济的发展，否则就会产生负面效应。[①]

三、经济区域的类型

经济区域的分类方法甚多，目前在全球区域经济学领域用得比较多的是西方区域经济学家克拉森（L. H. Klaassen）和布代维尔（J. R. Bouldeville）提出的分类法。

1. 克拉森提出的区域分类法。克拉森主张将按照增长率进行经济区域分类。具体指标包括：区域人均收入水平与全国人均收入水平之比（A）；区域增长率与全国增长率之比（B）。根据A与B的不同组合可将区域划分为四类：[②] A ≥ 1且B ≥ 1为繁荣区；A < 1且B ≥ 1为处于扩张过程的欠发达地区；A ≥ 1且B < 1为潜在欠发达区；A < 1且B < 1为落后区。克拉森的区域分类法最显著的优点是强调了区域的动态特征。这一分类法不仅识别了繁荣区与落后区，而且识别了正在摆脱困境与可能面临滑坡的区域，因此，可为针对不

---

① 张敦富主编：《区域经济学原理》，中国轻工业出版社 1999 年版，第 25—32 页。

② KIAASSEN L H. Area social and economic redevelopment OECD, 1965. 张可云：《区域大战与区域经济关系》，民主与建设出版社 2001 年版，第 168 页。

同问题区域采取不同政策提供区域框架。

2. 布代维尔提出的分类法。布代维尔主张将区域分为同质区域（又叫均质区域或均一区域）、节点区域（又称极化区域、结节区域、聚集区域、功能区域）和规划区域（计划区域）。

（1）同质区域。他是具有某些共同特点的多个不同空间单元所组成的。这些因素可以是地理或自然资源禀赋方面的，也可以是社会经济方面的。如我国曾根据经济技术水平的相似性，把全国划分为东、中、西三个地带，又按照各地区资源特点、技术装备和加工能力等因素的一致性，把全国划分为资源类型区、加工类型区、资源主导类型区、加工主导类型区、混合类型区的特殊类型区等。研究均质区域侧重于区域内部的一致性或相似性，反应的是均质的平面状态，而不是一种结构状态，因而他不能反映出区内经济活动的联系性和内聚力。正因为这样，他忽略或不予考虑组织内经济活动和区际间经济联系的核心的存在以及核心的不可缺少和不可替代的作用。故按照这种方法划出的区域是很不完整的区域[①]。

（2）极化区域。极化区域是由一群虽然异质但在功能上关系紧密的地区组成的。这种区域是以在某种区域的共同利益和集团意识基础上所形成的内聚力为基础而形成。划分这种区域的主要依据是组成极化区各部分之间在经济上的相互依存程度，因此他强调的是区域内事物的相互联系性和内聚力。他反映的是一种结构。极化区域通常有"一个场所、一个核心和在他们边缘地区的、明确程度不同的变化梯度"。[②]该种区域一般以大城市为中心，并包括一定数量的中小城镇以及受其影响的农村地区。极化区域强调的是各种异质部分相互紧密联系所蕴藏的增长潜力，而同质区表现的是一种被动的推动，主要依赖外在的政府的计划与调控政策，因为他缺乏或忽略具有组织能力的核心的存在[③]。

（3）规划区域。规划区，也称计划区，是指政府在经济决策的时候，按照政策的目标而划定的区域。如我国划分的经济特区、经济开发区以及"九五"计划中确定的7个跨省经济区都属于规划区的范畴。规划区一般是建立在均质区或极化区基础上的，同时，由于任何一项区域政策的实施都需要执行的权利，而这种权利更多是由政府而非私人机构掌握，所以规划区的划

---

① 郝寿义、安虎森等：《区域经济学》，经济科学出版社1999年版，第6页。
② K.迪金森：《近代地理学创造人》（中译本），商务印书馆1980年版，第203页。
③ 郝寿义、安虎森等：《区域经济学》，经济科学出版社1999年版，第7页。

分还必须考虑到行政区区划因素。其边界的确定，一般以现行行政区划体系为基础，适当照顾到行政区域的相对完整性，以有利于基本数据的收集和政策的贯彻实施。为了便于政策的实施，提高政策效果，规划区一般要求有明确的界线，其地域规模也不宜太大。否则，如果地域界线不明，各项政策措施将难以具体落实到地区，因而也难以真正得到有效的实施。如果规模太大，政府在制定和实施政策的过程中，将会感到心有余而力不足，因为政府的能力终究是有限的[①]。

四、经济区域的构成

关于经济区域的构成要素，目前学术界有三要素说和五要素说两种不同的代表性表述。三要素说认为，经济要素、经济腹地和经济网络是经济区域的三大构成要素，无论是哪种类型的经济区域，这三大要素都是缺一不可的[②]。而五要素说认为，区域的内聚力、结构、功能、规模和边界是构成一个区域的基本要素[③]。相比较而言，三要素说理论解释力比较强，故本书主要介绍三要素说的主要内容。

1. 经济中心

经济中心是经济区域三大构成要素的核心，经济中心的形成，是区域由一般的自然区域或行政区域发展成为经济区域的重要标志。

列宁曾说："城市是经济、政治和人民的经济生活的中心。"[④]城市作为区域的经济中心，是商品经济条件下区域经济空间聚集运动的结果。区域经济的空间聚集运动，首先表现为商品交换活动的空间聚集，交换活动的空间聚集规模越来越大，城市便随之产生了。可以说，没有交换的空间聚集，也就不会有区域经济中心。随着科技的进步与社会生产力的发展，劳动的社会分工表现在地域分工上是物质生产的空间聚集。城市不仅是交换中心和集散中心，同时也逐渐成为物质生产中心。城市作为区域的经济中心越来越成熟。

区域经济的空间聚集指向于城市，主要是因为城市具有聚集经济效益。所谓聚集经济效益，是指生产要素的地域集中和交换行为的空间重叠所产生的经济效

---

① 魏后凯等：《现代区域经济学》，经济管理出版社2006年版，第4—5页。
② 程必定等：《区域经济学》，安徽人民出版社1989年版，第9—17页。
③ 魏后凯等：《现代区域经济学》，经济管理出版社2006年版，第2—19页。
④《列宁全集》第19卷，第264页。

益。生产要素的地域集中主要是具有点状布局特点和可流动性的工业生产，工厂在地理上的集中造成了工业生产的最有利的分工与合作，使归属于个别工厂的生产要素成为众多工厂的共同资源，从而可以节约投资费用、降低生产成本，缩短生产周期，提高劳动生产率，生产要素的集中所造成的外部环境在企业内部产生了效益，是城市聚集效益在生产方面的表现。就商品交换而言，交换行为的效益除了商品的质量与数量以外，交换空间的社会需要有着重要的作用。城市集中的大量居民和工厂产生了在同一空间重叠的市场，市场规模不断扩大，市场容量不断增加，多样商品和多样对象的交换行为的空间重叠所产生的多方位效益，是城市聚集经济效益在交换方面的表现。生产效益和交换效益又在城市双向辐射，双向推进，城市的聚集经济效益就越来越大。更重要的是，生产要素的地域集中和交换行为的空间重叠同时又聚集人才、技术，公共事业将得到不断地发展。由此产生了多元效益的辐射，并多方面地提高城市的聚集效益[1]。

区域的经济中心具有四大特征：（1）多层次性。在不同的地域范围内，城市的聚集能力不同，经济吸引或辐射能力也不同，从而形成多等级、多层次的经济中心。（2）城市选择性。虽然区域的经济中心是城市，但并非所有的城市都是经济中心。（3）经济中心性。区域经济中心并非区域的地理几何中心，而是区域经济活动的中心。（4）功能和职能的综合性。区域经济中心具有综合性的经济功能和区域职能，多为区域的工业中心、商业中心、金融中心、科教文化中心、信息中心和区域的交通枢纽[2]。

2. 经济腹地

经济腹地是经济区域三大构成要素的基础。没有经济腹地，就不会有经济中心，也就没有区域经济的存在。经济腹地是经济中心影响和辐射的地域范围，同时也是经济区域的空间范围。

从经济学的角度来看，腹地并不是一种简单的地域概念，而是经济运动地域格局的"底盘"。也就是说，社会经济运动在二维空间展示出某种具有内部联系的格局。这种格局的基本态势，是经济运动的空间流动具有某种集聚趋势。集聚趋势的累积使经济运动的地域集聚指向逐步同化，同化的结果是造就某一区域的经济中心。很显然，诸多经济运动的空间集聚共同指向同一经济中心那样一块地域范围，就成为这个经济中心的经济腹地。由此可以看出，经济

---

① 程必定等：《区域经济学》，安徽人民出版社1989年版，第11页。

② 吴传清等：《区域经济学原理》，武汉大学出版社2008年版，第10页。

运动所形成的这种地域格局，是依托于腹地之上的地域经济联系。腹地作为一种依托，如同棋子运动所依循的"底盘"。这个"底盘"不仅给定了一个空间范围，更重要的是给定了各类棋子所依循的运动规律及其处于经常变化的运动条件。这样，经济腹地的含义就是，载负着具有内在联系的经济运动，而且这些经济运动又具有共同运动指向、共同经济中心的地域范围。经济腹地和经济区域相比，两者的空间范围大体一致，但是结构却大不相同，腹地是不包括经济中心的，而经济区域包括经济中心[①]。

经济腹地具有三个非常重要的经济特征：（1）经济运动的多元性。多元的经济运动是经济腹地的基本特征，也是区域经济运动的基础。经济腹地多种多样的经济活动大体可分为多种生产要素（如劳动力、资本、技术）的运动；多种生产部门（如农业部门、工业部门、服务业部门）的运动；多种经济形式（如私有经济、国有经济等）的运动。（2）多元运动的相关性。即指经济腹地的生产要素、生产部门和经济形式在发展运动过程中相互关联的特征。实际上，经济腹地之内的任何一种经济运动都是一种多元要素的复合运动，经济腹地是这类复合运动的地域依托。（3）经济腹地的多层次性。区域的经济中心具有多层次的空间特征，在不同地域范围内，作为经济中心的城市聚集能力不同，从而形成多等级、多层次的经济中心。与此相对应，经济腹地也就具有多等级、多层次的特征[②]。

经济腹地的这些特征还说明评价经济腹地的宽广并不能只考虑地理面积的大小，更重要的是要看经济发展的水平和经济运动的规模。由此可以认为，"宽广"对经济腹地来说，已经不是二维空间的平面概念，而是一个以经济要素为主的多元要素的立体概念。有些地区的地域范围很广大，但经济发展水平很低下，很难称"腹地宽广"。正因为这样，世界上许多不发达地区尽管地域广阔，但作为经济中心的城市不仅稀稀疏疏，而且规模很小，经济聚集力和经济辐射能力很薄弱；而一些经济发达地区，不仅城市密度高，城市的经济力量也很强大。就城市的平均地理服务面来讲，前者要比后者广阔很多[③]。

3. 经济网络

经济网络不仅表示经济发展的地域联系，而且还表示这种联系的各种依托。

---

① 程必定等：《区域经济学》，安徽人民出版社1989年版，第13页。
② 吴传清等：《区域经济学原理》，武汉大学出版社2008年版，第11页。
③ 程必定等：《区域经济学》，安徽人民出版社1989年版，第14页。

从这种意义上说，经济网络还具有"渠道"、"系统"和"组织"三种含义。

（1）经济网络是经济联系的实体渠道或载体，这是经济网络最基本的含义。这种渠道的物质构成是交通运输网络和邮电通信网络。作为一个经济区域，沟通经济中心和经济腹地的经济联系渠道，必须依托交通网络和通信网络。如果没有这些网络，经济区域就不能形成。这样，作为区域的基本构成要素，交通通信网络是不可缺少的必要条件。考察区域经济的发展史我们可以发现两点重要的现象：第一，经济区域的最初形成，主要是靠交通运输手段。第二，经济区域的发展，也主要是靠交通运输的改善和交通网络的拓展。

（2）经济网络是经济联系的系统。这种系统的基本构成是经济中心与经济腹地之间有序的经济交往和信息交往。经济网络作为联系系统的含义有三个特征：第一是客观性，即这种系统是自发的、多向的，不是出自人们的主观愿望，而是区域经济运动发展到一定程度的客观产物。第二是有序性，即这种系统尽管是自发倾向的、多向的，而且是通过大量的复杂纷繁的单个经济交往来体现的。但是，经济运动的空间展现并不混乱，并在经济中心和经济腹地之间形成有序的经济运动。第三是依托性，即它的形成和发展依托作为经济联系渠道的交通和通信网络。不过必须注意的是，"系统"虽然依托"渠道"，但"渠道"不能形成"系统"。

（3）经济网络是经济联系的组织，这是经济网络的最高层次含义。这种组织的基本构成是经济中心与经济腹地之间形成的具有内在联系的产业结构，以及与此相关的市场的贯通和技术的推移等。经济联系的"组织"是区域经济发展到比较成熟阶段时经济网络的一种形态。他具有三个显著的特征：第一，这种组织是人们在区域经济活动中的自觉行为，是人们在对区域经济运动规律逐步认识的基础上，为了一定经济目的而对区域经济发展的有意识的作用。第二，这种组织的内容非常丰富，从生产到流通、从产品到扩散、从协作到技术的渗透和推移，以及资金、劳力等各个方面，都有这样的"组织"。第三，这种组织尽管是人们能动的产物，但是，通过"组织"而联系的各方则完全是平等互利、自愿自觉的。正是如此，这种"组织"才具有巨大的生命力。一般说来，在经济区域发展到最成熟阶段，经济联系的组织就成为经济网络的一种主要形态[①]。

经济区域三要素说实质是强调一个完整的经济区域应该具备经济中心、经济腹地和经济网络三个构成要素，这种经济区域实际上是一个极化区域。

---

① 程必定等：《区域经济学》，安徽人民出版社 1989 年版，第 14 页。

五、经济区域与行政区域的区别

（一）行政区域的概念

行政区划（administrative divisions）就是国家根据政治和行政管理的需要，根据有关法律规定，充分考虑经济联系、地理条件、民族分布、历史传统、风俗习惯、地区差异、人口密度等客观因素，将全国的地域划分为若干层次大小不同的行政区域，设置相应的地方国家机关，实施行政管理。行政区划以国家或次级地方在特定的区域内建立一定形式、具有层次唯一性的政权机关为标志。行政区划因不同的国家结构形式而不同。

行政区域的根本特征是封闭和内向。计划经济时期，生产力水平有了很大的发展，区域间的物质流动空前加大，但由于地方政府没有足够的主体性，这种流动与地方利益的实现之间没有太多的关联。所以，这一时期，要素在区域间流动程度的增大并不意味着行政区封闭和内向特征的弱化，因为这种横向流动是纵向计划调度的结果，是脱离价值的物品调度，而不是商品的流动[1]。

与行政区域相对应的是行政区域经济。行政区域经济，是由于行政区划对区域经济的刚性约束而产生的一种特殊区域经济现象，是我国由传统计划经济体制向社会主义市场经济体制转轨过程中，区域经济由纵向运行系统向横向运行系统转变时期出现的具有过渡性质的一种区域经济类型。行政区域经济具有行政性、封闭性、两面性和过渡性的特征[2]。

（二）中国行政区划体系

1. 审批机关

（1）全国人大审议决定 省、自治区、直辖市、特别行政区的设立、撤销、更名。

（2）国务院审批 省、自治区、直辖市、特别行政区的行政区划界线的变更，地区、盟、自治州、地级市、县、自治县、旗、自治旗、县级市、市辖区、林区、特区的设立、撤销、更名或者改变隶属关系；县级行政区域界线的重要变更。

（3）省、自治区、直辖市人民政府、特别行政区政府审批 县级部分行政区域界线的变更；乡、民族乡、镇、街道、苏木、民族苏木的设立、撤销、更名或变更行政区域界线。

---

[1] 王春辉：《经济区、行政区、社区的互动关系研究》，复旦大学，2008年5月。
[2] 韩塔娜：《行政区划与我国的行政区域经济》，《北方经济》2008年第11期，第29-30页。

2. 行政区划名称

一级行政区：省级行政区名称：省、自治区、（直辖）市、特别行政区；

二级行政区：地级行政区名称：地区、盟、自治州、（地级）市；

三级行政区：县级行政区名称：县、自治县、旗、自治旗、（县级）市、（市辖）区、林区、特区；

四级行政区：乡级行政区名称：乡、民族乡、镇、街道、苏木、民族苏木、（乡级）管理区、（县辖）区、（县辖）市（台湾省专设）；

五级行政区：村级行政区名称：村、社区、（村级）管理区；

六级行政区：组级行政区名称：村民小组、社区居民小组。

在中国省、县、乡三级为基本行政区。

3. 行政区划政府机关名称

一级行政区：省级行政区政府机关名称：省人民政府、自治区人民政府、（直辖）市人民政府、特别行政区政府；

二级行政区：地级行政区政府机关名称：地区行政公署、盟行政公署、自治州人民政府、（地级）市人民政府；

三级行政区：县级行政区政府机关名称：县人民政府、自治县人民政府、旗人民政府、自治旗人民政府、（县级）市人民政府、（市辖）区人民政府、林区人民政府、特区人民政府；

四级行政区：乡级行政区政府机关名称：乡人民政府、民族乡人民政府、镇人民政府、街道办事处、苏木人民政府、民族苏木人民政府、（乡级）管理区委员会、（县辖）区公所、（县辖）市政府（台湾省专设）；

五级行政区：村级行政区政府机关名称：村民委员会、社区居民委员会、（村级）管理区委员会；

六级行政区：组级行政区政府机关名称：村民小组委员会、社区居民小组委员会。

在中国省、县、乡三级的政府机关为基本行政区政府机关。

4. 行政区划单位数量

一级行政区：省级行政区共34个其中：23个省、5个自治区、4个（直辖）市、2个特别行政区；

二级行政区：地级行政区共337个其中：14个地区、3个盟、30个自治州、286个（地级）市；

三级行政区：县级行政区共2882个其中：1479个县、117个自治县、49个旗、3个自治旗、379个（县级）市、854个（市辖）区、1个林区、2个特区；

四级行政区：乡级行政区近42000个其中：近14500个乡、1092个民族乡、近20000个镇、近6200个街道、181个苏木、1个民族苏木、2个（乡级）管理区、近50个（县辖）区、（县辖）（台湾省专设）；

五级行政：村级行政区共N个村、社区、（村级）管理区；

六级行政：组级行政区共N个村民小组、社区居民小组。

（三）行政区域与经济区域的区别

区域经济学研究的区域，指经济区或经济区域。由前面的讨论可知经济区域是指一国范围内在经济上具有同质性或内聚性，具有一定的共同利益，经济结构较为完整且在全国专业化分工中分担一定职能的地域空间。行政区域与经济区域是两种不同的区域类型，两者区别如下。

（1）行政区域是与一定等级政府相对应的政治、经济、文化综合体，本质和主导功能首先体现在政治功能方面；而经济区域则是与一定等级的经济中心（中心城市）相对应的自然、地理和经济综合体，本质和主导功能体现在经济功能上。

（2）行政区域具有完整而发达的自上而下的纵向行政系统，具有严格的行政级别秩序；而经济区域凭借的是横向的经济网络系统，具有高度市场化特性。

（3）行政区域的运行主体是各级地方政府，具有全区性的决策权、调控权和自己的利益追求；而经济区域的运行主体是具有独立法人地位的企业。

（4）行政区域具有明确和相对稳定的区域界定，并有法律效应，行政区域的边界具有两层含义：一是自然空间的分界线，二是区域强制力量的终结界线；而经济区的界限具有示意性（模糊性）和动态性的特点，没有法律效应。相邻的经济区域边界不一定泾渭分明，往往形成一个过渡带。

（5）行政区的设立和变更以政治因素为主，综合考虑社会、经济、自然等因素，行政区的大小和层次的多少主要取决于行使职权的需要，是一种有意识的国家行为，属上层建筑范畴。经济区是市场经济条件下，社会生产地域分工的空间表现形式，着眼于以经济为主，大小规模主要取决于中心城市的实力、区域经济联系、交通条件等，其形成不是人为的，是一种不以人们的意志为转移的客观存在，属经济基础范畴[1]。

但在当代中国从计划经济向市场经济转轨过程中，行政区与经济区又有

---

[1] 周克瑜：《走向市场——中国行政区与经济区的关系及其整合》，复旦大学出版社1999年版，第44—47页。

紧密的联系。1978年改革开放以来，中国形成了一种以行政区域单元组织经济活动，自成体系、相对独立的，具有综合特点的空间经济。由于市场化改革初期，中国并不存在真正意义的经济区，中央向地方的分权，事实上使空间经济发展采取了行政区对经济区替代的方式。这就相当于同时期政府对市场的替代、政府对企业的替代。但这种行政区对经济区替代的改革方式，催生了真正意义的经济区的产生，而且经济区的发展，必将打破行政区空间藩篱。中国空间经济后续发展产生的一系列矛盾和问题，都与之有关[①]。

所以，尽管在当代中国从计划经济向市场经济转轨过程中，行政区与经济区有关联，但行政区不是经济区，而且行政区与经济区并不是一一对应关系，经济区往往跨越不同行政区。

（四）当前中国经济区域与行政区域的冲突及表现

以行政区域为单元的地区经济利益格局是我国经济结构的一个显著特征。因此，在我国有行政区域经济之说。出于自身利益的考虑，各级政府经常按照行政区域来组织和调控经济发展。随着区域经济发展差距的不断扩大，区域之间的利益摩擦越来越剧烈，各级地方政府为了追求和保护自身利益，往往以行政为依托，构筑市场壁垒，实行市场封锁，阻碍生产要素的自由流动。另一方面，我国的现代化过程要求实现集约化的经济社会。所谓集约化，一是追求经济的聚集效应；二是追求经济的扩散结果。因此，突破传统的行政区划体制，推进区域经济功能的重新整合，进而以经济区域取代行政区域成为一种必然趋势。这种趋势使得当前我国行政区域与经济区域的关系并不十分融洽，其冲突主要表现在四个方面。

（1）地方保护主义盛行。各地政府为了促进本地经济的增长，千方百计招商引资，不仅导致重复建设与地区产业结构趋同，也诱使地方保护主义的发展。这种地区经济封锁行为保护了本地生产效率低的企业，阻碍了市场调节机制作用的发挥，弱化了资源的优化配置，也妨碍了国内统一市场的形成，构成市场经济的桎梏。我国国内的汽车产业、20世纪80年代的家电产业的格局就是这种情况的反映，几乎所有的省份都将其列为支柱产业。

（2）重复建设现象严重。地方政府为了追求"小而全"的生产体系和提高经济增长速度，纷纷把经济的重点放在相同的产业或产品上。各个相对封闭的行政区域在产业设置上"一哄而上"，重复生产、重复建设和重复引进。这种

---

① 刘小康：《"行政区经济"概念再探讨》，《中国行政管理》2010年第3期。

重复不仅导致了资源的浪费，而且阻碍了区域经济比较优势的发挥和分工协作效能的发挥，也是形成国内统一市场的重大阻力。

（3）招商引资中恶性竞争。地方产业政策对地区经济增长的取向使得产业结构趋同，并逐渐演变为对吸引外资的争夺。引资大战反过来使同构现象在更高的产业层次上演。一些地方官员将国家关于经济的规划和法律置于脑后，炮制出自认为可促进当地发展的变通的"土政策"。各地方将引进外资作为发展当地经济的推进剂，把低成本当作唯一竞争手段，在想方设法留住企业过程中，地方政府对企业竞相出台土地、税收、租金、水电等优惠的地方政策，出台各种地方政策进行补贴，地方间陷入以优惠政策换外资、以优厚条件引项目的拼地价、拼税收、拼资源的"割肉竞赛"中，区域内的地方联系甚至小于与国际的联系，损害了区域整体利益。

（4）行政区域经济阻碍经济区域经济的形成。经济区域经济是以资源和产品在作为市场主体的企业之间自然流动为前提的，这种流动不能有地域间的人为阻隔。在制度方面要求实现平等竞争，遵循统一的市场规则。然而，地方政府出于本地的利益，封锁市场，禁止外地商品流入，设置关卡，防止本地资源外出，这些行为都阻碍了经济区域经济的形成[1]。

行政区域与经济区域之间的冲突使得经济区域经济呈离散状态，极大地妨碍经济一体化发展。分割式的地方市场阻隔了地区之间经济流动的正常渠道，破坏了横向经济联系，迫使密切联系的有机整体——经济区域系统成为行政区域经济的"大拼盘"。

（五）行政区域与经济区域冲突的协调

我国行政区域与经济区域矛盾的形成有多方面的原因。首先，行政区行政的传统思维和理念根深蒂固。其次，法律法规的不完善也是导致冲突的原因。目前我国还没有协调政府间关系的法律或者条款，我国法律只明确了各级政府对其辖区内事务管理及上级机关在跨辖区事务中的角色，而没有涉及跨区域、地方合作的问题[2]。再次，地方政府业绩考核体系的偏颇也是矛盾产生的原因。中央行政性分权政策塑造地方"理性经济人"。地方为了积极筹措资金，发展"高税率产业"、"短平快项目"和直接扩大地方财政收入的企业，

---

① 李侬：《我国行政区划与经济区划的冲突与调适研究》，湖北大学，2009年5月。
② 黄兴生、潘勇杰：《行政区域经济区的冲突及其协调探析》，《经济管理与改革发展》2010年第8期。

地方政府设置政策壁垒等强制措施保护地方企业的生存等等，都造成了行政区与经济区之间的冲突。解决我国行政区域与经济区域的矛盾，可以从以下方面着手。

（1）微调现有的行政区划格局。鉴于我国实行省制的悠久历史，省级行政区已经形成地域概念和文化意识。这种文化地图的变更一般会因受到公众心理的抵制而具有较大的难度。所以目前省级行政区划不适宜大刀阔斧地调整，但是对于省级行政区内部跨地市的次级经济区，则应遵循行政区划相对稳定和渐进演变规律，坚持行政区划调整为经济区划服务的原则，通过科学规划和严谨论证，对地市级行政区进行微调。对于面积较大、中心城市较小的地区，通过分拆的方式把受经济中心辐射较弱的地区分离出去，以提高原中心城市的带动能力，并培育新的中心城市[1]；对于面积较小、具有特色优势的地区，通过合并的方式尽可能使经济区和行政区相重合，把行政区划和经济区划的矛盾内在化，以避免产业布局的恶性竞争，推动内部功能互补，实现资源的优化配置以及行政区利益和经济区利益的统一。

（2）改革目前的区域合作机制。理想的经济区应满足生产要素自由流动、产业布局合理、资源统一调度、信息共享以及市场统一等条件，为克服现实中行政区划因素的制约，必须以完善的区域合作机制为根本保证。改革目前的区域合作机制应做好三方面的工作：第一，建立健全区域合作制度体系，把区域合作机制制度化，一方面使不同行政区的各项合作有章可循，规范区域经济秩序；另一方面增加对经济区内部各行政区的刚性约束，以避免地方政府在经济决策中的寻租行为。第二，完善区域合作机制中的行政协调体系，对应于不同规模的跨行政区的经济区，分别成立比所跨行政区更高一级的行政协调机构，统一筹划本区域的经济发展，以解决经济区内的重复建设问题，优化内部产业结构。第三，强化对区域合作行为的监督，建立针对区域合作违约行为的惩罚机制，明确各行政区在区域合作中应承担的责任，并对违反区域合作规则的行为做出惩罚性的制度安排[2]。

（3）完善领导干部政绩考核体系。以经济发展为纲的领导干部政绩考核体系导致政府官员更倾向于关注任期内的行政区经济水平，所带来的负面影响是

---

① 陈钊：《地级行政区划调整对区域经济发展的影响——以四川省为例》，《经济地理》2006 年第 5 期。
② 杨龙：《中国经济区域化发展的行政协调》，《中国人民大学学报》2007 年第 2 期。

多方面的，如环境污染、公共服务不均、收入差距等等。近年来这种现象已逐渐引起社会各界的重视，不仅理论界对领导干部政绩考核体系改革做了大量的深入研究，中央和地方政府也进行了积极探索。从经济区划的角度看，由于区域合作利益的实现是一个长期过程，在短期内难以达到立竿见影的效果，因此政绩考核体系改革的重点应引导地方领导从专注短期利益、地方利益向谋划长远利益、整体利益转变。具体地说，针对经济区域涉及范围内的行政区，应把是否积极参与区域合作的内容纳入领导干部政绩考核体系之中；为了提高可操作性，宜采用能反映对内开放度、区际产业关联度等内容的量化指标，以此来评价地方政府的区域合作参与程度①。

第二节　经济区位

（一）区位

"区位"一词源于德语"standort"，英文译为"location"，日文译称"立地"。学术界关于"区位"的内涵有多种解释：或认为区位是指某种事物占据的场所或者空间，是人类行为活动的空间；或认为区位特指企业、产业、设施等在空间经济格局的位置；或特指企业、产业的盈利位置或最优的经营位置。总之，区位一般指经济活动的场所或空间载体②。

所谓区位（Location）即为某一主体或事物所占据的场所，具体可表识为一定的空间坐标③。简言之，区位就是活动的主体所占据的场所④。

（二）经济区位

行为主体为了实现其特定经济目的而从事活动的场所称为经济区位。区域经济学所研究的区位都是经济区位⑤。

经济区位是某一经济体为其社会经济活动所占有的场所。从这一角度讲，

---

① 高新才、王云峰、买莎：《区域经济发展中的经济区划问题研究》，《贵州社会科学》2010 年第 11 期。
② 吴传清：《区域经济学原理》，武汉大学出版社。
③ 郝寿义、安虎森：《区域经济学》，经济科学出版社。
④ 安虎森：《新区域经济学》，东北财经大学出版社。
⑤ 安虎森：《新区域经济学》，东北财经大学出版社。

工业生产所占有场所即为工业区位；而居住活动所占据的场所则为居住区位；各城市经济活动所占据的场所则称城市区位。

在经济空间系统中，区位概念则具有更为丰富的内涵。在一定的经济系统中，由于社会经济活动的相互依存性、资源空间布局的非均质性和分工与交易的地域性等特征，各空间位置具有不同的市场约束、成本约束、资源约束、技术约束，从而具有不同的经济利益。在这一意义上，经济区位则更多地强调由地理坐标（空间位置）所标识的经济利益差别。

在区域经济学中，为了具体说明经济活动的空间布局问题，经济区位往往被描述为距离某一个或几个特惠地点的不同位置所反映的市场、供求、（运输）成本等方面的差异问题。如距离城市中心的远近、离自然资源供给源的距离、各空间位置上的市场供求状况等所形成的经济利益差异[1]。

（三）区位主体与区位单位

研究区位的目的是如何选择区位。要做出合理的区位选择，首先要弄清楚行为主体选择某一区位时的微观心理和行为。区位选择的行为主体，或者能够做出区位决策的自然人和法人，都称区位主体；区位主体做区位选择时所考虑的活动单元称区位单元[2]。

所谓区位单位，是指布局于某一区位上的某一社会经济统一体内的各个组成部分。他是经济区位的布局主体。根据研究的层次不同，区位单位的具体内涵也不相同。例如，在研究工业区位时，某一工业整体即可视为一个区位单位；而在更微观的研究层次上，区位单位则可能是指一个工厂、大楼、公司的业务部门等。可见，区位单位是经济区位的主体因素，是社会经济活动区位布局的物质实体。我们知道，区域经济学一个重要任务就是研究区位单位的空间配置问题，这也是区位理论的核心内容之一[3]。区位单元有时不容易理解。经济系统通常是由众多生产部门组成的，比如制造业，在制造业内部有各种行业；一个行业又包括很多企业，企业又有很多不同的工厂、仓库和管理机构等，而这些工厂、仓库、管理机构等就是区位单元。在制造业集中区，区位主体总是在相对合理的位置上选择几个彼此相关、功能各异的生产区位。即使是在一个部门内部也存在着个体区位选择行为和设备合理安置问题，比如车床、桌子或

---

① 郝寿义：《安虎森．区域经济学》，经济科学出版社。
② 安虎森：《新区域经济学》，东北财经大学出版社。
③ 郝寿义、安虎森：《区域经济学》，经济科学出版社。

电脑等的摆放位置。

在讨论区位单元的空间分布时，我们必须考虑上面提及的不同层面的区位单元，如行业、企业、工厂、车间、办公楼或其他。尽管在不同层面上的区位决定因素是由一些共同的要素构成的，但当涉及不同层面的具体区位选择时，却存在很大的差异。因此，我们分析区位时，必须要搞清楚是哪一个层面上的区位问题[①]。

（四）区位条件

1.区位条件的含义

区位条件是指一个地区与周围诸社会经济事务关系的总和。包括位置关系、地域分工关系、地缘政治关系、地缘经济关系以及交通、信息关系等。区位条件对区域经济影响主要是通过地理位置、交通、信息等相互作用、密切联系而发挥作用的。区位条件的优劣与否，主要取决于位置、交通、信息条件的优劣，而这三者之间又是密切相关的。地理位置优越的地域，往往交通发达，信息丰富且传递迅速，而远离经济中心的地域，往往交通落后，信息闭塞。位置、交通、信息条件在现代产业布局和经济地域的形成发展过程中，起着越来越重要的作用。优越的区位条件，蕴藏着巨大的经济潜力，在那里布局企业，会收到投资少、运费低、企业协作条件好、经济效益高等效果。因此，区位作为经济地域的成长条件，是一种重要的经济资源[②]。

2.区位条件对区域经济发展的作用

区位条件作为区域经济发展的基础性物质条件，在完成工业化和经济起飞过程中，起着十分重要的决定性作用。可以说没有区位条件的现代化，就不可能有工业的现代化和社会的现代化，区域经济就不可能实现起飞和持续增长。区位条件对区域经济发展的作用主要表现在以下几个方面。

第一，区位条件通过影响生产要素的流动而作用于区域经济发展。区位条件是直接生产部门赖以建立和发展的基础条件，交通运输和通信系统的发展水平会直接或间接地影响到生产部门的成本和效益，以及供给的数量和质量。发展运输和通信系统，有助于在生产部门和市场之间建立广泛的经济联系，保持供需平衡和降低交易成本。在生产要素自由流动的情况下，根据资源最佳配置原则，生产要素往往倾向区位条件优越的地域，从而有可能实现资源要素的最佳配置。

---

① 安虎森：《新区域经济学》，东北财经大学出版社。
② 武汉德、潘玉君：《区域经济学导论》，中国社会科学出版社。

第二，优越的区位条件能够提高整个区域经济的规模经济效益。现代工业的典型特点是大规模专业化生产，规模经济导致了生产部门和企业的平均成本降低，效率提高。但大规模专业化分工需要进行大规模的生产要素和产品的空间转移，需要进行大规模的商品流通，而这必须有良好的交通通讯作为前提条件。

第三，区位条件的改善与利用能推动经济结构和社会结构的变革，促进社会经济的发展。国际上用来衡量一个国家社会经济发展水平的指标中，交通运输、通讯等基础设施发展水平指标占有重要位置。这是因为交通、信息条件在经济发展中，具有一种对生产要素组合和促进社会生产各个环节互相畅接的整体功能，从而加速生产过程的进行，提高各部门的社会经济效益，促进社会经济的发展。不发达地域，往往由于交通、信息设施的缺乏和落后，而成为其经济成长的"瓶颈"，使之不仅造成资源的大量浪费，而且贻误了发展时机。

第四，在影响区域经济成长的区位条件中，地缘因素作用不可低估。20世纪中叶兴起并席卷全球的科技革命和产业革命汇成了一场深刻的革命性变革，标志着地缘政治学时代终结，地缘经济学时代来临。地缘经济时代，经济现象、经济过程和经济结构三者构成了统一的世界经济场。在这个经济场内，非经济的军事要素的作用越来越小，而经济性的地缘经济要素的作用越来越大。如果我们将经济的基本元素看成一种变量，那么，人才、知识、信息、资金、商品、劳务、资源等就组成了世界经济波，他们在全球经济市场内的运行，将遵循地缘经济规律运行。美国的经济起飞始于大西洋沿岸的东北部，因为这一地域最接近发达的西欧国家，有纽约、费城、巴尔的摩和波士顿这样的港口城市，这些城市有发达的海上运输和贸易，欧洲移民也多集中在这一区域。德国的经济起飞是从西部北大西洋沿岸地域开始的，因为这一地域有汉堡这样港口城市，易于接受来自英国产业革命的辐射，东部的劳动力则大批向这一地域流动。我国在加入东亚经济高速增长行列时，首先走向国际市场和接受国际市场辐射的是东南亚海地区。因为这一地域位于太平洋西岸边缘，与日本、亚洲"四小龙"、东盟10国和亚洲其他国家地理上最为接近，与太平洋彼岸的美、加等发达国家隔海相望。耸立在海岸线上的上海、广州、青岛、厦门、烟台、宁波、汕头等港口城市历史上与东亚和世界各国就有密切的经贸联系。由于这种特殊的地缘关系，东南沿海在我国改革开放后自然成为世界经济增长中心向东亚大国——中国转移的最佳中介地域。二十多年来，来自国外和国内的各种经济力量在这里聚集，使其成为经济增长中心，最终促使整个区域率先实现经济起飞，成为中国的发达地域。与此相反，广大的中西部地区，地处内陆，受现代工业文明的影响在时间上较晚，在强度上较弱，地缘经济条件处于劣势，成为中国的不发达地域。

第五，尽管区位条件属于社会历史范畴，他始终处于不断发展变化过程中，世界各国各地区重大的社会经济事件，都可能引起位置、交通、信息条件的变化。但是作为一种经济资源，区位条件的整体性和固定性特征，使其不可能像劳动力、资本等其他资源要素那样在不同国家和地区之间流动和互补。因此，他在一定历史发展阶段对地域经济成长的制约作用有不易改变的强制性。在当代中国经济地域发展宏观格局中，西部不发达地域，地处边远内陆，山阻水隔，关隘重重，路遥径险，远离经济重心和发达地带，对外联系不便，难以直接接受发达国家和地区的产业和资源转移，也缺少既可以当投资者，又可当引资者的华人、华侨。而西部地区原本竞争力就弱的产品因落后和长距离的运输使成本上升而难以打进国际市场和沿海市场，其狭小的本地市场又因受进口产品和沿海地区产品的挤占显得更加狭小。交通、信息设施的落后已成为约束西部经济成长的"瓶颈"[①]。

二、区位因素及区位决策

（一）区位因素

如果说区位单位是经济区位的布局主体，那么区位因素则是指区位单位进行空间配置的因素。在不同的区位上，人口分布、市场供求、资源分布等状况不同，从而其区位利益就具有很大差异，区位单位的布局状况也就不同。正是各区位上区位因素的差异，才决定各区位的优劣，从而才有区位差异。如果各个区位上的区位因素相同，则各区位的经济利益是无差异的；此时，区位差异是不存在的，因而区位研究也就毫无意义[②]。

在现实中，影响区位选择的因素是多种多样的，我们对其可以进行分类。

1.区内投入要素与区内产出要素

区内投入因素就是指某一区位范围内的不可流动的生产要素。某些区位具有供给资源方面或提供服务方面的优势，而这些优势是不可能从区外获取的。

---

① 武汉德、潘玉君：《区域经济学导论》，中国社会科学出版社。
② 郝寿义、安虎森：《区域经济学》，经济科学出版社。

土地就是这样，不管用来生产农产品还是用来建设各种基础设施，都是一种重要的投入要素。气候、水文、地貌与空气质量同样都是区内投入要素。警察局和消防单位之类的公共服务机构也是区内投入要素。在短期，劳动力也是区内投入要素，因为劳动力成本通常在生产要素总成本中占很大比重。还有一些反映地区舒适特征的区位要素，比如邻居或社区人群的总体文化层次和审美水平，也是区内投入要素。任何特定区位所形成的各种区域性投入要素具有某些共同的特征，其共同特征取决于其独特的自然环境和人文环境，与要素的区际转移无关[1]。

区位主体总是根据其区位的独特特性，生产一些专供区内销售的产品，这些产品一般不会向区外输出和销售的，因为该产品在区外没有比较优势。这类产品叫作不可转移产品，也称为区内产出要素。通常，家庭所"生产"的产品要么供家庭内部使用，要么供给某一区域内部的劳动力市场。社区或邻里服务设施（如理发店、教堂、电影院、停车场等）通常为周围地区提供服务，报刊亭、零售店、学校也是如此。

几乎任何经济活动都要产出废物，目前在我国许多地区废物没有经过处理就直接被排入大气、水体或土壤中。经济学把废物看成一种负产值的区内产品，因此产生废物的任何区位都具有劣势区位要素。要使产品价格充分反映消费和生产该产品的社会成本，则应把负产出纳入成本评价体系中[2]。

2.可转移投入要素与可转移产出要素

燃料、原料、信息或者某些服务等区位要素，如果能从其他区位"搬到"既定区位，我们把这类区位要素称为可转移投入要素。就可转移投入要素而言，区位优劣本质上取决于距供给源的远近程度。有些经济活动，如汽车组装厂或百货公司，利用各种各样不同来源地的可转移投入要素从事经济活动。同样，哪里有可转移产品的生产，哪里就有接近这种产品的消费市场。生产活动接近消费市场时，更容易出售产品，或出售单位产品的净收益较高。

根据埃德加·M.胡佛得总结，一个区位的相对优劣，主要取决于四类区位因素。

（1）地区性投入：该区位上不易转移的投入的供应情况。他具体是指存在于某一区位、难以从他处移入的原料、供应品或服务等。

---

① 安虎森：《新区域经济学》，东北财经大学出版社。
② 安虎森：《新区域经济学》，东北财经大学出版社。

（2）地区性需求：该区位上对不易转移的产出的需求状况。

（3）输出的投入：从外部供给源输入该区位的可转移投入的供应情况。

（4）外部需求：可以向外部市场销售可转移产出中得到的净收入情况。

在不同的区位上，上述四类区位因素不同，其区位利益具有很大的差别，从而也就决定了各个区位的相对优劣。①

（二）区位因素分析

长期以来，区位因素（亦称区位因子）分析一直是区位理论研究的核心问题之一，受到学术界的高度重视。早在 1826 年，德国学者杜能（1986）就强调运输成本和土地价格的重要性，提出距离城市远近的地租差异是决定农业土地利用方式和农作物布局的关键因素。他认为，农业生产的最优区位就是运输成本最小的区位，也就是地租最大的区位。20 世纪初叶，德国学者韦伯（1997）将区位因素分为一般区域因素（运输因素和劳动力因素）、一般地方因素（集聚因素和消聚因素）、自然因素和社会因素，但在实际分析中他只考察了运输成本、劳动力成本和集聚因素，认为合理的工业区位应位于这三个指向总成本最小的地方。在此基础上，美国学者胡佛（Hoover，1937，1948）引入了需求因素和制度因素，认为制度力量对运费率有着重要的影响。他将成本因素分为运输成本和生产成本，其中生产成本包括直接劳动成本、行政成本、利息、租金（费）、维修和折旧费用、税收等六个方面。

很明显，早期的研究者比较重视成本因素，而忽视了需求和行为等因素。1940 年，德国学者施勒（1995）将需求因素作为一个主要变量引入其区位理论中，认为企业区位选择既不是"最低成本"也不是"最大收入"决定的，正确的区位选择应该是位于纯利润最大的地点。随后，伦纳（Renner，1947）考察了影响工业区位的六种重要因素，包括原材料、市场、劳动力（包括管理）、动力、资本和交通运输，认为工业区位应选择在最接近这些因素的地点。格林哈特（Greenhut，1956）也特别强调需求因素的重要性，并将区位因素分为七种类型，包括成本因素、需求因素、成本下降因素、收入增加因素、个人成本下降因素、个人收入增加因素、纯粹的个人考虑。格林哈特被认为是第一个将个人因素引入区位分析的学者，他将纯粹的个人因素分为三种类型，包括心理收入的重要性、环境偏好和安全动机。在他看来，企业家在一个特定区位建立工厂的动机除了金钱收益之外，还有心理收入，两者的总满足才是工厂区位确

---

① 郝寿义、安虎森：《区域经济学》，经济科学出版社。

定的最主要决定因素。此后，普赖德（Pred，1967）研究了行为因素对工业区位的影响，并提出了著名的行为矩阵。

需要指出的是，前述的区位分析大都是一种理论分析，属于一种理论假说，其结论是否正确还需要进行实证检验。在经验研究方面，学术界对区位因素的研究主要是沿着两条路线展开的：一是采取企业调查的方法，通过实地调查或者发放调查问卷，确定影响企业区位决策的主要因素。这种方法可以揭示那些难以或者不能计量的因素（如企业家偏好、生活质量等定性和主观的行为因素）的重要性，但他不能确定各因素的影响方向和强度。二是统计模型方法，主要是通过建立统计模型，分析各种因素（如土地成本、相对工资率、基础设施、市场潜力等）对企业区位决策的相对重要性。这种方法虽然可以较好地确定各因素间关系的大小和方向，但他需要大量准确的系统数据，而影响企业区位决策的许多因素并非都能较好地加以精确计算。这样，在实际分析中，更多的是采取折中的办法，寻求一些替代指标。

自20世纪70年代以来，各国学者在区位因素调查发面进行了大量的工作。莫里亚蒂（Moriarty，1983）对1969—1974年在美国北卡罗来纳州建立的530家制造业工厂进行了研究，并把注意力集中在来自北卡罗来纳之外的美国企业建立的60家工厂上。在调查中，他要求企业对58个区位因素逐项进行选择，回答必需、很重要、重要、不重要或者不予考虑。结果表明，这些分支工厂大都愿意选择那些具有较高劳动生产率，且没有工会组织的半熟练或非熟练劳动力的地方。在所列举的7个劳动力因素中，回答必需或很重要的比重全部在50%以上。其中，最重要的是有利的劳动气候（80%），然后依次是利用半熟练或非熟练劳动力（75%）、劳动力工会化程度（72%）、劳动生产率（70%）、劳动力成本（70%）、有关工作权利的法律（63%）等。在其他区位因素中，比较重要的主要有社区对工业的态度（80%）、较好的电力服务（78%）、较好的汽车货运服务（78%）、扩展空间（77%）、接近高速公路和交通干道（72%）、合适的厂址及成本（62%）。相比较而言，接近市场和原料产地并不是那么重要。显然，在莫里亚蒂的调查中没有区分区域、社区和厂址层面的区位因素。

施梅纳（Schmenner，1982）的研究则克服这一缺陷。他考察了在全美国建立分支工厂的大量企业，既考虑了区域/州的选择问题，也考虑了厂址的选择问题。他要求企业管理人员确定那些在区域/州选择或厂址选择中，至少一个被认为是"必需"的区位因素，结果表明，在区域/州选择水平中，最重要的区位因素是有利的劳动气候（76%），然后依次是接近市场（55%）、对工程师和管理人员有吸引力的居住地（35%）、接近资源和供应商（31%）、低工资率（30%）、接近现有的公司设施（25%），而社区的态度并不重要。在厂址选择水平中，比较重要的是接近交通公用设施以及环境方面的考虑，包括铁路服务（47%）、接近高速公路（42%）、拥有特殊公用设施（34%）、乡村地区（27%）、环境许可（23%）和在大都市区内（21%）。

最近，霍奇金森等人（Hodgkinson、Nyland 和 Pomfre，2001）对澳大利亚新南威尔士 265 家企业进行了问卷调查，其目的是考察影响企业扩张和再区位的主要因素。他们挑选出影响企业建立新的分支机构或进行再区位的 28 个因素，并要求企业对这些因素逐一进行打分，分值为 1—10 分。结果发现，基础设施、接近市场、生活质量和成本因素仍然是比较重要的区位决定因素（见表 2-2）。与 20 世纪 70 年代的一些经验调查相比，劳动力市场因素已经变得不那么重要了，而基础设施特别是通信网络的质量和区域的形象开始变得更加重要。

当然，由于企业区位决策所考虑的因素受企业性质、企业差异和区域等特征等的影响，因此采用经验调查方法很难得出完全一致的结论。很明显，企业的规模、产权结构、年龄等特征都会对其区位决策产生一定影响，不同行业所考虑的区位因素也具有较大差异。例如，企业 R&D 结构更加强调接近公司总部、科技人员、生活质量、接近大学或研究中心等，而能源和原材料供应、交通运输、廉价劳动力等因素并不重要，这与制造工厂的区位选择有所不同。[1]

（三）区位决策

1. 区位决策的含义

区位决策即决策主体（又称区位决策单位）的区位选择过程。如前所述，在一定的经济空间中，每个区位所处的地位不同，其区位因素各异，从而其市场、成本、技术、资源约束不同。为追逐最大化的经济利益，各决策主体将根据自身的需要和相应的约束条件选择最佳的区位，这就是区位决策[2]。

而区位选择就是人们选择性地接受具有不同成本和风险的具体地点对某种收益率的承诺。在一定的约束条件下，一个"理想区位"主要由投资回报率、收益水平所决定。这里的收益包括未来的利润和预期回报状况。因此，获得区位预期的回报率和有保证的回报率所带来的净收益是区位选择的目标，这也是

---

[1] 魏后凯：《现代区域经济学》，经济管理出版社。
[2] 郝寿义、安虎森：《区域经济学》，经济科学出版社。

表 2-2　按产业分区为因素的重要性（平均得分）

区位因素	第二产业 （N=100）	第三产业 （N=165）	总计 （N=265）	排序
通信网络的质量	7.7	7.9	7.8	1
接近发达的公路网	7.7	6.8	7.1	2
接近消费者	5.8	7.6	6.9	2
区位的形象	5.8	7.4	6.8	2
土地及附着物成本	6.6	6.4	6.5	3
雇员生活方式的质量	6.8	6.2	6.4	3
劳动力成本	6.3	6.3	6.3	3
运输成本	6.9	5.8	6.2	3
被主要雇员接受的程度	6.2	6.0	6.0	3
专门技术的供应	5.5	5.3	5.4	4
公用设施成本	5.4	5.2	5.3	4
政府刺激	4.9	5.2	5.1	4
社会基础设施	4.6	5.0	4.9	5
技术人员的供应	4.7	4.9	4.8	5
教育设施	4.7	4.8	4.8	5
房屋质量	4.9	4.6	4.7	5
专家服务及设施	4.6	4.8	4.7	5
接近供应商	5.4	4.2	4.6	5
房屋成本	4.8	4.5	4.6	5
利用商业或政府支持	3.3	3.6	3.5	6
培训设施的可得性	2.9	3.4	3.2	6
廉价熟练劳动力的供应	3.6	2.9	3.2	6
产品开发的合作	3.0	3.1	3.1	6
离国际机场和海港的距离	2.8	3.2	3.1	6
罢工丧失的时间	2.8	2.6	3.1	6
劳动斗争性程度	3.6	2.7	3.0	6
接近发达的铁路网	2.5	3.3	3.0	6
工会化水平	3.3	2.5	2.8	6

资料来源：Hodgkinson、Nyland和Pomfret，2001。

评价区位优劣的重要标准[①]。

　　需要指出的是，区位决策单位与前面所说的区位单位并不相同。尽管有的区位单位，如居民个人、组织机构、管理机构等，可以自主地选择区位，因而

---

① 安虎森：《新区域经济学》，东北财经大学出版社。

是自己的区位决策单位。但在多数情况下，区位单位与决策单位并非一致，例如，在工商界，公司是制定区位决策的单位（即区位决策单位），而具体的企业（如工厂、商店、银行分行等）则是由外部决策确定区位（即区位单位）。换言之，只有当决策主体与区位单位一致时，区位单位的区位选择是自主的；否则，则是由外部决策所决定的[①]。

2. 区位决策过程

（1）个体单位的区位选择与区位聚集

由于生产要素的非完全流动性、非完全可分割性和产品与服务的非完全流动性，各个区位的区位因素具有很大的差异，因而经济空间是非均质的，具有区位优劣之分。很显然，优势区位将给经济主体带来额外的经济利益，而劣等区位的经济利益则相对较小。在完全竞争条件下，区位利益作为一种外部性利益，对于厂商、居民等行为个体而言只能是被动接受者，既不可能改变他，也不可能排他性地独占。所以，厂商与居民只能通过区位决策而不是生产、消费决策去获取既定的区位利益，以扩大其利润或效用。于是，在利益最大化原则下，优势区位将吸引众多厂商、家庭的积聚，从而带动资本、人口、资源等形成区位聚集。厂商、居民的区位聚集在技术上将会产生明显的聚集经济，从而将强化聚集区位的优势地位，进一步吸引厂商、居民及相关要素的区位聚集。在经济空间中，各区位上的区位因素可能是不同的，从而将形成区位优势差异。为追逐利益最大化，个体单位区位决策的结果毫无疑问将形成优势区位的聚集现象。这在资源禀赋状况良好的特惠地点表现得最为突出。因此，区位聚集是一种不可避免的空间布局结果[②]。

下面将分企业和家庭来具体论述他们各自的区位决策过程。

第一，企业区位决策过程。

企业区位决策一般是针对多厂企业而言的。多厂企业的投资行为不同于独厂企业。首先，多厂企业的每个分支机构不仅是一个独立的经营实体，而且也是企业总体经营的一个组成部分。其次，任何分支机构的生存并非单纯取决于盈利或亏损标准。只要企业有一些盈利，或者符合其他的目标，通过企业内部转移支付或津贴，出现亏损的分支机构仍然可以生存下来。因此，一个企业在某一特定区位进行投资决策时，不仅要考虑该项目本身能否盈利，而且要考虑

---

① 郝寿义、安虎森：《区域经济学》，经济科学出版社。
② 郝寿义、安虎森：《区域经济学》，经济科学出版社。

他能否对企业内其他地点投资的利润做出最大贡献。一般来说，企业投资区位决策的空间规模大体可以分为四个层次：①国际层次，即在不同国家的比较。②区域层次，即在国内不同地区的比较。③社区层次，即在区域内不同社区的比较。④厂址层次，即在社区内不同地点的比较。这样，对跨国公司而言，其海外投资区位的决策将是一个多阶段的过程。在大多数情况下，跨国公司首先选择进行投资的国家，然后再具体确定国内建厂地区和厂址。有时，这两个阶段内也可以同时进行。在选定了投资国别之后，国内建厂地区和厂址的选择一般分为三个步骤进行：首先，在拟投资国家内选择一个大范围的特定地理区域，如沿海地区；其次，在该特定区域内，选择一个或多个次一级的区域或城市作为拟建厂地区；最后，在该区域或城市选择若干个地点，并通过详细的可行性研究，确定具体的建厂地点，即厂址选择。

无论是在国内投资还是在国外投资，国内建厂地区和厂址选择大体上都是一样的。在区域、亚区域和厂址选择各个阶段，都必须收集各种数据和资料，并列举需要加以考虑的各种区位因子。各阶段所考虑的区位因子一般是不太一样的。资料和数据的收集，既可以依靠公司内部来源，如公司收集的各种情报、政府机构的咨询公司等获取。在充分收集各方面的数据和资料之后，一般要确定一定的评价标准，采用适当的方法和技术，如主观判断、比较成本分析、专家论证和实地考察等，通过多方案的比较分析，最后选定建厂地点[1]。

在某种意义上说，区位选择是企业发展的关键，而这种区位选择一般是在企业创办之初进行决策的。区位选择时的各种约束条件影响着区位主体的预期收益，且给区位主体带来区位选择后的路径依赖成本。如果我们把企业看成寻求最佳区位的理性生产者，那么企业在产业布局前对不同区位的预期收益和成本要进行详细比较。随着企业收益的提高，生产发展要求企业扩容，这时企业有可能引进新的生产技术或新的生产线。当引进新的技术或生产线时，有可能导致供应商和消费者的区位发生变化，如果发生这种变化，则有可能引起运费率发生较大变化。因此，如果企业的生产规模发生变化、生产程序发生变化、产出结构发生变化、供给链系统发生变化、市场结构发生变化、运输条件变化或者产生上述变化的各种组合，都会引起企业区位的变化[2]。

从另一方面来说，作为生产者，企业总是要争取获得尽可能多的利润，其

---

[1] 魏后凯：《现代区域经济学》，经济管理出版社。
[2] 安虎森：《新区域经济学》，东北财经大学出版社。

区位选择尽可能寻找利益最大化的地点。具有更多经济利益的优势区位自然成为其选址的理想所在。但只要存在超额利润，就会有更多的厂商靠近和加入。从而，厂商将面临两方面的竞争约束：一方面有利区位的土地因竞争变得更为稀缺，从而地租支出将随之提高；另一方面厂商的市场份额和辐射区将因竞争而缩小，产品价格因供给增加而下降。其结果是，聚集的厂商数量达到最大，以至于超额利润消失[①]。

第二，家庭区位决策过程。

显然，各种成本的降低是家庭区位选择时主要考虑的因素，这种成本包括房价、房租、宅地成本、维护费用，以及小孩上学、大人上班和购物时的交通成本。当然，家庭区位选择也要对其住所、位置、邻里等区位因素的机会成本进行评估。虽然对于某些家庭来说，工资率的提高、新的工作机会出现、城市化进程、婚姻状况变化或者邻里关系变化等也会引起家庭区位变更，但这不是家庭区位选择的决定因素[②]。

我们也可以从居民的收入、效用差异和区位偏好来分析家庭的区位决策。居民的收入不同意味着预算约束的差异。即使居民对各种商品（包括土地）的偏好相同，较高收入阶层也将获得更高的消费效用。而事实上，不同的收入阶层单位货币支出的边际效用是有差异的，因而效用函数也有很大不同。高收入阶层显然对较大的居住空间具有很大的偏好，而对一般商品的偏好则相对偏低。同时，高收入阶层与低收入阶层相比，对于同样的交易费用支出或交易费用的评价相对较低。因此，可以推断，在同一区位上，高收入阶层对靠近聚集中心区位所带来的消费性外部经济的评价与低收入阶层相比相对较低。从而高收入阶层对市中心的依赖性相对较弱。另外，高收入阶层对土地空间的需求大于低收入阶层，因而对于递减地租的较远距离区位的偏好相对较强。总之，可以认为，居民收入水平不同，其效用函数不同，对一般商品和土地的偏好不同，对中心聚集利益的评价不同，因而对市中心的依赖程度也就不同。[③]

另一方面，与企业类似，优势区位的经济利益必将吸引更多的居民迁入。居民竞争不仅促使地价上涨，而且可能导致工资下降。同时，聚集人口的增加逐渐会引起拥挤成本的上升，从而削弱该区位的既有优势。其结果，各地居民

---

① 郝寿义、安虎森：《区域经济学》，经济科学出版社。
② 安虎森：《新区域经济学》，东北财经大学出版社。
③ 郝寿义、安虎森：《区域经济学》，经济科学出版社。

的总效用水平趋于一致，城市人口规模达到最大[①]。

区位选择本质上是接受空间位置对净收益的长期承诺，因此变更区位会给区位主体带来各种成本和不便，但区位的未来趋势可能会发生变化，存在着不确定性，因此区位的长期承诺也可能发生变化。总之，区位只能根据某些现有的确定性因素进行选择，一旦做出了选择就会存在很大的惰性，也就是区位主体选择某一区位后不会轻易变更自己的区位，因为区位的重新调整要支付巨大的货币成本和心理成本，同时新的区位承诺的某种高回报率也存在很大的不确定性。正因为这样，区位主体更偏好目前的状况[②]。

2.公共设施

各种公共设施区位选择本质上与企业区位选择类似。公用事业机构生产的是公共产品，公共事业机构进行区位选择时考虑的是社会效益最大化而不是利润最大化，因此派出所或医疗机构进行区位选择时，较少考虑货币收益，但必须考虑各种成本。由于服务质量和公众满意程度难以估计，因此地方政府选择公共事业机构的区位时其主要标准是社会标准而不是经济标准[③]。

具体而言，对于公共服务设施如医院、疗养院、图书馆、邮局和消防局等设施的布局，既要考虑各种设施的可能利用效率，同时也应该考虑所有的公民都能均等享受到公共服务设施的权利，即公平性。在一定的预算约束下，根据消费者的平均移动距离来决定公共服务设施的数量和规模。如果过分地追求每个公民享受的平等性，只能是小规模分散布局；相反，如果追求设施的利用效率和服务的多样化，则大规模、集中式的布局较好。但后者消费者到设施的总移动距离要加大。在现实中，由于国家或地方预算的制约，以及客观上存在的空间距离衰减作用，公共设施完全公平地布局是不可能的。

另外，对于消费者来说，都希望尽量接近对自己有利的设施，如公园、学校和图书馆等，而避开对自己不利的公共服务设施，如飞机场和垃圾处理场等。对于政府而言，既要考虑每个消费者对公共服务设施的需求和期望值，同时也要照顾到所有消费者的需求。一般追求效率性的布局类型多以居民到公共服务设施的总移动费用最小或总移动距离最短为目的；追求公平性的布局类型是远离公共服务设施居住的居民数量最少或从各居民点到最近设施的最大距离

---

① 郝寿义、安虎森：《区域经济学》，经济科学出版社。
② 安虎森：《新区域经济学》，东北财经大学出版社。
③ 安虎森：《新区域经济学》，东北财经大学出版社。

最小化为目的。[①]

第三节　经济区划

一、经济区划含义及区划原则

（一）经济区划含义

经济区划是指通过对全国或特定区域进行分区划片，阐明各地区经济发展的条件、特点和问题，指出他在国民经济体系中的地位和发展方向，最终为中央政府对区域经济进行宏观调控、地方政府制定区域发展规划、企业进行区域分析活动提供科学依据。

经济区划是经济发展的手段，而不是目的。他是组织合理的地区分工和区际协作，有计划地加强区内各部门、各行业及各子区域的经济联系，指导区域经济朝着最有利方向发展的有力工具。全国性的综合经济区划是国家对区域经济发展进行宏观调控的重要依据。

（二）经济区划的原则和依据

经济区划的原则和依据视研究对象的不同、经济区划目的的不同而不同，但是，各种类型经济区划的原则也存在着共性，这些共性的原则主要有：

1. 经济区内自然、经济、社会条件的相似性和区际差异性

这是划分经济区的一般原则。区内相似性即区内主要的资源条件、经济发展水平、发展的潜力与问题、面临的任务和发展方向等方面具有近似性。区内相似性是经济区存在的客观基础，是一个经济区区别于其他经济区的主要依据。区内相似性体现在区际之间就成为区际差异性，这是区域分工的基础。综合经济区的区内相似性与区内合理的经济联系相适应，经济区内部稳定、合理、密切的经济联系使区内经济得以成为整体，否则经济区将如一盘散沙，形不成综合经济实力，综合经济区也因此会失去意义。

2. 将地区优势与国民经济综合发展相结合，即地区生产专业化与综合发展相结合，建立合理的产业结构

[①] 魏后凯：《现代区域经济学》，经济管理出版社。

综合经济区的划分首先要服从全国或上一级经济区地域分工的需要，充分发挥地区优势，发展专业化生产，否则就不能完成全国劳动地域分工体系赋予的任务；另一方面，综合经济区还应该根据自己的条件，发展为专业化部门服务的部门及自给性部门，在一定程度上满足区内生产和生活的需要，否则就难以保证地区经济的顺利发展。现代化的第三产业是综合经济区实现经济综合发展的重点产业，经济区的级别越高，第三产业发展的规模越大，现代化程度也越高。

3. 地区经济中心与经济腹地相结合

综合经济区应该是以中心城市为核心，以区域交通通信网络为脉络，上下级城市密切联系，城市与乡村相互结合的区域整体。在这里，中心城市是组织和协调区域发展的核心，他可以将经济区内各部门、各经济子区、各级城市的经济活动凝聚成一个整体。地区经济中心可以是一个密集的城市群，也可以是一个大城市、中等城市或小城市。因此，正确认识和判断各级各类经济中心及吸引范围是划分综合经济区划的重要依据。

4. 经济区的界限尽可能与行政区界限一致

综合经济区的发展是靠一系列政策来实现的，这些政策的制定者和执行者是各级行政区的政府机构，完全脱离行政区的经济区很难得到顺利发展。另外，目前绝大部分国家和地区的统计资料都是按行政区划汇编的，如果经济区划和行政区划不一致，在研究经济区划和规划区域经济发展时就很难得到相应的资料，或者为此大大增加工作的难度，造成不必要的损失。一般而言，行政区的划分都尊重民族感情，原则上保持民族地区的完整性，综合经济区的划分也要充分考虑到这一点。

5. 同级综合经济区在地理范围上不宜重叠或交叉，各同级经济区地域范围的总和覆盖上一级经济区的国土总和，全国性的综合经济区应覆盖全部国土。

虽然经济区不是一成不变的，但这种变动反映在区划方案的变动之中，具体到每一个综合经济区划方案，各级综合经济区都应该有明确的界限。

上面介绍的是综合经济区划的主要原则和依据，这些原则在不同的历史时期会发生不同的变化，需要我们不断地探索和总结。

二、经济区划方法

（一）经济区划分的方法

经济区划分的方法也因经济区划对象类型的不同而不同，这里侧重介绍综合经济区划分的方法。

1. 聚类分析法

聚类分析法是一种常用的统计分类方法，根据分类对象特点的不同可以分为不同的方法。在进行经济区划时，经常把系统聚类法和动态聚类法相结合，先将影响经济区划的各因素分成不同的层次，从最低层次的因素聚类分析开始，把这一层次因素相同或相近的地区分为一类；然后逐次分析更上一层次、更加综合的因素，根据其异同对区域进行再聚类，直至因素系统的最上层次；最后一次的分类结果便得出一级经济区，再根据对经济区的详略程度的要求往下截取，取出若干层次的经济区划系统。经济区划的初步方案出来后，还需要再根据经济区划工作的具体要求及经济区运行的特殊性对各级经济区划进行调整，直至满意为止。

用聚类分析法研究经济区划，发达国家的理论和实践都比较成熟，国内运用相对较少。运用此方法需要占有详尽而又具体的资料，熟悉并会灵活运用聚类分析方法，同时还有大量的计算工作，因此难度相对较大。

2. 地域分工分析法

这是一种根据劳动地域分工规律及各地区经济发展的基础和特征，采用自上而下的程序来划分经济区的分析方法。比如，要划分全国一级综合经济区，则先找出具有全国意义的各部门或行业的专门化生产地区，把这些地区勾画在地图上，就可以大致反映出全国地域分工的状况。但是这些地区不可能覆盖全国，还有很多地区不可能直接参加全国一级地域分工，但他们在上述部门和地区的经济发展中起着重要的辅助作用。根据一级综合经济区必须覆盖全国的原则，应该把这些地区分别划归各相邻的经济区，以形成地区生产专业化与综合发展相结合的综合经济区，这种归类的基本标准是经济联系上的密切性和地域上连成一片的可能性。有些比较落后的地区暂时与各级经济区都没有明显的经济联系，则可以根据他今后发展中可能产生经济联系的倾向性将他划归到某一经济区。

3. 经济中心分析法

以城市为中心划分经济区是西方国家划分经济区的主要原则，经济中心分析法也是其经济区划的主要方法。该方法按以下步骤进行。

（1）根据各个城市的经济实力和影响范围确定全国或规划区内城市的等级系统。

（2）确定各层级同级相邻城市腹地范围的分界线。最常用的方法是根据康维斯断裂点理论来划分城市吸引范围，计算公式为：

$$d_j = D_{ij} / \left(1 + \sqrt{\frac{P_i}{P_j}} \right)$$

式中：d_j——断裂点距 j 城的距离，即相对于 i 城市而言，j 城市的吸引范围（公里）；

D_{ij}——i、j 两城市之间的距离（公里）；

P_i——为 i 城市的人口数（万人）；

P_j——为 j 城市的人口数（万人）。

在实际运用中，由于城市的吸引力主要取决于其经济实力而不是人口数量，因此需要对上述指标进行修正，用城市的国内生产总值（万元）代替城市人口指标。

（3）根据各级城市的吸引范围大致确定经济区系统的界限。

（4）由于根据康维斯断裂点理论划分的经济区界限不一定与相应等级的行政界限相一致，需要按现行行政区界限作进一步修正。

（5）根据现实的经济联系对区划方案再作个别调整。有些城市尽管经济实力比较弱，但由于他具有特殊的功能或产业结构，与周围地区联系广泛而密切；有些城市则存在相反的情况。这时就需要根据现实的经济联系对经济区划方案作进一步调整，最后确定各个地区的界限，形成经济区系统[1]。

三、经济区划类型

经济区有一定的结构和功能。经济区的结构主要指其内部经济活动的构成，包括经济活动的部门种类和相互关系。经济区的功能主要指其在区域经济发展中所具有的组织作用，以及在国家经济发展中所具有的分工能力。经济区之间在结构和功能方面存在着差异，并表现出不同的经济特征。因此，可以依据其结构、功能差异及经济特征，把经济区分成不同的类型。对经济区进行类型划分，有利于深入研究各种类型经济区的结构和功能性状，探索其形成与演化规律；有利于在区域经济发展和国家经济管理中，有针对性地解决不同类型经济区的问题，充分发挥他们的作用。

---

[1] 张敦富等：《区域经济学原理》，中国轻工业出版社 1999 年版，第 25-32 页。

1. 经济类型区

指内部经济活动特征相似的经济区。经济类型区的特点是区内经济活动在某个或某些方面相似程度高，而区外表现出明显的差异性。

根据经济发展水平，一般可以把区域分为发达、中等发达区和欠发达区。我国所划分的东部、中部、西部三大经济地带，就是一种经济类型区。如果用人均收入作为反映经济发展水平的指标，经济把区位分为高收入区、上中等收入区、下中等收入区和低收入区等。

2. 部门经济区

指有某个经济部门的相关组织在一定地理空间形成的经济区。部门经济区的特点是区内的经济活动具有生产、经营特征的一致性，存在生产和经营方面的联系。而且，部门经济区的资源基础和发展条件基本相同，内部面临的发展问题也大体相似。常见的部门经济区主要依据不同的经济部门来划分。

根据内部的行业构成，部门经济区还可做进一步的划分。如工业区进一步分为原材料工业区、加工工业区；加工工业区又可分为机械工业区、电子工业区等。农业区可以分出种植业区、林业区、畜牧业区、水产业区等，种植业区可以进一步分成小麦种植区、玉米种植业区、大豆种植业区等。

3. 综合经济区

指区内国民经济体系相对完整的经济区。综合经济区具有如下三个特点：其一，在部门结构方面，综合经济区由若干经济部门构成。在这些经济部门中，存在着少数主导部门，其他各经济部门均以主导部门为核心，在经济、技术、组织等方面相互联系和相互依赖，从而构成一个相对完整的国民经济体系。其二，在空间结构方面，综合经济区内有一个比较强大的经济中心。经济中心对区内经济活动发挥着组织、带动作用，他对周围地区进行经济辐射，并依托其他的城市把各地区连接成一体，构成空间体系，使综合经济区构成一个有机整体。其三，在网络联系方面，综合经济区内部存在一个以各种交通网络、通信网络、能源供给网络，以及水资源供给等为基础框架，一个个经济部门之间、部门内部，公司之间、公司内部等组织联系为活动链条所构成的辅助经济网络。这个经济网络在区内传输各种资源和要素，为各种经济活动的开展及整个经济系统的运行创造了条件。一般而言，在产业结构、空间结构、网络联系方面，综合经济区都具有较高的组织水平。

综合经济区在区域或国家的经济发展中具有较强的经济空间组织功能，在制订国民经济的发展计划、规划，进行经济布局和经济管理时，多以综合经济区作为空间依托或空间单元。所以在称谓上，一般所指的经济区即是综合经济区。

4.新型经济区

在各国的经济发展中，处于对外开放的需要，国家有计划地规划和建设了不同类型的对外开放区和贸易区。同时，为了发展新兴产业，吸引外来投资，各区域也规划建设了不同类型的对外开放区和贸易区。同时，为了发展新兴产业，吸引外来投资，各区域也规划和建设了许多新的产业区。从经济发展的角度分析，他们也是一种经济区，但是，在功能及内部组织和管理方面，都与上述类型的经济区有所区别，故暂将其称为新型经济区。这类经济区主要有以下几种形式。

（1）经济特区

是中国所特有的一种经济区域。所谓经济特区是"中国境内划定的地域范围内，依托内地的经济与技术力量，通常实行特殊优惠政策，引进外资、先进技术、发挥四个窗口（技术窗口、知识窗口、管理窗口、对外政策窗口）与两个扇面（对内与对外）辐射的枢纽作用的特别经济区。"1980年，我国设立了深圳、珠海、汕头、厦门四个经济特区。1988年又设立了海南经济特区。

（2）经济技术开发区

是中国在经济特区建设经验的基础上，在开放城市划出一块较小的区域，集中力量进行基础设施建设，发展经济服务体系，创建符合国际水准的投资环境，运用优惠政策来吸引利用外资，形成以高新技术产业为主的现代工业结构，开展对外经济贸易，带动所在城市经济发展的经济区。

（3）出口加工业区

是指在一个地区、城市的对外交通便捷的地方，划出一定的区域，通过建设基础设施和标准厂房等，结合优惠政策，吸引外国投资，发展以制造、加工或装配出口商品的出口加工业的经济区。世界上第一个出口加工区是1959年在爱尔兰香农机场附近建立的。1966年，我国台湾建立了高雄出口加工区，这是亚洲的第一个出口加工业。

（4）保税区

是在某个国家对外贸易便利的口岸城市，划出一定区域，开展国际贸易和保税业务的经济区。在保税区内，允许外商投资经营国际贸易，发展保税仓储、加工出口等业务。

（5）自由港与自由贸易

自由港指一国划定的，位于海关管辖之外，外国船只和人员可以自由进出，全部或对大多数外国商品可以豁免关税的港口。自由贸易区是以贸易为主，工业和商业同时发展的多功能经济自由区。与自由港相比，自由贸易区的自由度要低一些。如自由港只对很少的商品征收关税或实行不同程度的贸易管制，但自由贸易区对所有的进口生活消费品都征税和实行贸易管制。

（6）高新技术产业开发区

是高新技术产业集中分布的地区。他是依托所在城市的大学和科研机构，采取优惠政策，利用国内外的高新技术成果和人才，实现高新技术成果的产业化，发展高新技术产业的地区。一般情况下，高新技术产业开发区由三大部分构成。一是各种高新技术企业以及大学和科研机构。二是开发区的开发、管理及机构，负责开发区的基础设施建设，管理开发区的行政事务。三是金融、保险、税务、通讯、教育与培训、咨询和企业管理、中介机构、治安等组成的社会服务与保障体系，为开发区内高新技术产业发展提供完善的社会化服务。这三个部分结合在一起形成了高新技术产业特有的发展环境和运行机制。

（7）边境经济合作区

是在我国实施沿边开放战略中，在内陆边境开放城市或地区设立的发展边境贸易和加工出口的经济区。边境经济合作区的发展与所对应的国家或地区的经济发展水平，以及双边的经济互补性有很大的关系[1]。

参考文献

吴传清等：《区域经济学原理》，武汉大学出版社 2008 年版。

郝寿义、安虎森等：《区域经济学》，经济科学出版社 1999 年版。

陈秀山、张可云：《区域经济理论》，商务印书馆 2010 年版。

张可云：《区域大战与区域经济关系》，民主与建设出版社 2001 年版。

魏后凯等：《现代区域经济学》，经济管理出版社 2006 年版。

程必定等：《区域经济学》，安徽人民出版社 1989 年版。

---

[1] 吴殿延等：《区域经济学》，科学出版社 2005 年版，第 202-207 页。

周起业等：《区域经济学》，中国人民大学出版社 1989 年版。

吴殿延等：《区域经济学》，科学出版社 2005 年版。

周克瑜：《走向市场——中国行政区与经济区的关系及其整合》，复旦大学出版社 1999 年版。

张敦富等：《区域经济学原理》中国轻工业出版社 1999 年版。

武汉德、潘玉君：《区域经济学导论》，中国社会科学出版社。

李侬：《我国行政区划与经济区划的冲突与调适研究》，湖北大学，2009 年 5 月。

王春辉：《经济区、行政区、社区的互动关系研究》，复旦大学，2008 年 5 月。

李瑜、郑少锋：《农业区位论与西部退耕还林区农业产业布局研究》，《农业现代化研究》2007 年。

高新才、王云峰、买莎：《区域经济发展中的经济区划问题研究》，《贵州社会科学》2010 年。

韩塔娜：《行政区划与我国的行政区域经济》，《北方经济》2008 年。

刘小康：《"行政区经济"概念再探讨》，《中国行政管理》2010 年。

黄兴生、潘勇杰：《行政区域经济区的冲突及其协调探析》，《经济管理与改革发展》2010 年第 8 期。

陈钊：《地级行政区划调整对区域经济发展的影响——以四川省为例》，《经济地理》2006 年第 5 期。

杨龙：《中国经济区域化发展的行政协调》，《中国人民大学学报》2007 年第 2 期。

［俄］T. M. 克尔日查诺夫斯基：《苏联经济区划问题论文集（1917–1929）》，王守礼译，商务印书馆。

［美］埃德加·M.胡佛、弗兰克·杰来塔尼：《区域经济学导论》，郭万清等译，上海远东出版社 1992 年版。

Hoover E M. An introduction to regional economics. New York : Alfred A. Knopf Inc, 1975;［美］埃德加·M.胡佛：《区域经济学导论》，王翼龙译，商务印书馆 1990 年版。

KIAASSEN L H. Area social and economic redevelopment. OECD, 1965. 张可云：《区域大战与区域经济关系》，民主与建设出版社 2001 年版。

K. 迪金森：《近代地理学创造人》（中译本），商务印书馆 1980 年版。

［德］阿尔弗雷德·韦伯：《工业区位论》，李刚剑等译，商务印书馆 1997 年版。

［德］约翰·冯·杜能：《孤立国同农业和国民经济的关系》，吴衡康译，商务印书馆 1986 年版。

《列宁全集》第 19 卷。

第三章　区域经济要素

区域经济要素是区域经济增长的基础。区域经济要素包括自然资源、劳动力、资本、技术、制度等。本章着重分析区域经济要素的分类与流动，以及对区域经济增长的影响。

第一节　要素内涵、要素分类与要素流动

一、要素内涵

区域经济增长是一个地区商品和劳务的增长。衡量经济增长一般用年增长率或国民收入年增长率作为尺度。因经济增长是经济发展的前提和基础，所以，追求经济增长就成了任何区域实现经济发展的主要目标之一。而对区域经济增长要素的分析是研究区域经济增长的起点。在西方经济学著作中，不同的学者对经济增长要素的分析可略知一二。亚当·斯密对经济增长理论研究的主要贡献之一就是深入分析了影响经济增长的基本因素。亚当·斯密认为，劳动、资本、土地的数量决定一国的总产出，现代经济增长理论正是由于探索不同要素对经济增长贡献的差异，建立了不同的增长模型，形成了不同的流派。综合古典经济增长理论和现代经济增长的不同流派，可以把影响区域经济增长要素概括为：自然条件和自然资源要素、劳动力要素，资本、技术、结构变化和制度安排等。经济学研究的目的就是通过对各种生产要素进行合理配置，以较少的投入获得较多的、能满足人们需要的产出。可以说"经济活动的实质就是对生产要素的节约"。不管对于生产要素的定义有怎样的表述，但我们对生产要素有一个广泛的共识，即生产要素是经济活动的客观基础，是各种生产活动所必须具备的主要因素或者是各种生产过程中所必须投入的主要手段。

总而言之，要素是经济活动的客观基础，是各种生产活动所必须具备的主要因素或者是各种生产过程中所必须投入的主要手段。对生产要素的认识是一个不断完善的过程，随着社会生产活动的发展，经济学所要考虑的要素是动态

变化的。

二、要素构成的诸元说

（一）生产要素二元论

当代多数学者认为，虽然威廉·配第（William Petty）并没有明确提出生产要素的概念，但其"土地为财富之母，而劳动则为财富之父和能动的要素"思想，表明配第实际上已经提出"生产要素二元论"，即生产要素包括土地和劳动。随后，法国经济学家理查德·坎蒂隆（Richard Cantillon）继承了配第的"生产要素二元论"思想，在其著作《商业性质概论》中指出"土地是所有财富由以生产的源泉或质料。人的劳动是生产他的形式，财富自身不是别的，只是维持生活、方便生活和使生活富裕的资料。"虽然上面两位学者并没有真正提出生产要素二元论，但后人根据对生产要素的理解，认为他们已经持有生产要素二元论。实际上，真正明确持有二元论的较著名人物是奥地利经济学家庞巴维克（Bohm Bawerk）。庞巴维克否认资本是可以与劳动和自然并立的第三种生产要素，从而确定了劳动和土地的生产要素二元论。他在《资本实证论》中写道："资本本身的起源、存在和以后的作用，也不外乎是生产的真正要素（自然和劳动）连续活动中的一些阶段。"他认为之所以会将资本作为独立生产要素就是"一般人都公认生产要素和收入类别是对称的，同时，经济学家如果不承认资本是一种独立的生产要素，则在解释利息和把他合理化起来时就会感到为难"。

生产要素二元论中所说的"土地"，从广义上是指包括土地在内的自然资源。自然资源不仅在很大程度上影响着劳动生产率的提高，而且对生产力的空间布局，以及地区产业结构的形成和发展也有着较大的影响。传统经济学认为，自然资源尤其是土地资源的稀缺性既是限制和约束经济发展的重要条件，也是经济学建立的重要基础。正如经济学家舒马赫（Schumacher, E.F）在其名著《小的是美好的》一书中指出，"工业体系赖以生存的，是他得意地看成收益的不能替换的资本。"舒马赫在这里所说的"不能替换的资本"指的就是自然资源。自然资源主要包括水资源、能源资源、矿产资源、土地资源等。由于土地资源是所有资源中最基本的一种资源，不仅是人类赖以生产和生活的场所，也是农业最基本的生产资料，土地资源的状况不仅影响农业生产的产量和农业生产的构成，还在很大程度上影响工业的进一步发展，因此传统经济学关于资源的讨论就集中在了土地资源上。

（二）生产要素三元论

《国富论》中，亚当·斯密（Adam Smith）认为无论什么社会，商品的价格归根结底都能被分解成劳动、资本和土地三个部分或其中之一，从而确定了三要素的雏形。萨伊（Jean-baptiste say）1803年在其著作《政治经济学概论》中认为"事实已经证明，所生产出来的价值，都是归功于劳动、资本和自然力这三者的作用和协力，其中以能耕种的土地为最重要因素但不是唯一因素。"萨伊把土地、劳动和资本归结为生产的三个要素，劳动创造了工资，资本创造了利息，土地（自然力）创造了地租。然而值得注意的是，英国经济学家威廉·西尼尔（William Senior）同一时期则提出了有所不同的三要素观点。西尼尔在其《政治经济学大纲》中写到"生产的主要手段是劳动和不借助于人力的、由自然予协助的那些要素。"这句话说的要素就是劳动和自然要素。此外，西尼尔还认为"虽然人类的劳动和跟人力无关的自然要素是主要的生产力量，但是要使两者得以充分发挥作用，同时还得有一个第三生产要素……我们没有他则其他两者就无能为力的这个第三要素或生产手段叫作节制。"西尼尔认为，资本指的是"出于人类努力的结果、用于财富的生产或分配中的一项财富。"在这样的定义下，资本并不是单纯的生产手段，而是所有三种生产手段结合起来的结果。因此，他用节制一词取代资本来作为第三种生产要素。节制这个词按西尼尔的解释可以表示为"对于他可以自由使用的那个部分，或者是不做非生产的使用，或者是有计划地宁愿从事于其效果在于将来，而不在于眼前的生产。"

19世纪中叶的英国经济学家约翰·穆勒也继承了三要素的观点，把生产要素归结为土地、劳动和资本，只是他比前人更详尽地讨论了各种生产要素存在的方式、性质和条件。德国旧历史学派的代表人物威廉·罗雪尔（Wilhelm Roscher）同样也是生产要素三元论的支持者，并在其《历史方法的国民经济学讲义大纲》中指出"三要素对生产一般都是必要的。……但一般在低级的文化阶段，自然的要素占支配地位；到了中等阶段，人类劳动抬头；到了高级的文化阶段，则资本的要素占据优势。"

（三）生产要素中的知识与技术

1890年著名经济学家阿尔弗里德·马歇尔出版了西方经济学界誉为划时代巨著的《经济学原理》。在这本书中马歇尔专门论述了生产要素，生产要素通常分为土地、劳动和资本三类。土地是指大自然为了帮助人类，在陆地、海上、空气、光和热各方面所赠予的物质和力量。劳动是指人类的经济工作（不论是用手的还是用脑的）。资本是指为了生产物质货物和为了获取通常被算作收入一部分的利益而储备的一切设备。马歇尔认为资本大部分是由知识和组织构成的，由于知识和组织的区别日益明显，因此马歇尔主张把组织从资本要素中分离出来作为独立的第四种生产要素。马歇尔在把组织作为独立的生产要素分离出来的同时，也对知识做了一定的阐述，认为资本中的相当一部分构成来自知识。但是由于受经济发展阶段的约束，马歇尔并没有把知识作为独立要素予以讨论。

20 世纪 50 年代，美国经济学家库茨涅兹（Kuznets）运用统计分析方法对各国经济增长进行分析之后发现：技术进步是经济增长的一个重要来源。美国的加尔布雷斯（Calhraith J.K）在 20 世纪 70 年代也注意到了知识的决定性作用，提出了著名的"权力分配论"。加尔布雷斯认为，在任何社会中权力总是与最难获得或最难替代的生产要素联系在一起。谁拥有这种生产要素的供给，谁就拥有权力。在封建时代，土地是最重要的生产要素，地主是这一要素的供给者，所以地主拥有权力。到了资本主义社会，资本代替土地成了最重要的生产要素，权力也就相应地转移到了资本家的手里。而在现代社会中，由于工业的不断发展和科学技术的迅速进步，专业知识已成为决定企业成败的决定性生产要素。于是，权力也就从资本家手中逐渐转移到了那些拥有现代知识和技能的人手中。正是由于权力的转移，现代公司的结构才发生了如此重大的变化。

与此同时，经济学家索洛 1957 年在对美国 1909—1949 年经济增长进行定量分析后也发现，美国 GDP 总额的年均增长率为 2.9%，其中 0.32% 归功于资本积累。1.09% 归功于劳动投入的增加，而剩下的不能由资本和劳动的增长来解释的"剩余"都归于"广义的技术进步"。因此，索洛教授认为"技术发展是经济增长背后的长期的主要因素"。这重要发现激发了随后主流经济学把技术进步作为要素进行研究的一股热潮。在这一研究热潮之中，知识和技术作为经济发展必不可少的要素得到了主流经济学的认可。

三、区域要素流动

在区域经济运行过程中，劳动力、资本和知识技术三种可移动性生产要素是最为重要的区域经济发展要素。据此，我们可以把区域要素流动划分为三种类型：一是区域劳动力要素流动；二是区域资本要素流动；三是区域技术要素流动。

（一）区域劳动力要素流动

劳动力要素是诸生产要素中最为活跃、最具有能动性的要素。从时间上看，区域劳动力要素流动可以分为短期流动和长期流动；从流动的地域空间范围看，区域劳动力要素流动可以分为区域内部流动和跨区域流动。区域劳动力流动显示出"向心"和"离心"的趋势。所谓"向心"趋势是指劳动者由人口稀少、经济不发达的地区流向人口密集、经济较发达的地区；而"离心"趋势则是指劳动者由人口密集、经济较发达的地区迁往人口稀少、经济不发达的地区，即劳动者离开旧的经济中心，迁往正在形成的新的经济中心。劳动力流动是一个不间断的过程，劳动者总是流动到自己熟悉的地方。这样可以降低流动后来收益的不确定性。除非有其他因素影响，劳动力流动总是由近及远逐渐进行的。准备流动的劳动者也往往依靠各种渠道获得经济信息，特别是区域间的工资差异和就业机会。在一次成功的流动以后，紧接着会有若干次类似的流动。而不成功的流动则对后续流动起着阻碍和抑制作用。区域劳动力要素流动是区域生产要素流动的重要类型，具有内在的经济动因，影响经济运行的其他方面。具体而言，区域劳动力要素流动具有如下特点。

①区域劳动力要素流动会产生马太效应。区域劳动力要素流动是由区域劳动力供求状况引起的，反过来又影响区域劳动力市场的供求。劳动力供求客观上存在时间差异与区域差异。一般而言，劳动力往往是从低工资区流向高工资区，从劳动力剩余区流向劳动力短缺区。欠发达区域有选择的人口外迁对区内劳动力需求所产生的累积性综合负面影响比单纯的劳动力总供给减少的影响更为严重，因为流出的可能是年轻的、受过教育且有一技之长的劳动力。这种迁移不仅无助于缩小区域差异，反而会扩大区域收入差距。在市场经济条件下，劳动力的区际流动有助于推动农村城市化。但在城市扩张中的聚集经济与人口迁入会产生彼此推波助澜的效应，扩大而不是缩小区域差距。发达区域希望迁入的是有知识、有技能、能为发展本区经济所用的劳动力，而不希望迁入毫无技能、只增添区域公共物品供应负担的劳动力；而欠发达区域希望迁出的则是无生存手段者以减轻社会负担，而不是那些有技能的、在区域发展中起骨干作用的人才。

②区域劳动力要素流动会造成多种外部性。劳动力迁移会对迁出区与迁入区的产品价格、工资与收入水平、凝结在劳动者身上的教育投资的转移、资本的再分配等产生广泛影响。流入或流出的劳动力既是生产者又是消费者。作为生产者，劳动力的流动会影响相关区域的规模效应；作为消费者，劳动力的流

动会影响公共物品的消费，并间接影响区域价格、收入水平等。区域劳动力要素流动对流入区与流出区所产生的正负外部效应不一定正好相等。劳动力流动的影响是多方面的。从流入区的角度看，劳动力的流入使该区域的税收增加，同时，劳动力流动带来的人才为区域经济发展提供了人力资本支持；对于流出地区，由于具有税收贡献能力的人员减少，地方政府的收入也相应减少，一般认为会造成效率的净损失，尤其是人才流失。事实上，在劳动力要素流动过程中，虽然迁出地区的人才外流了，但对留下未走的劳动者却减少了竞争的压力。这在某种程度上也刺激人才流出地区人才的成长，从而具有有利于当地经济增长的一面。另外，一些区域得自流入的区外劳动者的汇款，及由流动者带来的经济交往、信息交流等方面的作用也不容忽视。

③区域劳动力要素流动对生产要素构成会带来较大的影响。当劳动力从乙地流往甲地时，改变了两地的要素禀赋。劳动力资源丰富的乙地本应出口劳动密集型产品，但劳动力流入甲地表明甲地具备部分生产劳动密集型产品的要素构成，从而扩大了这种产品的生产。与此同时，乙地由于劳动供应量减少，势必将削减劳动密集型产品的生产，降低了工资较低的乙地生产传统产品的能力。此外，区域劳动力要素流动还可能减少实物流动，需要比较劳动力流动和商品流动的相对自由程度，以及劳动力流动成本和商品运输成本的大小。此外，劳动力流动还会带来一系列的问题。比如劳动者流入一个陌生的区域，在生活甚至生存没有着落的情况下，往往会产生犯罪心理和行为，从而危害当地的社会治安。

总之，在市场经济条件下，区域劳动力要素流动有利于生产要素地域空间配置的调整与改进，从而对区域经济运行产生重要影响。

（二）区域资本要素流动

在市场经济条件下，从时间角度看，资本流动可以分为长期资本流动与短期资本流动；从流动方向看，可分为资本流入与资本流出；从投资角度看，可分为直接投资和间接投资。对于特定经济区域而言，资本形成有两个途径，即区域储蓄转化为投资和区外资本净流入。资本地域空间分布是不均衡的，存在着资本相对密集区和资本相对不足区。资本剩余与资本不足都会损害资本的使用效率，事实上，在区域经济运行过程中，没有足够、持续的资本供给，既不可能形成新的经济增长点，也不可能实现区域经济持续稳定发展。在没有外来资本流入的情况下，特定区域的资本供给取决于本区域的储蓄能力和居民的储蓄倾向。而储蓄能力直接与区域国民收入水平相关。一个区域在资本供给不足，而本区域储蓄率的提高又已经达到某种界限时，需要从外界输入资本。资本流动既是联系各区域的重要渠道，也能够为区域带来净收益。当存在区际资本流动时，一个区域通过资本流动就可以平抑消费水平在不同时期的波动。在经济不景气时，该区域可以借入资金，而在经济高涨时借出资金，从而使消费水平保持在一定的水平上。

一个区域要吸引外部资本流入，就必须保证由外部流入的资本在流入区域能够得到相对流出区域高的利润。但是，由于交易成本和风险的存在，如果利润的差别在投资者看来不足以补偿交易成本和风险的话，资本就不会从利润率较低的区域流向较高的区域。对投资者而言，收益的增加或风险的降低都会使他享有更高的效用水平。区域间资本流动的原因比较复杂，不仅在不同时期有不同的原因，而且就是在同一时期，不同资金跨区域流动的原因也不一样。从经济方面讲，区域资本流动的原因在于追逐经济收益的最大化和分散风险。一方面，区域间利率差异引起资本区际流动，资本从利率低的区域流向利率高的区域，直到利差消失为止。对由于利差引起的资本国际流动，除利率的差别外，通常还要考虑汇率的变动。当获得的利差不足以弥补由于汇率变动而导致的汇兑损失时，通常不会发生纯粹由于利差原因而发生的资本国际流动。另一方面，分散货币和投资风险的要求，加大了资本的区域间特别是国际流动。一些保值性资本的流动通常与资本的安全得不到保证以及资本的价值得不到稳定有关。第二次世界大战后资本的区域间流动特别是资本的国际流动通常还受政治等其他因素的影响。1945—1960年，美国对西欧经济援助和对一些亚洲国家和地区的经济与军事援助总额达到778亿元，主要就是美国出于政治战略等的考虑而形成的大规模资本流动。第二次世界大战后成立的世界银行集团和一些区域性的国际金融组织，如亚洲开发银行、美洲开发银行等，出于全球或地区政治和经济战略考虑，也在不断加大对一些发展中国家的资金援助。重点在于援助发展中国家的农业、教育、环保和医疗卫生等项目，使得流向发展中国家特别是一些经济较贫困国家的资金不断增加。

可见，区域资本流动不仅具有内在的经济动因，一些非经济因素对区域资本流动也产生影响。资本流动对区域劳动力要素流动与知识技术要素流动具有诱导性作用。

（三）区域技术要素流动

技术是根据生产实践或科学原理发展而成的各种工艺操作方法和技能，以及相应的材料、设备、工艺流程等，是人们在实践中积累总结的用以改造自然的知识体系。技术作为一种特殊的生产要素，通常融载于以下要素中：一是拥有生产技术知识的劳动者；二是物化成一定的机械装备和装置；三是生产产品、生产工艺、操作技巧的专利和技术秘密；四是传播技术的情报信息等。随着生产力的发展和科学技术的进步，技术越来越成为区域经济发展的关键性生产要素，区域技术要素流动对其他生产要素区域流动的促进和制约影响也越来越明显。在以知识、技术为基础的现代开放型市场经济体系中，知识、技术的区域扩散与集聚将成为区域经济运行的重要客观基础。

区域技术要素流动，也可称为区域技术转移，是指一个区域的技术持有人把技术的使用权或所有权转让给其他人的过程，根据转让是否有偿，技术流动可分为区域技术贸易、区域技术交流和区域技术援助三种方式。区域间的技术贸易是指不同区域的企业、经济组织或个人之间，按一般商业条件从事技术使用权买卖的一种交易行为。区域技术贸易是区域技术要素流动的主要形式。区域技术贸易的形式主要有：一是直接技术贸易，即通过专利技术、专有技术、技术秘密的转让，引进方从输出方取得制造、销售某种产品的权利，并得到相应的技术；二是引进成套或关键设备；三是区域间联合投资，可以通过合资、合作经营等多种形式，由拥有技术的一方将技术作为无形资产折价入股或提取技术补偿费等，将技术传递给合作的另一方。区域技术交流属于无偿的技术转让，一般通过非市场的渠道进行。随着人员、货物和信息等在区域间往来和交换的日趋频繁，技术交流在区域技术流动中的作用也不断扩大。区域技术交流的方式有科技资料、情报和仪器样品的交换，举办学术会议和国际博览会，举办技术开发中心和共同研究项目，进行访问考察或工作等。区域技术援助是指某一区域向另一区域无偿地或按优惠条件传授技术知识，协助建立科技项目，并提供相应设施，以促进受援区域经济和科学技术的发展。

促进区域技术要素流动的原因是多方面的，既有经济原因，又有社会、政治、军事等方面的原因。从经济角度看，主要有以下几个方面的原因：一是技术转让是跨国公司维持和扩大其竞争优势的重要手段。跨国公司将其拥有的技术向国外子公司或分公司转让，可以使这些公司在当地的市场竞争中获得优势。二是以技术换市场会引起技术转移。通过出口成套设备商品实现技术输出带动商品出口，或者是通过把技术输入到另一区域，换取对方开放市场，都会引起技术的区域流动。三是为获取技术转让费用，尽快收回技术投资。由于各个区域的技术状况存在差异，技术作为一种特殊商品，相同的技术商品在不同的区域会有不同的价格，因此会发生技术商品从价格低的区域向价格高的区域流动。另外，随着世界技术革新的周期越来越短，投入的科研费用越来越高，技术拥有者也迫切需要尽快收回投资。四是技术输出可代替或带动其他生产要素的输出。如通过技术入股来发展对其他区域的直接投资，或者通过技术输出带动劳动力或资本等的输出。从政治和军事的角度看，出于政治或者军事等方面的考虑，技术先进国家或区域也会无偿或者按优惠条件通过技术援助和技术交流等形式，向一些落后国家或区域提供技术。此外，技术创新或由于制度创新而引起的技术要素过剩具有溢出效应，这也是区域技术要素流动的重要原因。

区域技术要素流动随着科技进步、经济全球化与市场化进程的变化，其速度越来越快，对区域经济合作产生越来越重要的影响。

第二节 自然资源

一、自然资源的概念及其内涵

（一）自然资源的定义

自然资源是由人们发现的有用途和有价值的物质。自然状态的或者未加工过的资源可被输入生产过程，变成有价值的物质，或者也可以直接进入消耗过程给人们以舒适而产生价值。自然资源的定义是：人在自然介质中可以认识、可以萃取、可以利用的一切要素及其集合体，包含这些要素互相作用的中间产物或最终产物，只要他们在生命建造、生命维系、生命延续中不可缺少；只要他们在经济系统中构成必需的投入并产生积极效益；只要他们在社会经济系统中带来合理的福祉、愉悦和文明，即称之为"自然资源"[①]。

（二）自然资源的特点

（1）稀缺性。无论是物质或者能量，一旦被定义为"资源"，都是针对某一特定对象的需求而言的，从人类满足自身需要的要求是无止境的这一点来看，只要是作为资源，他总是被消耗的，只要是被消耗的，在需求巨大的情况下，也就表现出来稀缺的特点，稀缺性是自然资源最根本的特点。

（2）区域性。在资源稀缺的基础上，资源还具有下述特性：资源的竞争性、资源的选择性、资源的分散性、资源的传布性和资源的增值性。这些特点

---

① 牛文元:《自然资源开发原理》，河南大学出版社 1988 年版，第 5 页。

在不同的地区显示不同的倾向，这就是资源分布的区域性。

3. 自然资源的价值

传统的观点认为，自然资源由于存在于大自然中，因而是无价值的。随着生态学研究的深入及可持续发展思想的崛起，这一传统的观点日益为人们抛弃，人们逐步认识到自然资源是有价值的。早在100多年前，恩格斯就曾指出：经济学家说，劳动是一切财富的源泉。其实劳动和自然界一起才是一切财富的源泉，自然界为劳动提供材料，劳动把材料变成财富。在这里，恩格斯对自然资源为劳动提供材料，劳动把自然资源变为财富和价值的辩证关系作了精辟的分析。在现代工业社会中，随着科学技术的发展，人类同自然资源相结合形成财富的规模大大扩大，社会生产力的水平大大提高。这也同时造成社会再生产对自然资源需求的不断扩大，使很多自然资源相对于这种不断扩大的需求而言，使现存量和再生量表现出日益增长的稀缺性。在这种情况下，就迫使人类投入劳动逐步形成新的人工自然资源产业，一方面防止经济对自然资源的污染，使自然资源保持其作为使用价值的必要的生态环境质量；另一方面要投入劳动使可再生资源得以更新，用人工方法使其再生量逐步等于或超过其耗用量。因此，人类为自然资源的保护和发展所耗费的劳动，就构成了自然资源的价值实体。所以，不是因为自然资源的稀缺性使得资源具有价值，而是在自然资源稀缺的迫使下，人类必须对自然资源投入劳动，形成新的资源产业，维护或产生新的人工自然资源。正是因为耗费了劳动，才使这种进入生态经济系统运转的自然资源具有了价值。

自然资源具有价值，把自然资源看作一种财富也就顺理成章了。就自然资源来讲，直接或间接地参与人类物质资料生产过程的矿物质、能量、土地及动植物无疑都是财富。当今社会经济发展及生态系统状况也要求我们必须树立自然资源的价值观、财富观，把破坏自然资源、自然物质的生产行为同样看作是破坏文明的行为。

二、自然资源利用

（一）自然资源利用特点

区域经济发展既要研究自然、资源、环境、社会、经济之间的横向联系，又要研究现在和未来纵向的人口增长、结构演进、资源消耗等多方面的联系及发展机制。

（1）自然资源的永续利用与可持续发展

区域可持续发展是一个客观存在的社会发展系统。区域可持续发展的最终目标是保证社会具有持续发展的能力即主张社会公平和社会发展，在这里，社会公平一方面是本代人的公平，消除区域间贫富差异过分悬殊、两极分化极其严重的现象，实现资源在区域空间上的有效配置；另一方面是代际间的公平，即给后代人以公平利用资源、享受优美环境的权利，实现社会财富在代际间的合理转移。社会发展则以改善和提高人类生活质量为目的，与社会进步要求相适应，满足人们不断增长的物质，文化需求。而这一切都是以资源的开发和利用为原始基础的，没有自然资源的保证，一切发展都是空谈。

（2）自然资源利用的数量减少、依赖程度降低的趋势

就其经济观而言，区域可持续发展的实质即为集约型的生产方式和节约型的消费方式。这是一种在生产中少投入多产出、在消费中多利用少排放的发展模式，从而实现区域经济持续、稳定、协调地发展。经济发展应同时兼顾数量增长和质量提高两部分。经济数量的增长是有限度的，而依靠科学技术进步去提高发展的经济、社会和生态效益才是可持续的经济发展。所以，区域经济发展当中的自然资源利用的数量减少、依赖程度降低是必然的趋势。

（3）自然资源与经济、社会、环境的相互协调越来越重要

自然资源的作用是在区域的经济、社会、环境和资源相互协调的基础上，既能满足当代人的需求而又不对满足后代人需求能力构成危害的发展。就其自然观而言，区域经济发展主张人地关系的协调，保护资源与环境，实现人与自然的和谐共处。自然资源的永续利用和生态环境的保护是保障社会经济可持续发展的物质基础。因此，区域经济发展是一个融经济发展、社会进步与环境保护、资源合理利用等内涵为一体的新型发展模式，以谋求社会、经济和环境的协调发展，维持新的平衡，这其中资源和生态是基础，经济发展是条件，社会发展是目的。

（二）区域自然资源利用类型

区域发展与资源的开发利用有着密切的关系。资源是决定区域产业结构的基本因素，资源的类型、数量、质量及时空组合特征则是决定区域发展方向，选择区域发展模式的依据之一。

区域的发展需要综合利用各种资源，各种资源对区域的发展均有重要意义。但由于各区域区位条件和自然条件的差异，以及经济发展水平和社会发展程度的不一致等原因，区域内不同资源的数量、质量及获取的难易程度是各不相同的。因此，各区域在其发展过程中，根据自己的资源特征，选择了不同的

发展模式，这些模式可分为纯自然资源型，自然资源和社会资源结合型，社会资源为主、自然资源为辅型，以及资源缺乏型等四大类。

（1）纯自然资源型

纯自然资源型模式是当前区域发展模式之一。一般而言，采取这种发展模式的区域的资源禀赋条件肯定非常好。而且往往有着储量巨大的一种甚或多种重要的矿产资源。因此，这些区域发展的共同特点是：以自然资源的大规模开发利用为区域发展的基础和动力。但是，因不同区域的社会、经济发展水平的差异，其自然资源的消耗方式和程度有较大的差别，一般有高消耗高效益型、高消耗低效益型、高输出高收益型及高输出低收益型等四种基本类型。而对于属于高消耗高效益型（如美国）和高输出高收益型（如中东各石油输出国等）的区域来说，由于区域内资源的消耗和输出都得到了较高的回报和补偿，因而区域的自我发展能力较强，这样即使在资源消耗殆尽后区域仍能持续发展。对于属于高消耗低效益型（如苏联、中国）和高输出低收益型（如非洲资源输出国和我国中西部地区的资源输出省份）的区域来说，由于区域内资源在消耗和输出之后，其所得到的回报和补偿都不足以弥补资源开采的代价，从而影响和削弱了区域的自我发展能力，使得这些区域不仅在资源丰富时经济发展难以腾飞，经济发展水平难以提高，而且一旦资源消耗完毕，那些建立在丰富资源基础之上的经济和产业必然会受到沉重的打击，继而严重影响整个区域的发展。

（2）自然资源和社会资源结合型

这是一种综合利用区域内自然资源和社会资源的发展模式。属于这种类型的区域，一般来说既有极好的自然资源禀赋条件，同时各项社会资源也十分丰富，因此这类区域在其发展过程中，一方面利用其自然资源的优势，建立和发展那些以资源为基础的产业（如重工、化工等），以促进整个区域经济的发展；另一方面又利用本区域经济发展水平高、社会资源丰富的优势，积极发展具有高附加值和高活力的第三产业，从而使区域的发展速度和发展水平得到较大幅度的提高。应该说，这种发展模式是四种区域发展模式中最好的一种，但是由于属于既自然资源丰富，同时社会资源也十分丰富的国家和区域并不多见，因而在区域发展的现实中也不多见。属于这种发展模式的国家最典型的便是美国。

（3）社会资源为主，自然资源为辅型

属于该类型的区域，一般来说都是因自然资源，特别是矿产资源十分贫乏，因而区域的发展在很大程度上都依赖于区域内社会资源的深度开发。由于这些区域的经济发展水平较高，社会资源丰富，环境质量状况良好，其经济效益、社会效益与环境效益得到了较好的统一，因而是一种符合未来发展趋势和极具发展潜力的发展模式。属于这种类型的区域和国家有日本、瑞士等资源贫乏的发达国家和中国的上海、北京、江苏等较发达的省（直辖市）。

（4）资源缺乏型

属于这一类型的区域，一般来说既缺乏可供大规模开采的矿产资源，自然资源也十分贫乏，同时由于经济发展水平低，社会资源也十分稀缺，因此区域的自我发展能力低下。在没有大量的外力援助的情况下，这些区域的发展缓慢，呈低水平状态，同时还易陷入纳克斯所说的"贫困恶性循环"之中。属于这类发展模式的国家有非洲和中南美洲的一些小国。

（三）区域自然资源优势评价

区域经济发展建立在地区资源的基础之上，而区域主导产业的发展则必须以地区的优势资源为基础，只有优势资源才能支撑优势产业。例如，廉价的水电资源有利于发展大耗能的冶金工业和化学工业，矿产资源的丰富则有利于发展原材料工业，而农业、牧业资源的丰富更能发展基础产业。

（1）自然资源优势度的评价

要确定一个地区的自然资源优势，必须进行区域之间的比较，要比较就要进行综合评价。目前，通用的方法是自然资源综合优势度评价方法。

自然资源综合优势度评价方法是评价自然资源的相对丰度，主要考虑土地资源、水资源、能源资源、矿产资源等。首先将所需要考虑的各项资源排列出各地区拥有量占全国的位次（1，2，3，…），然后根据公式进行计算。

$$P_i = (mn - \sum D_{ij}) / (mn - m)$$

式中，P_i 为 i 地区自然资源优势度，m 为被评价的资源种类数，n 为对比的地区数，D 为 i 地区 j 种资源拥有量占全国的位次。通过对不同地区 P 值的比较，就可以看出各区域的资源优势，以及与其他地区的比较情况。

（2）中国自然资源总体评价

中国土地辽阔，资源种类繁多、储量丰富，许多资源的储量都位居世界前列。但中国的自然资源存在两大不足。一是人均资源量少，二是耕地资源、森林资源和草场资源稀少。如表3-1所示。

中国是发展中国家，原材料工业和加工工业在未来相当长的时间内仍将

表 3-1　中国自然资源与世界主要国家的比较

项目	全世界	中国	美国	日本	德国	俄罗斯	巴西	印度
1. 耕地面积（万公顷）	134 532	9 252	18 574	400	1 181	13 097	4 321	16 610
2. 人均耕地面积（公顷）	0.239	0.077	0.713	0.032	0.145	0.884	0.272	0.181
3. 森林面积（万公顷）	413 801	13 050	29 599	2 500	1 070	76 810	48 800	6 850
4. 森林覆盖率（%）	31.7	14.0	32.3	66.4	30.6	44.9	57.7	23.0
5. 草原面积（万公顷）	339 526	31 333	23 917	66.1	527.1	—	18 500	1 140
6. 煤炭探明储量（亿吨）	10 921	4 868	2 270	83	440	—	—	1 969
7. 原油储量（亿吨）	1 408	32.7	39	0.08	0.5	—	5.4	7.8
8. 天然气可采储量（亿立方米）	1 412 050	17 376	45 990	300	3 410	—	1 370	6 860
9. 铁矿储量（百万吨）	153 416	9 144	16 053	—		59 944	15 850	7 214
10. 铝土矿储量（百万吨）	21 120	150	38			300	2 250	1 000
11. 锰矿储量（百万吨）	907	14	—	—		295	19	18
12. 锡矿储量（百万吨）	426	40	2	—		30	65	—
13. 锌矿储量（百万吨）	148	5	21	4		10	2	5

注：（1）本表储量指探明的可采储量。
　　（2）俄罗斯的数据是苏联的数据。

是国民经济的重要发展产业，能源和矿产资源的开发利用仍将是国民经济的基础，加快能源和矿产资源的勘探和开发利用，对各地区的经济发展都将具有重要的意义。

第三节　资本

在现代经济发展中，生产投入的要素主要有三个方面，即自然资源、劳动力和资本。任何区域自然条件和自然资源都作为恒常要素，作为环境因素对区域经济增长产生影响，但不会对区域经济发展进程产生决定性作用。对于我们国家各区域来讲，劳动力是比较充裕的投入要素，一般不会成为经济增长的约束条件。而资本存量的多寡，特别是资本增量形成的快慢，往往成为促进或阻碍区域经济增长的基本要素。

一、资本形成在经济增长中的意义

资本总是一种相对稀缺的生产要素。因此，在20世纪50—60年代，一些西方经济学家依据哈罗德—多马的经济增长模式和罗斯托的"起飞"理论，认为资本形成是经济增长的决定性因素。

最早阐明资本形成对经济增长具有决定性影响的是著名发展经济学家刘易斯。他在《劳动力无限供给条件下的经济发展》一文中写道："经济发展的中心问题是要理解一个社会由原先储蓄和投资还不到国家收入的4%—5%转变为自愿的储蓄达到国民收入的12%—15%以上这个过程。他之所以成为中心问题，是因为经济发展的中心事实是快进的资本积累（包括运用资本的知识和技术）。如果不能说明储蓄相对于国民收入增长的原因，也就不能说明任何工业革命。"因为现代经济发展过程也就是工业化、城市化过程。而实现工业化和城市比，必然伴随农村剩余劳动力向城市工业部门转移但这种转移是以城市工业部门的扩张和对劳动力需求的扩大为前提，而工业生产的扩张需要不断的投资作支持。

罗斯托在他著名的经济发展阶段的理论中，深入分析了实现经济"起飞"的条件。他认为：资本积累率达到10%以上，建立起能带动整个国民经济发展的主导部门，制度和意识形态上的变革，是实现经济"起飞"必须具备的三个条件。而资本积累率达到10%以上是最基本的先决条件，并认为这是一条具有历史必然性的普遍规律。

虽然刘易斯、罗斯托以及其他崇尚"唯资本论"的西方经济学家过分夸大了资本在经济增长中的作用，但就我国改革开放以来的实践来看，经济增长速度较快的区域，其资本的推动的确起着重要的作用。

二、经济增长中资本形成的形式和途径

（一）经济增长中资本形成的类型

（1）外延型资本形成。

在经济发展中，外延型资本形成是指资本形成在数量和规模上的增长。若假定 K 为区域一定时期的资本数量，Y 为相应的国民收入，S 为储蓄，I 为投资，则

$$K = Y \cdot (S/Y) \cdot (I/S) \cdot (K/I)$$

在上式中，资本形成的规模取决于国民收入、储蓄率，投资转化率及资本形成率的相互作用。

一般认为区域在一定时期内国民收入水平的高低是决定其对资本形成规模的最重要因素，在储蓄全部转化为投资，而投资又全部形成资本的前提下，资本形成规模便完全取决于国民收入水平及相应的储蓄率，而储蓄率又在相当程度上决定于对应的收收入水平。由于现代经济中的储蓄者与投资者往往是分离的，储蓄必须通过一定的机制才能转化为投资，资本的形成方能顺利实现。若储蓄不能完全转化为投资，则资本形成水平就会降低。在经济运行中，投资的结果必须能形成具有效益的资本。但在实际经济运行中，投资通常不能全部形成有效资本。如果投资过程中资本损失严重，那么投资的经济效益就比较差。在这种状况下，即便投资数量有明显提高，但由于投资效益较低，资本的形成率也不会得到有效的提高。

（2）内涵型资本形成。

如果说外延型资本形成的目的在于扩大资本数量，那么内涵型资本形成则是通过资本综合效益的提高而形成的资本在质上的改进。一般来讲，在资本形成规模既定的前提下，资本形成对现代经济增长的推动作用主要取决于资本能否发挥综合效益。资本形成的综合效益在科技进步相对不变的情况下，决定于两个方面：一是投资选择。由于各区域经济发展水平不同，相同的经济部门或

投资项目，其投资的经济效益相差很大。每一个区域应根据其经济发展阶段和经济要素的禀赋，选择能最有效利用资本的生产方式，使其投资的综合经济效益最大化。二是资本的吸收能力。这是指在一定条件下区域利用资本的能力。社会资本内在的效益能否得到充分发挥，主要取决于区域对资本的吸收能力。若资本不能被充分吸收，那么投资的资本形成率就会降低，资本的效益便不能充分发挥。因此，投资的选择和区域的资本吸收能力决定着内涵型资本的形成。

从以上分析中可以看到，外延型资本形成主要通过提高储蓄率、投资转化率及资本形成率来实现；而内涵型资本形成则是通过提高资本利用效益来实现在推动区域经济增长中，两种资本形成方式都很重要。然而在经济发展初期或资本严重短缺的区域，偏重于通过外延型资本形成经济增长积累资本；在经济发展进入较高阶段后或资本较为充裕的区域，宜通过内涵型资本形成经济增长积累资本。

（二）经济增长中资本形成的途径

资本主要来源于储蓄，储蓄可转化为投资，投资进而形成机器、设备、厂房、基础设施等物质资本。假定区域经济中包括家庭、企业和政府三个部门，那么，区域总储蓄由家庭储蓄、企业储蓄（利润）和政府储蓄（税收及上级政府转移的投资）构成。从一个区域来讲，储蓄能力取决于储蓄倾向，而储蓄倾向又决定于多种因素，如国民收入水平、收入分配状况、传统习俗、价值观念以及存款利息等。

对于私人储蓄来讲，储蓄水平主要取决于个人或家庭收入的高低，存款利率的高低、观念和习俗的改变等。一般来讲，收入水平越高，消费后的剩余额就越大，因而储蓄就可能增加。存款利率对储蓄也产生明显的影响。存款利率越高，消费的机会成本就越大，因而有利于储蓄的增加；反之，降低存款利率，会刺激消费，减少储蓄。传统习俗和价值观念也会影响储蓄。有些区域崇尚节俭，因而会在较低的人均收入状况下，产生较多的储蓄。而一些受西方消费观念影响较为深刻的区域，虽然人均收入水平很高，但储蓄倾向和受传统消费观念影响的区域相比，并没有明显的提高。

企业储蓄来自利润，利润能够转化为投资。投资可以分为总投资和净投资，总投资中扣除折旧和重置资本，其余额便是净投资。净投资是资本形成的主要来源。因此，提高企业获利能力、增加企业利润，并将其转化为投资，对经济增长具有重要意义。

政府储蓄主要来自税收。税收减去政府的经常性支出就是政府储蓄。政府储蓄可以转化为政府投资,从而使资本形成。另外,上级政府的投资,也可以增加区域的资本形成。因而,政府加强税收监管、提高税率、增加税收可以扩大政府储蓄、提高政府投资能力、增加区域的资本形成。

三、经济增长中的资本有效配置

区域经济增长并不单纯地决定于储蓄和可投资资源的供给,而主要决定于如何使用这些资源,因此,在分析经济增长中的资本形成时,有必要探讨资本的有效配置。一般来说,资本的有效配置包括:资本的时间有效配置和资本的空间有效配置。

资本的时间有效配置是指资本形成中储蓄率的高低一般体现了资本在用于增加现期消费与用于扩大再生产以增加未来消费之间的有效配置。

资本的空间有效配置是指一定资本规模在不同经济部门和区域内不同地区间进行分配。

资本的时间配置主要是分析资本的形成率问题,而资本的空间配置则是分析一定资本形成率下的资本形成效率问题。

影响资本有效配置的因素主要有:经济要素的流动性。要素的流动性越强,其供给结构就越具有弹性,也就越有利于资本配置效率的提高,反之,资本的配置效率必然降低;要素的技术水平。在不同区域及同一区域的不同发展阶段,技术水平是不一致的、而技术水平的差异将会影响区域的劳动与资本的配合比例,进而会影响区域的经济增长和经济效益提高;要素的禀赋。各个区域的要素禀赋是不同的。经济要素禀赋的差异会造成经济增长中资本与自然资源、劳动力之间的配合比例,从而会影响资源配置的要素结构,制约资本和其他要素间的合理配置。

四、资本流动与区域经济增长

(一)区域资本流动的动因

区域资本的流动通常与某区域所处的经济增长阶段相联系。国外经济学者对区域资本流动的研究常采用自由市场经济的假设条件,而较少考虑政策干预。他们主要从以下几方面对区域资本流动的原因进行了分析。

（1）资本流动与储蓄、投资的关系

资本流动最直接的动因是经济利益的驱动，这是国外经济学者的主要观点，巴罗和曼昆等认为，资本流动是投资者为了追逐超额投资收益。在选择投资机会的相互竞争中所形成的区际资金借贷关系。这种资金借贷导致的资本流动最终会使各区域的资本利润率相等。他们还进一步分析了在区域资本流动中储蓄率与投资率的相互关系。他们认为，就储蓄和投资的关系而言，资本总是从储蓄率较高和投资率较低的区域向储蓄率较低和投资率较高的区域流动。而从投资水平和经济增长率来看，资本总是从经济增长速度较慢的区域向经济增长速度较快的区域流动。同时，他们还构建了区域经济增长模型并加以推导。研究显示，适合于区际资金借贷行为的分析也适合于国际资本流动的分析。

马丁、科伊特克斯和西蒙（Martin, Coireux and Simon, 2000）从跨国资本流动与国内经济增长关系的角度来探讨储蓄与投资的关系。他们认为，在封闭经济条件下。一国的储蓄边际收入（储蓄的利息收入）应该与该国投资的边际产出相等。而在开放经济条件下（资本可在各国间自由流动），一国储蓄或者会在世界范围内重新分配投资，或者会替代来自于外国的资本。因此. 在资本完全自由流动的条件下，国内的储蓄与投资之间不呈现强相关关系，即一国的储蓄都有机会参与全球的投资，一国的投资是在全球集中的资本地（pool of capital）内进行的组合投资。反之，如果一国的储蓄都投资在国内，那么该国的投资率应与其储蓄率的波动呈现强相关关系。同时，他们对 21 个 OECD 国家在 1960—1974 年间的国内储蓄率与投资率进行实证研究，结果发现：几乎所有样本国家的储蓄率与投资率都呈现很强的相关性。这表明，这些国家的储蓄大多参与国内投资。他们的研究结论与资本流动完全是为了在世界范围内套取利润的假说不相符。他们还对储蓄和投资与资本流动的关系进行了相关分析，开创性地建立了储蓄和投资与资本流动关系的跨部门回归的经验模型，为后人进行定量研究有关储蓄和投资与资本流动的关系奠定了基础。

（2）资本流动与税收负担的关系

资本流动的另一动因是与税负相联系的。对此问题研究较多的是阿加瓦尔（Agarwal, 2005）。他认为，资本在不同国家间流动的原因是为了规避税负，以降低成本。例如，美国各州企业税负不同，影响了美国企业在东西部的分布，西部地区的企业税负较轻，吸引了大量企业的进入。

东部地区为了吸引企业投资，随之也降低税负，而东西部地区税收优惠政策竞争的最终结果，是使企业在东西部地区之间的投资达到一种均衡状态。因此，各区域企业税收的调整是导致区域资本流动的动因之一。

马丁、科伊特克斯和西蒙认为，在资本能够跨国界自由流动的条件下，由于资本能够自由地离开本国，因此，企业大部分的税负，如所得税，被转嫁给了国内劳动者和外国资本所有者；又由于国内劳动者不可能被转嫁或减少税负，因此，为降低劳动力等生产要素的成本，政府应该调整税负以控制国内资本的外流。他们还研究了税收对短期资本流动的影响。他们认为，资本在不同区域间的流动会使这些区域的所得税率最终趋向于相等，进一步，他们还分析了各国不同税收制度所导致的国家投资成本的差异。税收制度差异，以及个人投资偏好等是导致投资者将其资本投资或存放某个国家（地区）以降低成本和获得特殊便利的主要原因，如离岸金融市场成为国际游资的集聚地就是最好的佐证。

（3）资本流动与风险偏好、投资收益的关系

国际货币基金组织专家鬼束佑介（Yusuke Onitsuka，2001）较详细地分析了影响资本流动的原因。他将决定资本流动的因素分为两类：一类是流量因素，包括储蓄、投资等；另一类是存量因素，包括资本积累和对外债务等，这两类因素都能够用各自统一的指标来度量。通过建立各因素重量之间的方程关系式，他发现储蓄和投资的利率水平、风险偏好以及投资的边际效益等流量因素的变化会引起资本存量大小的变化，且流量因素是影响资本流动方向和大小的决定性因素。例如，在一个资本存量比较缺乏的区域（国家）中，如果间接融资渠道的储蓄投资转化机制不顺畅，这会导致该区域（国家）积存较多的储蓄。如果此时在该区域（国家）建立直接融资渠道，将会导致该区域积存的储蓄转而投向证券投资。从长时期来看，证券市场股本逐渐地增加，将使该区域（国家）成为资本存量较为充裕的区域。这种现象表明，由投资渠道增加而导致的资本流量（投资量变化是该区域（国家）资本存量变化的动因。

关于资本流动的风险偏好与收益，马丁、科伊特克斯和西蒙进行了较为深入的研究。他们认为，资本为追逐高额收益只向高回报区域流动的假设是一种极端的情况，因为投向不同国家（区域）资本的风险存在性质上的差异。根据资产组合理论，多数个人投资者（或公司）会选择在风险各不相关的区域内进行组合投资，以降低投资的整体风险。依据组合投资的需要，就会改变资本仅向高回报区域流动的趋势。另外，从风险偏好的角度来看，由于国外投资的不确定性等原因，在权衡投资风险与收益后，风险厌恶型投资者就会将对外投资转而投向本国（区域），这将使得该国（区域）流动性较低的长期资本逐渐增

加，这也意味着该国（区域）原本流动性较强的短期套利资本将更多地由流动性较低的长期资本所替代。

通过考察跨国（区域）的投资，他们进一步发现，资本跨区域流动的目的并不单单是为了追求获利机会，通常是为了贯彻公司开辟区域市场、获取开发产品知识、克服贸易限制等战略。

（二）资本流动促进区域经济增长的效应

资本流动的区域经济增长效应既表现为优化资源配置，提高区域经济增长的质量，也表现为经济总量增加，加快区域经济的增长。反之，经济增长既是由资本要素内生地推动的，又是由政府调控经济影响资本流动而促成的。尽管资本流动促进区域经济增长的原因各不相同，但资本流动促进经济增长的方式大体上可以归结为以下两种类型，即资本流动内生型区域经济增长和资本流动外生型区域经济增长，分析这两种区域经济增长方式及其形成机制，对提高区域投资效率、转变经济增长方式有深刻的指导意义。

（1）区域经济增长中资本流动的阶段性特征

鬼束佑介（Yusuke Onitsuka，2001）认为：资本较缺乏、资本劳动率较低的区域往往也是高储蓄率的区域，这些区域中企业家实物投资的能力通常较低，这会造成证券投资需求过度，并导致较高的证券投资比率。他研究发现，区域经济增长的阶段可以用两类指标来划分：一类是以经济增长过程中该区域居民持有的外国证券多少的指标来进行分类。这一指标衡量了某一区域与其他区域相比在资本交易中所处的水平。如果某区域居民持有的外国证券净余额为正（B＞0），那么该区域就称为"净债权"区域；反之，（B＜0）则称为"净债务"区域。第二类指标是以资本流动性的大小和某区域对新证券的过度需求水平来进行分类。如果某区域证券需求过度或储蓄率大于投资率时（B＞0或S＞I），那么该区域被称为"资本输出区域"；反之，某区域证券供给过度或其投资率大于储蓄率时（B＜0或S＜I），该区域就被称为"资本输入区域"。通过这两项指标的相互搭配，可组合出四种类型的经济增长阶段。而每个阶段根据利息支出或收入以及资本流入量或流出量的大小比较，再划分为经济"不成熟"（欠发达国家经济增长初期）和"成熟"（欠发达国家经济增长的中后期）两个次阶段。鬼束佑介（Yusuke Onitsuka，2001）总结了这四种类型的经济增长阶段。对经济增长阶段与资本流动关系的具体描述详见表3-2。

鬼束佑介（Yusuke Onitsuka，2001）在研究经济增长阶段划分的同时，还

表 3-2 区域经济增长的阶段划分与资本流动的关系

阶段	I		II		III		IV	
	债权—输入区		债务—输入区		债务—输出区		债权—输出区	
次级阶段	Ia 不成熟 债权— 输入区	Ib 成熟 债权— 输入区	IIa 不成熟 债务— 输入区	IIb 成熟 债务— 输入区	IIIa 不成熟 债务— 输出区	IIIb 成熟 债务— 输出区	IVa 不成熟 债权— 输出区	IVb 成熟 债权— 输出区
	存款 利率 >流入 资本 边际 效率	存款 利率 <流入 资本 边际 效率	贷款 利率 <流入 资本 边际 效率	贷款 利率 >流入 资本 边际 效率	贷款 利率 >流出 资本 边际 效率	贷款 利率 <流出 资本 边际 效率	存款 利率 <流出 资本 边际 效率	存款 利率 >流出 资本 边际 效率

比较分析了人口增长率与国际金融市场平均利率、储蓄率以及资本产出率大小的对比关系。他分析得出三种不同的情形下不成熟经济向稳态（成熟）经济发展的增长模式：第一，高储蓄率，即储蓄率大于人口增长率与国际金融市场平均利率之比；第二，较低储蓄率，即储蓄率小于人口增长率与国际金融市场平均利率之比，但大于资本产出率；第三，低储蓄率，即储蓄率小于人口增长率与国际金融市场平均利率之比，又小于资本产出率。通过对三种区域经济增长模式的分析，鬼束佑介（Yusuke Onirsuka，2001）发现，在三种不同情形下，经济总是经过上述几个增长阶段后，最终向稳态（成熟）增长阶段收敛。同时，他证明了小国在开放经济条件下，如果储蓄率大于资本产出率，经济最终向稳态（成熟）增长阶段收敛。

虽然鬼束佑介以开放经济条件下的小国为研究对象，限制了其一般结论的适用性。同时，他的研究也只是从资本流动和经济增长阶段的角度来展开分析的，没有讨论资本作为内生变量在区域间流动并促进区域经济增长的过程。但是，他以动态投资理论和投资组合理论来分析区域间资本流动的过程，对开放经济条件下小国（或区域间）资本流动的一般规律进行了有益的探索。鬼束佑介的动态资本流动分析方法，也拓展了开放条件下资本流动与小国家经济增长关系的研究思路，在小国经济增长研究的方法方面颇具创新。中国区域经济增长不平衡，区域间的资本积累水平差异较大，区域经济增长的初始条件和增长路径与小国经济存在较大的差别。然而从中国国内各区域间的关系来看，仍然能够以鬼束佑介提出的资本流量、债务和国内资本积累水平等指标为衡量标准，分析和预测中国国内各区域资本的流向，并据此判断我国各区域经济增长的阶段特征，为确立中国区域经济增长目标及增长模式提供理论指导。

（2）资本流动为内生变量的区域经济增长

资本流动促进区域经济增长的理论，主要是从资本流动促进资源优化配置的角度来分析区域经济增长的原因。在20世纪80年代中期，罗默（Romer，1986）和卢卡斯（Lucas，1988）的开创性贡献，推动了新经济增长理论研究的兴起。新经济增长理论给发展经济学带来了新的生机，倡导的加快经济增长方式转变、提升国家创新能力、提高经济增长质量的战略，正是保持中国区域经济持续、协调增长的最佳选择。

（3）资本流动为外生变量的区域经济增长

一般来说，区际资本流量的波动会给经济发展带来一定的风险，进而增加资本流动的成本，最终将对长期投资及区域经济的稳定增长产生不利的影响。相反，经济的持续增长会吸引更多的外来投资，从而加速资本的跨区域流动。从资本作为外生变量的角度来看，资本流动对经济增长的影响，突出地表现为资本流量波动与区域经济增长波动的高度相关等方面。库珀（Cooper，1998）对90个发展中国家的研究表明，资本流量波动与GDP年增长率的波动高度相关。进一步的，伊斯特利和克雷（Fasterly and Kraay，1999）根据1960—1995年间130个国家的数据进行研究后发现，GDP年增长率的波动与外国私人资本流量波动有较强的负相关关系。他们的经验研究表明，资本流动在一定条件下也是促进区域经济增长的外生变量。据此人们能够调节那些影响资本流动的利率等变量，就可刺激区域经济的增长。

税率和利率是政府调节资本流动的工具，当一国（区域）降低税率（利率）时，就能降低投资成本，从而导致资本的流入，反之，就会导致资本流出。库珀（Coopcr，1998）、伊斯特利和克雷（Easierly and Kraay，1999）的研究为我们调控税率、利率等外生变量，并引导资本流动来促进经济增长提供了理论依据：当某区域资本存量匮乏、不足以促进经济增长时，政府和经济主管部门就应该采用降低税率（或利率）等手段促进资本流入，以加快经济增长；反之，则要加以反向调节，以降低经济的增长速度或保持经济平稳增长。他们的研究结论已经得到了广泛的应用。在中国各地区竞相加快经济增长速度的进程中，许多地区采用税率优惠手段吸引投资，保证了区域经济的持续快速增长。然而，税收等以促进区域经济增长为目的经济调节手段，作为一种调节资本流向的工具仍然需要完善。同时在利率等经济调节手段方面，中国各区域间仍没有建立起功能完善的差别利率调节机制。从促进中国东、中西部地区经济协调增长来看，采取差别利率手段来调节储蓄和投资，进而影响资本流动的程度和方向，最终达到刺激和稳定区域经济增长的手段仍十分必要。逐步完善上述经济调节手段形成有效机制，将极大地提高中国政府对区域经济稳定增长的调控力，最终实现区域经济协调持续地增长。

（4）开放条件下的资本流动与区域经济增长

从封闭条件下资本流动导致经济增长收敛，到开放条件下经济的稳定增长。布鲁克斯等（Brooks etal.，2004）、谢安沃兹（Shahnawaz，2005）和伯南克（Bernanke，2005）等人揭示了开放条件下各国经济增长的内在机制，他们的研究为开放条件下的国家经济稳定增长提供了理论依据，他们提出的区际物质资本和人力资本相互协调，同时流动有利于促进经济增长趋于稳定的结论，丰富了区域经济增长的内涵。爱德华兹（Edwards，2001）从国际比较的角度分析，得出资本流动将加速经济增长收敛的经验研究，也为进一步探讨经济开放条件下促进区域经济增长的资本流动机制指明了方向。

在经济逐步开放的过程中，中国区域经济的协调发展和稳定增长需要适应的经济全球化的趋势。由于外资流入在中国东西部地区的分布不均衡，各地区外资流入的快慢程度也存在差别。如果不加以区别只注重加强物质资本的流入，忽视人力资本和技术的引进，那么区域经济增长向稳定状态的收敛将受到限制，这将不利于区域经济的协调发展。因此，在对中国西部地区投资开发的同时，加强对西部地区人力资本的开发和培养，是促进中国东西部区域间经济协调增长的必由之路。开放条件下经济收敛的速度稍快的实证结论也告诉我们，那些认为通过吸引资本流入就能持续提高区域经济增长的片面认识需要修正。在引进资本时需要甄别不同外来资本流动的功能，区分他们对区域经济增长中所起的作用。在促进区域经济以稳定状态增长的过程中，需要审慎思考资本流动对中国经济稳定和安全的影响。在当今经济日益开放，经济全球化趋势不可避免的趋势下，加强审慎监管，区别地对待不同的外来资本，有针对性地引进能够促进中国技术水平提升的资本，有利于推动区域经济增长质量的提高并保持中国经济稳定健康的增长。

五、人口与劳动力资源

人口是在一定的时间，一定的地域，一定的社会制度下，具有一定质量和数量的生命个体的社会群体。劳动力资源是指区域内的人口总体所具有的劳动能力的总和，是存在于人的生命机体中的一种经济资源。从理论上讲，人口本身并不是劳动力资源，但劳动力资源是以人口为其存在的自然基础。研究区域内劳动力资源对经济增长产生的影响必须从数量和质量两方面来考虑。作为劳动力的人的多少，是其数量的体现，而体现劳动者体质和智能两方面统一的劳动力素质，则是劳动力资源质量的反映。劳动力的体质是产生劳动能力的生理基础；劳动力的智能，则包括所具有的科学技术知识、专门的劳动技能和生产经验。

（一）劳动力数量与区域经济增长

劳动力是生产力的主体。掌握生产工具的人是生产力诸要素中最积极、最活跃的因素。任何经济活动，无论是物质生产领域，还是非物质生产领域，都需要劳动者的积极参与才能进行。因此，任何区域的经济发展，首先必须具有一定数量的劳动力。一个区域劳动力资源丰富，即为该区域的经济增长提供了最基本的条件；劳动力资源缺乏，推动区域经济增长所必需的人力得不到保证，就必然会影响经济的进一步增长。劳动力数量对区域经济增长的作用，首先表现在劳动力投入的增加，可以提高区域经济的产出水平。在一定的技术条件下投入经济活动的劳动力越多，能够推动的生产资料也就越多，所生产的产品就越多，经济增长就越快。其次，影响要素投入的结构，在劳动力资源丰富的区域，为了充分利用劳动力数量多的优势，一般采用劳动密集型产业，这样可以最大限度地避免资金的约束，而使区域经济获得稳定增长；而在劳动力资源较为短缺，资金较为充裕的区域，宜采用资本密集型产业，使生产要素得到最合理配置。

（二）劳动力行为与经济增长

劳动力行为是指劳动者在就业机会、职业选择、劳动报酬、劳动条件等方向的反应。劳动力行为与劳动者的道德观念、素质、知识水平和动机有关。任何经济活动都和劳动者的行为有关。因此，在探索劳动力对区域经济增长的作用时，必须考虑劳动者的行为。

区域内的任何经济活动都需要劳动力投入，而劳动者，作为独立的经济人，参与经济活动的目的，是为了获得收入，从而购买劳动者和其家庭所需的商品和劳务；另一方面，劳动力的增加，意味着闲暇和其他经济活动时间的减少。当劳动时间不发生变化而工资提高时，对劳动力供给产生两种效应：（1）收入效应，工资提高意味着收入增加，收入增加则使劳动者有可能获得更多的闲暇时间，然而，闲暇时间的增加意味着劳动时间的减少。因此，工资提高所产生的收入效应会使劳动力供给减少。（2）替代效应，工作时间收益的增加使闲暇的机会成本提高，考虑到闲暇时间的成本，劳动者可能增加劳动时间。劳动力的供给决定于收入效应和替代效应相互抵消后的净影响。当替代效应大于收入效应时，劳动力的供给随收入的增加而增加；而当收入效应大于替代效应时，劳动力的供给则随工资的增加而减少，这是区域经济发展到较高阶段而存在的劳动力供给行为选择。如果区域基本实现充分就业，即不存在非自愿失业时，区域间不存在劳动力流动。而当替代效应大于收入效应时，由于劳动力供给增加，将会增加产出水平，从而有利于区域经济增长。反之，当收入效应大于替代效应时，由于劳动力供给减少，从而会妨碍区域经济增长。

劳动者的择业观念和道德习惯也影响区域的劳动力供给。例如：中国城市尤其是大城市，一方面，由于国有企业改革，需要部分职工分流、下岗，城市就业压力越来越大；另一方面，私营企业和部分服务业又雇用大量外来劳动力。再如：山西省是中国最大的煤炭生产基地，虽然经济不很不发达，城乡人均收入水平都还低，还有相当一部分地区尚未脱贫，但由于思想观念陈旧，省内大多数煤炭企业的井下职工来自省外。这样，区域经济增长对人均收入提高的贡献很低。反过来，由于资金外流，造成区域内资金供应紧张，从而影响区域经济的进一步发展。

（三）劳动力素质与经济增长

劳动力素质指的是劳动者具有的体质、智力、知识和技能的总和。劳动力素质的形成既有先天的遗传因素，更多地包含后天的营养、医疗保险、教育和社会文明熏陶等因素。劳动力素质是决定区域经济增长的最重要因素之一。

1. 人力资本理论

有关人力资本理论，可以追溯到经济科学创立之初。被称为西方现代经济学之父的亚当·斯密在其著名的《国富论》中提到，一个国家全体居民的所有后天获得的有用能力是资本的重要组成部分。后来许多经济学家通过提出劳动价值学说确立了人的劳动在经济活动中的特殊地位。然而，真正把人力资本作为专门的理论研究对象，并确立了人力资本在经济增长理论中重要地位的首推诺贝尔经济学奖获得者，著名经济学家西奥多·舒尔茨。他认为，单纯从自然资源、实物资本和劳动力的角度，不能解释生产力提高的全部原因。通过对物质资本和人力资本投资收益率差别的分析，舒尔茨认为，人力资本的快速增长，导致了国民收入中劳动份额的上升和源于财产份额的相应下降。由于人力资本的收益率较高，也就成为推动经济增长的最主要因素。人力资本的形成，主要从三个方面来实现：一是教育和培训费用。通过教育，可以提高劳动者的质量：如工作能力、技术水平和熟练程度，从而会提高劳动生产率。二是卫生保健费用。卫生保健投资包括用于维持和提高人的寿命、耐久力、精力和生命力的所有费用。通过卫生保健投资，可以降低婴儿死亡率，减少疾病和死亡，增强人力资源的体质，从而提高劳动能力。三是人力资源流动费用。劳动力资源的流动是现代经济的重要特征。人力资源的流动可以使劳动力资源获得最有效配置，从而提高劳动力资源的利用效率。

2. 劳动力素质与区域经济增长

对于一个区域来讲，劳动力素质的提高将会导致产出的增加。从体质上讲，劳动力充沛的精力和健壮的身体使其在劳动过程中能增加实际的劳动供给，同时，健康的身体能减少劳动者的生病时间，增加有效劳动时间。从智力方面来讲，首先，劳动者创新能力的提高使得劳动者能从事发明、创造，寻求解决生产过程中所出现问题的思路和方法，从而在劳动量投入不变的情况下增加产出量；其次，知识水平的提高，使劳动者可以较快地接受新工艺、新操作方法，适应新技术、新设备，并能将发明和引进的新技术尽快和生产相结合，转化为生产力，从而增加产出。

劳动力素质的提高，将提高劳动生产率，于是会加强劳动对经济增长的推动。假如劳动力投入数量不变，由于劳动力素质的提高使得经济增长中实际劳动投入的增加，经济就会在节约资本和更多地利用劳动力的情况下获得增长。

3. 劳动力流动与区域经济增长

劳动力空间流动是现代经济发展的主要特征。这种流动分为永久性迁移和劳动力在区域间所做的各种各样短期的、重复的或周期性的运动。其中永久性迁移是包括劳动者家庭整体从一个区域迁移到另一个区域。在一个国家内区域间的劳动力流动的根本原因在于区域间经济发展的不平衡。一些区域的经济发展速度比较快，区域内原有的劳动力已经不能满足其经济发展的需要，劳动力处于稀缺状态，因而工资水平大幅度提高。另一些区域由于经济发展速度慢，经济活动难以为所有的劳动者提供就业机会，或者由于工资水平较低，致使部分劳动力从这类区域向经济发展速度较快的区域流动。劳动力的空间流动，使劳动力资源得到重新配置。从全国的整体角度来看，这种流动使更多的劳动力资源得到利用，对经济增长会产生积极的作用。从劳动力流入区域来讲，区外劳动力的流入，缓解了劳动力供给不足的矛盾。由于劳动力供给增加，降低了工资水平的上升幅度，从而降低了产品的成本，增强了在国内外市场的竞争能力，因而有利于区域经济的增长。对于劳动力流出区域来讲，一方面，由于劳动力流出，缓解了区域的就业压力，而且会给区域经济发展带来大量的资金。如中国劳动力净流出的四川、江西、安徽、河南、湖北、湖南，每年由劳动力输出而流入资金高达数 10 亿元人民币，从这一方面看，是有利于区域经济增长的。从另一方面看，劳动力大规模流出，区域内的劳动力供求关系发生了变化，区域工资水平的上升幅度大于劳动生产率的上升幅度。由于劳动力的成本推动致使其产品在国内外市场上处于更不利的地位，再者，流出的劳动力，主要是由青壮年和较高文化程度者所组成，因而使区域劳动力供给的素质明显降低，不利于区域经济的增长。

第四节　科技进步与科技创新

一、技术进步与经济增长的关系

在现代经济发展中，人们似乎不再怀疑技术进步对经济增长的作用了。然而，作为推动经济增长的重要因素，技术和自然资源、劳动、资本的表现形式又有很大不同。从投入角度来讲，技术是通过改变其他要素的形态和质量来实现自身的价值的，无法从其他要素中分离出来。从产出角度来看，一般是用产出增长减去其他要素的投入增长来表现技术进步对经济增长贡献的。具体来讲，技术变化对经济增长的影响主要表现在以下几个方面。

（一）不同的技术决定了各种要素在经济活动中的结合方式

资本、劳动和自然资源在经济活动中总要按一定比例，以某种具体形式结合在一起才能形成现实的生产。而各种生产要素结合的比例，从根本上来讲是由技术决定的。一般来讲，技术进步能使其他要素得到节约，而降低劳动时间和劳动强度是技术进步的最终目的。然而，就不同区域来讲，由于要素禀赋的差别，技术进步对各种要素投入结构的变化也是不同的。对于劳动稀缺的区域，宜采用"节约劳动型技术"；对于资本稀缺的区域，宜采用"节约资本型技术"；而对于自然资源稀缺的区域，则应采用"节约资源型技术"。

（二）技术进步不断改变劳动手段和劳动对象

劳动手段，主要表现为生产工具，尤其是机器设备。一般来说，技术的重大变化主要体现在机器设备等劳动手段的变化上。

大机器代替人工劳动，自动化机器代替人工操作机器，这种变化都是技术进步的结果，而且能大大提高产出的水平。技术进步流动对象的影响，主要表现在：一是通过改变材料的物理或化学属性，导致新材料的出现；二是为人类寻找新的矿产资源提供手段。

（三）技术进步能促进劳动力质量的提高

人类社会的一切技术进步都是劳动力质量不断改善的结果，反过来，技术进步又会促进劳动力质量的提高。这是因为：一是较先进的技术要求劳动者具有较高的素质，这就迫使劳动者接受更多的教育和不断进行技术培训。二是技术的现代化往往与分工的深化相联系，因而能使劳动者在专门化的劳动中提高技能。三是技术进步导致劳动时间的节约，从而为提高劳动者的精神素质和体力创造了条件。

（四）技术进步促进了产业结构的变化

区域产业结构的变化趋势为，生产要素不断地由第一产业向第二产业转移，再由第二产业向第三产业转移。从要素的密集程度来看，由资源密集型、劳动密集型产业向资本密集型产业转移，由资本密集型产业再向技术密集型产业转移。引起产业结构变动的原因，有要素禀赋的变动，人们消费偏好的变化，区域输出和输入商品结构的变化等，但最根本的原因还在于技术的进步。

二、经济增长中技术进步的途径

（一）技术的开发与引进

在当今迅速发展的世界，人们已经认识到技术进步的重要性，实现技术进步的途径包括两个方面：一是开发，二是引进。

第一，经济增长中的技术引进。当今科学技术已发展到相当高的程度，和经济增长速度相比，科学技术是呈加速趋势向前发展的，然而，由于各种原因，技术的发展很不平衡。一般来讲，经济发达国家和地区具有更为先进的生产技术，而且具有较强的开发新技术的能力。国外学者的研究表明，从知识存量增加，到实现技术进步并获得经济增长，通常要经历五个阶段：第一阶段是科学发现；第二阶段是发明；第三阶段是革新，即把发明应用于生产领域；第四阶段是改良，即不断地对革新的技术进行改进；第五阶段是随着改良的实现而扩散革新的技术。由于广大发展中国家，知识存量低，试图沿着上述五个阶段来推动其技术进步，必将经历漫长的历史过程。第二次世界大战后，日本及新兴工业化国家和地区的发展经验表明，直接从发达国家和地区引进先进的生产技术，可以大大节约时间，并能在较短的时期内缩小和发达国家及地区在技术方面的差距。中国是一个后起的发展中国家，各区域的经经济展水平都还比较低，为了在技术进步的前提下，不断提高经济增长的质量，各区域应该在深入研究区情的基础上，从发达国家和地区引进先进的生产技术。

第二，经济增长中的技术开发。从发达国家和地区引进先进的生产技术，固然是实现区域技术进步的一条捷径，然而，不断提高区域本身的技术开发能力则显得更为重要。这是因为：首先，与引进的生产技术相比，自行研制和开发的新技术，一般来讲，更适合区域经济发展的需要。其次，引进的技术，需要改良、消化和吸收，才能最大限度地发挥技术引进在经济增长中的作用。因而，保持并不断提高自身的技术开发能力，有利于对先进技术的消化和吸收。最后，一个区域的经济发展水平要赶上发达国家和地区，必须具有并不断提高自身的技术开发能力，从技术输出国家或地区来讲，一般都禁止向外输出最先进的技术，以保持在技术上的领先地位，因此，从战略角度看，一个区域要缩小在技术上和发达地区的差距，必须依靠自己的力量。

（二）经济增长中的技术选择

虽然技术进步是推动经济增长的主要因素，但对于发展中国家的大多数区域来讲，并不是所有的新技术或先进技术都能对其经济增长产生积极作用，因此，在追求技术进步中就遇到一个技术选择问题，就不能盲目地追求新技术，即不是技术越先进越好，而应该针对区情有选择地引进和开发新技术。

一般来讲，可以把技术进步分为节约劳动的技术进步、节约资本的技术进步和中性的技术进步。所谓节约劳动的技术进步，就是在技术进步过程中侧重于使用先进的机器设备，以节省劳动的投入。节约劳动的技术进步通常体现为资本密集型部门在区域经济增长中的地位越来越突出。节约资本的技术进步则是指在产出既定的前提下，机器设备等资本的投入比重相对于劳动力投入有减少，换句话说，就是劳动投入的比重在投入比重中越来越大。节约资本的技术进步的意义在于充分利用劳动力资源，创造出尽可能多的就业机会。中性技术进步是介于上述两种技术进步之间的一种状态，即技术进步在改变具体生产方法和提高生产效率的同时，不引起资本与劳动二者组合比例的变化。

就中国大多数欠发达地区来讲，目前宜采用节约资本型技术，这是因为在今后相当长一段时期内，资本都是一种相对稀缺的要素，而劳动力则是相当丰富的。采用节约资本型技术，可以创造较多的就业机会，充分利用各地区的劳动力资源，使劳动力供给过剩的问题逐步得到缓解。就我国劳动力的整体而言，素质普遍不高，难以适应先进技术的要求，而节约资本型技术相对而言比较容易掌握。节约资本型技术所需投资少，而且运用于生产之中后能在较短时期内产生经济效益。因此，采用这种技术，不仅能节约资本，而且有利于加快资本积累。

三、创新与经济增长

在经济学中，创新是指生产要素的重新组合或是指生产函数发生了变化。一般包括以下内容：（1）引进或开发出一种新产品，或将原有产品的质量作了改进；（2）生产工艺作了改进或更新，即生产中出现了技术进步；（3）开辟了产品销售的新市场；（4）获得了原材料新的供给来源；（5）企业内部的组织管理形式发生了变化。很显然，创新不同于技术革新，创新的内容要广泛得多。由于大多数创新活动都和技术变革有着直接或间接的关系。所以，技术进步在创新活动中起着十分关键的作用。

创新对经济增长的影响首先体现在创新是推动经济发展的一个内在因素。经济发展过程实际上是一区域生产函数发生变化的过程。更进一步说，是生产函数由低级向高级的突破性变化过程，也是各主要生产部门的要素组合方式具有重大进步意义和全局性影响的变化过程。这种变化过程是由一系列创新活动实现的。创新的主体是劳动者，而有头脑、有眼光、勇于开拓、敢于冒险和善于经营的企业家群体，则在创新活动中起主导作用。因此，为企业家成长创造良好的社会环境，对创新活动的实现极为关键，进而会对区域经济增长产生重大影响。

四、技术流动对区域经济发展的影响

（一）加快经济欠发达区域的经济发展

通过引进区域外现成的适用的科学技术，可以减少重复科研，加快产业结构的调整和优化，促使新兴产业部门的建立与发展和传统产业的技术改造，加快国民经济发展速度，增强区域经济实力。造就通常所说的"后发国优势"。战后日本和原联邦德国正是通过技术引进较快地缩短与美英等国的经济发展差距的。1950—1975 年的 25 年间，日本共支付近 60 亿美元，进口了 2 万多项新技术。因此，只用了 20 年的时间就走完了英、美等国花了 40—50 年才完成的技术道路。

（二）延长技术生命周期并扩大技术技用

通过技术的区域间流动特别是技术贸易，可以获取一定的技术转让费用。同时，对于一些在本区域已经处于成熟阶段的技术，转移到还需要这种技术的国家和地区，让这种技术继续发挥作用，这样就等于延长了某项技术的生命，即延长了依靠该技术获取利润和报酬的期限。技术出让方同时还可以获得更新技术的时间和发展。出于以技术换市场原因而引起的区域间技术流动，还能够为流出区域提供更大的市场空间，带动其他生产要素的流动和促使区域的商品出口。

第五节　制度与政策

在区域经济的环境条件中，制度环境是相当重要的一个方面，他与自然资源环境、人力资源环境一起，构成了区域经济发展所必备的三大环境。

一、区域经济制度环境的构成

在主流经济学的分析当中，制度已经成为经济分析必不可少的要素，也正因为如此，制度经济学才能在经济学的殿堂中占有重要位置。但是，制度经济学包含了从微观到宏观的复杂的制度要素，区域经济学分析中引入制度要素，但不可能全部引入。区域经济学属于客观经济的范畴，因此他借助的必然是制度经济学的客观经济部分，主要有两部分内容：制度环境和制度安排。

（一）制度环境中的产权

产权理论是制度环境的核心内容。在经济增长中，广义的资源是增长的投入要素，但资源存在着私人所有还是公共所有的关系。比如投入的资本，可能是私人资本，也可能是政府投资。不同的产权关系在经济发展中的作用和目的是不相同的，笼统地讲，私人资本更倾向于效率，公共资本更倾向于公平。为什么私人资本更多地投到营利性的竞争部门，公共资本更多地从事基础设施建设，归根到底是由产权关系所决定的。

产权是人们拥有的对资源的用途、收入和可让渡性的权利。一些权利可能由公共持有，所有人都享用，处于非排他和不可转让的状态；也有一些权利可能是他人拥有的，既排他同时又可自由转让。与一项资源相联系的权利决定了所有者承受的结果，影响他们的选择和资源的用途，在一个私人产权的世界中，所有的产权都被资本化，从而没有外部性。但也有一部分产权不归私人所有，从而使产权安排对经济发展产生作用。也就是说，在全部私人所有的安排中，有可能完全由个人决策，也有可能需要若干拥有产权的人来集体决策；但在公共所有的安排中，集体决策将占据主导地位。

那么，哪些内容构成了产权安排呢？他们包括土地、水域和养殖场的共同所有权；土地和劳动的用益权；各种工作权；银行、保险业中的互助组织；政府对公共事物的控制权；政府对公有设施的所有权等等。

产权安排对经济发展的影响，主要体现在：（1）决策。安排决策的程序不同，最后的结果相差很大。（2）责任。不同的安排所体现的所有权不一样，在经济体中所负的责任也不一样，常常影响其在经济运行中的行为方式是积极向上，还是消极怠工。（3）利益。不同的安排应当带来不同的利益，如果由于产权安排带来不同的利益，或者由于产权安排造成的利益分配不合理，就会打击劳动者的积极性，从而影响经济增长。

（二）制度环境中的组织

市场组织理论和治理结构理论构成制度安排的主要内容，其中心内容是交易成本问题。交易成本经济学认为，无论产权是否被界定清楚，是否有效地实施，他们都是有问题的，都有可能造成缺乏效率的交易，要解决这一问题，必须造就合理的组织结构和治理结构，并强调认为，不同的治理结构对管理交易的相对有效性是不一样的。事实上，治理结构的优化，可以解决当市场无法达到最优状态的问题，非市场的社会制度将会产生并填补这一差距。

交易成本经济学融合了法学、经济学和组织理论以深化对组织的理解和形成可反驳的结论。对企业、市场和混合形式的研究被作为一个统一体，交易成本最小化是其核心。

二、区域经济制度环境的特点

如前所述，区域经济制度环境的中心是产权安排和交易成本，其特点是产权安排的区域合理化和交易成本的区域最小化。

（一）产权安排的区域合理化

1. 产权安排要有利于经济增长

对于区域经济来说，产权安排是否合理，要看这种安排是否能够促进区域经济增长。也就是说，要通过经济增长的指标去检验这种安排是否合理。例如，从中国1980年到1997年经济增长的区域差异可以看到：将所有地区的各类性质企业增速排名，私营和个体企业增长速度最快，外资和中外合资企业其次，集体所有制企业再次，国有企业最后。而增长速度最快的几个省区，浙江是私营、个体企业比重最大的省份，广东、福建是外资和中外合资企业比重最大的地区，江苏是集体所有制比重最大的地区，而增长速度慢的内陆省份，都是以国有企业为主的，国有企业比例最大的省区达到95%。显然，东部沿海省份的产权安排代表了改革的方向。1997年后，中国对产权制度进行了深入的改革，国有企业从一些竞争性的领域逐渐退出，产权安排渐趋合理，形成了一个以国有经济为主导的、多种所有制并存的所有制结构。这种产权安排，显然更能适应中国目前阶段各地区的发展实际。

2. 产权安排要与区域的发展模式相适应

区域发展的模式不同，其产权安排就不同。当一个地区选择的是外向型的发展模式，其产权安排中的合资、合作形式将占很大的比重。因为一个国家或地区要形成外向型的发展模式，必然会引进外国的资本、技术和管理，并以国际市场为自己的主要市场。这样，外国资本的进入不可避免。而一个地区的发展基本上是内向的，主要市场也在国内，其合资的形式在产权安排中的比重就会缩小，而私营、国有的比重就会增加。

一个地区如果以私人投资为主体来发展区域经济，私营或股份制的产权安排所占的比重就很大。但是，不能认为公共的、国有的产权在其中就不占主导地位，因为一个地区如果法律规定地上和地下的资源均归国家所有，则地方政府可以依据法律的规定，用国有的资源作为资本，从而占有相应的产权，只有这样，才能真正代表当地最广大民众的利益。

3. 产权安排要与区域的产业结构相适应

区域产业结构有轻型和重型之分，有大型化和小型化之分。凡是以重型的或大型化的产业结构或企业结构为主体的地区，其必然是以国有或大型股份制财团所有的产权安排为主体。原因在于，重型或大型企业，其建设的初始投资规模大，不适于小型的私有资本投入，只能由拥有巨大财力的政府、国企或财团进入。

当然，区域经济制度环境的塑造，中心是处理好私有产权与公共产权的关系。公共产权的比重过大，容易造成区域宏观效率的下降，公共产权的比重过小，容易造成私有产权的膨胀，形成极少数人的逐利之风，造成公众利益的损失。所以，合理的产权安排必须寻找合适的度，也就是寻找公平与效率的结合点，或者是政府与市场的结合部。

（二）交易成本的区域最小化

交易成本的区域最小化，是制度安排合理化的最终体现。影响交易成本的区域性原因包括。

1. 区域垄断及其竞争

区域垄断与反垄断的竞争，是造成交易成本上升的重要原因。所谓区域垄断，是指区域内少数几个企业所形成的寡头垄断。这些寡头企业瓜分区域市场，为新企业进入区域市场设置障碍，从而提高了社会的交易成本。其中区域的封锁和狭隘的地方主义，更能够助长这种垄断的势力，维持垄断的局面。

2. 区域集团形成及其竞争

区域集团包括区域卖方集团、区域买方集团和区域混合集团。这些集团由于其产权归属不同，会产生迥异的行为取向。

根据内部化理论，单个企业面对区域市场会导致区域交易成本的增加，区域集团的形成可以协调企业和利益，是区域制度创新的结果，区域的各类企业通过内部化而组成区域集团，许多交易费用可以用内部化的方法解决，从而引出新的管理问题与利益分割问题。总的来讲，区域集团的形成将降低区域总体的交易费用。

3. 区域间地方政府及其竞争

地方政府从理论上讲是地方公共利益的代表。一个区域的地方政府与其他区域的地方政府存在着利益上的合作和冲突。

地方政府的经济行为，包括对区域内地方性资源的支配及其利用、政府直接投资和政府对地区经济的管理的。政府作为地方公共利益的代表，是从公共利益最大化的角度参与地区的经济管理。政府作为地方公共利益的代表，是从公共利益最大化的角度参与地区的经济活动的，但政府行为不一定都是理性的，所以公共利益最大化并不意味着也能带来效益的最大化。所以，为促使交易成本的最小化，必须使政府所主导的公营部门与区域内的私营部门相结合，一致营造公用事业的最佳规模，以达成最小成本的实现。

区域地方政府的竞争，常常比区域间企业的竞争更缺少理性。而在一致对外的基调上，政府与企业经常能够取得共识，但这往往又意味着政府利用手中的权力，进行地方封锁和地方保护，以确保地方企业的市场份额。这种方式常常成为保护落后和保护后进的代名词。在恶性竞争环境里，地方政府的竞争既有公营部门的竞争，也有私营部门的竞争，这种竞争越激烈，区域的交易成本越高。

综上所述，区域经济的资源环境是由多方面、多要素组成的，而最有直接影响的是自然资源开发环境、人力资源开发环境和制度环境。如果一个地区在这三个方面都能够营造出良好的环境，那么这个地区就具备了发展的最佳外部条件。

参考文献

丁四保、王荣成、刘力、赵伟：《区域经济学》，高等教育出版社 2010 年版。

孙久文、叶裕民：《区域经济学》，中国人民大学出版社 2010 年版。

郝寿义、安虎生：《区域经济学》，经济科学出版社 2004 年版。

李清泉：《区域经济学》，北京理工大学出版社 2011 年版。

安虎生等：《新区域经济学第二版》，东北财经大学出版社 2010 年版。

熊义杰：《区域经济学》，对外经济贸易大学出版社 2011 年版。

郝大江：《区域经济增长机制研究——基于要素适宜度视角的解析》，中国物资出版社 2011 年版。

孙海鸣、张学良：《区域经济学》，上海人民出版社 2010 年版。

孙翠兰：《区域经济与新时期空间经济发展战略》，中国经济出版社 2006 年版。

陈秀山、张可云：《区域经济理论》，商务印书馆 2003 年版。

安虎生：《区域经济学通论》，经济科学出版社 2004 年版。

主悔：《区域经济发展动力与机制》，湖北人民出版社 2006 年版。

张可云：《区域经济政策》，商务印书馆 2005 年版。

陈秀山：《中国区域经济问题研究》，商务印书馆 2005 年版。

第四章　区域经济优势

正确认识和选择区域经济发展的道路，不仅对区域经济发展至关重要，而且对整个国民经济实现持续、快速、健康发展有着十分重要的理论和现实意义。随着经济全球化和区域经济一体化的发展，国际分工体系不断完善，这也导致了区域间依存度在不断提高的同时也加剧了区际竞争。由此，每个区域都应确立与众不同的竞争优势，在经济全球化的国际分工中有所为，有所不为。因此，如何在国际分工和合作竞争中谋得发展，实现多赢的局面，成为区域经济学的一个重要问题。遵循区域优势的演变规律、充分利用区域优势是各国、各地区之间形成合理分工与合作、并进一步促进区域经济社会发展的成功经验。为了区域经济的发展，区域经济应建立在各区域的比较优势、竞争优势等内容的基础之上。

第一节　区域优势概述

从理论角度来看，"区域优势"是区域经济研究经常使用的基本概念之一，对区域优势的研究是区域经济理论领域的重大问题之一，明确区域优势的目的就是要深刻地揭示出区域优势的本质，分析各地区的区域优势的差异，客观而准确地评价各地区的区域优势并使之充分发挥。其实践价值主要在于区域优势国家制定区域发展政策和经济部局域政策、促进社会资源空间配置合理化的基本依据，是各区域正确制定产业政策和发展战略、是实现区域经济健康、协调发展的基本前提。

一、区域优势的定义与分类

区域优势理论是围绕地区分工、地际贸易以及区域经济开发等研究而形成的区域经济理论，区域优势从来就是区域经济研究不可或缺的主题之一，早期的区位论者主要从微观探讨了区域优势的具体表现形式，如运输成本。关于区域优势的定义，有学者认为他是在区域差异的基础上对生产或生产部门的发展具有促进作用的各种有利条件，其根本点在于生产优势。也有的认为这是指在进行区际比较的基础上本区所拥有的发展某些特定生产的优势条件，即自然、经济、社会等方面的更好条件。由自然资源优势、人力资源优势、技术优势、资本优势和产品优势所构成。还有的认为是某个区域在其发展过程中所具有的特殊有利条件，表现为竞争能力、利用效率、经济效益。也有的将区域优势定义为一系列因素的函数，是由各种经济的、社会的、政治的因素共同作用的结果，这些因素大体包括自然资源、经济要素、区域位置的空间经济联系、人文传统的经济优化能力、区域竞争力、政策因素等，在一定区域内，他们具备的优于其他区域同类因素的特征即为条件优势。在不同的经济发展阶段，不同的区域，这些因素对区域优势形成及影响的重要程度具有一定的差异，在此基础上，有人将其分为三个类型，即条件优势、生产优势和产品优势。所谓条件优势，是区域在地理位置、自然条件、自然资源和历史所形成的社会经济基础等方面的优势，他与区域差异中的自然差异相对应，是区域自然差异的表现。条件优势是地区优势得以形成的原本基础，他虽是先天性的优势，又是需要加以改造和利用的潜在性的优势。生产优势是地区可能进行某种生产的优势，他是对条件优势某种程度的改造和利用后形成的，因而是一种可能利用的优势。比如已布局的工厂、已修建的铁路、已开垦的耕地等等。而产品优势是生产优势的实现，是对生产优势合理利用的结果，因而是一种现实的地区优势。比如，粮食、棉花、能源、机器、布匹、客货运量、商品销售额等等。产品优势是区域经济活动的目的，是区域差异和地区优势的经济意义之所在。上述三个类型其实是一个连续的过程，即产品优势以生产优势为基础，生产优势又以条件优势为基础。其关系从下图可以看出。

当然，理论上也有其他的分类方式，如有人认为区域经济优势的类型分为主要优势和次要优势、现实优势与潜在优势、区位优势与非区位优势、组合优势与非组合优势；还有的认为区域优势可分为现实优势、潜在优势和区域劣势。[①]各地区如何利用本地条件优势，尽快转化为生产优势，进而形成企业和产品的市场竞争优势，并在发展中使本区域的获得长久的竞争优势，最终在国际市场中形成竞争优势，是区域经济健康发展的前提之一，这也就需要我们对区域优势进行深入分析。这里本章综合既有的主要研究成果，将区域优势从绝对

---

① 孟庆红：《区际合作与区际优势重组》，《财经科学》2000 年第 1 期。

```
┌──────────────────────────────────────────────────────────────┐
│    ┌──────────┐      ┌──────────┐      ┌──────────┐           │
└───▶│ 条件优势  │─────▶│ 生产优势  │─────▶│ 产品优势  │──────────▶
     └──────────┘      └──────────┘      └──────────┘
          ┊                 ┊                 ┊
     ┌──────────┐      ┌──────────┐      ┌──────────┐
     │ 潜在优势  │      │ 可能优势  │      │ 现实优势  │
     └──────────┘      └──────────┘      └──────────┘
          ┊                 ┊                 ┊
          └─────┌──────────┐┊      ┌──────────┐┊
                │ 条件优势  │┄┄┄┄┄┄│ 经济优势  │┄┘
                └──────────┘      └──────────┘
```

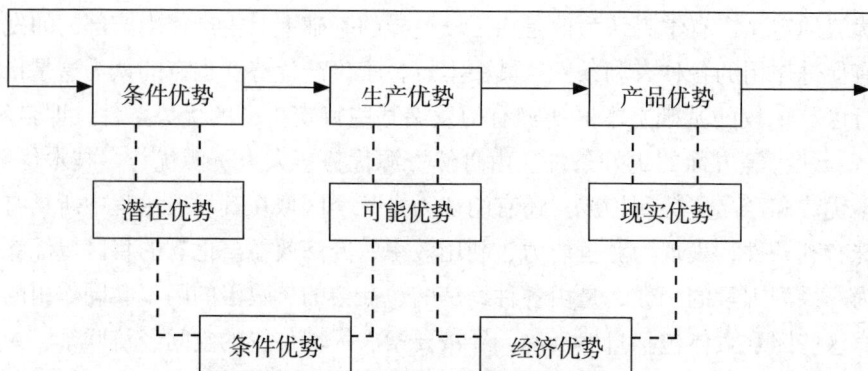

三种类型的区域优势关系简图

优势与比较优势、后发优势与竞争优势、潜在优势与现实优势的角度展开论述。

二、区域优势与相关概念的区别与联系

1. 区域优势与区域劣势。既然有区域优势，对应的就有区域劣势，他是在某一特定时期、与某一特定区域相联系的、对本区域经济发展不利于其他区域的各种因素的综合反映。区域优势与区域劣势的关系是辩证统一的，两者之间在一定条件下可以相互转化。

2. 区域优势与区域竞争力。区域竞争力是指不同区域的经济主体在市场竞争过程中并表现出来的对资源的吸引力和对市场的争夺力，是竞争主体在吸引资源和争夺市场过程中表现出来的一种综合能力，这种能力表现在诸多方面。一般来说，一个区域的综合竞争力包括产业竞争力、企业竞争力、科技竞争力、国民素质竞争力、城市竞争力等。其中，产业竞争力是区域竞争力的核心。

区域优势和区域竞争力是有区别的两个概念，区域优势包括一些尚未转化成现实优势的优势要素条件（潜在优势），这有别于体现为现实的发展能力的区域竞争力；区域竞争力强调通过竞争体现区域的发展能力，而区域优势比区域竞争力更强调各区域优势互补，通过区域经济合作实现优势转化。同时，区域优势与区域竞争力又是关系密切的两个概念，前者是影响后者的重要因素，后者是前者发挥作用所形成的能力的集中体现。

3. 区域优势与地方优势、地区优势。在实际工作中，还有"地方优势"、

"地区优势"的提法，他们是区域优势的"通俗"叫法，只是地方优势、地区优势不具有学术性，缺乏一定的规范性。

三、区域经济优势性质

从区域优势的定义我们可以引申出区域优势的性质，主要表现在以下几个方面。

1. 相对性。区域优势是与特定的区域相联系的，是与其他区域相比较而优越于其他区域的优势。这里的"其他区域"是个不定概念，可以指其他一个区域，也可以是其他几个区域。比较的区域不同，被比较区域具有的区域优势也会有所不同。例如，将长江三角洲与珠江三角洲比较，两个区域都具有优越的地理位置、较好的气候条件和良好的经济社会发展基础，都是我国经济发展较快、经济实力较强的区域，两个地区的市场化程度都较高。不同的是，在产业结构方面，长江三角洲的工业门类比较齐全，重工业和轻工业都比较发达；而珠江三角洲以劳动密集型的轻型加工工业为主。在人力资源方面，长江三角洲地区拥有千余所科研机构和百余所高等院校，有着大批的科技人才和熟练技术工人。相比较而言，珠江三角洲的人力资源条件相对要差些。如果将长江三角洲与西部地区相比，前者的区域优势就是一种更强势的表现。长江三角洲在技术、资金、人才、制度、管理、市场化等方面都优越于西部。西部虽然经济社会发展相对落后，但拥有丰富的自然资源和劳动力，在向西部开放中具有地缘优势；与经济较发达的长江三角洲比，西部还具有制度、技术、意识、资本和结构方面的后发优势。

2. 动态性。区域优势在某一特定的时期内表现出相对的稳定性，这为认识和利用区域优势、促进区域发展提供了时间上的保证。但区域优势不是一个固定不变的概念，而是不断发展变化的，如果区域优势的条件要素本身、优势条件要素的组合关系、区域优势形成所需的外部环境或者区域主体行为中的任一情况发生改变，都可能会引起区域优势的变化。此外，区域优势的动态性还突出的表现在他的发展阶段上，即区域优势的发展阶段可以划分为潜在阶段、培育阶段、发展阶段和衰退阶段四个阶段。

3. 综合性。构成区域优势的要素不是单一的，而是诸多优势条件要素相互作用的结果。其中任何单项的优势条件要素都不能代表整体意义上的区域优势，因为各单项优势条件要素通过整合形成的区域优势已不再是单项优势条件要素的简单相加。因此，判断区域优势应着眼于区域经济发展的整体条件和综合能力。当然，区域优势的综合性并不否认单项优势条件要素的存在，认识和分析区域的单项优势条件要素是研究区域优势的前提。

4. 功能性。区域优势是对区域发展有利的条件或现实的有利市场格局，这是区域优势的本质，而本质决定功能，区域优势的功能就在于他是发展区域经济的基础，是促进区域经济腾飞和发展的重要动力。

5. 层次性。区域优势的层次性突出的表现在区域优势的形态既包含初级形态又包含高级形态。区域优势的初级形态是指单一的、容易复制模仿或对区域经济社会发展作用较小的优势因素，相应的，区域优势的高级形态是指复合的、不容易复制模仿或在区域经济社会发展地位比较重要的优势因素。随着时代的进步，区域优势的初级形态在区域经济社会发展中作用逐渐降低，区域优势的高级形态发挥的作用则越来越大。

第二节　绝对优势与比较优势

一、绝对优势理论的认识

绝对优势理论（Absolute advantage theory）又叫绝对利益理论或绝对成本学说，最早是由英国古典经济学家亚当·斯密（Adam Smith）在其著作《国民财富的性质和原因的研究》（1776 年）提出的。亚当·斯密认为，"如果一件东西在购买时所费的代价比在家内生产时所费的小，就永远不会想要在家内生产，这是每一个精明的家长都知道的格言。裁缝不想制作他自己的鞋子，而向鞋匠购买，鞋匠不想制作他自己的衣服，而雇裁缝制作……在每一个人家庭的行为中是精明的事情，在一个大国的行为中就很少是荒唐的了。如果外国能以比我们自己制造还便宜的产品供应我们，我们最好就用我们有利地使用自己的产业生产出来的物品的一部分向他们购买。"[①]斯密不仅论证了国际贸易的基础是劳动生产率的绝对差异，而且进一步指出了造成劳动生产率绝对差异的原因来自两个方面：一是自然禀赋的优势，即一国在地理、气候、矿产等自然条件

---

① 亚当·斯密：《国民财富的性质和原因酶研究》（下卷），商务印书馆 1974 年版，第 28 页。

方面的优势，这是天赋的优势；二是人民特殊的技巧和工艺上的优势，这是通过训练、教育而后天获得的优势。在贸易政策上，斯密主张实行自由贸易，认为政府应鼓励经济的自由主义，减少对经济的干预。

绝对优势理论的基本含义是：当一个国家在生产某种产品时在劳动生产率上占有绝对优势，而各个国家都专门生产自己具有绝对优势的产品，彼此进行交换，每个国家都能得到分工生产和国际贸易带来的好处[①]。绝对优势理论的基本思想逻辑可用下图表示。

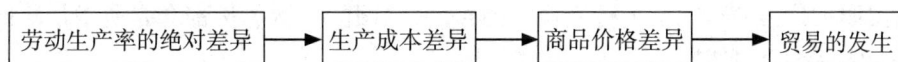

| 劳动生产率的绝对差异 | → | 生产成本差异 | → | 商品价格差异 | → | 贸易的发生 |

绝对优势理论也可以用一个 2×2 模型表示，即假设整个世界只有A、B两个国家，每个国家在分工之前都生产X、Y两种产品，其各自的劳动成本情况见下表。

国家	X产品	Y产品
A国	1	2
B国	2	1

此表说明，A国生产1单位X产品要花费1单位的劳动，生产1单位Y产品要花费2单位的劳动；B国生产1单位X产品要花费2单位的劳动，生产1单位Y产品要花费1单位的劳动。可见，A国在生产X产品具有绝对优势，B国在生产Y产品上具有绝对优势。全世界生产2单位X产品和2单位Y产品（4单位的总产量）总共需要花费6单位的劳动。

按照绝对优势理论的原则，即各个国家都能专门生产自己具有绝对优势的产品，以此换取自己生产成本高的产品，即A国专门生产X产品而不生产Y产品，B国专门生产Y产品而不生产X产品，分工后的劳动成本情况见下表。

---

① 亚当·斯密的绝对优势理论是建立在劳动价值理论基础上的，今天大多数的西方学者将此理论中用于比较的"劳动生产率"扩展为生产产品的成本或生产费用。

国家	X产品	Y产品
A国	3	0
B国	0	3

此表说明，A国把所有的3单位劳动都用于专门生产，共生产出3单位的X产品；B国把所有的3单位劳动都用于专门生产，共生产出3单位的Y产品。与分工前相比较，分工后花费的劳动总量不变，全世界的总产量增加2单位。若按照1X：1Y的比率进行交换，则A、B两国的消费总量都会有所增加，即国际贸易给两国都带来了利益。

从经济史的角度来考察，绝对优势理论的提出适应了当时处于上升阶段的产业资本家阶级的利益要求，是经济自由主义在国际分工领域中的应用，为产业资本的发展提供了相应的理论支撑，也为后来大卫·李嘉图创立比较优势理论奠定了基础。亚当·斯密的绝对优势理论揭示了在自由市场经济条件下国际贸易产生的原因在于两国之间劳动生产率的绝对差异，按照绝对优势理论的原则进行国际分工，贸易的参与者与整个世界都会获得利益。但是，这一理论要求参加贸易的国家必须在生产某种产品时具有绝对优势，在理论上过于绝对，无法回答在生产产品上不具有任何绝对优势的国家能否参与国际贸易的问题；该理论将劳动视为唯一的生产要素，这与实际也并不相符；并且这一理论无法说明国际贸易交换的产品进行国际交换的内在等价要求是什么，因而绝对优势理论的适用范围受到了限制。

二、比较优势理论的认识

英国古典经济学的集大成者大卫·李嘉图将亚当·斯密的绝对优势理论向前推进了一步，提出了比较优势理论（Comparative advantage theory），在他1817年出版的《政治经济学及赋税原理》一书中对此理论进行了阐述。此理论是关于国际贸易和各国产业分工的经典学说，长期以来，经济学主流学派认为国际经济关系是由比较优势决定的，因此比较优势理论成为国际贸易的基础理论。从李嘉图创立比较优势理论开始，比较优势理论一直是指导国际分工、国际贸易的基本理论。比较优势理论认为，各国在互惠贸易中不一定要生产所有的商品，只需生产那些利益较大或者不利较小即具备比较优势条件的商品，然后通过国际贸易，在资本和劳动力不变的情况下，使经济总量增加，使各国国民经济福利整体得到增进。长期以来，这一理论指导各国参与国际分工和交换，许多学者强调要发挥本国的资源比较优势。李嘉图的比较优势理论有一系列的假设前提，包括：

1. 世界上只有两个国家（A国和B国）、生产两种产品（X产品和Y产品）、使用一种生产要素（劳动，用L表示），即采用的是2×2×1模型。

2. 生产要素（劳动）在一国内可以自由流动，但在两国之间不能自由流动。

3. 生产要素（劳动）在部门之间转移的机会成本不变。

4. 生产技术是给定的，生产规模报酬不变。

5. 没有运输成本和其他交易成本。

6. 要素市场和商品市场是完全竞争的，两国实行自由贸易政策，不存在任何贸易限制。

比较优势理论用2×2×1模型表示，国际分工前A国和B国分别生产X、Y产品的产量和花费的劳动量见下表。

国家	X产品	Y产品
A国	6	4
B国	1	2

此表说明，A国生产1单位X产品要花费6单位的劳动，生产1单位Y产品要花费4单位的劳动；B国生产1单位X产品要花费1单位的劳动，生产1单位Y产品要花费2单位的劳动。全世界生产2单位X产品和2单位Y产品（4单位的总产量）总共需要花费13单位的劳动。B国在生产X、Y产品上都具有绝对优势；进一步分析，以X产品作为Y产品的价值衡量标准，则4/6（A国）＜2/1（B国），因此，B国的优势在于生产X产品，B国应该集中生产X产品而放弃生产Y产品；以Y产品作为X产品的价值衡量标准，则6/4（A国）＞1/2（B国），因此，A国的相对优势在于生产Y产品，而A国应该集中生产Y产品而放弃生产X产品。

国际分工后X、Y产品的产量和花费的劳动量见下表。

国家	X产品	Y产品
A国	0	10
B国	3	0

此表说明，A国把 10 单位的劳动全部用于专门生产，可生产 2.5（10/4）单位 Y 产品，B国把 10 单位的劳动全部用于专门生产，可生产 3 单位（3/1）X 产品。与分工前相比较，分工后花费的劳动总量不变，全世界的总产量增加 1，5 单位。如果按照 1X：1Y 的比率进行交换，则 A、B 两国的消费总量都会有所增加，即国际贸易给两国都带来了利益。

李嘉图比较优势理论的基本含义是：在两国生产两种产品时，其中一国在生产两种产品上都处于绝对优势地位，另一国处于绝对劣势地位，那么如果处于绝对优势地位的国家专门生产其优势较大的产品，处于绝对劣势地位的国家专门生产其劣势较小的产品，彼此进行交换，则双方都能从交换中获得利益。比较优势的核心就是"两优择其甚，两劣权其轻"。这一国际贸易的基本原则也适用于多个国家、多种产品的情况以形成合理社会分工，以取得最大社会福利与劳动效率的原则。

三、关于比较优势的解释

赫克歇尔和奥林的要素禀赋理论（H—O理论）认为，比较优势产生的根源在于各国生产要素相对禀赋的不同，以及不同商品生产在要素使用密集形式上的不同。产品生产的相对成本不仅可以由技术差别决定，也可以由要素比例和稀缺程度的不同决定。因而各国应当生产出口那些密集使用本国相对充实要素的新产品，进口那些密集使用本国相对稀缺要素的产品。传统贸易理论强调的比较利益结构的核心是一国产业的比较优势，即各个国家按照比较利益原则加入国际分工，从而形成对外贸易的比较利益结构。通常的情况是，发展中国家缺资本和技术，而有自然资源和劳动力资源丰富而便宜的优势，发达国家则具有资本和技术资源丰富的优势，因此，比较利益的贸易格局一般表现为：发达国家进口劳动密集型和自然资源密集型产品，出口资本和技术密集型产品；发展中国家则进口后者、出口前者。当代经济学强调比较优势的动态性。弗农

（Raymond Vernon，1966）的产品生命周期理论从微观角度使静态的比较优势动态化，认为产品技术发展的不同阶段造成对生产要素的不同需求，即使各国仍然拥有原来的资源禀赋，其比较优势也会由于产品生产要素密集性的变动而转移。巴拉沙（Bela A.Balassa，1965）依据新古典贸易理论提出外贸优势转移假说，则从宏观上建立了动态比较优势理论。该理论预期各国进出口商品结构和比较优势会随着他们生产要素积累的状况而迅速改变，比较优势可以逐级替代，如"雁形发展模式"所强调的亚洲新兴工业化国家和地区进出口商品结构变化和某种生产要素快速积累之间的动态联系。巴拉沙认为，国际分工的类型和经济发展阶段之间排列着许多阶梯，比较优势的替代在不同国家间是逐级进行的，相对于国际生产和贸易分工的深化，国际贸易的数量和比较利益会日益扩大。

四、比较优势的局限性

李嘉图的比较优势理论解决了绝对优势理论无法回答的问题，将国际贸易的基础发展成为比较优势，把国际贸易研究彻底地从流通领域转到生产领域，在理论上为资本主义经济的进一步发展排除了障碍。这一理论证明了各国通过生产相对成本较低的产品换取自己生产相对成本较高的产品，可以实现贸易互利，世界的总福利水平会得到提高，这比绝对优势理论更能解释一些实际问题。但李嘉图的比较优势理论也存在自身的一些缺陷或局限性。

第一，没有揭示出主要国际贸易发生的原因。李嘉图的比较优势理论在政策倾向上与斯密一样，也主张实行自由贸易，因此按照该理论，国家之间应实行自由贸易，且国家之间比较优势差异越大，国际贸易发生的可能性就越大，国际贸易应该主要在比较优势差异较大的发达国家与发展中国家之间展开，但在实际中各国都存在不同程度的贸易保护主义，国际贸易也主要发生在比较优势差异较小的发达国家之间，李嘉图的比较优势理论难以解释这些现象。

第二，理论的假设前提过于苛刻，且注重静态的比较利益，而忽略了动态发展优势。比较优势理论需要一系列严格的前提假定才能成立，包括规模报酬不变、完全竞争、产品无差别、技术水平不变、要素质量及数量不变且在两国间不能流动、无需求差别、无交易成本、实行自由贸易等，这与现实经济严重不符。此外，无论是以劳动生产率差异为基础的比较成本说，还是以生产要素供给为基础的资源禀赋说，其比较利益的前提是各国的供给条件、生产条件不可改变，资源、生产要素不能在国际间流动。但当今生产要素和资源可以在国际间流动，自然资源可以被改良和再造，也可以被新材料所替代，劳动力的技能和素质的提高以及人力资本的培养，又可克服劳动力数量不足的矛盾，甚至形成人为比较优势的创造，而技术进步和创新则是其有效的路径。

第三，关于各国将以比较优势原则进行完全的专业化生产的认识与现实不符。现实中，各国大都会生产某些进口商品的替代产品，而避免完全专业化生产。20 世纪初，赫克歇尔和俄林从生产要素比例的差别而不是生产技术的差别出发，解释了生产成本和商品价格的不同，以此说明比较优势的产生。这个解释克服了斯密和李嘉图贸易模型中的局限性，认为资本、土地以及其他生产要素与劳动力一起都在生产中起重要作用并影响劳动生产率和生产成本；不同的商品生产需要不同的生产要素配置，而各国生产要素的储备比例和资源禀赋不同，正是这种生产资源配置或要素禀赋上的差别才是国际贸易的基础。

第四，可能产生比较优势陷阱。"比较优势陷阱"是指一国完全按照比较优势，生产并出口初级产品和劳动密集型产品，则在与技术和资本密集型产品出口为主的经济发达国家的国际贸易中，虽然能获得利益，但贸易结构不稳定，总是处于不利地位，从而落入"比较利益陷阱"。比较优势陷阱可以分为两种类型。

一个是制成品比较优势陷阱，即发展中国家虽然开始进行制造业的生产和出口，但是这种改良型的比较优势战略由于过度地依赖技术引进，使自主创新能力长期得不到提高，无法发挥后发优势，只能依赖发达国家的技术进步。

另一个是初级产品比较优势陷阱，即在执行比较优势战略时，发展中国家多用劳动力资源和自然资源优势参与国际分工，且由于比较优势战略的实施还会强化这种国际分工形式，使发展中国家长期陷入低附加值环节。由于初级产品市场缺乏弹性且市场容量呈下降趋势，加上初级产品的国际价格下滑，发展中国家的贸易条件恶化，甚至会出现出口的贫困化增长现象。在科技创新突飞猛进的情况下，劳动密集型产品的比较优势最终会失去竞争优势，而且大力发展劳动密集型产业还会从国外进口技术密集型产品用于消费以及在国外去购买投资品，进而很难起到带动本国经济发展的效应，也不能成为带动产业升级的领头产业。对此，托达罗（Todaro, M.P., 1991）说：富有充裕的非技术劳动供给的第三世界国家，由于专门生产密集使用非技术劳动且世界需求前景和贸易条件十分不佳的产品，从而陷入一种使其在非技术、非生产性活动上的"比较利益"永久存在的停滞的环境中，这将会抑制该国资本、企业精神和技术技能在国内的增长。[①]

五、进一步的讨论

在现实的贸易中，一国潜在的比较优势能否实现，贸易利润能否获得，取决于一国具有比较优势的产品是否具备竞争优势。如果不具备竞争优势，产品将被排除在国际交换之外，也就无法实现比较利益。而比较优势是相对于本国的资源和另一国的情况，但在世界范围内就未必具有价格竞争力。考虑到受到国际金融体制的影响及其他非价格因素如产品质量、性能、款式、包装、运输费用、品牌偏好、文化内涵、售后服务、差异化等的影响，由此，产品在国际市场上的竞争力由价格竞争力和非价格竞争力共同决定。若发展中国家在非价格方面的竞争力太弱，即使他们具有低价格的比较优势，也难以保持竞争优势。

不过，比较优势理论就过时、没有价值了吗？答案是否定的。有丰富的天然资源和较低的劳动成本，是经济发展的有利条件。许多发达国家的发展最初就是由资源禀赋的产业带动的。只是如果仅仅满足于这些因素，往往就会陷入"比较优势陷阱"。

针对传统比较优势的局限性，发展中国家应以竞争优势为基础提高竞争力。进一步的比较优势与竞争优势不是非此即彼的关系，二者有一定的相容性。重要的是应通过创新和技术变革寻求由潜在比较优势向竞争优势转化的途径，也就是通过政府教育和技术政策，发展教育，提高人力资本，同时推动科研，提高技术水平，最终会缩小与发达国家的差距。

第三节　后发优势与竞争优势

后发优势这一范式产生的思想渊源来自大卫·李嘉图、赫克歇尔和奥林

[①] 这方面普雷维什（Prebiseh, 1950）和辛格（Singer, 1950）在 20 世纪 50 年代针对初级产品，沙克和辛格（Sarker and Singer, 1991）在 20 世纪 90 年代对劳动密集型制成品都做过理论和实证分析。

等[①]，不过最早研究国家如何应对先进国家竞争，寻求适合本国经济发展战略的学者是德国的历史学派先驱者弗里德里希·李斯特（Friedrich List）。他虽然没有明确提出落后国家具有"后发优势"的观点，但他站在落后国家（当时的德国）的立场上，指出德国与英国（当时的先进国家）由于所处的发展阶段不同，不可能采取相同的经济发展战略。李斯特创立了与古典学派相对立的生产力理论，并从这一理论出发，提出了包括实行保护关税在内的一系列发展生产力的建议。在一定意义上来说，李斯特提出的这些建议隐含着落后国家在技术上、制度上具有后发优势，并且为这些优势向现实的转化提供了途径。

一、后发优势理论

1. 格申克龙的后发优势论

美国经济史学家格申克龙（Gerchenkron，1962）在总结德国、意大利等国经济追赶成功经验的基础上创立了后发优势论。他认为，工业化前提条件的差异将影响发展的进程，相对落后程度越高，其后的增长速度就越快。其原因在于这些国家具有一种得益于落后的"后发优势"（Advantage of Backwardness）。他认为，后发优势是由后发国地位所致的特殊益处，这一益处先发国没有，后发国也不能通过自身的努力创造，而完全是与其经济的相对落后性共生的，是来自于落后本身的优势。后发展是相对于先发展而言的，因而后发优势涉及的主要是时间维度，至于国家之间在人口规模、资源禀赋、国土面积等方面的差别则不属于后发优势范围而与传统的比较优势相关。

格申克龙虽然没有对后发优势做出清晰和完整的界定，但归纳起来，他对后发优势的理解应该有以下几个方面。

首先，相对落后会造成紧张状态，这种紧张状态会刺激国民要求工业化的强烈愿望，以致形成一种社会压力，从而激发制度创新，并促进以本地适当的替代物填补先决条件的缺乏。

其次，替代性的广泛存在，即工业化过程中不存在必须具备的一系列标准条件或者是必须克服的一系列标准化的障碍，在吸收先进国家的成功经验和

[①] 他们第一次提出"落后者优势"的概念，提出经济上相对落后的国家（地区）在经济发展中具有相对的优势，第一次在相对积极意义上理解后进性，因此学术界认为后发优势理论的思想渊源来自他们的理论。当然，这与"后发优势"的含义还是有很大的差异。

失败教训的基础上，后进国家在形成和设计工业化模式时具有可选择性和创造性。由于缺乏某些工业化的前提条件，后进国家可以也只能创造性地寻求相应的替代物，以达到相同的或相近的工业化结果。替代性的意义不仅在于资源条件上的可供选择性和时间上的节约，更重要的在于使后进国家能够也必须根据自身的实际，选择有别于先进国家的不同发展道路。

再次，引进先进国家的技术、设备和资金。技术引进是一个正在进入工业化国家获得高速发展的首要保障因素。后进国家引进先行国家的技术和设备可以节省科研费用和时间，快速培养人才，在一个较高的起点上推进工业化，同时资金的引进也可以解决后进国家工业化中资本严重不足的问题。[①]

格申克龙"后发优势"理论核心思想是指：相对的经济落后性具有积极作用，它有助于一个国家或地区实现爆发性的经济增长。格申克龙的"后发优势"假说第一次从理论高度揭示了后发国家工业化存在着相对于先进国家而言取得更高时效的可能性，同时也强调了后发国家在工业化进程方面赶上乃至超过先发国家的可能性。格申克龙的"后发优势"假说提出后，纳尔逊（Nelson，1966）等人证明，一个后进国家技术水平的提高同他与技术前沿地区的技术差距呈线性正比，并进一步指出，后发国技术进步速度虽然常常高于先发国，但在逐渐接近时又会慢下来，从而保持着一个"均衡技术差距"。[②]

20世纪80年代以来，罗索夫斯基（Rosovsky）、南亮进和大川一司对日本的工业化过程进行了分析，渡边利夫运用这一理论分析了韩国经济，这些后继的研究成果在很大程度上验证了格申克龙"后发优势"的客观性，从而促进了后发优势理论研究的进一步深入。

2. 列维的后发优势论

在格申克龙的"后发优势假设"提出后，美国的列维（Levy，1966）从现代化理论角度，对格申克龙的后发优势论具体化，分析了后进国家与先进国家在经济发展前提条件上的异同，指出后发外生型现代化与早发外生型现代化的条件有着明显的差异（Levy，1966）。首先，维持现代化水平的必备条件不一定就是实现这种现代化水平的前提条件。早发型现代化国家目前的发展条件与他早期获得这种现代性的启动条件完全不同。现代化的条件并不是一成不变的，因此，不必照搬目前发达国家的某些模式，而必须考虑各国的实际情况和

---

① 王必达：《后发优势与区域发展》，复旦大学出版社2004年版，第41—43页。
② 郭熙保、胡汉昌：《后发优势研究评述》，《山东社会科学》2002年第3期。

阶段性这个因素。其次，早发型现代化的前提条件不一定就是后发型现代化的前提条件。其原因在于，在现代化的起步阶段，两者会面对非常不同的外部和内部因素，起步时的条件可能有着根本性的差异。再次，即使是后来者，每个国家现代化起步的前提条件也不一样。这是因为各个后来者开始现代化的历史基础并不相同。最后，在现代化水平较低的后发式国家，其社会结构中与早发式现代化国家的社会结构最相类似的那部分因素，并不一定就是走向现代化的最好基础。如较高的社会流动性和开放性的经济结构，既是早发式现代化社会的典型特征，也是其社会发展的条件，但并不一定适合于处于启动阶段的后进国家。

列维认为后发国家的现代化有五个方面的后发优势：一是后发国家对现代化的认识要比先发国家在自己开始现代化时对现代化的认识丰富得多；二是后发者可以大量采用和借鉴先发者成熟的计划、技术、设备以及其相适应的组织结构；三是后发国可以跳跃先发国家的一些必须经过的发展阶段，特别是在技术方面；四是由于先发国家的发展水平已达到较高程度，这可使后发国对自己现代化前景有一定的预测；五是先发国家可以在资本和技术上对后发国家提供帮助。

3. 阿伯拉莫维茨的潜在后发优势理论

阿伯拉莫维茨提出了后发优势的"追赶假说"（Abramovitz，1989），即不论是以劳动生产率还是以单位资本收入衡量，一国经济发展的初始水平与其经济增长速度都是呈反向关系的。也就是说，一国的经济越落后，其经济增长的速度越高，反之亦然。阿伯拉莫维茨指出，把握这一假说的关键在于"潜在"与"现实"的区别，因为这一假说是潜在的而不是现实的，只有在一定的条件下才能成立。

第一个限制因素是技术差距，即后发国家与先发国家之间存在着技术水平的差距，他是经济追赶的重要外在因素，正因为存在技术差距才使经济追赶成为可能。由此阿伯拉莫维茨得出其追赶假说的第一个引申结论：生产率水平的落后，使经济的高速发展成为可能。

第二个限制因素是社会能力，即通过教育等形成的不同的技术能力，以及具有不同质量的政治、商业、工业和财经制度，他是经济追赶的内在因素。外在技术差距与内在的社会能力相互作用形成的复合因素，构成了经济追赶由潜在变为现实的总因素。在技术差距与社会能力的关系上，社会能力是基础性的，是技术差距这一外在因素发挥作用的前提条件。由此阿伯拉莫维茨得出其追赶假说的第二个引申结论：与其说是处于一般性的落后状态，不如说是处于技术落后但社会进步的状态，才使一个国家具有经济高速增长的强大潜力。

第三个限制因素是历史、现实及国际环境的变化，如重大历史事件的出现、国际经济秩序的调整等，有时为经济追赶提供了良好的机遇，有时又极大地妨碍甚至中断了经济追赶的进程。通过对历史的统计分析，阿伯拉莫维茨得出其追赶假说的第三个引申结论：在一个特殊的阶段，经济追赶依赖于一些历史因素，他们限制或促进了知识的传播、结构的调整、资本的积累以及需求的扩张。[①]

鲍莫尔（Baumol）在阿伯拉莫维茨追赶假说的基础上进一步指出，对贫穷的落后国家而言，其低下的教育水平和工业化水平使其不能有效利用技术差距以实现经济追赶。多瑞克与格莫尔（Dowrick，Gemmel）通过回归模型分析验证了这一假说。在这里，阿伯拉莫维茨的社会能力被具体化为教育水平和工业化水平。但在社会能力与技术差距、教育水平与工业化的相互关系上，还存在两种观点。一种认为社会能力是前提，因而必须将提高社会能力放在首位，国家的干预、政策的制定和执行要先行。另一种认为没有一般的、普适的经济追赶因素和模式，必须历史地、具体地分析。在大多数情况下社会能力、教育水平都不是作为前提条件，而是在缩小技术差距、实现工业化的过程中提高的，两者是一种相互作用的关系。[②]

4. 伯利兹、克鲁格曼的技术"蛙跳"模型

伯利兹、克鲁格曼等（Brezis，Krugman，1993）。齐东（D. Tsiddon）在总结发展中国家成功发展经验的基础上提出了基于后发优势的技术发展的"蛙跳"（1eap-frogging）模型。他是指先发国基于原有技术的沉淀成本、资产专用性及技术转换的高机会成本，可能会延滞对新思想新技术的采用，可能被锁定于原技术水平上；而后进国在技术发展到一定程度、本国已有一定的技术创新能力的前提下，后进国可以直接选择和采用某些处于技术生命周期成熟前阶段的技术，以高新技术为起点，在某些领域、某些产业实施技术赶超。他强调在技术发展变化的顺序上并不严格按照由简单到复杂的路径，而是可以跨越技术发展的某些阶段，直接开发，并用新技术、新产品、进入国际市场与先进国家进行竞争。"蛙跳效应"表明，先进与后进、发达与不发达并不是一成不变

---

① 王必达：《后发优势与区域发展》，复旦大学出版社 2004 年版，第 44—45 页。
② 郭熙保、胡汉昌：《后发优势研究评述》，《山东社会科学》2002 年第 3 期。

的，历史既有连续性、累积性，又有跳跃性和更替性，先发国与后发国是会兴衰交替的。当然，"蛙跳"也是有条件的。条件的具备是后进国家实现跨越式发展的契机。

5. 范艾肯的技术——经济趋同论

范艾肯（R, Van Elkan, 1996）建立了在开放经济条件下技术转移、模仿和创新的一般均衡模型，描述了一国尤其是发展中国家从封闭经济转向开放经济的动态进程。经济落后的国家可以通过大量的技术模仿缩小与发达国家之间的技术差距，提高本国的技术水平。然后，当技术能力成熟以后，本国将从技术模仿阶段转向技术的自我创新阶段。范艾肯模型还指出，尽管在赶超的初期，处于追赶地位的经济落后国家的经济增长率会比领先者快得多，然而从长远来看，不同经济起点的国家的人力资本积累、生产能力以及经济增长速度将最终趋于收敛，各国的技术模仿和创新方面的回报率也将趋于一致。

二、后发优势的表现

从理论上说，后发优势至少表现在以下五个方面。

第一，资本的后发优势。这主要是指资本报酬递减规律所产生的后发优势。发达国家的资本丰富，而发展中国家资本稀缺，因此，发展中国家的资本收益率要高于发达国家。如果国际资本是自由流动的，那么资本将从发达国家向发展中国家流动，由此将会促使发展中国家经济增长得更快。这个方面的后发优势现在存在着争论，其主要是资本报酬递减规律是否存在。从各国的储蓄率和投资率的数据来看，发展中国家大多数是投资率高于储蓄率，发达国家大多数是储蓄率高于投资率，这表明资本基本上是从发达国家向发展中国家流动的，发展中国家的资本报酬率应该比发达国家要高。

第二，技术的后发优势。大多数先进的科学技术是由发达国家发明创造的。发达国家发明出来的先进科学技术知识被认为是公共产品，具有溢出效应，这对于科学技术比较落后的发展中国家来说是一个非常有利的条件。发展中国家不需要投入巨大的资源来重新研究和开发这些已经存在的科学技术，他们只要花费很小的成本就可以把这些科学技术学拿来并运用于生产之中。这一方面节约了发展中国家的大量资源，另一方面也缩短了与发达国家的技术差距。与技术后发优势相关的是人力资源后发优势。在知识经济以及全球化、信息化、教育的国际化条件下，发展中国家教育的发展具有相对于本国经济发展的独立性和超前性，发达国家教育资源作为公共产品在国际上的溢出效应，跨国企业进行的技术培训，都有助于发展中国家劳动力素质的提高，有助于丰富人力资本的形成。

第三，制度的后发优势。即发展中国家学习、效仿和借鉴发达国家的先进制度和管理经验，并经本土化改造所产生的效率和益处。一种有效的制度的形成，是一个需要支付高额代价的不断试错的过程，经过反复、动荡、危机以至战争等才能形成，而一旦这种制度形成并行之有效，后来者就可以避免这种试错的高额代价，通过制度的移植、模仿和创新，节约经济发展的创新成本和时间成本，以相对较小的社会成本和代价取得相对较大的发展收益。在开放条件下，不同制度安排的效率差异会得到鲜明对比，从而产生改善不合理制度的强大刺激，不仅能够产生强烈的诱致性制度变迁动力，而且由于政府在制度比较中对新制度的预期收益更加明确，对实现制度变迁的有效途径的认识更加清楚，因而也会促成政府推动强制性制度变迁，消除既得利益集团的阻挠。

第四，结构的后发优势。发展中国家最初都是农业国，经济发展过程就是把一个落后的农业经济转变为工业经济，最终实现工业化。落后的农业部门生产率较低，而工业部门的生产率较高，把农业部门的劳动力和资本转移到工业部门，可以提高整个社会的资源配置效率，从而促进生产率较快地增长。

三、后发优势与比较优势的关系

后发优势和比较优势是发展中国家具有的两种主要优势，这两种优势既有联系，也有区别。其区别表现为：一是优势来源不同。比较优势来源于分工与专业化所带来的成本的降低。后发优势是与落后本身相联系的，来源于落后本身，或进一步说来源于后发国的模仿创新也即学习成本大大低于先发国的创新成本。二是涉及范围不同。比较优势理论属于国际贸易的范畴，主要探讨一国经济如何通过对外贸易获益的问题。后发优势理论属于以发展经济学研究为主的综合性研究范畴，主要研究后进国家的整体经济如何发展，特别是如何追赶发达国家的问题。三是作用机制不同。比较优势强调以现有生产率水平分工，强调价格竞争和市场机制的作用，其核心问题是在自由贸易条件下如何充分发挥市场价格机制的作用以实现稀缺资源在国际范围内的最优配置。而后发优势则强调通过模仿创新等方式提高要素的素质与水平，改变现有的生产率水平分工，缩小与发达国家在生产率水平上的差距。其作用方式主要是非价格竞争、模仿竞争与创新竞争，强调市场机制基础上竞争主体作用的发挥。四是作用目的不同。比较优势理论着眼于优势互补，其目的是通过国际贸易获得比较利益。他关注的是要素供给的数量及其配置，着眼于现有要素及其水平。即使是比较优势的动态升级，也是在市场机制作用下的自动自发过程。后发优势理论主要是针对发展中国家的经济发展，特别是经济追赶问题，他关注的是要素的质量及产品市场的需求档次，着眼于现有要素水平和层次的提高。他是将本国要素与他国要素两者联系起来，着眼于将发达国家的先进要素以及各种有利因素通过一定的途径转化为自身的要素和有利因素。

当然，后发优势与比较优势的区别是相对而言的。如，发展中国家收入水平低，工资水平低，从而同一产品的劳动成本可以比发达国家低，从要素禀赋论而言这是比较优势，但他又产生于发展中国家的落后性，因而也是后发优势。后发优势产生于落后本身，因而可以认为所有由落后本身而来的优势都可称为后发优势。又比如，比较优势的提升需要充分发挥后发优势的作用。由于绝大多数先进生产要素，特别是先进的技术和管理方式产生于发达国家，发展中国家必须进口这些先进技术和管理方式，才能缩小与发达国家生产率差距，因而对发展中国家而言，对外贸易不仅是获得一般性的贸易利益问题，更重要的是通过发挥后发优势来提升比较优势，使对外贸易的利益更体现于发展中国家的经济追赶之中。也有学者认为比较优势向竞争优势转化的过程，也就是后发优势的发挥过程。只有充分发挥后发优势，才能在较短的时间内逐步缩小与发达国家的差距，从而具有技术、制度、结构等各方面的竞争优势与竞争力，最终实现经济追赶。

四、竞争优势理论

20世纪80年代以来，波特（Michael Porter）相继发表了著名的三部曲：《竞争战略》（1980年）、《竞争优势》（1985年）和《国家竞争优势》（1990年），提出并完善了竞争优势理论。波特提出了解释国家（产业或企业）在国际市场取得竞争优势的菱形模型（Diamonds framework），菱形由四个基本决定因素和两个辅助因素组成。四个基本决定因素是：要素条件、需求条件、相关及支持性产业，以及企业的战略、结构和竞争。这些决定要素创造了企业竞争的一个基本环境。每一个决定因素都会决定产业国际竞争优势的形成。两个辅助因素是机会和政府。波特认为，一个国家之所以能够兴旺发达，其根本原因在于这个国家在国际市场上具有竞争优势，这种竞争优势源于这个国家的主导产业具有竞争优势，而主导产业的竞争优势又源于企业由于具有创新机制而提高了生产效率。

1. 对传统理论的质疑

关于比较优势理论的质疑。波特认为，亚当·斯密和大卫·李嘉图的比较优势理论，是不完全的甚至是错误的。从宏观层次来看生产率和竞争有着紧密的关系，但从价格决定因素来看生产率只是一个因素，生产率对提高竞争力的作用容易被汇率和工资的相反方向的变化所抵消，并且竞争力提高和生产率增长方向并非总是一致。一些诸如严格的贸易管制等政策可能提高了当前的竞争力但也以生产效率的降低为代价。波特认为，资源禀赋对一国竞争优势的形成发挥作用，但基于资源禀赋优势所获得的竞争优势常常是难以持久的。

关于要素禀赋理论的质疑。他认为，工业化国家的自然发展趋势是退出劳动密集型产品生产，进入资本密集型产品的生产领域。因为如果希望继续从事劳动密集产品，那么就必须接受较低的工资水平。由于工资水平因合同、最低工资法、失业增加等原因锁定，采取保护措施来保持工作岗位从期来看也不成功的。将会给其他使用这些保护产业产品的产业增加额外的费用。这一解释能够在很大程度揭示发达国家和发展中国家之间竞争力的变化。但这一解释不能揭示发达国家之间竞争力的变化。发达国家之间常常是产业内贸易为主。另外一些发达国家也没有退出劳动密集产业。

关于规模优势、技术差距理论的质疑，他认为，以规模优势、技术差距来解释一国的竞争优势也是不太完美的。意大利企业在厨房器具领域，德国企业在化工设备领域，瑞典企业在采矿设备领域，瑞士企业在纺织设备领域都取得了国际竞争优势，而这些国家的国内市场并不是最大的。在技术方面的优势随着技术的扩散和技术差距的缩小也会自然会下降或消失。但为什么一些国家的企业却能够将这种技术优势保持数十年？

波特对生命周期理论也提出了质疑。他问道：为什么一些发展较慢和产品市场较小国家却成为国际市场的领导者？为什么技术创新过程不断发生而不足标准化？由此他得出结论。看来已有的理论均不能很好地解释一国产业或企业为什么能够在国际市场上取得成功，需要新的理论来解释。

2. 波特的竞争优势理论

竞争优势的来源。波特认为，一国的真正竞争优势，不是天然取得的，而是经过不断地、大量地投资、创新和升级所取得的高级要素。基础要素的重要性，因对其需求的下降和容易得到，而不断受到破坏。这使无论在什么地方，基础要素的报酬均很低。例如无论美国还是德国，无技术的劳动力工资下降的压力在不断增加。丰富的天然要素只能使一国简单地利用这种优势，而不去想办法提升这些要素，相反，要素劣势却迫使企业想办法充分利用和提升自己要素的质量。例如，日本常常强调"自己是没有资源的岛国"，其创造的准时制生产技术却最有效地利用了昂贵的空间。因此，基础要素有优势的国家，由于对其的依赖而使其国际竞争力反而下降，真正能够提高竞争力的是经过创造、升级或专业化的高级要素。

要素劣势转化为优势的条件。一是要对要素劣势有所认知，这样才能想办法去改变这种劣势；二是企业必须要有创新所必要的技能和竞争压力。如果没有这种压力，企业就可能安于劣势，而不会将这种劣势变成激励创新动力。竞争优势来源于苛刻的市场需求。波特认为，国内强大的需求有利于公司建立国际竞争优势。但比需求规模史加重要的是国内购买者对需求的质量要求，如果国内购买者是世界上最老练的和苛求的产品和服务的购买者，那么该国的公司就能获得竞争优势。因为老练、苛求的购买者迫使公司达到更高的标准，刺激公司不断改进、创新和提升竞争力。

竞争优势的来源。波特认为，一群在地理上互相靠近的、在技术上和人才互相支持并具有国际竞争力的相关产业和支持产业所形成的产业链（cluster，也有人翻译为产业群聚、产业扎堆等），是国家竞争优势的重要来源。这种地理上的相对集中加剧了同业之间的竞争，缩短了相互之间沟通的渠道，能够快速地相互学习，不断地进行创新和观念交流，并不断扩大着其专业人才队伍和专业研究力量，形成了产业群内部的一种自我加强机制，这种产业群若参与国际竞争并在国际竞争中形成，则其所形成的竞争优势是难以被其他地区的企业夺走，因此是有持续竞争力的。波特强调，一个有国际竞争力的优势产业群体中的企业最好全部由国内企业组成（而不是某一环节从国外采购），特别是由本地企业组成上下游配套齐全的产业发展链条，这样所形成的国际竞争优势才是稳定的、可靠的。

波特认为，真正能够形成国际竞争优势的是企业的发展战略，因为在经营管理层次，由于企业之间的激烈竞争和优秀企业之间在竞争中的相互学习，已使竞争性企业之间的差别不大，而企业之间的真正不容易被学习或模仿的差别是企业的竞争战略或发展战略。企业可以通过战略的变换来适应环境的变化，以获得竞争优势。波特说，传统观念认为国内竞争是一种浪费，因为他导致重复建设，并使之很难达到规模效益。为了获得国际竞争力，"正确的解决办法"是抓住在规模和力量上有能力和外国竞争对手抗衡的一两个明星企业，政府保证他们能获得生产经营所需的必要资源。然而事实上，大多数国家明星企业虽然获得了政府的巨额补助和保护，但是并没有竞争力。实际上国内竞争是唯一能够刺激企业进步和推动创新的动力。本地竞争迫使企业相互降低成本，提高质量，改善服务，国内竞争能创造出迫使企业进行创新和改进的压力。通常竞争对手越趋于一个地方，竞争也就越激烈；竞争越激烈，效果也就越好。正是非常活跃的国内竞争最终迫使国内企业寻求全球市场并力求成功。

关于政府的认识。波特认为，在现代全球经济中，以自由放任和干预来划分政府的角色业已过时。政府实施有补助的产业政策从长期来看实际上将损害公司，造成其对政府的更大依赖。同样主张减少政府干预的人忽视了政府在形成公司周围的环境和结构以及创造一个刺激公司获得竞争优势的过程中所起到的立法作用。他认为，政府有效地选择（组织）了提高生产率的政策、法律、制度，就选择了繁荣，如总需求、储蓄率、投资和汇率的变化对国家的竞争力均有影响。政府可以通过多种途径增加个人储蓄、税收结构可以降低消费、增加储蓄和投资。

波特认为，政府以贬值政策来提高竞争力是错误的。因为贬值并不能使贸易收支平衡，还可能带来经济衰退、竞争力降低。通过优惠政策来吸引外资也是不可取的，优惠政策所创造的竞争优势，使政府不去真正想办法解决其经营环境方面的不足问题。政府要努力创造一个支持生产率提高的环境，这意味着要在一些领域限制政府角色（如贸易障碍、价格制定），而在另外一些领域要加强政府作用，如确保激烈的竞争、提供高质量的教育和技能培训，政府不能降低在安全和环境污染方面的标准。这种降低将阻碍创新和放慢提高生产率，将减退竞争力。

波特认为，政府合适的角色当是市场竞争的催化剂与挑战者，政府应当鼓励或者推动公司提高其抱负，达到较高的竞争水平。政府不可能通过其政策扶持创建出竞争性产业，但政府可以创造一个公司能够获取竞争优势的环境，例如，通过刺激对先进产品的早期需求，通过设立面对先进的、急需的前沿生产技术的合作项目，通过提高质量的奖励机制等，加强形成竞争优势的压力，来加速企业的创新步伐，但政府企图管理产业结构，保护某个产业或企业是无效的。波特认为，对一个企业来说，经常需要花十年以上的时间来创造竞争优势，因为这个过程需要人们技能的持续提高，需要对产品和生产过程的投资，需要建立产业群以渗透进入外国市场，然而政府的任期却多是 3—5 年，这导致绝大多数政府喜欢采取容易取得短期利益的政策，如补贴、保护等政策，这些政策却恰恰延误了创新。

波特指出，他的竞争优势理论是一个相互影响、自我强化的有机整体。例如，有竞争力的产业不是随意分布的。而通常是通过纵向（买主—卖主）或横向（消费者、技术和分销商）关系联结在一起的。产业群通常也不是根据自然规律分布的，他们倾向于地理上的集中。一个产业群一旦形成，那么整个产业集团就能相互支持。产业内部企业之间激烈的市场竞争能扩张到其他产业，信息和创新技术也会快速扩散，带来新的方法和新的机会。

当然，波特在其著作中还提出了其他观点和认识，我们可以通过其他学者对波特的理论所做的批评进行更深的认识。

3. 对竞争理论的批评

格瑞威（Greenaway，1993）认为，大多数经济学家会对波特将其分析框架称为理论感到愤怒，因为他所提出的模型既没有用规范的经济学语言来表达，也没有用规范的数学推导来证明，根本不能称其为理论。瑞格曼（Rugman and D. C'ruz，1993）、邓宁（Dunning，1993）等人认为，波特所提出的决定因素不是什么新东西。可以说是比较优势理论各种观点的旧调新弹，因为他没有注明其模型中各个观点的出处，因此很难说他的模型和解释是其原创作品。但斯密（Smith，1993）认为，波特将各种观点综合起来建立起一个模型本身就是其理论贡献。瑞格曼（Rugman，1991）认为，波特模型强调国内市场和国内企业，只适用于解释像美国、日本、欧盟这类大国的情况，但用来解释像加拿大这样外向型经济会出现大量的错误结论。戴立（Daly，1993）和格瑞（Gray，1998）认为，波特低估了价格竞争的作用，他根据德国和日本货币升值和出口竞争力同时增长的案例研究得出，波特关于货币贬值对出口竞争力没有影响的结论并没有得到实证研究的支持。不过，奥兹勒（Ozlem. Oz，1999）认为，波特关于"价格降低促进低级产品出口的效应只是短期的，而对价格不敏感的高级产品才是竞争力的持久来源"的观点是值得重视的。格兰特（Grant，1991）认为，将"企业战略、结构和竞争"作为决定因素之一，等于说除其他几个决定因素之外的所有因素均可归入其中。道波森（Dobson，1992）也不同意波特提的"解散战略联盟"、"解除反垄断法"来促进竞争的思路。关于国内形成产业链（Clustering）是国家形成竞争优势的基础的论点，雅安迪拉（YhantiLa，1991）举出在国外建立基地也能获得竞争成功的例子进行了批评。但佳克等（Jacobs and Jang，1992）应用产业群理论分析荷兰的情况证明这种方法确实能够反映出一国经济的竞争优势和弱点。而奥得兰（O'Dlannt，1994）应用该理论分析了新西兰的情况发现产业集中于大都市而并非按照产业之间的联系集聚。关于国家的角色，鉴于发展中国家的种种弱势，斯代芬等人（Stopford and Strange，1991）建议将国家变成第5个决定因素，而不是一个辅助因素。奥滋勒（Ozlem Oz，1999）应用波特模型对土耳其5个重点产业的发展历程进行研究之后也发现，国家在这个产业的成长过程中发挥了核心作用，他认为国家在发展中国家（政府）是其产业竞争力的一个非常重要的决定因素。一些学者还对波特的经济发展四阶段理论提出了尖锐的批评。如格兰特（Grant，1991）认为这部分是波特研究最不成功的部分，因为他用微观的企业理论（指贸易和投资的阶段均是由企业行为决定的）来解释宏观的经济发展。哈瑞斯等（Harris and Walson，1991）也认为，波特只根据贸易和投资数据情况判断一个国家的经济发展阶段，即在初期出口自己有生产要素优势的产品（称为要素驱动阶段），然后国外投资进入该国生产效率高的领域（称为投资驱动阶段），之后生产技术水平提高进入技术创新阶段（创新驱动阶段），最后进入财富驱动阶段，是过于简单和片面了。

波特的国家竞争优势理论还有很多其他不完整的地方，主要表现在以下几个方面。

定义和分析方法不统一。按照波特的《竞争战略》和《竞争优势》的思路，企业和产业的竞争优势最终均表现在其盈利能力上。他在《竞争战略》一书中认为，产业之间竞争是供方的砍价实力，求方的砍价实力、新进入者的威胁、替代产品或服务的威胁及现有公司之间的争夺5种力量的相互作用，作用结果最终会反映在产业或企业的盈利能力上。他在《竞争优势》中指出，用价值链来分析企业的竞争优势更加准确，价值链是由企业各项活动的收入减去成本之差之后所创造的价值累积起来的。价值链分析方法，一方面将企业竞争中的各项活动均用创造价值的活动这一共同特征联结起来，并且通过各项活动的价值增值情况的判断，来对各项活动本身的价值做出判断；另一方面通过价值链分析可以将竞争对手和自己企业之间存在的各种各样的竞争差异，用创造的价值增值的差异这一指标突出出来，进而能够深刻、简明地揭示企业之间的竞争优势。因此，价值链分析方法是对盈利能力分析方法的发展。

按照波特的以上思路，国家竞争优势也最终应当表现在国家创造其收益的能力上。但波特在《国家竞争优势》中却并没有从国家创造收益的能力角度来分析国家的竞争优势，而是从讨论国家竞争力概念开始，从对国家中产业的竞争优势形成的原因的讨论出发，评价国家的竞争优势。他认为，国家竞争力最恰当的定义应当是生产率，而不是人均收入或其他。但是他在后来的分析中却并没有使用生产率指标，也没有对此做出任何解释。而他对为什么不使用盈利能力指标做了解释。他认为利润指标数据因为有贸易保护、会计报告制度的差异和核算制度的差异等原因而在国家之间不可比。同时，利润数据也难以取得，当企业从事多样化经营时也难以分清产业利润是多少。最终，波特既没有使用生产率指标，也没有使用盈利能力指标，而是和大多数学者一样，波特也使用出口指标作为判断是否存在竞争优势的标准。研究表明，产业的盈利能力数据并不像波特教授所说的那样难以取得，大多数国家的统计年鉴均公布产业的盈利能力数据。并且用盈利能力数据来进行产业国际竞争力的评价，要比用市场份额数据评价更加准确。

此外，波特的许多结论不适合于解释发展中国家的情况。在菱形模型中，波特将生产要素区分为基本要素和高级要素，并认为基本要素丰富反而不能提高甚至会降低国际竞争力，要求大力开发高级要素。这在创新能力较强的发达国家可能是正确的结论，但在大多数发展中国家，目前有国际竞争力的产业大多数仍然是基本要素丰裕的产业。对于发展中国家来说，基于高级要素开发和培育来和发达国家竞争可能是难以发挥其竞争优势。在菱形模型中，波特认为市场需求越苛刻、越高级产业的竞争力越高。但在大多数发展中国家，目前许多产业的发展还处于起步或成长阶段，并没有能力来满足苛刻的、高级的市场需求。如果发展中国家将苛刻的、高级的市场需求用法律形式确定下来，则在国际竞争中，发展中国家的相关产业的企业将难以和发达国家的企业竞争，并最终使其丧失国际竞争力。波特建议政府不直接经营和保护产业但通过激励和刺激竞争以推动产业升级和提高竞争力。但一些发展中国家的情况表明，政府直接投资建立某些关键产业也能够形成竞争优势。例如土耳其的钢铁产业是政府在战后建立并负责经营管理的，现在中东欧地区有明显的竞争优势。此外，对一些发展中国家来说，技术落后和管理经验不足的情况比较严重。进而在扶持自己的幼稚产业时，一定程度的垄断和贸易保护是必需的，自由竞争只会造成打击民族工业的后果。其中正面的案例之一是在对日本的经验进行分析时，大多数经济学家都把日本通产省实行的产业扶持政策作为日本经济成功的一个重要原因。因此，波特所建立的菱形模型用以解释发达国家产业的竞争优势可能更加正确一些，用以解释发展中国家的产业竞争力，尽管其许多观点非常富有启发意义，却会带来不少问题。

一个国家从创新阶段过渡到衰退阶段的结论值得怀疑。波特提出了国际竞争发展的四个阶段理论，强调国家经济发展所处的不同竞争阶段（生产要素驱动竞争、投资驱动竞争、创新驱动竞争、财富驱动竞争）竞争的产业是不同的，但遗憾的是他的理论并没有考虑这种经济发展的阶段性。波特教授认为一个国家从创新驱动阶段会过渡到财富驱动阶段，就进入了经济衰退阶段。但更实际的情况是经济衰退只是一种短期的情况，从历史发展的角度来看，人类社会是在不断向前发展的，创新驱动阶段之后也可能是其他产业或科技的发展阶段，但出现经济衰退只能是短期的和个别的现象，从长期来看，人类社会总会从一个阶段发展到另一个新的更加进步的阶段，一个国家有竞争力的产业是在不断变化的。从工业化国家的发展历史来看，一个国家有竞争力的产业先是劳动密集型或自然资源密集型产业，然后由劳动或资源密集产业向资本密集型产业过渡，最后由资本密集型产业向技术知识密集型产业过渡。

当然，还有其他批评的意见，如钻石体系答案的过于简化可能会掩盖问题内部一些最重要的部分，理论的分析没有考虑跨国公司的作用，忽视企业自身的因素等等。

要想持续发展，拥有持久的竞争力，必须拥有垄断性的资源，而自然资源如上分析是可以替代和跨国流动的，因而难以是垄断性的。只有无形的资源——知识，才是国家最大的财富。拥有自主知识产权优势，是一个企业和国家能取得垄断利润的关键。

4.后发优势、比较优势与竞争优势的关系

首先，比较优势与竞争优势之间相互补充。一方面，竞争优势可以突破比较优势的限制。一国或地区兴衰的根本在于能否取得竞争优势，因此竞争优势可以突破比较优势的限制。只要一国的企业敢于创新，积极参与竞争，落后国家就有可能成为具有竞争优势的国家。目前的国际贸易是建立在规模经济、技术创新基础上的产业内贸易，竞争优势对贸易格局的决定作用越来越明显。另一方面，只有充分发挥比较优势，国家或地区才有可能创造和维持自己的产业竞争优势，充分发挥比较优势是国家创造和维持产业竞争优势的必要条件。由上述的分析可见，即使一国在某种要素或某个产业、产品上具有比较优势，如果不能在国际市场的竞争中形成自己的竞争优势，这种比较优势也并不能实现，只能称为一种潜在的优势，也就是说比较优势也只有通过竞争优势才能体现和发挥出来。一国或地区要想在激烈的国际竞争中立于不败之地，只有通过培养自身的竞争优势来实现，同时，一国或地区利用自己具有比较优势要素发展起来的产业，在国际市场竞争中能相对容易地形成竞争优势，即比较优势有利于竞争优势的形成。

后发优势有利于比较优势的发挥。发展中国家和地区比较优势难以发挥的一个重要方面就是市场体系不够完善，而发达国家经济制度的建立已经有很长的历史，许多制度和政策都经过了现实不断的检验。后发国家在建设自己的市场秩序时，完全可以结合本国的实际借鉴发达国家已有的经验。此外，后发优势有利于加快发展中国家和地区的技术变迁速度，而技术变迁速度正是发展中国家采取比较优势赶超发达国家的一个重要途径。跨国公司在全球的扩张，在技术方面具有溢出效应，发展中国家只要花费很小的成本就可以把这些科学技术学来并运用于生产之中。这一方面节约了发展中国家的大量资源，另一方面也缩短了与发达国家的技术差距。在知识经济以及全球化、信息化、教育的国际化条件下，发展中国家教育的发展具有相对于本国经济发展的相对保护和超前性，发达国家教育资源作为公共产品在国际中也具有溢出效应，有助于丰富人力资源的形成，也有助于发展中国家和地区的潜在优势向现实优势的转化。

后发优势是比较优势和竞争优势的连接器。实际上比较优势向竞争优势转化的过程，也就是后发优势的发挥过程。只有充分发挥后发优势，才能在较短的时间内逐步缩小与发达国家的差距，从而具有技术、制度、结构等各方面的竞争优势与竞争力。由于企业在全球范围内寻找比较优势，国际产业转移才会发生，而这又给落后地区带来了发挥后发优势的机遇。落后地区可以利用学习的溢出效应、技术创新、组织创新等后发优势，结合自己的比较优势，从而后来者居上，实现自己的竞争优势。

第四节　潜在优势与现实优势

潜在优势的存在并不等于现实优势，合理地将潜在优势转化为现实优势，将有利于辩证地识别和利用自身优势进而获得长期、稳定的贸易利益，以实现区域经济的可持续发展，也有利于实现区域之间优势互补、互惠，进而推动工农业协调发展、城乡协调发展等等。这也就需要在明晰潜在优势向现实优势转化机制的基础上，全面而动态地看待区域优势，采取因势利导的策略，促进区域潜在优势向现实优势的转化。

一、转化机制

区域优势的实现和发挥离不开市场的作用，在市场经济条件下，市场是实现区域优势功能的重要场所和机制，而市场机制的发育和完善程度在很大程度上影响区域优势对区域经济社会发展的作用效果。当然，市场机制并不排斥政府的宏观调控。政府的宏观调控是市场机制得以实施的有力保障，也是市场存在失灵时弥补市场缺陷的重要手段。

（一）市场机制与区域优势转化

区域优势要在市场中实现转化，市场机制就必然发生作用。市场机制在资源配置中发挥基础性作用，而区域优势转化实质上也是一个资源配置的问题。因此，从这个意义上来说，市场机制在区域优势转化过程中必然发挥基础性作用。市场机制主要是以价格机制为中心，以微观经济活动主体为代表，包括一整套完整的市场体系、市场组织和规则所组建的经济运行机制，他是在市场经济规律的支配下，资源的配置效率和效益才会得到提高。市场机制中的核心机制是价格机制、供求机制和竞争机制。价格机制以价格为主要的市场信息信号调节资源的配置，供求机制通过供求关系的变化影响市场价格从而影响资源的配置，竞争机制通过优胜劣汰实现资源的优化配置，是经济发展的主要动力。充分发挥市场机制对区域优势转化的作用，在使区域优势转化符合市场经济发展要求的同时，科学反映区域优势的市场价值，为区优势转化提供了一个公平的市场环境和良好的动力机制。

（二）宏观调控与区域优势转化

1. 宏观调控的必要性

在区域优势理论中，政府的宏观调控与机遇相似，作为对区域优势的实现和提升发挥作用。虽然政府的宏观调控不会作用，而是通过影响区域其他生产要素从而影响区域优势的程，但政府的宏观调控、特别是主要针对区域发展的宏观调控不可忽视[①]，这主要基于以下几点原因。

第一，市场存在缺陷。即使在健全的市场经济中，外部性、信息不完全、公共产品以及不完全竞争的存在导致市场配置资源失效，因此，需要政府这只

---

① 张敦富主编：《区域经济学原理》，中国轻工业出版社 1999 年版，第 250 页。

"看得见的手"加以宏观调控，以弥补市场的缺陷。在现代市场经济中，市场机制与宏观调控以其自身的运行机制作用于各自领域的同时也相互作用，共同存在。市场经济以价值规律配置资源为内在基础，以经济自主和自由竞争为基本特征，以宏观调控和法律规约为监控手段。虽然宏观调控的存在是针对市场的缺陷而没有专门针对区域优势本身，但区域优势转化要在市场进行，区域优势的转化就必然受宏观调控的作用。

第二，区域优势的自身特点和区域优势转化过程的特点决定了必须发挥政府的宏观调控作用。有些单项区域优势，比如政策优势、政策职能高效优势，本身是由政府提供或创造的，其优势的发挥、向区域竞争优势的转化都离不开政府职能向符合市场经济发展的方向调整；有些单项区域优势，如教育带来的人力资本优势、科学技术优势，其外部性很强，没有政府的长期指导、规划和必要的投资，这些优势的保持难以持久；有些单项区域优势，如自然资源优势，大多属于国家所有，其开发涉及生态环境的保护问题，也需要政府宏观调控的指导；综合了制度因素的区域优势更是政府宏观调控能力的反映。对于区域劣势向区域优势的转化，市场机制的力量显得相当脆弱，也需要通过政府的支援和支持来实现。

第三，在市场体系的不完善情况下更需要政府的宏观调控。对于不发达地区，区域优势转化的条件尚不具备，或者转化存在着障碍，但由于市场体系的不完善，市场机制的作用受到一定的限制。在这种情况下，政府必须采取经济、法律、行政、计划等手段和政策协调等方法，建立和健全市场体系，以实现对区域优势转化的指导和调节。

第四，区域优势的转化符合或服从国家发展战略（政府宏观调控的一种方式）。区域优势转化的目的是为了在促进区域经济社会发展的同时实现国家整体经济水平的提高和社会进步，区域利益服从国家利益，区域优势转化在时间、方向、手段、步骤等方面受到国家发展战略的指导。

2. 国家对区域的宏观调控

国家对区域发展的宏观调控是国家宏观调控在区域层面上的直接延伸。根据区域发展的宏观调控按照实施的主体不同，可分为国家的区域宏观调控和地方政府的区域调控。国家的区域宏观调控以国家内的某一特定区域或这一区域特定领域的经济活动为调控对象，地方政府的区域调控则是国家区域宏观调控的补充和具体体现。将哪种宏观调控作为研究的重点，应考虑：若从国家全局来研究区域经济发展和区域优势时，则应着重研究国家层面的区域调控，若研究具体区域的优势情况及其转化时，则应在正确把握国家的宏观调控前提下以地方政府的调控为重点。相比较而言，国家的区域宏观调控作用力度大，作用范围广，宏观调控手段可供选择的余地大，对区域经济发展的影响相对较长远些；地方政府的调控是国家区域宏观调控的补充，作用范围和影响程度都较国家区域宏观调控小得多。因此，理论上研究前者的较多，而在解决具体问题时研究后者的居多。

这里以国家的区域宏观调控为例，说明区域宏观调控对发挥区域优势的影响。区域的区域宏观调控的目标不外乎两个：效率与公平。究竟是只以效率优先、只以公平优先，还是兼顾效率与公平，对区域优势发挥作用的影响都是不同的。

若国家的区域宏观调控仅以效率优先，那么在市场经济条件下，区域优势会发生"极化"效应，即区域优势越强，自我强化的能力就越大；区域发展条件越差，就越容易成为其他区域的附庸甚至被排除在区域发展关注之外。由于只以效率优先为目标容易产生区域经济发展两极分化的现象，因此，这种单一目标不宜采取。

若国家的区域宏观调控仅以公平优先，那么相对来说，对不发达地区的区域发展是有利的，不发达地区的区域优势得到重视，特别是培育区域内的优势条件要素向综合区域经济优势转化、实现潜在的后发优势向现实的转化成为区域宏观调控的重点，而发达地区的区域优势发挥更多的成为实现公平的一种手段。但是，这种公平的实现是以牺牲效率为代价的。从长期来看，区域发展的动力和国家整体经济增长的势头都会减弱，区域之间的优势可能会出现"趋同"而不再成为优势。

实际上，仅以效率优先或仅以公平优先作为国家区域宏观调控的两个极端的情况较少，兼顾效率与公平的目标更常见，这个目标又经常被表述为"各区域之间的协调发展"、"区域统筹发展"。这既符合比较优势的原则，参与分工与合作的区域利用各自的区域优势实现资源的最优配置，而且也有利于不发达地区潜在优势向现实优势的转化。兼顾效率与公平并不反对某些区域的优先发展，相反，他希望通过优先发展一些区域，进而带动其他区域的发展。国家的区域宏观调控根据国家区域宏观调控的目标对各地区的区域优势进行衡量和比较，筛选出优先发展的区域及其优势产业。在积极鼓励这些优势发展区域以较快速度发展的同时，为带动后发区域发展蓄积力量。后发区域在时机成熟时充分利用自己的比较优势和后发优势追赶先发区域。

二、转化的基本原则

（一）市场导向原则

市场是潜在优势向现实优势转化的客观载体。以市场为导向，也就是指按照市场的需要进行开发和利用，而不是有什么资源就开发什么资源。如果区域长期只立足资源搞开发，必然使有限的投资都放在资源开发上，形成区域经济对资源的高度依赖性以及产业结构的单一性。而以单一的资源型生产结构为主导的地区，由于产业链条较短，加工层次低，主导产业与周围地区的经济联系比较松散，没有按照生产联系形成一个紧密的地域生产综合体，因而其地区乘数作用一般较小，对周围广大地区的经济发展带动能力非常有限，进而可能导致因地区资源的枯竭和市场需求的变化导致地区经济增长的不稳定，带来工人失业、税收萎缩、经济衰退等问题，严重时甚至会产生地区经济社会大的动荡。

（二）辩证地分析和确认优势原则。在关于区域优势的识别方面，存在很大的误区即单纯地将资源看作自身的优势。自然资源作为一种重要的生产要素，是区域经济增长的物质基础。正如恩格斯指出："政治经济学家说，劳动是一切财富的源泉。其实劳动和自然界一起才是一切财富的源泉，自然界为劳动提供材料，劳动把材料变为财富。"但在经济实践过程中，自然禀赋丰富的区域，未必是经济增长最快的区域，甚至反而成了落后区域，落入了资源的诅咒（Auty，1993）。对此，加拿大的哈罗德·因尼斯（Harold Innis）和麦肯托什（W. A. Mackitosh）建立了大宗产品理论（staple theory）来解释国家或区域在经济发展过程中的空间特征和组织结构。在此基础上，瓦特金斯（Watkins）和贝克姆（Bertram）又将该理论加以完善。实际上，大宗产品理论是大宗产品出口导向的经济增长理论。按照贝克姆的定义，大宗产品是指直接开采或收获的、加工甚少的、出口到工业国家的自然资源产品。主要是指农产品和矿产品等初级产品。大宗产品出口导向的经济增长是由用于产品开发的直接投资和扩散效应而产生的。其中扩散效应可分为四方面：前向联系，即产品出口前的加工；后向联系，即开发自然资源所需的投入；最终需求联系，即满足区域内消费者所需的商品和服务；金融联系，即自然资源开发所产生的利润和租金的消费。在此模型中，拥有丰富资源的地区在经济发展中具有优势。产品需求、资本、企业家精神由外部出口市场提供，不受区域内消费水平和储蓄率的制约。区内的资源禀赋产生经济租金会带来高收入。在扩散效应下区内经济发展到相当的规模，并通过进口替代和其他非大宗产品的增长进一步实现经济多元化，逐步降低区域经济对大宗产品出口的依赖，逐步实现潜在优势向现实优势的转化，进而实现自主增长。

（三）结合竞争优势进行区域产业选择。一个区域所拥有的产业类型会很大程度地影响一个区域的竞争力。而很多情况下，区域的产业选择会强调动态的比较优势原则，强调区域资源禀赋的重要性，对于企业竞争优势的作用重视不够。实际上，比较优势只是一种潜在的区域优势。在市场竞争中，往往是企业的竞争优势起决定性作用。按照区域比较优势和企业竞争优势的大小，可以将区域产业发展战略分为四种类型，一个比较理想的发展战略应该是既具有较大区域比较优势，又具有较大企业竞争优势的战略。但在多数实际情况中，二者兼具的情况却相对较少。多数条件下，政府需要在区域比较优势并不突出的条件下，积极培育和创造企业的竞争优势，而这种竞争优势一旦形成，这将会进一步强化区域比较优势，也就是有利于潜在优势向现实优势的转化。[①]当然，从政策角度而言，对于此类产业采取优惠税收等政策进行适当力度的支持和鼓励。

（四）知识科学技术先行原则

当今世界正面临着新技术革命的时代，大量新技术不断涌现，并在社会经济生活中被迅速推广应用，科学技术是第一生产力，科技再生产是实现资源和经济社会持续发展的根本动机。在知识经济时代，单一的自然资源优势不一定能转化为经济优势，甚至有时都不是形成经济优势的必然因素。要使自然资源优势转化为经济优势，应建立科技推进型资源开发、利用模式，提高科技进步对资源开发、利用的贡献率，实现资源开发、利用的集约化发展，由过去单一的资源性原材料及初级产品生产向自然资源的深加工和综合利用方向转变。

（五）区域之间优势互补、互惠互利原则

区域并不完全具备其经济社会环境运行所需的全部要素，他必然需要不断与外界进行物质、信息、人才的交换，以实现区域承担的经济社会环境功能和区域发展的目标。可见，一个独立的区域并不是一个封闭的区域，区域具有开放性，区域的开放性突出的表现在建立在各区域优势基础上的区域之间密切的竞争与合作关系。即是说，开放经济要求打破封闭的开发系统，将优势资源的开发纳入统一的市场体系，根据各个区域的区域优势有选择的开发，实现区域

---

① 魏后凯：《比较优势、竞争优势与区域发展战略》，《福建论坛》（人文社会科学版）2004年第9期。

之间的优势互补，协调发展。

三、转化路径

发展区域经济，尤其是发展落后区域，要充分考虑资源禀赋等特点和当前新技术革命、经济全球化、市场化的日益发展的基础上，积极实施竞争优势导向的跨越式产业发展战略，在充分利用国际国内分工的积极因素、全面发挥比较优势的基础上，通过企业策略行为和政府政策引导，积极创造竞争优势，努力实现潜在优势向现实优势的转化，实现"扬长避短"与"优胜劣汰"的有机结合。以市场导向型、环保友好型、资源集约型、效益综合型、民众受益型为目标模式，架构本地区可持续的产业发展能力。其政策制定必须纳入一个包括调整产业结构、改善硬件基础设施、改革和完善发展的制度基础、加快技术创新、提高人力资本积累等内容在内的多样化综合政策框架。

1. 以市场为导向，建立与市场经济发展相适应的制度。区域要以制度创新为契机，营造更具吸引力的政策环境和经济社会环境。制度的提供者主要是政府，包括中央和地方政府。因此，政府要积极进行制度创新，按照属地原则，面向所有市场主体，履行社会经济管理职能，维护市场秩序和社会信用，改善金融体制，强化平等竞争的市场环境或法律环境，帮助企业排除交易费用高的因素；按照市场经济规律跨行业、跨地区优化产业结构，充分利用本区域的人、财、物和外部相关条件，培育各具特色的专业市场的形成和发展，促进潜在优势转化，以形成更有竞争力的现实优势。

2. 有针对性地引进和吸收国外先进的科学技术和设备，提高本国或本地区的技术水平，改变技术落后的局面。一个国家或地区的发展过程能否得以持续、稳定、健康地开展，在很大程度上取决于其科学技术基础的状况。科学技术上的差距阻碍了后发国家或地区的现代化进程。因此，后发国家和地区只有在这方面有所突破，才能加快现代化进程。后发国家和地区可以根据高起点、实用化的原则，直接引进发达国家先进的科学技术，鼓励先行企业在引进的基础上进行消化吸收，并在此基础上进行创新。后发区域的这一潜在优势，有可能在不长的时间里形成强有力的现实技术优势。

3. 通过对资源的优化配置，将其转化为产品优势，进而转化为独具特色的产业优势。挖掘潜在优势的前提是找准自身的比较优势。一方面根据生产要素的不同禀赋做好特色产品产业，使本地区在社会分工体系中处于有利地位；另一方面，要有发展的眼光，有计划地创立新的优势；还要注意优势的变化，在旧有优势逐渐丧失的同时，努力挖掘新的优势。

4. 对先行的企业提供一定的补偿和其他激励。要实现上述第2、第3点的措施，需要建立和实施配套的鼓励措施，特别是对企业的补偿，如减免企业所得税等。先行的企业往往会形成正的外部性，遵循经济学原理的思路，对正的外部性生产者进行补偿会提高该企业的积极性。另一方面，先行企业进入潜在比较优势往往也面临一定的投资经营风险，因此有必要进行风险补偿予以激励。同时，中小企业获得贷款可能比较困难，产业升级也需要投资，政府可以给予一定的支持。此外，买机器设备，买原材料、获得外汇等方面也可给予一定的优先权利。

5. 区域优势转化与产业集聚有序互动和良性循环。通过区域产业网络中各行为主体的协作等经济活动（或凭借一些偶然性事件与经济机会），将区域的潜在优势与区域外的经济网络进行优势联合，从而获得产业发展的先发优势（或体制落差优势），形成全国或一定区域范围经济发展的"空间极点"，吸引产业要素的集聚，促进集群的产生。集群在该区域出现后，发挥集群的资源获取优势、市场效率优势、创新创业优势和市场扩张优势，又进一步扩大和提升区域优势要素存量，并利用"路径依赖"作用为区域优势的创造和增强形成支持。

6. 要把传统的"资源依托型开发"转向"市场导向型开发"。从根本上改变对区域优势资源的高度依赖状况，这也就要在正确认识区域优势资源的基础上，对国内外市场状况开展广泛深入的预测分析，根据市场需求来决定区域优势产业的选择和发展，以市场为导向开发自己的优势自然资源，建立自己的优势产业。在优势培育上，由传统的、重点培育基于资源禀赋的"区域比较优势"即初级外生比较优势转向培育基于技术、人力资本等高级生产要素的"区域比较优势"即高级比较优势，重点培育基于分工和规模经济的"区域竞争优势"即内生比较优势。同时，在优势自然资源开发中，要进行开发可行性分析和合理的规划，制定出合理的分阶段、分步骤、有重点的开发计划，变区域资源优势为区域经济社会优势，实现由潜在优势向现实优势的转化。

参考文献

丁任重：《西部经济的潜在优势与开发思路》，《福建论坛》（经济社会版）2001 年第 220 期。

魏后凯：《比较优势、竞争优势与区域发展战略》，《福建论坛》（人文社会科学版）2004 年第 9 期。

廖瑾：《区域优势与转化研究》，西南财经大学，2005 年。

王必达：《后发优势与区域发展》，复旦大学出版社 2004 年版。

张敦富：《区域经济学原理》，中国轻工业出版社 1999 年版。

郭熙保、胡汉昌：《后发优势研究评述》，《山东社会科学》2002 年第 3 期。

张金昌：《波特的国家竞争优势理论剖析》，《中国工业经济》2007 年第 9 期。

程恩富、廉淑：《比较优势、竞争优势与知识产权优势理论新探》，《求是学刊》2004 年第 11 期。

陈林生、李刚：《资源禀赋、比较优势与区域经济增长》，《财经问题研究》2004 年第 4 期。

第五章　区域经济增长与发展

对于增长与发展问题的研究是现代经济学的一个重要方面，随着社会生产力水平的不断提高，社会财富如何增进、国民经济如何改善、居民生活如何提升等问题，已经成为经济学家和政策制定者关注的中心话题，而这些问题归结为一点就是如何促进经济社会发展问题。如果从一般意义是研究增长与发展是发展经济学或理论经济学的研究对象，而在考虑了经济活动的空间结构变动与空间组织形式以后，增长与发展问题则具有其特殊的"区域"表现形式。

第一节　区域经济增长与发展的界定

一、经济增长与发展的一般认识

（一）经济增长与经济发展的含义区分。经济增长与经济发展有无区分，西方发展经济学家各有不同看法，雷诺兹、阿德尔曼、罗斯托等在其论著中或并列或互换使用，但是，按照大多数发展经济学家的看法，经济增长与经济发展具有不同的含义。经济增长一般是指一个国家或地区在一定时期（如1年、1季度等）产品和劳务产出的数量增加；而经济发展则是伴随产出增长带来经济、技术、社会、政治乃至文化的结构变化。经济增长多体现为数量变化，而经济发展则既包含数量变化又包括质量状况[1]。

（二）经济增长与经济发展的关系

1. 经济增长是手段，经济发展是目的。一个国家或地区追求财富或收入总量增长只是作为扩大经济规模、增强国民经济实力的一种手段而不是目的，建立相对合理经济结构，推动企业技术创新并为此形成比较完备的制度规则对于实现经济可持续增长才会具有更为长远的意义。

2. 经济增长是经济发展的基础，经济发展是经济增长的结果。没有经济

---

① 谭崇台主编：《发展经济学》，山西经济出版社2001年版，第8页。

增长难以实现经济发展，即缺乏一定经济总量与规模的支撑，结构转变无从谈起，技术进步缺少物质基础，制度改善成为无本之木。正如赫里克和金德尔伯格所说："很难想象没有增长的发展。功能的变化总是自然而然地包含规模的变化。一个国家的经济除非能够生产超过他生存所需的东西，否则作为发展标志的产出构成的变化是不可能出现的。总之，虽然我们可以描述有增长而无发展的现象，我们却认为发展过程必然依赖于某种程度的同时发生的经济增长"[①]。但是，经济增长并非必然带来经济发展，例如，如果社会分配不公，贫富差距过大且长期存在，经济增长所导致的产出增加不能转化为居民收入增加与福利改善，便会出现有增长无发展，或者说出现了"无发展的增长"。

（三）经济增长与人类发展的关系

当今的发展不限于经济发展，更是社会人文的发展。1977 年，发展经济学家莫里斯（Morris，M.D.）首先提出建立"实际生活质量指数"。该指数由识字率、预期寿命、指数、婴儿死亡率三项构成，旨在衡量一个国家人民经济福利和生活水平的综合指标。另外一些发展经济学家指出，发展目标首先应该满足基本需要，提出所谓"基本需要战略"，即在经济发展同时要注意改善营养、卫生和教育条件以直接投资于人力资本，而不是更多地追求结构变化和技术变动以及资本支出，必须满足于衣食住条件、教育、卫生、基本人权以及就业质量。经济学家丹尼斯·古雷特（Denis Goulet）认为，发展包含 3 个核心内容：生存、自尊和自由。其中，为维持生存就必须创造就业，增加收入，减少贫困，也就是经济发展的内容；而自尊就是要把人当人看待，而不是作为工具使用；自由则是意味着社会成员参与社会事务的选择范围的扩大，而这种自由是随着财富增加而获得更多物质产品和服务以及更多闲暇而带来的结果[②]。这些观点拓展了发展的外延，使得发展不仅限于经济领域，而是扩展到社会人文领域，人类发展概念便由此产生了。

从 1990 年开始，联合国开发计划署设计制定了"人类发展指数"（human development index，HDI）。该指数综合了预期寿命、受教育程度（以成人识字率表示）和人均国内生产总值（GDP），以反映一个国家发展水平的高低。而世界银行也接受印度经济学家阿玛蒂亚·森的主张，将人类发展主要体现为人的各种能力扩大上，包括延长寿命的能力、享有健康保健能力、获得更多知识的能力、提高收入购买更多商品和服务的能力，参与社会公共政治的能力，等

---

① ［美］金德尔伯格·赫里克：《经济发展》，上海译文出版社 1986 年版，第 2 页。
② 郭熙保等：《发展经济学》，首都经贸大学出版社 2009 年版，第 11 页。

等。自此开始，世界银行每年在世界发展报告中从不同方面分析描述世界不同人类发展指数国家的发展状况。

经济增长与人类发展也是一个相互促进的关系，经济增长为包括营养健康改善、教育水平提升、劳动培训等人力资本投资创造物质基础和提供条件，而通过改善卫生、教育、就业的公共支出，一方面可以直接促进人的发展，另一方面，能够通过技术进步和提高劳动生产率推动经济增长。

二、区域经济增长与发展的特殊内涵

区域经济增长是指一个区域在一定时期内生产产出（包括商品与服务）的总量增加，他以地区生产总值表示，构成区域经济发展的基础与条件。区域经济发展则不仅包含区域经济增长的数量、规模扩大，而且包括区域产业结构合理化、空间结构优化、区域技术进步、区域居民人文社会福利改善等。

但是，如果将区域经济增长与发展套用发展经济学关于增长与发展的一般定义还难以反映特定地域或空间结构中增长与发展的特殊性质，为此，美国著名区域经济学家胡佛指出，对区域增长与发展的研究应该从区域经济内部各行业存在复杂的相互影响中去认识，"亦即对变化所具有的某种推动力如何从一个区域产业向另一个区域或区域产业传递所做的各种分析"[1]。于是，胡佛提出区域经济增长与发展的特殊性质应该从区域自动强化作用与自动限制作用、供给与需求两个方面进行研究。

由此得到的启示是：界定区域经济增长与发展必须把经济增长与发展置于区域经济的空间运动中去认识，将其看成各种社会经济活动在地域空间分化、组合、集聚、扩散的动态变化过程，也是空间结构变动中人流、物流、资金流、信息流、能源流的动态传输过程，区域经济增长与发展正是在这种地域空间变动过程中得到量（增长）的扩大与质（发展）的提升。为此，有区域经济学家给出的区域经济发展的定义是："区域经济发展是区域可用资源和过程的整合，而这些资源和过程能够维持区域的可持续发展，实现合意的经济产出，并且能够满足区域中企业、居民以及访客的价值和预期"[2]。还有的学者强调

---

[1] ［美］埃德加·胡佛：《区域经济学》，商务印书馆1990年版，第11页。
[2] ［澳］罗伯特 J. 斯廷森等：《区域经济发展——分析与规划战略》，格致出版社2012年版，第12页。

特定的经济、社会、政治、生态和文化过程赖以展现的地理范围是地方或者区域发展的核心，考虑经济、社会和政治范围或层面的广泛联系是定义区域发展的关键，"在哪里"是实现区域发展要考虑的地理因素，总体上看，空间、地域、地点和范围的概念是区域发展的中心因素。①

第二节　区域经济增长与发展的基本条件

区域经济增长与发展的基本条件或称为影响因素，是由决定经济增长与发展的一般性因素和具有区域特征的特殊性因素共同构成的。从前者来看，增长与发展的一般性因素，也就是主流经济学所讲的引致区域经济增长与发展的各种生产要素的组合，包括资本、技术、人口、组织管理、制度等；而后者所体现的是那些影响区域经济增长与发展的地域性或地方性因素，诸如自然资源、区位、投资环境、地域文化等。下面对于这些因素逐一论述。

（一）区域经济增长与发展的一般性条件

1.资本。作为区域经济增长与发展的生产要素的资本，是推动区域经济增长与发展的重要力量。资本一般分为物质资本和人力资本。物质资本也称为实物资本，包括设备、厂房、存货的存量，这些以实物形态存在的资本因为其具有某种具体的可见的形式又被称为有形资本；人力资本是一种体现在劳动者活的个体上的一种投资，一般是指劳动者的文化教育水平、健康状况和技能技巧等，人力资本投资主要体现在不同层面对于教育、卫生和培训的投入上面。在区域经济增长与发展的初始阶段和中期，物质资本投资对地区增长十分重要，物质资本总量积累与人均资本水平决定区域经济增长与发展能否顺利实现经济起飞，而到了区域经济增长与发展的后期，物质资本的重要性开始下降，人力资本对于区域经济增长与可持续发展有着更为重要的作用。

2. 人口。区域的存在是以一定数量和质量的人口为前提的，区域经济增长与发展一定要以人口数量增长与质量的提高为条件。人口数量是一定时期某一区域人力资源总数，主要由出生率、死亡率和迁移率决定；人口质量主要是指人口素质，包括人口的体质、道德水平和文化水准。人口构成主要是指区域个体成员

---

① ［英］安迪、派克等：《地方和区域发展》格致出版社 2011 年版，第 10 页。

特征与属性的总和，包括性别、年龄、种族、残疾等自然特征与婚姻、职业、教育、信仰、语言等社会特征。人口分布是指人口在地理或区域的自然聚落形态，包括分布的密度、距离、邻近性等，决定区域内或区域之间人与人的交往方式。

人口数量和区域经济增长与发展之间存在一种关联性。维持一定数量的人口尤其是劳动年龄人口是促进区域经济增长与发展的必要条件，体现为区域经济增长的人口红利，人口数量决定区域经济规模与市场规模、产业结构与产业发展，区域劳动分工与创新能力；相反，如果区域人口数量过度增长将会打破环境资源承载力的平衡，导致区内人均资源占有率下降和人均福利水平的降低。

人口质量或人口素质一般会提高区域经济的产出水平。劳动者的营养状况、卫生保健和健康水平决定了劳动过程所能够实际提供的劳动效用与有效供给；劳动者的文化、教育和技术水平决定了劳动过程的创新能力，解决问题的方法与思路，与技术研发人员的沟通交流能力，等等，从而在劳动投入数量不变情况下增加产出；知识水平的提升有助于劳动者掌握新工艺、新技术、新方法，增强对于新设备、新工具的操作与控制的能力，实现生产方式与新技术、新工艺的有机结合，以提高生产技术水平。

人口构成也会对区域经济增长与发展产生深刻影响。如果一个地区老龄化率较高，老年人口上升较快，其消费意愿减弱，投资倾向于稳健，则区域经济活力便会下降；相反，如果一个区域人口结构中劳动适龄人口占大多数，该区域经济增长便会有着充足的人力资源供给，区域经济会由于劳动力成本较低而具有较强竞争力，同时，因为人口结构较为年轻而使得区域创新具有充分潜质，有利于区域经济的长期增长。

人口流动对于区域经济增长与发展是一把"双刃剑"。一方面，人口地区流动对于平衡地区之间劳动力资源合理配置是有利的，但是，另一方面，人口流动一般特征是不发达地区向发达地区流动，并且以适龄劳动力和具备一定技术技能人才流出为主，不利于不发达地区经济增长与发展。

此外，人口性别结构、就业结构、城乡结构等对于区域经济增长与发展都或多或少带来不同程度的影响。

3. 技术。作为影响区域经济增长与发展一般性因素的技术是另外一种极为重要的条件。技术进步主要以提高劳动生产率方面，即在生产投入不变情况下所带来的更大产出增长。技术进步对于区域经济增长与发展的作用主要体现在：（1）改变劳动手段与劳动对象。技术进步首先体现为劳动手段从手工劳动向机械化和自动化转变，这种变化是一种技术进步，其结果将会大大提高产出水平。

同时，技术进步还会对劳动对象进行物理或化学上的改变，新材料、新能源的出现会从根本上改变劳动对象。（2）知识增长提升区域创新发明能力。知识经济的到来使得技术创新和技术发明对于区域经济增长与发展带来前所未有的影响，区域创新、研发能力与水平既决定区域经济产出水平，又成为区域之间经济竞争力的显著标志之一，知识的积累、存储与转化决定技术进步的方式、水平与速度，也会对区域经济结构、产业发展产生广泛而深刻地影响。（3）技术进步促进区域产业结构变化。区域技术进步水平一般会决定区域产业结构，产业结构的合理化与高度化是在技术进步中的必然结果，技术研发、创新、扩散以后必然带来区域产业结构实现从低向高的结构转变，而产业结构从传统产业向现代新兴产业转变就是区域经济增长与发展的必然趋势。

4. 组织管理。组织管理影响区域经济增长与发展的方式包括资源配置、规模经济和管理水平。（1）资源配置。劳动力、资本和技术在区域产业中从低效率部门转移到高效率部门，其中，主要通过区域产业的前后向关联的合理配置与相互匹配建立产业联系得到实现。（2）规模经济。区域经济体现为特定地域范围市场规模下的经济增长，保持合理的经济规模以获得规模效应是促进区域经济增长与发展的必然要求。（3）管理水平。区域内企业管理水平的提高可以带来经济效益提升，通过有效配置区域资源，促进区域产业组织合理化，并强化区内生产企业的管理达到带动区域经济增长的目的。

5. 制度。制度对于区域经济增长与发展正在扮演越来越重要的角色。合理而良好的制度安排有助于区域经济增长与发展。制度分为正式制度与非正式制度两种，一般来讲，正式制度安排如市场化程度、产权制度对于区域经济增长与发展更具有明显影响[①]。

（1）市场化程度与区域经济增长与发展。现代区域经济是建立在市场配置资源基础性地位基础上的经济，市场化程度越高越能够促进区域经济增长。区域经济的市场化主要体现为生产要素在地区之间自由流动，区域之间市场主体公平竞争，区域之间打破贸易壁垒实现商品货物、服务的自由进出，因此，市场化程度越高，要素流动越充分，区域经济越发达。积极消除要素流动的制度障碍，形成良好的制度环境是促进区域经济增长与发展的必然选择。

（2）产权制度对于促进区域经济增长与发展至关重要。制度由一系列相互制约与相互作用的行为规则构成，其中，产权制度具有基础性地位。不同的产

---

① 孙久文主编：《区域经济学》，首都经贸大学出版社 2006 年版，第 10 页。

权制度安排决定一个区域经济增长条件与发展模式，国有、私人、外资的不同产权结构、比例将会决定区域经济发展的模式，如果区域经济是一种外向型经济，其中，外资经济比例一定比较高；相反，如果区域经济具有内向型，则产权结构中国有、私人经济比重一定较大，不同的产权制度安排将会影响区域经济发展取向与未来走势。

（3）地方政府行为决定区域经济增长与发展。地方政府行为分为理性与非理性两种。理性地方政府行为是建立在地方公共利益最大化基础上对于资源、环境平衡利用的一种合理决策，而非理性地方政府行为则是满足于某一部门或短期增长的不合理决策，其不同的行为模式影响区域经济增长与发展。我们应该追求一种兼顾长短期利益，平衡生产与资源环境的、具有满足大多数居民现实需求的理性决策目标，建立在此条件下的地方政府行为将会促进区域经济良性增长。

（二）区域经济增长与发展的"区域性"条件

区域经济增长与发展除了以上一般性条件或影响因素外，具有"区域性"的条件或许更为重要。这些"区域性"条件包括：自然资源、区位、区域投资环境以及区域文化等。

1. 自然资源。自然资源包括各种矿产资源、土地资源和水资源等。自然资源，一方面是区域经济增长与发展的基础性条件，另一方面，由于自然资源是自然界中的物质要素，其富集或匮乏在地域分布上带有明显不均衡，因此，自然资源作为资源禀赋具有显著的"区域性"特征，如我国北方多煤炭资源，南方则水资源丰富。

自然资源分布与禀赋状况直接决定区域产业结构状况与水平，从而影响区域经济增长与发展。从区域经济发展阶段看，一般都会经历从直接依赖自然资源的如农业和采矿业的发展逐步转变为间接影响区域产业布局的原材料工业或其他加工业，而区域经济增长与发展就是通过自然资源开采和加工以积累资本，逐步实现初始阶段工业化过程。而从区域经济空间结构来讲，自然资源分布与禀赋状况直接决定区域空间结构与区域经济模式，如区域经济结构所划分的三种类型，即资源型、资源加工型和加工型正是按照特定地域空间下自然资源的富集程度来进行的分类。资源型经济指的是区域自然资源禀赋良好，资源地域组合状况比较理想自然资源对于区域经济专业化部门发展起关键性作用，除满足于区内需求之外，还为区外提供矿产品、农产品和资源含量较高产品的输出；资源加工型经济是指区内具有部分资源，但是资源组合不够理想，主要自然资源从区外输入。如农林资源丰富而能源矿产资源却比较缺乏的地区，一方面可以发展农林产业带动农业经济增长，但是，另一方面又要通过从区外进口能源、矿产发展加工业，因此，区域经济结构表现为资源加工型经济；加工型经济则是指区内缺乏经济增长所必需的各种自然资源，农产品、矿产品和能源、原材料等均需要从区外输入，其优势只是加工能力与技术水平等，所建立的区域经济结构就是一种加工型经济[①]。

一般来讲，自然资源禀赋较高，区域经济增长与发展基础较好，有利于区域经济增长与发展，尤其是在区域经济发展的初始阶段，而一旦区域经济转向结构优化、服务业占主体的较高级阶段以后，区域经济结构对于自然资源的依赖程度便会大大降低，自然资源在区域经济增长与发展中的地位将会逐步下降。

2. 经济区位。经济区位是指处于特定区域内的各经济体，如产业、企业等在地理空间中的位置。因为自然资源空间分布的非均衡性，劳动分工与交易的地域性特定，决定不同区域具有不同的经济区位，由此成为促进或制约区域经济发展条件，未来经济增长的潜力也会因区位不同而有所差别。例如，临港区位较之于内陆地区可预期的发展机会明显不同，发展的外部环境也不相同，对于企业区位选择具有不一样的导向性。

经济区位并非固定不变。随着交通、通信等基础设施的改善，运输成本下降，经济区位条件将会发生变化，原来某一劣势区位可能会因为交通条件改善（如修建高速公路、打通隧道等）而变为优势区位，因此，通过交通、通信等基础设施改善来改变区位条件是促进区域经济增长与发展的重要途径。

3. 区域投资环境。区域投资环境是指吸引区外企业家投资区内产业所具备的基本条件，包括投资硬件环境与投资软件环境，他是区域经济增长与发展的具有"区域性"特征的重要因素。区域投资硬件环境主要包括交通、通信、电力等基础设施状况与水平；区域投资的软件环境主要有生态环境、经济环境、政策环境和社会环境。

（1）生态环境。生态环境构成区域投资软件环境的基础，区域生态"本底"状况并以此形成的区域生态环境承载力决定区外企业家投资决策与产业迁移，如果区域生态承载力比较强，环境状况比较理想，环境支撑产业发展的包容性比较大，则该区域构成一个较好的投资软件环境，有利于吸引区外企业家向区内投资。

---

① 陈秀山、张可云：《区域经济理论》，商务印书馆 2003 年版，第 12 页。

相反，如果区域环境承载力较弱，环境状况较差，则难以吸引区外企业或产业的入驻，因此，生态环境是一个影响区域经济增长的重要投资软件环境。

（2）经济环境。主要包括区域产业结构与空间结构。区域产业结构中三次产业的比例及其未来发展变化的趋势，将会影响区外产业进入哪些产业门类及其对于区内产业结构变动的方向。如果区内产业以传统粗加工的采掘业、机械和化工为主，较多依赖地方性资源，一般来讲，这种二产比例过高的区域产业结构很难吸引区外的现代服务业的进入，而那种传统加工制造业则可能转移到该区域。区域空间结构在现代区域经济发展中则是以工业区或产业园作为平台或载体构成空间组织形式，产业空间结构或空间组织是否具备或完善程度对于吸引区外企业家投资影响越来越明显，尤其是各个产业之间前后向关联所形成的空间布局是否合理，将会在更大程度上影响区域经济增长与发展。

（3）政策环境。实践证明，区域招商引资能否成功的一个关键因素是能否为入驻区内的企业提供政策优惠，包括税收减免、用地优惠、能源补贴，等等，因此，构建区域经济增长与发展的政策环境既是区域发展自身的要求，同时，又是区域之间相互竞争，共同发展的需要。区域经济增长与发展的政策环境主要包括投融资政策、税收政策、环保政策、产业政策、土地政策、劳动工资政策，等等，他们构成一个相互作用、相互促进的政策体系，共同支持区域经济增长与发展。

（4）社会环境。主要是指影响一个区域经济增长与发展的社会因素，包括区内教育水平与结构，医疗卫生状况与条件，住房保障与居住环境，社会保障覆盖面与水平，公共服务与社会管理能力（如治安、消防、城市管理），等等。这些因素最能够体现区域的软实力，是投资软件环境中不容忽视的重要方面，并且，在未来区域发展中扮演越来越重要的角色，直接或间接决定区外企业家的投资意愿与投资规模、水平，影响区域经济增长与发展水平。

4. 区域文化。区域文化是指一个区域的社会文化传统、价值观念、行为方式、社会心理和风俗习惯，属于一种非正式的制度安排。其对于区域经济增长与发展的影响虽然不如技术、资本、制度等，但是，这些人文因素对于区域经济增长与发展的作用越来越受到重视，有的文化因素甚至成为区域发展的基本因素与成功关键。如浙江地域文化中节俭、勤勉的文化内核直接催生出浙江商人储蓄投资最大化的理念，结果使得该区域出现以自我积累、自我发展为特征的私人经济蓬勃向上。而具有较深消费文化历史的地区，则具备通过消费促进带动区域经济增长与发展的文化传统与现实基础。因此，区域文化作为一个影响区域经济增长与发展的因素难以被排斥在众多决定因素之外而被忽视。

第三节　区域经济增长与发展的核心理论与模型

区域经济增长与发展思想由一系列比较完整的理论构成，其中，增长极理论、累积因果循环理论、核心—边缘理论、区域经济发展差距理论等是区域经济增长与发展的核心理论。

一、增长极理论

（一）佩鲁的增长极思想

1955年，法国经济学家弗朗索瓦·佩鲁（Francois Perroux）在一篇名为《略论增长极概念》的论文中，首次提出"增长点"或"增长极"的概念，而在此前的1950年，佩鲁在论文《经济空间：理论与运用》中已经把经济空间分为计划空间、极化空间和匀质空间，在极化空间中首创"极"的概念，论述"极"的形成与作用机制。佩鲁认为，增长并不是同时在任何地方出现；他以不同强度首先出现在增长点或增长极，然后通过不同的渠道扩散，而且对整个经济具有不同的终极影响。在1961年撰写的《20世纪的经济》一书中，佩鲁对于增长极理论作了更为充分的阐述，与此同时，欧美不少学者对增长极理论从多个方面进行诠释与拓展。1985年，距离佩鲁去世前两年，他在《发展极概念在经济活动一般理论中的新地位》一文中提出"发展极"思想，并对"增长极"与"发展极"两个概念又加以区分，还引入了"增长诱发型单元"、"发展区"、"发展轴"、"一体化"和"一体化轴"等概念，从而丰富了增长极理论内涵[①]。

1. 经济空间中"极"的界定。经济空间是指"存在于经济元素之间的经济关系"，分为计划空间、极化空间和匀质空间三类。计划空间由原材料、劳动力、资本等供给者与购买者之间通过经营计划所联系的空间；匀质空间是指内

[①] 吴传清主编：《区域经济学原理》，武汉大学出版社2008年版，第6页。

部经济变量的等值空间；极化空间是佩鲁分析的重点，他是由一些中心（或称为极）组成，每一中心具有其吸引和排斥范围的"场"，并且与其他中心相交会。"极"通过所谓"极化"（吸引或集聚）不断强化和积聚自身的发展能量，然后通过扩散（排斥）带动邻近区域发展。

2. 增长极形成的三个方面。佩鲁从产业关联及其相互依存入手研究增长极形成机制，重点关注经济空间中具有支配效应和创新特征的产业与产业综合体，他们又构成带动国民经济增长的主要力量。佩鲁从推进型产业与增长、产业综合体与增长、增长极的发展与国民经济的增长三个方面阐述了增长极理论。

首先，区分了"推进型产业"与"被推进型产业"。佩鲁指出：当一种产业扩大他的销售（和对生产性服务的购买）时，他具有增加另外一个或几个产业的销售（和服务的购买）的性质，我们称前者为推进型产业（propellent industry），后者为被推进型产业（impelled industry）。佩鲁认为，推进型产业增加其销售能够带来固定资本充分运用与生产成本下降，并逐步达到最优产出水平。一旦达到这种水平，处于竞争市场之下，推进型产业就会进一步降低市场价格，诱致被推进型产业销售进一步增加。

其次，引入"关键产业"概念。"关键产业"（key industry）是佩鲁在论述产业综合体与增长关系时提出的一个新概念。他是在划分推进型产业与被推进型产业基础上，在"更大的集团中，譬如在整个国民经济中，他诱致的销售总量增加远远地大于他自己销售量的增加"。也就是说，那种能够使得整个国民经济总产出的增长超过自身产出增长的产业就是"关键产业"。佩鲁指出，关键产业形成以后，当市场的空间扩张来源于地理上的集中时，出现与均等对立的增长：首先是通过生产资料在增长点的集中，然后是从这里向外辐射交换而进行的。技术变化、政治变迁、世界交通在主要增长极之间流动促进了各种集中形式。

最后，增长极增长与国民经济增长。佩鲁认为，国民经济增长是以相对积极的推进型产业、地理上集中的产业和活动极和被动集合体（如依赖地理集中的增长极的被推进型产业或地区）构成的，前者引致后者的增长现象。

总之，增长极是极化空间中的推进型产业或关键产业，他们可以是原材料、能源、交通等，也可能是其他产业，其中某一产业增加会引起另外一个或数个产业产出增长，并通过影响被推进型产业来实现经济增长。

3. 佩鲁增长极理论的延伸。1961年，佩鲁在《区域推进型企业和推进型区域》一文中明确指出"增长极是在特定环境中的推进型单元"的增长极定义。推进型单元是与周边经济环境相适应，对其他经济单元施加不可逆转并产生支配效应的推进型单元，包括大型企业或企业集团。为进一步说明推进型单元，佩鲁引进并区分了区域推进型企业和推进型区域的概念。

区域推进型企业是那些在地区生产总值中占 60% 的区域大型企业，而其余 40% 是由众多独立中小企业创造的，他们作为被推进型企业而存在。区域大型企业会对区域供给与需求产生较大影响，通过区域投资带动引起规模变化与生产结构变动以及消费预算的改变。

推进型区域则是指从企业向地区的一种延伸。要成为推进型区域，通常要具备三个因素：城市集聚体、引进后适应环境的推进型企业以及新兴产业。当具备这些特征的区域经济增长引起其他区域投资和消费持续增长时，该区域相对于其他区域便成为推进型区域。

在此时期，佩鲁十分重视创新在增长极形成与发展中的作用，认为创新效应是形成推进型单元的最大特点。他指出，并非所有企业都具有创新能力，只有那些"带头产业"的厂商在处于经济空间对于其他厂商和产业具有支配诱发和推进功能，才会产生支配效应和扩散效应。

（二）西方学者对增长极理论的发展

自 20 世纪 50 年代初增长极理论出现以后，西方学者不断对其进行诠释与拓展。由于佩鲁本人将增长极与产业空间建立起相互关联，而没有过多考虑地理空间，增长极理论在运用中便存在一定的问题，这成为西方学者拓展增长极理论的一个主要方向。佩鲁的学生、法国经济学家布代维尔继承了老师的思想，并将其扩展到城市体系中。在他看来，极化空间特别适应研究城市中心与外围的相互关系，极化区域可以界定为地理空间中连续的异质地域，其不同组成部分以区域中心（或者城镇、极）为核心并发生相互支撑或相互依存。按照西方学者关于增长极理论拓展的不同理解与界定，一般存在两大增长极理论流派，一是强调推进型产业或企业的"功能学派"；二是倡导地理空间极化的"地理学派"[1]。

1. 功能学派增长极理论

功能学派增长极理论忽略地理空间在增长极形成发展中的地位，将其作为一个抽象的空间节点，而是更多强调推进型产业或企业对区域增长的影响，通过在区域内建立大型工业企业，以此作为增长极带动周边区域发展。其主要运行机制是：建立推进型产业或企业会导致区域中其他相关产业出现，以诱致新

---

[1] 吴传清主编：《区域经济学原理》，武汉大学出版社 2008 年版，第 6 页。

的经济活动，这些相互关联的产业或者投入推进型产业的"上游"供给方，或者作为推进型产业的"下游"需求方，这里，功能学派增长极理论已经开始触及推进型产业的前后向关联所产生的所谓"关联效应"，并意识到区域主导产业及其创新对于区域极化的作用。例如，功能学派增长极理论代表人物布代维尔（1966）认为，增长极是城市区域配置不断扩大的工业综合体，通过乘数效应和极化效应对区域经济产生影响，即推进型产业能够对其他产业产生后向或前向联系效应，各种资本、劳务等生产要素得以优化配置。随着产业在区域内的扩张，该区域更加能够吸引外部投资，从而形成地区产业累积增长。拉苏恩（1971）明确指出，增长极是围绕特定的主导部门发展起来的，通过投入产出关系而紧密联系的，并在地理上又集聚在一起的产业群，主导产业及其关联产业可以比增长极以外的产业以更快速度创新和发展。赫曼森（1972）更是一语中的：只有那些推进型产业中具有技术领先、具有创新意识，处于支配地位并能够对于周边环境施加强烈影响，并且又在很长时期内持续增长的大型企业，才能够被视为地理上的增长极。

2. 地理学派增长极理论

地理学派将地理空间看成一个实体，即具体的城镇或城市，放弃了佩鲁把增长极看成产业推进的看法。例如，地理学派增长极理论的代表性人物尼科尔斯（1969）和帕尔（1973）均指出，增长极是经济活动的城市中心，他自身给增长的制约大到这样一种程度：增长能够扩散到该增长极所在的区域，并最终扩散到所在国家的整个欠发达区域。地理增长极理论在被引入区域规划研究中以后，进一步发展成为以城市为中心的区域增长极理论。英国经济学家彼拉德（1973）提出了工业化的"发疹过程论"。他把工业化过程看成一个人出麻疹，从一个区域"传染"给另外一个区域，最终欠发达地区也会完成工业化过程。

后来，地理增长极理论强调城市作为一个国家或地区的发展极或发展中心的作用，而不限于城市推动区域经济增长功能。再往后，地理增长极理论在城市群、都市圈发展中也得到运用。因此，增长极既可以指一个区域的推进型产业，也可以是一个具有极化—扩散效应的城市，还被看作建立有关联产业的城市群或都市圈。

二、循环累积因果理论

1.缪尔达尔的循环累积因果关系理论

循环累积因果理论是 1957 年瑞典经济学家冈纳·缪尔达尔在《经济理论和不发达地区》一书中提出的一种地区不平衡增长理论。他指出，地区之间存在所谓"地理上的二元经济结构"，利用"扩散效应"和"回波效应"概念，缪尔达尔说明了经济发达地区率先发展对于经济落后地区所产生的促进作用与不利影响，提出政府如何采取经济措施缩小地区发展差距的途径。

缪尔达尔用"循环累积因果理论"描述"地理上的二元经济"的形成机理。他认为，地理上的二元经济结构产生于各地区之间经济发展上的差距，主要体现为地区之间人均收入和工资水平的差距。在经济发展初期，各地区人均收入、工资水平与利润率大致相当，且生产要素能够自由流动，因此，地区差距很小。如果此时，由于市场机制的自发作用，有的地区经济增长速度快于其他地区，便会形成经济发展的不平衡，导致地区之间经济发展出现差距，并且，这种差距会以"循环累积"方式，加速地区差距的扩大，使得发展快的地区发展更快，发展滞后地区发展更为滞后，从而放大了地区发展差距，形成地区之间的二元经济结构。缪尔达尔批判了新古典经济学关于生产要素自由流动导致人均收入、工资水平和利润率自动趋于平衡的观点，认为发展是一个不平衡的过程，如果任由市场机制自发作用，政府不加以干预，在"循环累积因果"机制作用下，落后地区将会更加落后，与发达地区差距会越来越大。

"累积因果循环"原理是：一是地区之间工资差别与劳动力流动互为因果，劳动力流动与经济发展水平之间互为因果，结果使得地区之间在人均收入、工资水平和经济发展水平差距越来越大。二是资本流动倾向于增加不平等，需求扩大会刺激投资，反过来又会增加收入和需求，从而引发第二轮投资，如此反复。结果导致落后地区资本被抽吸到资本收益率较高的发达地区，使得资本稀缺的落后地区资本更加匮乏。贸易也是如此，地区贸易给发达地区带来更大利益，而落后地区贸易将会受到损害。三是"非经济因素"是导致地区之间不平等累积过程的重要方面。贫困国家内部的封建性因素和其他不平等制度、权力结构均是导致不平等状态扩大和持续增强的因素，缪尔达尔把这些使不利于落后地区而有利于发达地区的累积性扩张效应称为"回波效应"（backwash）[1]。但

---

① 谭崇台主编：《发展经济学》，山西经济出版社 2001 年版，第 8 页。

是，"回波效应"作用并非无限性的，地区差距扩大到一定程度，那些集聚在经济中心的生产要素便会向周边落后地区扩散，即存在一种具有"离心倾向"的"扩散效应"与"回波效应"相对应。扩散效应就是当地区发展达到一定程度以后，为应对人口过多、交通拥堵、污染严重、资源不足等导致的地区生产成本上升带来的外部负效应，而将多余的资本、技术、劳动力向落后地区扩散，以促进落后地区发展并平衡地区之间差距。他指出，两种效应如果相互抵消一个地区的发展就会停止下来，但是，这种平衡并不是一个稳定的均衡，因为所有力量变化都会开始一个向上或向下的累积过程。

缪尔达尔提出了地区经济发展的优先次序政策措施。针对某些率先起步并形成经济发展优势的地区，政府要采取不平衡发展战略，通过制订发展计划和重点投资优先发展这些地区，以取得良好的投资效率与较快的增长速度，并通过其"扩散效应"带动其他地区发展，但是，在地区发展差距扩大以后不久，不要消极地等待发达地区产生"扩散效应"来自动消除地区差距，而是政府要主动作为，采取一系列政策措施鼓励落后地区发展经济，以实现缩小地区差距的目标。

2. 卡尔多循环累积因果理论模式

英国经济学家尼古拉斯·卡尔多（1970）继承了缪尔达尔的循环累积因果理论，并从区域出口（地区间贸易）角度提出了一个循环累积因果理论模式。卡尔多强调集聚经济、报酬递增与要素流动对于区域经济增长的循环累积因果关系，认为一个区域人均产出增长决定于该区域能够在多大程度上对规模经济的利用，以及从具有规模经济效益的专业化中获取多少收益。不同部门获得专业化规模效益是存在差异的，相对于农业或采矿业来讲，制造业从专业化增长中可以获得更多收益，说明专门从事制造业获得的区域比较依赖土地等自然资源的区域从劳动生产率提升中得到更大好处。并且，卡尔多认为这个过程是累积性的，因为领先发展的地区能够获得其余地区所不具备的区域优势，一旦获得这种优势会反过来强化区域分工，因为那些具有竞争优势的区域将会扩张其出口部门。

卡尔多还将"相对效率工资"引入其循环累积因果理论模式中。该模型描述了一个相互累积因果关系：产出增长率的上升导致生产率的提高，生产率的提高自然会带来效率工资的下降，效率工资的下降又会进一步降低该区域生产成本使得区域具有竞争优势，从而导致产出水平再次上升，这种累积因果关系会不断循环下去。

3. 狄克逊和瑟尔沃尔循环累积因果模型

英国两位学者狄克逊和瑟尔沃尔发展了卡尔多的循环累积因果模型，强调累积因果关系如何影响区域经济增长，他们通过考虑区域增长对其出口部门的竞争力的反馈机制而将累积因果过程纳入模型，这种反馈机制所产生的反馈效应又会影响下一轮的区域产出增长，而产出的增长会进一步提高出口部门的生产率和竞争力，也就是循环累积因果作用机理，由此，区域经济增长便会形成持续性的互为因果的自我累积过程。

模型包含四个基本函数关系[1]：

（1）劳动生产率增长率 q 与区域产出增长率 y 之间的线性关系，又称凡登法则（Verdoorn Law）。下式中，α 为生产率的自主增长，λ 为凡登系数，$0 < \lambda < 1$。他表明，劳动生产率的增长主要取决于滞后一期的产出增长，以及部分自主性因素，而且产出增长工率越高，劳动生产率增工越快。

$$q = \alpha + \lambda y_{-1}$$

（2）区域价格增长率 p 与劳动生产率增长率 q 之间的关系。其中，c 为区域内成本的上涨变化，取决于模型外部因素。他表明，生产成本的增加将会推动区域价格的上涨，而劳动生产率的提高则相反。

$$p = c - q$$

（3）区域输出增长率 x 与区域内价格的上涨变化 p 成反比，与区域主要竞争对手的价格上升率 pf，以及"世界"收入水平上升率 z 之间成正比。其中，β、θ 为需求的价格弹性，δ 为"世界"对该区域出口产品的需求收入弹性。

$$x = -\beta p + \theta p_f + \delta z$$

（4）区域产出增长率与区域输出率成正比。其中，r 为近似于 1 的常数。

$$q = rx$$

---

[1] 吴传清主编：《区域经济学原理》，武汉大学出版社 2008 年版，第 6 页。

从四个函数等式可以发现，如果凡登系数λ大于0，产出的任何增长将会通过增强区域竞争力来导致产出进一步增长，接下来便会增加输出部门出口，从而进一步提高区域产出水平，这个过程将会不断累积、持续下去。

对于该模型的批评主要是：（1）模型没有解释一个区域专门经营哪种类型的出口；（2）该模型假定出口部门是区域产出增长的唯一来源；（3）凡登定律对区域产出扩张变化如何引起生产率增长的提高不够充分且存在简单化情况；（4）支持凡登定律的实证证据存在争议[①]。

三、约翰·弗里德曼"核心—边缘"理论

1966年，美国城市与规划学者约翰·弗里德曼在《区域发展政策》一书中提出了一个从区域经济学角度探讨中心—外围模型的新理论——"核心—边缘"理论，他称这一理论是从经济社会过程讨论"极化发展的一般理论"。

弗里德曼从创新开始他的理论探索，认为区域发展是一个连续不断的，而主要又是通过逐步累积的创新过程实现的，发展源于区域内少数"变革中心"，创新总是从这些中心向周边地区扩散的，周边地区依附于"变革中心"而得到发展，发展不只是一个极化过程。"变革中心"只能够在数量很少的城市地区形成，这些地区决定区域发展的方向与过程。弗里德曼将这一"变革中心"称为核心区，而将那些依附于核心区的、处于核心区以外的周边地区称为边缘区。核心区与边缘区相互依存、相互促进，共同构成一个完整的区域空间体系。但是，核心区与边缘区之间又是处于一种不平等关系，即核心区处于主导与统治地位，而边缘区处于被统治地位而依赖于中心地区发展。其原因在于，核心区与边缘区之间存在贸易不平等，经济权力中心集中在核心区，同时，创新活动和大规模生产以及市场均出现在核心区，相反，边缘区则处于资本、技术、劳动力被核心区所抽吸状况，生产要素不断向核心区流动加剧了核心区与边缘区发展的不平等格局。

弗里德曼对于核心区与边缘区的关系进行比较详尽地研究，指出核心区之所以成为空间体系的核心在于对区域创新的潜在需求使得创新活动不断在该地区产生，而创新在对核心区强化过程中会产生六种自我强化反馈效应，增强对边缘区的支配作用。这六种效应是：（1）优势效应，即通过自然资源、资本、

[①] ［英］哈维·阿姆斯特朗、吉姆泰勒：《区域经济学与区域政策》，上海人民出版社2007年版，第4页。

劳动力等生产要素向核心区转移，不断弱化边缘区经济。优势效应又称为支配效应，与缪尔达尔的回流效应含义大致相同；（2）信息效应，即由于核心区人口、收入与产量增长，其区域内潜在相互作用增强有利于提高创新速度而产生的效应；（3）心理效应，核心区良好的创新条件有利于创新活动不断在核心区出现，他对于未来潜在的创新发挥其示范带头作用的效应；（4）现代化效应，即核心区创新活动不断带来社会制度、组织结构、价值观念、生活方式的转变促进创新活动的效应；（5）联动效应，即一种创新活动导致另外一种创新活动所产生的相互关联、相互传递的效应；（6）生产效应，即核心区因为外部经济和规模经济所产生的成本下降与收益递增产生的效应。

但是，在弗里德曼看来，核心区对于边缘区的优势并非一成不变，当区域经济发展到一定阶段以后，从中心发源和扩散出来的创新会导致地区权力分配上的不平等，会使得核心区与边缘区之间在文化、心理以及政治上产生尖锐化的矛盾，边缘区将会以更大的积极性要求参与发展与分享发展进程，从而在区域决策上争取更大主动性与自主权。目前所构成的核心—边缘模式表明存在空间形式的社会冲突，弗里德曼认为可能存在四种冲突：（1）为保持既定空间结构，中心对于外围的精英进行大规模镇压；（2）通过调整权威—依附等级关系，外围精英中立化；（3）外围精英不断崛起导致中心精英解体；（4）中心的精英向外围转移，改变均衡结构，重新分配权力。弗里德曼的这一看法，超越了极化理论的区域经济学局限性，将其置于一个社会转变发展理论，将区域发展不仅看作是一个经济发展问题，而且作为一个社会和政治发展过程[①]。

四、区域经济发展差距理论

1. 威廉姆逊倒U形理论

自从佩鲁、缪尔达尔、赫希曼倡导的区域经济不平衡增长与发展理论问世以来，西方学者对发达国家区域经济发展差距进行了实证研究，通过采取不同方法试图验证是否存在区域经济发展的地区差距，其中，最著名的是美国经济学家威廉姆逊的倒U形理论（Reversed U-shaped Theory）。

20 世纪 50 年代，美国经济学者伊斯特林（1958）曾对美国地区之间经济增长做过实证研究，结果表明，自 1880 年以来美国区域经济增长表现为一个

---

① 陈秀山、张可云：《区域经济理论》，商务印书馆 2003 年版，第 12 页。

逐步均衡化的过程。受到这一研究结果的启发，威廉姆逊（1965）根据全球 24 个国家的横截面数据和 10 个国家的时间序列数据，对不同国家处于经济发展不同阶段的区域经济增长变化趋势进行了实证分析，在随后发表的论文《区域不平等和国家发展过程》中声称找到了"倒 U 形"区域经济发展规律。对于数据分析表明，美国、英国、瑞典等高收入国家，区域之间发展差距比较小，而巴西、哥伦比亚、西班牙等中等收入国家，其区域发展差距极大。对于 10 个国家的时间序列分析发现，大多数处于发展中的国家，其区域之间不平衡一般经历了递增、稳定和下降三个阶段，即在经济发展早期阶段，区域差距趋向于扩大；随着经济的发展，区域之间不平衡程度趋向于稳定；到了经济发展的成熟阶段，区域之间差距趋向于缩小。威廉姆逊的结论便是：在经济发展早期阶段，必然会出现区际收入差距的扩大和南北二元结构的加剧，而在国家经济发展的成熟阶段，则会出现区际收入趋同和尖锐的南北问题的消失。经济发展从先扩大收入差距到后缩小收入差距的发展过程，形似一个倒写的英文字母 U，因此，威廉姆逊的这一理论又被称为"倒 U 形"学说。

这一学说在处理平衡发展与不平衡发展这一争论不休问题时无疑具有较强的理论意义，对于一个国家制定区域发展战略也提供了理论依据。当一个国家

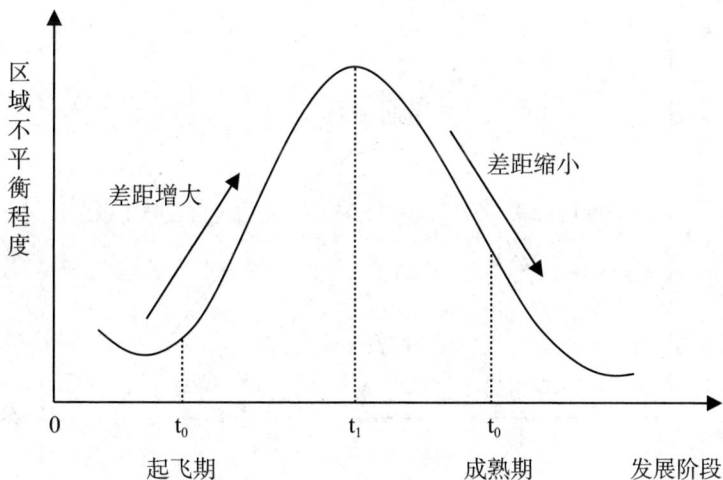

注：t_1 之前都为起飞期，t_1 之后为成熟期。

威廉姆逊倒 U 形曲线图

资料来源：吴传清主编：《区域经济学原理》。

处于发展早期阶段时，为实现经济顺利起飞，应该将公共投资集中在几个比较具备条件的少数地区，通过重点支持与优先发展，实现产业稳定增长；而一旦国家发展进入成熟阶段，政府就要积极鼓励区域之间产业互补与产业转移，把公共投资重点转向落后地区，促进地区之间收入差距缩小，实现区域平衡发展。

威廉姆逊"倒U形"学说提出以后，不少学者纷纷效仿，通过实证研究支持威廉姆逊的理论，例如，美国区域经济学家阿朗索（1980）在倒U理论基础上，进一步提出了"钟形理论"，而另外一些学者也对威廉姆逊的理论提出质疑，例如，印度经济学家帕特奈克（1981）指出，由于数据不足，所选择发展中国家缺乏代表性，以及各国使用收入概念上的不一致，使得威廉姆逊区际差距趋向于缩小的理论结论不具有普适性。

2. 阿朗索的"钟形"理论[①]

美国区域经济学家阿朗索（1980）通过实证研究支持了威廉姆逊的倒U结论，他提出了一个类似统计学中的正态分布曲线，形似一个大钟，其横轴表示时间，纵轴代表经济增长率。

（1）在经济发展初期，区域经济增长处于不平衡状态，存在富裕地区与贫困地区，即使处于某一区域内，采用人口所占财富比例衡量，社会不平等问题突出。由于某一个或几个大城市增长很快，因此，高速城市化是这一阶段的特点。

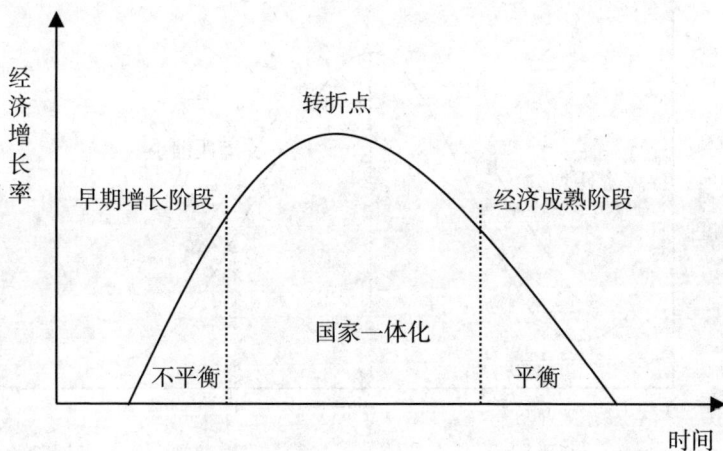

阿朗索的钟形曲线图

---

① 张可云：《区域经济政策》，商务印书馆 2005 年版，第 3 页。

（2）而当区域经济发展到了某一点上，经济增长便达到转折点，社会不平等、区域差距与地理集中的趋势就达到顶点，之后便开始反方向运行。区域经济增长转折点的一个突出特征是全国经济的一体化。一个资本、劳动力在地理上具有更加充分的流动性，区际差距趋向于缩小和平衡，各地区信息、技术差距缩小导致地区之间优势不复存在，运输条件的改善不仅是地区性的，而且是全国性的。城市化也不再局限于某一个或某几个大的中心，而是之前没有获得发展机会的区域也获得新的发展机遇，落后地区的发展对于实现全国经济一体化从而对于区域之间平衡发展具有重要意义。

（3）当国民经济进入成熟时期，经济增长开始放慢，社会不平等减少，区际差距不断缩小，表现在，一是向大城市集中的人口减少，因为几个城市组成城市集聚体，小城市和周边农村地区人口开始集聚；二是制造业为主的工业经济开始转向以服务业为主的经济，经济增长速度下降是服务型经济的特征，劳动生产率也因此降低，越来越多的妇女成为劳动力，儿童人数减少使得未来工业经济劳动力出现短缺；三是制造业开始向资本集约化或国外低工资地区转移。在这些合力共同作用之下，成熟阶段区域经济增长出现了与初期阶段不平衡增长相反的趋势，即实现了所谓平衡增长。

阿朗索的"钟形"理论并不针对那个国家而言，而是一种区域经济发展的理想模式，通过这一理论反映一个国家发展过程的变化特征则是有意义的。

五、区域经济发展阶段论

国外学者提出的区域经济发展阶段理论比较多，其中，最具代表性的是胡佛—费雪的区域经济发展五阶段论和约翰·弗里德曼的区域经济发展空间一体化四阶段论。

1.胡佛—费雪区域经济发展五阶段论

美国区域经济学家胡佛和费雪在1949年撰写的《区域经济增长》一文中最早提出区域经济发展应该进行阶段划分的主张，认为，任何区域增长都存在所谓"标准阶段次序"，具体分为五个阶段。

（1）自给自足经济阶段。经济活动以农业为主，并几乎占绝对主导地位，区域人口绝大多数是农民；区域经济呈现封闭性特征，与区外缺乏经济往来；经济活动空间分布呈现资源均匀分布。

（2）乡村工业兴起阶段。随着农业与贸易的发展，加上交通条件的逐步改善，乡村工业开始兴起，并在区域经济发展中开始发挥重要作用；由于乡村工业以农产品为加工对象，原料、市场、劳动力仍然处于农业区域，因此，此阶段形成工业分布与农业人口分布相对应。

（3）农业生产结构转换阶段。随着区域之间贸易扩大，区域农业生产方式开始发生变化，初期的粗放型农业向集约型农业转变，由畜牧养殖转向蔬菜水果、花卉园艺。

（4）工业化阶段。以采矿业和加工业为先导，区域工业开始兴起并成为推动区域经济发展的主导力量。一般分为两个时期，开始时期是以农副产品为原料的食品加工业、木材加工业和纺织业；后来阶段是钢铁、冶金、石油为主的机械制造、石油冶炼和化学工业。

（5）服务业输出阶段。这是区域经济发展最后也是最为成熟的阶段，服务业快速增长并在区域经济发展中的产值占比不断提升，并逐步居于主导地位。区域经济实现了为出口提供专业化生产服务，并向区外输出资本、熟练工人，为落后地区输出专业化服务，生产性服务业成为此阶段区域经济发展的驱动力。

胡佛—费雪的区域经济发展五阶段论是一个区域经济从封闭到开放的过程，其中，运输成本下降是关键性因素，正是因为运输成本降低导致区域之间贸易发展成为可能。

2. 约翰·弗里德曼区域经济发展空间一体化四阶段论

空间经济一体化是区域经济发展与空间结构演变的比较高级的形式，美国区域与城市规划学家约翰·弗里德曼把产业发展与空间结构演变结合起来，建立起了区域空间结构变化为特征的区域经济发展理论。指出在区域经济持续增长过程中，空间子系统将会发生重组，其边界会发生变化，这一过程会按照一定规律进行，其最终会实现全国各区域经济全面一体化。弗里德曼根据区域空间各部分的相互关系，将空间一体化发展分为四个阶段。

第一阶段：前工业化阶段。也被称为独立的地方中心阶段。其资源要素流动表现为要素很少流动；其区域经济特征是存在大量均质无序且缺乏等级结构的若干大量地方中心，每个中心（城市）坐落在一个面积狭小的中央，中心的腹地范围小且彼此之间缺少联系，区域经济多为自给自足自然经济，区域经济增长潜力不足，经济发展处于长期停滞状态。

第二阶段：中心—外围阶段1（工业化初期阶段）。这一阶段的一个明显特点是区域经济只依靠一个大的经济中心支持，中心城市发展与边缘区停滞并存，形成单个强力中心城市。其资源要素流动出现外围区域资源集中流向中心区；区域经济结构呈现出高度极化过程，中心区迅速膨胀，边缘区依赖于中心区要素扩散获得发展机会。由于中心与边缘发展差距迅速扩大，使得区域经济贫富差距拉大，不利于区域经济良性发展。

第三阶段：中心—外围阶段2（工业化成熟阶段）。该阶段区域空间结构明显表现为单一强中心与边缘次级中心并存，即边缘区出现较小的中心城市，区域经济发展形成中心城市与若干边缘次级中心城市共同支撑的空间格局；其资源要素流动出现中心区要素集中以后向边缘区回流状况。这反映出工业化处于成熟阶段的特点，主要是边缘区的次区域中心得到开发，全国性边缘区开始减少，大中小城市之间合作交流比较频繁，中心区独立膨胀得到抑制，区域之间发展处于比较良性状态。

第四阶段：空间经济一体化阶段（后工业化阶段）。这个阶段区域空间结构呈现出资源要素在整个区域内全方位流动；区域经济特征是形成了多个核心区，原来由少数大城市主导区域增长格局已经不复存在，城市等级体系完全形成。出现城市体系之间相互依存，交通畅达，边缘区消失，进入有组织的区域经济综合体阶段。国家一体化、增长潜力最大化、区际差距最小化、区域布局高效化等企业经济发展最高目标同时达到。

区域经济发展空间一体化主要有几种表现形式：空间形态一体化（多核心、要素高度密集星云状结构大都市带）、区域市场一体化（消除要素流动壁垒与市场分割）、区域产业一体化（产业结构合理化与优势产业分工协作）、区域基础设施一体化（交通、通信无障碍运行）、信息一体化（信息共享与互通）和制度一体化（统一规则与法律）。

第四节　集聚与区域经济增长

从经济史考察发现的一个重要事实是：经济活动的增长过程也是一个地理上的集聚过程。正如美国经济学家保罗·克鲁格曼所说，经济活动最突出的地理特征是什么？肯定是集中。欧洲工业革命既是一个经济增长时代，或者说是产业经济结构转变时期，同时，与此相适应，也是城市化快速发展阶段。产业空间集聚与区域经济增长之间是什么关系？是增长引发了集聚，还是集聚促进增长，他们之间有着什么样的因果关系？这是需要回答的问题。

一、集聚经济机制

1. 集聚经济的含义。生产要素的流动导致经济活动在地理上的集中，因为经济活动的空间集中所产生的额外收益可以看成是一种集聚经济。集聚经济是吸引生产要素向某一地区集中的一种"向心力"，他在形成产业集聚的同时也导致城市的形成与发展。

2. 集聚经济的两种类型。集聚经济分为地方化经济与城市化经济。地方化经济是指同一产业不同企业由于集聚使得企业之间具有地理上的邻近性，其某一个企业的生产成本随着行业总产量提高而下降带来的收益；城市化经济则是不同行业的企业集中过程中，当单个企业生产成本随着城市地区产出总量上升而下降时的收益。地方化经济与城市化经济的区别，一是城市化经济针对整个城市经济规模，而不是其中某一行业规模；二是城市化经济为整个城市经济中的企业带来收益，而非只是其中某一行业的企业。

3. 集聚经济产生的原因。集聚经济主要由三个方面原因而形成，即规模报酬递增、外部性与空间竞争。

西托夫斯基（1954）从平均成本下降的原因方面区分了内部规模经济与外部规模经济。内部规模经济是指平均成本下降由单个企业自身产出水平增加而引起；外部规模经济（简称外部经济）是指平均成本下降是由整个行业产出水平增加引起，企业的平均成本是行业产出水平的函数。进而，西托夫斯基又把外部经济分为技术外部经济与金钱外部经济两种。前者是指行业范围的产出增加形成一种溢出效应改变了所有单个企业投入与产出之间的技术关系，从而改变了企业生产函数；而金钱外部经济尽管也产生一种溢出效应，但是并不影响企业的投入与产出之间的技术关系，而是通过市场的价格效应把金钱外部经济传递到企业并改变其产出决策。规模经济不仅存在于企业与行业中间，跨行业也存在规模经济，城市经济就是各类行业、企业的集合体。正因为如此，前述两种集聚经济形式才得以存在[①]。

规模经济报酬（收益）存在递增、递减和不变三种类型。规模经济报酬递增无论是内部规模经济还是外部规模经济均存在报酬递增的可能性。内部规模报酬递增对应于不完全的市场结构，产出规模扩大意味着企业平均生产成本下

---

① 殷广卫：《新经济地理学视角下的产业集聚机制研究》，上海世纪出版集团 2011 年版，第 8 页。

降；外部规模经济溢出效应同样导致企业生产成本下降，即使是不完全市场结构也会出现收益递增现象。经济集聚过程是单个企业集聚生产要素、扩大生产规模，追求外部经济溢出效应，获得递增收益过程，因此，规模报酬递增导致产业趋向于集聚。

外部性是英国经济学家马歇尔倡导的，他在描述因为外部性导致经济活动的集聚现象时指出："当一个行业选择了自己的地方时，他会长久设在那里，因此，从事同样的需要技能的行业的人，相互从邻近的地方所得到的利益是很大的……地方性工业因不断地对技能提供市场而得到很大利益。雇主们往往到他们会找到他们所需要的有专门技能的优良工人的地方去，同时，寻找职业的人，自然到有许多雇主需要像他们那样的技能的地方去，因而在那里技能就会有良好的市场。"[①]

马歇尔将外部性归因于三个方面：中间投入品生产的规模经济、劳动力市场共享和知识溢出。（1）中间投入品生产的规模经济。企业集聚在一起一个重要原因是某一行业的企业从同一个供应商那里购买某种中间投入品。如果单个企业投入品的需求量不足以开发出中间投入品生产的规模经济，同时，运输成本又比较高，这时，企业与供应商之间通过面对面交流，企业在地理上向供应商靠拢就是必要的选择；（2）劳动力市场共享。企业集聚使得劳动力市场利用效率得到提高。在市场竞争加剧与劳动力流动加快情况下，共享劳动力市场可以降低职业搜寻成本，提高劳动效率。一是企业地理上相对集中使得职业空缺信息以非正式渠道传播，雇主与雇员之间距离比较接近，劳动力以减少寻找工作的时间成本，同时，企业之间相互靠近又使得员工流动成本相对降低，企业可以迅速寻找到新工人，劳动者也能够马上找到新企业；（3）知识溢出。企业地理上的集中促进了信息的快速交流与技术扩散。正如马歇尔所分析的那样，"行业的秘密不再成为秘密，而似乎是公开的，孩子们不知不觉地学到许多秘密。优良的工作受到正确的赏识，机械上以及制造方面和企业一般组织上的发明和改良的成绩得到迅速的研究：如果一个人有了一种新思想，就为别人所采纳，并与别人的意见结合起来，因此他成为更新的思想的源泉。"[②]如果企业集聚越多，员工数量越多，则信息与思想交流机会也会越多，这种交流通过正式

---

① 马歇尔：《经济学原理》，华夏出版社2005年版，第1页。
② 殷广卫：《新经济地理学视角下的产业集聚机制研究》，上海世纪出版集团2011年版，第8页。

与非正式场合均能够实现。

空间竞争是霍特林（1929）价格竞争模型所传达的一种思想。如果存在规模报酬递增，市场所能够容纳的厂商数量是有限的，每个厂商一般只与邻近几个同行竞争，而不是与行业内部所有同行竞争。空间集中的市场性质是寡头垄断，厂商之间决策是相互影响的，市场空间竞争是一种向心力，结果将会导致厂商在空间上集聚，这被霍特林称为"最小差异原理"。

二、扩散经济机制

与集聚经济机制相对应的是扩散机制，他是从集聚不经济导致经济活动产生"离心力"的一种经济运动方向。指的是资源、要素等经济活动在地理空间上分散过程。一般源于以下几个方面。

一是不可移动要素作用。由于存在运输成本，土地、自然资源都是不可移动的，劳动力有时也是具有部分移动性，因此，要素的不可完全移动性会对集中产生影响。从供给来看，一些生产活动必须布局在资源所在地，如农业和采矿业就必须布局在农村和矿山，传统手工业需要安排在工匠集中的偏远地区，等等。从需求来讲，要素的分散意味着存在多个分散的市场，某些生产活动具有市场指向特点，即靠近消费者布局。

二是土地租金上升。经济活动集中导致土地需求上升并引起土地价格上涨，于是对于土地利用将会从中心地带向边缘区扩展，从而形成与集聚经济相反的空间经济变动，即导致经济扩散。

三是出现外部不经济。当集聚超过一定限度就会对区域经济产生负效应，如过度集聚导致基础设施与公共服务供不应求，出现生活费用与生产成本大幅上升，同时，环境污染问题开始形成并日益严重，结果，集聚在某一区域的产业或企业便会从集聚地向外迁移，形成产业扩散或转移。

四是企业之间前后关联。集聚经济特征是各个前后关联的产业之间在地理上尽可能靠拢，如果关联度比较大的企业部分位于中心城区，部分处于边缘区甚至于更为边远的区域，则会导致更高的运输成本，结果会使得中心城区企业向边缘区接近，出现企业从原来集聚地向边缘区扩散的情况。对于制造业而言更是如此，因为制造业产业链比较长，理想距离是处于城市地区边缘地带，便于运输原材料和资源产品。

扩散机制存在四种形式，即邻近扩散、等级扩散、跳跃扩散和随机扩散。

邻近扩散就是资源、要素和经济活动从集聚地向周边地区扩散；等级扩散是指各种生产要素通过城市体系的规模逐级向下扩散；跳跃扩散则是生产要素或资源跨越周边地区直接向目标地区扩散；随机扩散可以看作是集聚地生产要素和经济活动无规则的随意扩散。

三、经济集聚与扩散的相互作用

集聚与扩散是区域经济空间结构变化的重要机制，两者之间处于对立与并存关系，并同时发生作用。克鲁格曼将区域集聚与扩散作用力分为向心力与离心力两类，其中前者由本地市场效应、劳动力市场与外部经济产生；后者由不可移动要素、土地租金、外部不经济等决定，均显示一种集聚与扩散的力量。

一般而言，区域经济集聚与扩散关系表现在以下几个方面[①]。

一是在区域经济空间结构形成与发展过程中，集聚机制与扩散机制是同时发生的，但是，在不同经济发展阶段其强度并非相同。在区域经济形成发展的初期，集聚机制居于主导地位，引起企业经济空间不均衡的空间分异。当区域经济进入发展时期，集聚机制作用开始减缓，扩散机制开始发挥作用。而到了区域经济成熟时期，集聚机制与扩散机制并行作用，形成相对均衡，空间结构从不均衡向逐步平衡发展。

二是集聚机制与扩散机制具有累积循环效应。集聚或扩散一旦形成便会产生持续并加速的惯性，类似于缪尔达尔所说的累积循环效应，这种惯性只有等到出现集聚不经济或扩散不经济时，其集聚与扩散才会停下来，并出现集聚机制与扩散机制的互换，即从原来以集聚为主变为以扩散为主，或者以扩散为主变为以集聚为主。但是，两种机制不会自动停止，其速度、规模、辐射力、等级等将会发生某种程度的改变。

三是区域空间结构变化是以规模经济和运输成本作为衡量的基本依据。企业规模经济是形成集聚经济的关键性因素，专业化分工与生产要素的不可分性导致企业在地理上倾向于集中，因此，追求规模报酬递增是一种强烈的集聚向心力。但是，由于市场容量与运输成本的存在使得所有企业不可能集中在一个地方，而是存在某种分散的离心力。

四是运输成本长期下降趋势将会强化集聚倾向。由于交通技术创新与基础

---

① 魏后凯主编：《现代区域经济学》，经济管理出版社 2006 年版，第 1 页。

设施投入不断提高，长期来讲运输成本存在不断下降趋势。运输成本下降往往会有助于产业集聚。因为，运输成本下降，企业为降低固定成本，有将其生产集中在少数几个地方的意愿；较低的运输成本使得企业之间价格竞争加剧，企业一般会采取产品差异化战略来稳定价格，而产品差异化本身就是一种集聚的力量。

五是当考虑当了人口流动因素时，运输成本如何影响集聚或扩散并不确定，当劳动力流动成本较低时，非常高或非常低的运费均会导致经济活动倾向于扩散，只有当运费处于中间水平时，集聚才可能出现，藤田和蒂斯（1996）认为，运输成本与地理集中之间关系很可能是一种"U"形关系。

第六，应该考虑历史预期因素。区域经济空间结构发展变化是一个历史过程，由于经济活动的集聚带有累积循环与自我增强惯性，历史因素对于区域经济空间结构产生巨大影响。社会经济环境的微小变动都会导致区域空间结构发生某种程度的剧烈变化，难以找到新的集聚均衡点。

四、集聚与区域经济增长 [①]——高级问题

长期以来的区域经济发展所形成的两个经验事实是：一是经济产出持续性增长；二是经济活动倾向于在特定地方集聚而不是均匀分散，也就是说区域经济发展所产生的大量现象一是关于经济增长的，二是关于地理集中的，两者几乎同时并行。前者是一般经济增长理论关注的对象，即发展经济学中的增长理论研究的范围；后者则是空间经济学或地理经济学研究的问题，长期处于不同学科的研究表明，增长理论与地理经济学之间并没有找到一个有机结合的切入点。增长理论从其自现代经济学产生起几乎就没有讨论过空间问题，或者说把地理因素考虑在增长理论中，在增长理论发展中的新古典增长理论、新增长理论，包括新兴增长理论也几乎没有提及地理因素。而事实上，经济增长与经济集聚之间是有可能结合起来加以研究的。

1. 经济增长与经济集聚结合研究的可能性

一是经济增长和经济集聚两种理论分别从不同方面解释经济现象，可以把两者看成是"同一枚硬币的两面"，即区域经济增长同时又是区域经济集聚过程。结合起来的出路是一个增长与区位共同处于内生状态的模型进行解释。

---

① 谭成文：《经济增长与集聚》，商务印书馆 2009 年版，第 11 页。

二是经济增长与经济集聚目前已经找到其共同的研究方法或分析框架，即垄断竞争的市场结构，基于规模报酬递增的共同假设，外部经济产生的溢出效应，等。这使得两者的结合没有了方法论的障碍。

三是关于经济增长与经济集聚关联已经在经验实证层面作了比较广泛地研究，不少文献研究了产业集聚与区域增长的关系，产业与R&D集中的关系，等等，取得不少具有创新性成果。

2. 经济增长与经济集聚结合研究的进展

目前，关于经济增长与经济集聚之间结合研究，虽然文献不算多，且多为新经济地理学中引入经济增长因素分析两者之间的关系。从奈普（1998）的文献综述来看，这两个领域的结合主要从R&D集聚、通过劳动力市场集聚及其他三类。主要涉及三篇文献：马丁和奥塔维埃诺（1996，a）属于R&D集聚研究，鲍德温和佛斯利德（1997）是从劳动力市场集聚的分析，而马丁和奥塔维埃诺（1996，b）则不属于以上两类。此外，还有贝图拉（1993）、恩格尔曼和华尔滋（1995）、华尔滋（1996）、鲍德温（1999、2001）以及鲍德温和佛斯利德（1999）、藤田和蒂斯（2002）的文献具有较强代表性。

（1）通过R&D集聚研究

恩格尔曼和华尔滋于1995年提出了一个两区位模型，分析了地理结构对于区域经济增长的影响，认为在区域发展初期，大区域变成工业中心，另一个区域则成为边缘区，如果存在区际知识溢出，而投入品不能交易，则模型没有唯一解，可能出现多种情况。该论文被认为是开始涉及地理结构研究经济增长并超越新增长理论，是增长与集聚两个领域结合研究的早期尝试。后来的研究则明确把内生增长与地理结合起来，通过在内生增长模型中引入交通成本等内聚因素进行相关研究。

马丁和奥塔维埃诺（1996，a）将罗默内生经济增长模型中引入产业垂直关联的集聚因素的经济地理模型（参见维纳布尔斯，1996，克鲁格曼和维纳布尔斯，1995），分析两个区位、三个部门，其中R&D是其核心部门。模型得到两个解，其中一个解中有两个数量相同的工业生产者，R&D在两个区位进行，形成"分散均衡"；另一个解是所有R&D只在一个区位进行，该区位存在大量工业生产者，形成"集聚均衡"，对于经济增长而言，"集聚均衡"具有更高的生产率，因为，如果是平均分布，两个区位工业综合成本相同，而在不平衡分布中，总会有一个区位综合成本更低，平衡分布导致工业生产者生产成本最大化，增长最小化。他们的结论是增长率影响区位决策，而区位决策也影响增长率。

同样在 1996 年，马丁和奥塔维埃诺（1996，b）就对增长与集聚进行过结合研究，后来加以改进，修改为马丁和奥塔维埃诺（1999）模型，该模型被认为是第一次真正把新增长理论与新经济地理分析框架结合的关于增长与集聚的尝试。该模型包括两个区域（北区域和南区域）、三个部门（农业、工业和 R&D 部门），其一个重要结论是，如果将高增长、高运输成本与对南区域 FDI 联系在一起，在给定 R&D 溢出效应情况下，集聚将会在北区域产生，创新速度随着北区域企业集中而增大，意味着交通成本的降低回通过对经济地理影响提高增长率。模型采取迪克西特和斯蒂格利茨（1977）垄断竞争分析框架，分析了决定企业规模与区位的四个均衡条件，分析了产业区位、增长与 FDI 的关系，提出，在 R&D 地方溢出情况下，通过降低交通成本或贸易自由化获得的较低交易成本将会提高增长率。决定交易成本对提高增长率的正效应通过区位效应和地方化效应取得，前者意味着 R&D 活动位于企业集聚更为充分的地方；后者则是表明 R&D 将会有效降低成本。该模型指出，贸易一体化通过地理上的作用会对增长率产生正面影响。

（2）通过人口流动集聚研究

人口流动带来集聚是一种最为典型的集聚，因此，受到研究者的广泛关注。贝拉图（1993）提出了一个资本积累驱动增长的模型，从自给自足到资本、劳动流动的变化如何影响经济活动的区位选择问题。涉及资本积累、劳动力流动与区位之间的关系，但是没有说明增长与区位的关系，其研究结论也缺乏更多新意，只是解释了在报酬递增与要素流动条件下，经济活动向一个区位集聚的机制。

华尔滋（1996）基于报酬递增和人口迁移视角建立了一个增长与区位结合的模型，认为当交通成本下降时，会导致人口向一个区域集中，并获得更快的经济增长。其报酬递增是一种区域层面的宏观规模报酬，而不是企业层面的微观规模报酬，该模型缺乏新经济地理学所强调的微观基础，是传统经济地理学的某种程度的延伸研究。

鲍德温和佛斯利德（1999，b）提出的模型是同类研究中最具代表性的。其假设条件与马丁和奥塔维埃诺（1996）完全一致，也是两个区位和三个部门；两种生产要素，他们在结合克鲁格曼（1991，b）的 CP 模型基础上，通过引入 R&D 部门和人口迁移的约束条件，即比较了劳动力的名义工资与实际工资的差异，说明劳动力流动如何由真实工资差异来驱动从而导致区域分布的不同。作者的结论是，当所有 R&D 处于同一区位时，所有 R&D 企业增加到同一个知识存量中，这使得此时的增长率比分开到两个知识存量的增长率高出不少，说明产业集聚有利于经济增长，增长效应能够减少居民的福利损失，但是集聚相对于分散并非帕累托改进。

（3）通过R&D与人口流动的综合研究

藤田和蒂斯（2002）提出了一个具有两个区域的内生增长模型，他是克鲁格曼（1991）核心—边缘模型和格罗斯曼—赫尔普曼—罗默模型的结合体。经济中包含有两个区域，三个部门，传统部门、现代部门和创新部门。其中，传统部门具有产品同质、规模报酬不变、完全竞争，区域之间无运输成本的假设，而现代部门市场处于垄断竞争、存在交通成本。两种生产要素，即非熟练劳动力和熟练劳动力。作者分析了两种比较极端的情况：一是假定新产品所需要的专利可以无交通成本地进行区际转移，这种情况下的集聚经济十分强大，整个R&D向一个单一区域集聚，现代部门也就同时向创新部门集中，核心区域就是创新部门与现代部门（或大部分现代部门）；二是区域发展的专利不能够转移到另一个区域，主要是采纳先进技术存在社会与文化方面的障碍，此时与藤田、克鲁格曼和维纳布尔斯（1999）的静态核心—边缘模型十分相似，当运输成本足够低时，核心—边缘结构则十分稳定。

两种情况均表明，在多区域水平上R&D部门的引入表现为强大的向心力，证明增长与集聚之间是同时并行的，而福利分析发现，额外增长会导致帕累托改进，这是增长与集聚结合研究的一个成果。区域经济从分散转向集聚，创新活动增长会更快，当集聚引发的增长足够大、增长效应足够强时，即使是处于边缘区的居民其福利也会得到增加，当然，处于核心区的居民获得的福利比边缘区还是要高一些，因此，当集聚产生更多的增长时，处于任何区域的居民福利都会改善，只是核心与边缘之间福利差距会扩大，形成富者愈富、穷者也变富的情况。而不会发生富者愈富、穷者越穷的情况。

参考文献

魏后凯主编：《现代区域经济学》，经济管理出版社2006年版。

陈秀山、张可云：《区域经济理论》，商务印书馆2003年版。

吴传清主编：《区域经济学原理》，武汉大学出版社2008年版。

聂华林、王成勇：《区域经济学通论》，中国社会科学出版社 2006 年版。

孙久文主编：《区域经济学》，首都经贸大学出版社 2006 年版。

李小建主编：《经济地理学》，高等教育出版社 2006 年版。

郝寿义：《区域经济学原理》，上海人民出版社 2007 年版。

孙翠兰主编：《区域经济学教程》，北京大学出版社 2008 年版。

张可云：《区域经济政策》，商务印书馆 2005 年版。

张秀生主编：《区域经济学》，武汉大学出版社 2007 年版。

谭崇台主编：《发展经济学》，山西经济出版社 2001 年版。

郭熙保等：《发展经济学》，首都经贸大学出版社 2009 年版。

郭熙保主编：《发展经济学经典论著选》，中国经济出版社 1998 年版。

殷广卫：《新经济地理学视角下的产业集聚机制研究》，上海世纪出版集团 2011 年版。

谭成文：《经济增长与集聚》，商务印书馆 2009 年版。

［英］哈维·阿姆斯特朗、吉姆·泰勒：《区域经济学与区域政策》，上海人民出版社 2007 年版。

［美］埃德加·胡佛：《区域经济学导论》，商务印书馆 1990 年版。

［美］保罗·克鲁格曼：《发展、地理学与经济理论》，北京大学出版社、中国人民大学出版社 2000 年版。

［英］菲利普·麦卡恩：《城市与区域经济学》，格致出版社 2010 年版。

［美］保罗·克鲁格曼：《地理和贸易》，北京大学出版社、中国人民大学出版社 2000 年版。

第六章 区域经济结构

区域经济结构是一个区域的核心结构，决定着该区域的经济发展水平。区域经济结构主要包括区域产业结构、区域基础结构和区域空间结构。

第一节 区域产业结构

区域产业结构是指区域内各产业的组成状态和发展水平以及产业间及其内部的按照一定经济技术联系所构成的数量比例关系。区域产业结构是区域经济结构的主要内容，区域产业结构状况在很大程度上决定了区域经济发展水平的高低。

一、区域产业结构的演化规律

（一）产业结构层次与产业分类

1.产业结构层次

从地域空间结构角度来看产业结构，可以分为三个层次：一是地区产业结构，主要指行政区范围的产业结构；二是区域产业结构，指地域上相邻、经济上相似、交通上相连的两个或两个以上地区产业结构的群体；三是国家产业结构，指全国范围的产业结构。[①]产业在区域空间的范围调整实质是资源配置在不断扩大的地域空间范围内的流动和重组。

从区域产业结构内部来看，区域产业结构可以从多个层次和角度展开。一是区域社会总产值结构。社会总产值是农业、工业、建筑业、交通邮电业和商业五大物质生产部门的生产总值，这个层次主要涉及农业与非农产业的比例关系的协调性，反映区域工业化进程和已有工业化水平。二是区域三次产业结构。三次产业结构包括了区域全部产业部门，其结构基本上反映了大农业、大

---

① 张秀生：《区域经济学》，武汉大学出版社 2007 年版，第 49 页。

工业和服务业的关系。以前我国没有三次产业构成的统计，改革开放后增添了这项内容。通过与西方国家产业结构演变规律的对比和区域三次产业结构分析，可以判断区域产业结构所处的阶段，以及区域经济发展所处的阶段。三是农业行业结构。大农业主要包括种植业、畜牧业、林业和渔业四种行业，每个行业都紧紧依靠其各自土地资源的开发利用。农业行业结构可以反映各种农业自然资源的开发利用程度，也从一个侧面反映区域农业经济发展的结构素质。四是工业结构。工业按所有制划分可分为乡镇工业、地方工业、国有工业、私营工业、"三资"工业。从工业结构中可以看出区域产业结构的非国有工业发展程度和外资在区域工业中的介入程度，这反映了区域经济发展的活跃程度以及自我发展能力[1]。

2. 产业分类

区域产业分类是对区域经济活动进行分解与归类，是建立产业结构概念和研究产业结构的基础。一般而言，在产业的多种划分中，比较适合区域产业结构研究的是：三次产业分类法、国际标准产业分类法、经济要素密度分类法和产业功能分类法。除上述分类法之外，还有两大部类划分法、农轻重分类法、物质生产和非物质生产划分等其他分类方法，但在现代区域产业结构研究中已经很少使用了。

三次产业分类法：三次产业的划分是英国著名经济学家科林·克拉克（C.G. Clark）1940 年在他发表的著名经济学著作《经济进步的条件》中提出来的。具体讲是：第一产业指取自于自然物的生产，包括种植业、畜牧业、林业、渔业和狩猎业等[2]；第二产业指加工于自然物的生产，包括采矿业、制造业、建筑业、能源供应业等；第三产业指衍生于自然物之上的无形财富的生产，又叫服务性产业，包括商业、金融、保险、运输等，除第一和第二产业外的其他各业。孙久文（2010）认为第三产业还可分为四个层次：第一层次指流通部门，包括交通运输业、邮电通信业、商业、饮食业、物资供销和仓储业；第二层次指为生产和生活服务的部门，包括金融、保险、房地产、共用事业、地质勘探、咨询服务和综合技术服务、居民服务、农业服务、水利业、公路和航道养护等；第三层次指为提高科学文化水平和居民素质服务的部门，包括文化、教育、广

---

[1] 高洪深：《区域经济学》（第三版），中国人民大学出版社 2010 年版，第 150 页。

[2] 按克拉克的定义，采矿业应该属于第一产业，但由于采矿企业一般包括了分拣、筛选等初加工环节，因此在各国的实践中一般将采矿业归为第二产业。

播电视、科学研究、卫生医疗、体育及社会福利事业等；第四层次指为社会公共需要服务的部门，包括国家机关、党政机关、社会团体及军队、警察等[①]。

国际标准产业分类法：联合国于1971年颁布的《全部经济活动的国际标准产业分类索引》将全部经济活动分为十大项。一是农业、狩猎业、林业和渔业；二是矿业和采石业；三是制造业；四是电力、煤气、供水业；五是建筑业；六是批发与零售业、餐馆与旅店业；七是运输业、仓储业和邮电业；八是金融业、不动产业、保险业及商业性服务业；九是社会团体、社会及个人服务；十是不能分类的其他活动。国际标准产业分类法比较规范，便于进行国际或区际比较。

经济要素密度分类法：根据各类生产要素的密集程度将经济活动分为资源密集型产业、劳动密集型产业、资本密集型产业与技术密集型产业。资源密集型产业是指在生产要素的投入中需要使用较多的自然资源才能进行生产的产业，最为典型的是采掘业。资源作为一种生产要素泛指各种自然资源，包括土地、原始森林、江河湖海和各种矿产资源。劳动密集型产业是指投入较多人力资源的产业，主要指农业、林业及纺织、服装、玩具、皮革、家具等制造业。资本密集型产业在单位产品成本中，资本成本与劳动成本相比所占比重较大，每个劳动者所占用的固定资本和流动资本金额较高，如冶金工业、石油工业、机械制造业等重工业。资本密集型产业主要分布在基础工业和重加工业，一般被看作是发展国民经济、实现工业化的重要基础。技术密集型产业是指使用复杂先进而又尖端的科学技术进行生产和服务的部门，包括精密制造、电子信息、新材料、生物医药等产业。这种分类有利于揭示区域要素禀赋构成与生产优势，研究区域分工与要素密集程度差异对区域经济发展与区际经济关系的影响[②]。同时，这种划分是相对的，例如随着技术进步和新工艺设备的应用，某些劳动密集型产业的技术、资本密集度也在提高，并逐步从劳动密集型产业中分化出去。

产业功能分类法：从产业链的角度出发，根据产业在区域经济发展中所发挥的功能作用，将各类区域产业划分为主导产业、辅助产业和基础产业三类。主导产业决定区域在分工格局中所处地位与作用，对区域整体发展具有决定意义。辅助产业主要是为主导产业的发展进行配套的产业。基础产业是为保证区域主导产业与辅助产业发展与生活需要而形成的产业，一般包括生产性基础结

[①] 孙久文：《区域经济学》（修订第二版），首都经贸大学出版社2010年版，第82页。
[②] 孙久文：《区域经济学》（修订第二版），首都经贸大学出版社2010年版，第82页。

构、生活性基础结构和社会性基础结构三部分。这种产业功能分类特别注重产业间的经济联系，特别有利于组织合理的地域分工体系，建立区域合理的产业结构，因此在区域产业分析中被广泛应用[①]。

两大部类划分法：把社会总产品按照实物形态最终使用方向划分为生产资料和生活资料，相应地把社会生产部门划分为生产生产资料的部门和生产生活资料的部门。此分类方法曾经是研究我国区域产业结构的基本理论基础[②]。但是，两大部类的划分方法在实践中存在一些问题：一是两大部类产业部门没有完全包括社会全部物质生产领域，存在较大的模糊地带，如交通运输业、邮电业、金融业等难以归类；二是某些物质产品存在属性和使用价值的多样性（张平 2005），随着技术的进步和发展，有些产品的使用价值不断增多，很难在"生产"和"生活"间泾渭分明，如电脑、网络、SOHO（Small Office Home Office）等，如果简单划分为两大部类则比较困难。

农轻重分类法：此分类法把社会生产划分为农业、轻工业和重工业三大部门。轻重工业的划分依据至今似乎并不统一。安虎森等（2010）认为，划分为轻重工业的依据通常是产品单位体积的相对重量，大的就是重工业部门，轻的就是轻工业部门。而张平（2005）则认为，主要生产生产资料的工业部门就是重工业，主要生产消费品的工业部门就是轻工业。农轻重的分类方法仍然有一定局限性。第一，由于国民经济部门的交叉性、多样性和复杂性，不能仅用三个部门包括所有产业类型，如建筑业、运输业、旅游业、邮电业等很难确定归属。第二，由于社会产品使用价值的多重性和变化性，也不能仅用农轻重三个部门来划分。比如随着技术进步和经济发展，电视机、电冰箱、自行车等产品，变为两部门兼容产品。第三，这种分类不利于区域主导产业的选择和发展，也不利于区域产业结构的高度化[③]。

（二）区域产业结构演化理论

区域产业结构可以从量和质两个方面来考察：一是各产业间在生产规模上的比例关系。他反映资源要素在各产业之间的配置是否合理，主要体现产业结构的量的特点。二是各产业、各部门之间以投入产出为基本内容的关联关系，以此分析产业结构优化组合带来的经济效益。他反映资源要素在各产业之间的

---

① 张平：《中国区域产业结构演进与优化》，武汉大学出版社 2005 年版，第 10 页。
② 安虎森等：《新区域经济学》，东北财经大学出版社 2010 年版，第 154 页。
③ 张平：《中国区域产业结构演进与优化》，武汉大学出版社 2005 年版，第 6 页。

利用效率和质的特点[①]。区域产业结构是这两个方面的有机综合，相互推动实现产业结构的高级化。可以说，区域产业结构的演进遵循着一定规律，西方学者对此做了大量研究，特别是斯密、配第、克拉克、库兹涅茨、霍夫曼、钱纳里、赤松要等，形成了一批著名的区域产业结构理论。

1. 斯密顺序

在古典经济学家中，亚当·斯密（Adam Smith）在《国民财富的性质和原因的研究》中，对产业结构演变及其动因做出了精辟论述。斯密把国民经济活动作为一个有机整体，对各种经济变量进行了详尽描述和分析。文中关于三个阶级、三种收入、生产劳动、资本及社会再生产的学说，实际上是分析了资本主义的经济结构，深刻地影响了经济理论基本学派的生成。因此，在经济学说史上，称斯密为经济结构理论的鼻祖。[②]斯密在《国民财富的性质和原因的研究》中指出："按照事物的自然趋势，进步社会的资本，首先大部分投在农业上，其次投在工业上，最后投在国际贸易上。这种趋势是实际自然的。"[③]这一论述表明，在斯密看来，随着经济的发展，资本投向顺序遵循从农业转向工业再转向贸易业的这样一个经济自然规律，社会的产业结构也必然发生由农业为主向工业为主再向贸易为主的转变。人们将斯密的这一观点称为"斯密顺序"[④]，并认为这一规律的深层动因是社会需求有序变动及其对生产产生的导向作用。

2. 配第—克拉克定理

最早研究产业结构演变及其动因的是英国经济学家威廉·配第（William Petty）。早在17世纪，配第在其名著《政治算术》一书中就阐述了不同产业之间存在明显收入差异，并将这种差异与劳动力就业结构联系起来。通过对英国、法国、荷兰的经济结构及其形成的原因和政策的长期观察，他指出："工业的收益比农业多得多，而商业的收入又比工业多得多。"[⑤]配第的这一发现被总结为：在经济发展中，这种不同产业之间相对收入上的差异会推动劳动力由低收入产业向高收入产业流动，实际上初步揭示了工业和商业的比重会扩大的趋势。但这时还没有三次产业的划分，不可能明确提出三次产业比重变动的规律。

① 李清泉：《区域经济学》，北京理工大学出版社2011年版，第87页。
② 安虎森等：《新区域经济学》，东北财经大学出版社2010年版，第156页。
③ 亚当·斯密：《国民财富的性质和原因的研究》（上卷），郭大力、王亚南译，商务印书馆1972年版，第349页。
④ 冯海发：《结构变革的历史顺序》，《当代经济科学》1989年第3期。
⑤ 威廉·配第：《政治算术》（中文版），商务印书馆1978年版，第19页。

20世纪50年代，科林·克拉克（Colin Clark）就此问题在其出版的《经济进步的条件》一书中作了进一步研究。克拉克收集和整理了40多个国家的截面和时序统计数据，在费歇尔三次产业分类的基础上，得到劳动力在产业间转移的如下结论：随着人均国民收入水平的提高，劳动力首先由第一产业向第二产业转移；当人均国民收入水平进一步提高后，劳动力便由第二产业向第三产业转移。劳动力在产业间的分布状况是，第一产业将减少，第二产业、第三产业将增加。[①] 由于克拉克的发现是建立在配第观点的基础之上，因此，经济学说史上将配第的观点和克拉克的观点综合称为"配第—克拉克定律"。"配第—克拉克定律"不仅从一个国家或地区经济发展时间序列分析中得到印证，而且可以从处于不同发展水平的国家或地区在同一时点上的横断面比较中得到类似结论。即人均国民收入水平越高的国家或地区，农业劳动力在全部劳动力中的比重相对越小，而第二、第三产业的劳动力所占比重相对就越大；反之，人均国民收入水平越低的国家或地区，农业劳动力所占比重相对越大，而第二、第三产业劳动力所占比重相对就越小。[②]

3. 库兹涅茨法则

被誉为"GNP之父"的美国经济学家西蒙·库兹涅茨（Simon Kuznets）自20世纪40年代开始，在配第—克拉克研究的基础上进一步收集和整理了欧美主要国家长期统计数据，根据这些资料对产业结构变化与经济发展的关系进行系统考察。在其著作《各国的经济增长》中，从国民收入和劳动力两个方面，在产业间分布结构的变化进行统计分析后认为：引起产业结构发生变化的原因是各产业部门在经济发展中所出现的相对国民收入的差异，即不同产业部门国民收入的相对比重与劳动力的相对比重之比的差异。产业结构演变的规律表现为：第一阶段随着国民经济的发展，区域内第一产业实现的国民收入在整个国民收入中的比重与第一产业劳动力在全部劳动力中的比重一样，处于不断下降之中；在工业化阶段，第二产业创造国民收入的比重及占用劳动力的比重都会提高，其中前者上升的速度快于后者；在工业化后期特别是后工业化时期，第二产业的国民收入比重和劳动力比重会不同程度地下降；此后，第三产业创造国民收入的比重及占用劳动力的比重会持续地处于上升状态，其中在工业化中、前期阶段，占用劳动力比重的上升速度快于创造国民收入的比重上

① 吴殿廷：《区域经济学》，科学出版社2003年版，第119页。
② 李清泉：《区域经济学》，北京理工大学出版社2011年版，第87页。

表 6-1 库兹涅茨的产业结构变化统计分析

经济发展阶段	人均收入水平 （1985 年美元）	第一次产业 劳动力比重 （％）	第二次产业 劳动力比重 （％）	第三次产业 劳动力比重 （％）
工业化前的阶段	70 150	80.5 63.3	9.6 17.0	9.9 19.7
工业化阶段	300 500	46.1 31.4	26.8 36.0	27.1 32.6
工业化后的稳定增长 阶段	1000	17.0	45.0	37.4

资料来源：西蒙·库兹涅茨：《各国经济增长》和《国家经济增长的数量方面》，转引自刘伟等：《资源配置与经济体制改革》，中国财政经济出版社 1989 年版，第 141 和 156 页。其中收入分组和比较劳动生产率差异分组是根据原著估计的。

升速度。[1]

这样，在整个工业化时期，产业结构的转换就表现为第一产业创造财富和吸收就业的份额逐渐转移到第二产业和第三产业中去，其中，在工业化中期，第二产业逐渐成为财富的主要创造者，而第三产业则是吸收劳动力的主要场所；到工业化后期以后，第二产业创造财富的比重也开始下降，第三产业则成为经济发展的主体，既是财富的主要创造者，也是吸收劳动力的主要场所。[2] 因此，工业化与城市化是相辅相成的，如果工业化发展很快，而劳动力转移过程受阻，大量劳动力滞留于低效率的第一产业，城市化水平和工业化水平都将难以提高。

4. 钱纳里规律

整个社会结构和社会经济结构的转变过程，取决于社会产业结构的转变和革新，也就是传统农业主导的产业结构向现代工业主导的产业结构的转变和革新。20 世纪 60 年代以来，一些经济学家对经济增长与结构演变进行了更加深入广泛的研究，其中美国经济学家、前世界银行经济顾问 H·钱纳里（Hollis Chenery）通过对 34 个准工业国的经济发展实证研究发现，这些国家和地区的经济发展从时间上看都会有序地经过六个阶段，从一个阶段向更高阶段的升级

① 孙久文：《区域经济学》（修订第二版），首都经贸大学出版社 2010 年版，第 84 页。
② 陈秀山、张可云：《区域经济理论》，商务印书馆 2003 年版，第 110 页。

都是通过产业结构转化来推动的。因此一般认为，产业结构的演进从时间上来考察，通常会有经过这六个阶段的规律运动[①]，每个阶段有着不同的经济结构与之相对应。（1）传统社会阶段，产业结构以农业为主，绝大部分人口从事农业，没有或极少有现代化工业，生产力水平很低。（2）工业化初期阶段，产业结构由以落后的农业为主的传统结构逐步向现代工业为主的工业化结构转变，工业中则以食品、纺织、烟草、采掘、建材等初级产品的生产为主。这一时期的产业主要以劳动密集型产业为主，利用区域内廉价劳动力降低成本，提高产业和区域的竞争力。（3）工业化中期阶段，制造业内部由轻型工业的迅速增长转向重工业的迅速增长，非农业劳动力占主体，第三产业开始迅速发展，这就是所谓的重化工业化阶段。这一阶段的产业大部分属于资金密集型，对资金需求巨大，同时工业劳动力开始占主体，城市化水平迅速提高，市场稳步扩张。作为支柱产业的重化工业，作为先导产业的机械工业和电子工业，轻工业、耐用消费品工业以及第三产业发展迅速。工业化中期阶段是区域经济发展由传统社会向现代社会发展的关键性阶段。（4）工业化后期阶段，第三产业开始由平稳增长转入持续高速增长，成为区域经济增长的主要力量。该阶段主要特征是第一、第二产业获得较高水平发展的条件下，第三产业保持持续高速发展，特别是新兴服务业，如金融、信息、广告、公用事业、咨询服务、工业设计等，是区域经济增长的主要贡献者。上述三个阶段合称为工业化阶段，是一个地区由传统社会向现代社会过渡的重要阶段。（5）后工业化社会阶段，制造业内部结构由资本密集型产业为主导产业向以技术密集型产业为主导产业的转换，同时生活方式现代化，高档耐用消费品在广大群众中推广普及。技术密集型产业的迅速发展是这一阶段的主要特征。（6）现代化社会阶段，第三产业开始分化，智力密集型和知识密集型产业开始从服务业中分离出来，并占主导地位，人们消费的欲望呈现出多样性和多变性，并追求个性。社会投资领域主要是知识密集型产业和现代化的生产、生活服务业，多样化是其基本特征。

5. 霍夫曼定理

在现代经济发展中，工业是区域经济的主导部门，以至于常常将经济增长过程同"工业化"过程等同起来。1931年，著名德国经济学家霍夫曼（W. G. Hoffmann）将制造业划分为消费品工业、资本品工业和其他工业三类，使用了近20个国家的工业结构方面的时间序列资料，运用计算消费品工业净产值与

---

① 张平：《中国区域产业结构演进与优化》，武汉大学出版社2005年版，第14页。

表6-2 钱纳里产值结构的统计回归分析指标体系表

| | 人均国民生产总值的基准水平（1964年美元） | | | | | | | |
	100	200	300	400	600	1000	2000	3000
第一产业	46.3%	36.0%	30.4%	26.7%	21.8%	18.6%	16.3%	9.8%
第二产业	13.5%	19.6%	23.1%	25.5%	29.0%	31.4%	34.2%	41.5%
第三产业	40.2%	44.4%	46.5%	47.8%	49.2%	50.0%	49.5%	48.7%

资料来源：Chenery, Elkington, Sims.1971. A Uniform Analysis of Development Pattern. Harvard University Center for International Affairs. Economic Devenopment Report 148(July). Cambridge Mass.转引自张秀生：《区域经济学》，武汉大学出版社2007年版，第56页。

表6-3 钱纳里劳动力结构的统计回归分析指标体系表

| | 人均国民生产总值的基准水平（1970年美元） | | | | | | | |
	100	200	300	400	600	1000	2000	3000
第一产业	68.1%	58.7%	49.9%	43.6%	34.6%	28.6%	23.7%	8.3%
第二产业	9.6%	16.6%	20.5%	23.4%	27.6%	30.7%	33.2%	40.1%
第三产业	22.3%	24.7%	29.6%	33.0%	37.8%	40.7%	43.1%	51.6%

资料来源：Chenery, Elkington, Sims. 1971. A Uniform Analysis of Development Pattern. Harvard University Center for International Affairs. Economic Devenopment Report 148(July). Cambridge Mass.转引自张秀生：《区域经济学》，武汉大学出版社2007年版，第56页。

资本品工业净产值比率（即霍夫曼系数或者霍夫曼比例[1]），对工业化过程中工业结构演变规律做了开创性的研究。他发现在工业化过程中霍夫曼系数存在下降的趋势，也就是消费品工业比重下降、资本品工业比重上升的趋势。这个结论被称为"霍夫曼定理"或者"霍夫曼工业化经验法则"[2]。他在《工业化的阶段和类型》一书中根据霍夫曼系数变化的趋势，把工业化进程分为四个阶段：第一个阶段，消费品工业在制造业中占主导地位，资本品工业不发达，霍夫曼系数在6：1和4：1之间，即5（±1）；第二阶段，资本品工业发展速度比消

---

[1] 简新华：《产业经济学》，武汉大学出版社2001年版，第54页；李清泉：《区域经济学》，北京理工大学出版社2011年版，第88页。
[2] 苏东水：《产业经济学》，高等教育出版社2000年版，第230页。

费品工业快，资本品工业比重趋于上升，消费品工业比重趋于下降，但在规模上消费品工业仍然远大于资本品工业，霍夫曼系数为 3：1 和 2：1 之间，即 2.5（±0.5）；第三阶段，资本品工业继续快速增长，并与消费品工业的规模大体相当，霍夫曼系数为 1（±0.5）；第四阶段，资本品工业超过消费品工业规模，占主导地位，霍夫曼系数小于 1。可见，在区域经济工业化过程中，消费品工业与资本品工业的净产值之比是不断下降的。但是，霍夫曼定理关于工业化阶段的划分并不包含工业化的全过程，霍夫曼定理也不反映工业化全过程中产业结构演进的趋势。一般讲，资本品生产属于重工业，消费品生产属于轻工业，重工业在制造业中的比重增大是工业化过程中的必然趋势。当工业化达到一定程度后，重工业比重大体处于一个稳定状态。霍夫曼定理只是指出了工业化初、中期工业重型化的趋势，而没有指出工业化后期和工业化完成后轻重工业和三次产业变化的趋势。从区域角度出发来分析轻重工业比例，必须注意到区域经济的特殊性。由于各区域并不要求形成完整的工业体系，且各区域都有自己的区域优势，加之无限制的区域贸易的存在，在一个国家内部将形成重工业区与轻工业区，所以用霍夫曼系数衡量区域产业结构变化有一定局限性。[①]

6. 雁行形态理论

雁行形态理论是日本经济学家赤松要（Kaname Akamatsu）于 1932 年在他的文章《我国经济发展的综合原理》中提出的。他认为在需求和供给相互作用、相互制约下，落后国家的产业结构要经历"进口—国内生产—出口"三个阶段相继交替发展变化：一是进口阶段，国内生产困难，国外产品大量进口引起的进口浪潮；二是国内替代阶段，国内生产该种商品的条件成熟后，进口刺激国内市场所引发的国内生产浪潮；三是出口阶段，随着国内生产条件日益改善，生产成本迅速降低，竞争力增强，产品进入国际市场所引发的出口浪潮。上述过程绘成图形犹如雁群列阵飞行，故称"雁行形态"。这个理论还有两个变形[②]，一个是，产业发展的次序一般是从消费资料产业到生产资料产业，从农业到轻工业，进而到重工业的不断高级化过程；另一个是，消费资料产业的产品不断从粗加工品向精加工品转化，生产资料产业的产品不断从生产生活用的生产资料向生产生产用的生产资料转化，最终是产业机构趋向高级化。

---

① 孙久文：《区域经济学》（修订第二版），首都经贸大学出版社 2010 年版，第 85 页。
② 张秀生：《区域经济学》，武汉大学出版社 2007 年版，第 56 页。

二、区域产业结构的优化

区域产业结构优化是指区域各产业协调发展、产业总体发展水平不断提高的过程。具体说来，是产业之间的经济技术联系包括数量比例关系由不协调不断走向协调的合理化过程，是产业结构由低级向高级递进的高度化过程，也是区域分工的合理化过程。区域产业结构优化包含了区域产业结构的合理化和高度化。所谓区域产业结构合理化是指区域产业之间的经济技术联系和数量比例关系趋向协调平衡的过程，主要是产业按比例协调发展规律的要求。区域产业结构高度化又称高级化，是指产业总体发展水平不断提高的过程，或者说是产业结构由低水平状态向高水平状态发展的过程。这是工业结构重化工业化规律、三次产业比重变动规律、生产要素密集型产业地位变动规律、产业结构高加工度和高附加值化规律、主导产业转换规律、产业结构由低级向高级演进规律等产业结构变动规律共同作用的结果。[①]区域产业结构的合理化与高度化应有机结合起来。产业结构合理化是产业结构高度化的基础，应当以产业结构合理化促进产业结构高度化，不合理基础上的产业结构高度化难以持续发展。产业结构合理化是一个不断调整产业间比例关系和提高产业间关联效应的过程，本质上就是产业结构向高度化发展的演进过程。产业结构高度化则推动产业结构在更高层次上实现合理化。[②]

（一）区域产业结构优化标准

1. 区域产业结构合理化标准

一般认为，区域产业结构合理化可以分别从需求、供给、技术效率和产业关联效应等方面来进行判断。（1）资源禀赋和地域分工标准。产业结构与资源结构相协调，能充分有效地利用本区域的人力、物力、财力、自然资源以及区域（或国际）分工的好处，发挥本区域的比较优势，取得比较利益，使区域经济在更大的规模上得到更有效的协调发展。（2）产业关联标准。区域内部产业之间存在上下游关系，相互依赖性强，联系非常密切，区域经济各产业之间和产业内部各部门之间数量比例合理，投入产出均衡，协调发展，社会的扩大再生产顺利进行。（3）产业需求弹性标准。区域产业结构与需求结构相适应，并

---

① 简新华：《产业经济学》，武汉大学出版社 2001 年版，第 61-62 页。
② 豆建民：《区域经济发展战略分析》，上海人民出版社 2009 年版，第 198 页。

随着需求结构的变化而变化，投资需求和消费需求能够得到较好满足，减少以致消除供不应求、供过于求和二者并存的不合理现象。（4）产业成长标准。有利于科学技术进步和区域产业结构向高度化推进，产业结构的合理化是产业结构高度化的基础，是一个不断调整产业间比例关系和提高产业间关联作用程度的过程，这一过程就是产业结构成长过程，为了提高区域经济竞争力，必须使其产业结构逐步利用技术创新向高级演进[①]。（5）产业可持续发展标准。产业结构中的产业类型构成恰当，能够实现区域人口、资源环境和区域经济的良性循环和可持续发展。（6）产业收益标准。产业结构效益是衡量区域产业结构合理与否的最终目标。如果一个区域的经济效益较好，并且这个较好的经济效益是由其产业结构带来的，那么这个区域产业结构就是合理的[②]。产业结构效益应是宏观效益与微观效益的统一，是长期效益与短期效益的统一，否则会危害产业结构的合理化。（7）产业技术标准。合理化的产业结构应该能够合理开发和利用国内外的成熟技术，能够充分吸收当代最新科技技术成果，改善人类劳动和生活环境条件。[③] 如果产业结构对成熟的科学技术成果没有充分利用，则说明该产业结构是低级落后，不合理的。

2. 区域产业结构高度化标准

部分学者认为（孙海鸣、张学良，2011；张秀生，2007；张平，2005）产业结构高度化是一个相对概念，是在一定的经济发展阶段，由市场需求、科学技术和竞争因素共同推动下演进而形成的，实质就是随着科技发展和分工深化，产业结构不断向深加工和高附加值化发展，从而更充分有效地利用资源，更好地满足市场和社会需求的一种趋势。简新华（2001）认为产业结构高级化是产业结构由低水平状态向高水平状态发展的过程，是工业结构重工业化规律、三次产业比重变动规律、生产要素密集型产业地位变动规律、产业结构高加工度和高附加值化规律、主导产业转换规律、产业结构由低级向高级演进规律等产业结构变动规律共同作用的结果。孙久文（2010）从产业间的关系上分析，指出产业结构协调优化的本质是产业间有机联系的聚合质量，即产业之间相互作用所产生的一种不同于各产业能力之和的整体能力。从产值比重看，产业结构的高度化表现为由初级产品占优势逐渐向中间产品、最终产品占优势演

---

① 张秀生：《区域经济学》，武汉大学出版社 2007 年版，第 60 页。
② 李清泉：《区域经济学》，北京理工大学出版社 2011 年版，第 90 页。
③ 孙久文：《区域经济学》（修订第二版），首都经贸大学出版社 2010 年版，第 89 页。

进，由劳动密集型产品占优势逐渐向资本密集型产品、技术密集型产品占优势演进，由低质量产品占优势逐渐向中等质量产品、高质量产品占优势演进。从就业比重看，产业结构的高度化表现为由第一产业就业人数占较大比重依次向第二产业、第三产业占较大比重演进，第二产业中先进制造业的比重不断上升，第三产业中现代服务业的比重不断上升。

虽然，不同学者对区域产业结构优化的理解差异，判断标准也不完全统一，但都认为区域产业结构优化是一个受多种因素影响并具有多种表现形式的过程，判断标准必须采取相互联系的指标体系进行综合性、系统性的分析。孙久文（2010）提出了七个判断标准：第一是否充分合理利用了自然资源；第二是各产业发展是否协调，是否存在"瓶颈"产业；第三是否能及时提供社会所需要的产品和服务；第四是否取得了最佳经济效益；第五是国内外的成熟技术是否得到合理开发与应用；第六能否充分开展区域间的分工合作。第七生态环境是否能得到保护。简新华（2001）认为产业结构高度化的标志主要有五个方面：一是高加工度化，工业结构由以加工程度比较低的轻纺工业、原材料工业为重心向加工程度高、深的制造业为重心发展；二是高附加值化，附加值更大的产业在产业结构中越来越占据优势地位、比重越来越大；三是技术集约化，产业结构的技术水平越来越高、技术基础越来越先进、技术密集型产业越来越成为主导产业；四是知识化，知识越来越成为产业发展的最重要的决定性因素，生产和传播知识的产业在产业结构中越来越成为主导产业；五是服务化，第三次产业在地区经济中的比重越来越大，成为主导产业。高洪深（2010）从总体原则给出了五个评价标准：（1）已经形成的产业结构同区域的资源结构是否适应，能不能发挥区域的资源优势。（2）区域产业系统的功能是否能承担起全国地域分工的重要任务，对全国或上一区域层次产业结构的优化和协调做出独特贡献。（3）区内产业之间是否协调，特别是主导产业与非主导产业之间的关系是否协调。（4）区域产业结构的转换能力和应变能力是否较强。（5）区域产业结构性效益是否良好。

3. 区域产业结构优化的定量分析

以上分析对区域产业结构可以有一个总体上的把握，但评价标准不能代替具体分析，为了使分析和评价尽可能做到准确和具体，对区域产业结构作进一步的定量分析时非常必要的。为此，介绍一些区域产业结构定量分析的指标。

（1）"标准结构"法。将一个区域产业结构与所谓的"标准结构"进行比较，以确定本地区产业结构的高度化程度。所谓"标准结构"包括库兹涅茨标准结构、钱纳里标准结构、赛尔奎因指标体系等。但由于各区域的不同特点，这种"标准结构"不能成为判断一国产业结构是否合理的唯一根据。

（2）区域工业化结构比重系数。这个指标可以反映区域工业化水平的高低和工业结构的素质。$G = \sqrt{(Z_1/Z_2) \times (S_1/S_2)}$ 式中，Z_1 和 S_1 分别表示目标区域的工业总产值和工业劳动者数，Z_2 和 S_2 分别表示目标区域的社会总产值和社会劳动者数。系数 G 越大说明工业化水平越高。

（3）区域产业专业化系数。这个指标反映目标区域与对比区域产业结构的差异程度，用来衡量区域产业结构的特色。$Z_1 = \sum (Q_{i1} - Q_{i2})$ 式中，Q_i 为某产业部门 i 在整个产业中所占比重，下标 1、2 分别表示不同的区域。Z_1 为区域产业专业化系数，数值在 0—1 之间，数值越接近 1，区域产业结构特色越明显，

表 6-4　库兹涅茨劳动力结构标准（1975）

	人均国民生产总值的基准水平（1958 年美元）				
	70	150	300	500	1000
农业	80.3%	63.7%	46%	31.4%	17.7%
工业	9.2%	17%	26.9%	36.2%	45.3%
商业	4.7%	7.2%	10%	12.2%	15.2%
服务业	5.8%	12.1%	17.1%	20.2%	21.8%

资料来源：库兹涅茨：《各国经济增长——总产值结构和生产结构》，商务印书馆，1999 年版，第 226 页。转引自：张平：《中国区域产业结构演进与优化》，武汉大学出版社 2005 年版，第 63 页。

表 6-5　钱纳里等劳动力结构标准（1970）

	人均国民生产总值的基准水平（1970 年美元）							
	100	200	300	400	600	1000	2000	3000
第一产业	68.1%	58.7%	49.9%	43.6%	34.6%	28.6%	23.7%	8.3%
第二产业	9.6%	16.6%	20.5%	23.4%	27.6%	30.7%	33.2%	40.1%
第三产业	22.3%	24.7%	29.6%	33%	37.6%	40.7%	43.1%	51.6%

资料来源：Chenery, Elkington and Sims(1971), A Uniform Analysis of Development Pattern, Harvard University Center for International Affairs, Economic Development Report 148(July), Cambridge, Mass. 转引自：张平：《中国区域产业结构演进与优化》，武汉大学出版社 2005 年版，第 63 页。

表 6-6 赛尔奎因和钱纳里劳动力结构标准（1989）

	人均国民生产总值的基准水平（1980 年美元）					
	300 以下	300	500	1000	2000	4000
第一产业	81%	74.9%	65.1%	51.7%	38.1%	24.2%
第二产业	7%	9%	13.2%	19.2%	25.6%	32.6%
第三产业	12%	15.9%	21.7%	29.1%	36.3%	43.2%

资料来源：Syrquin and Chenery(1989), Three Decades of Industrialization, The World Bank Economic Reviews, Vol.3,pp.152–153. 转引自：张平：《中国区域产业结构演进与优化》，武汉大学出版社 2005 年版，第 63 页。

说明与对比区域经济互补性越强；反之，说明两个区域产业结构越雷同。

此外，用于产业结构定量分析方法的还有区位商、产业比较优势度、产业专门化率、产业结构变化率、相关系数、相似系数、结构影响指数等多种方法，相关教材十分丰富，在此不再赘述。

（二）影响区域产业结构优化的因素

区域产业结构具有规律性演变是区域各种内外因素综合作用的结果，其影响因素在于如下几个方面。

1. 自然基础条件

产业结构的演化是从一定的自然现实环境中出发的，自然物质基础也是体现区域差异和区域优势的最基本条件，对区域产业结构产生重要影响。一般来说，丰裕的区域自然资源往往成为区域主导产业的优先选择。如四川攀枝花的钒钛产业、山西的煤炭产业等。自然基础条件对区域产业结构的影响在经济发展的不同阶段有所不同。在区域产业结构演变过程的初级阶段，区域自然资源基础在较大程度上决定着区域产业结构，随着经济的不断发展和生产技术的不断提高以及贸易范围的扩大，区域产业发展对自然资源的依赖逐步降低，自然基础条件对区域产业结构的影响将逐渐减小。

2. 需求变动因素

需求结构和需求收入弹性都是随着人均国民收入水平的提高而发生变化，两者对产业结构具有一定引导作用，甚至可以说，对产业结构的优化具有直接的推动作用。需求结构变化和产业结构变化之间存在对应关系，其中产品需求收入弹性发挥着主要作用。结合产品需求收入弹性和实际产业结构来分析，可发现在经济发展的各个阶段，生产高收入弹性产品的产业部门在区域产业结构中的比重更大。如在人类社会发展的低收入阶段，食品需求收入弹性远高于其他产品，因此农业首先兴起成为主导产业；在中等收入阶段，社会需求结构已发生根本性变化，耐用消费品和投资品的需求收入弹性迅速上升，加工制造业成为这一阶段的主导产业；进入高等收入阶段后，人们更加追求精神层面的满足，精神文化发展方面的需要逐步增加，制造业产品的收入弹性不断降低，这一阶段第三产业得到快速发展，成为主导产业。

3. 区域科技水平因素

区域科技水平是推动区域经济增长和决定区域产业结构水平的最重要因素之一。区域产业结构可以表现为一定的区域生产技术结构，技术水平也很大程度上决定了区域产业结构，技术进步是区域产业结构不断优化的先导和动力。工业革命中，技术进步引起传统农业的分化，确立了新的产业分工结构和产业关联结构，推进产业结构的升级和优化。在信息化和互联网浪潮中，知识密集型劳动从一般工业劳动中分化出来，使生产性服务业从工业生产中分化并形成相对独立的产业。技术进步水平的变化导致劳动生产率差异，成为产业结构演变的一个重要原因。具有较高生产率的产业部门将在产业结构中占有重大比重。[①]

4. 区际分工因素

区际分工与协作是区域经济发展的基本前提和要求。只有在区际分工与协作比较发达的外部环境下，经济技术得到广泛交流，才能建立起特色鲜明、专业化程度较高的区域经济结构和产业结构；若区际分工不发达，区际协作不紧密，甚至各区域自我封锁和保护，就会阻碍区域专业化程度的提高，从而使各区域形成"大而全""小而全"的块块分割的块状结构，其产业结构必然是低水平的。这与现代市场经济发展格格不入，甚至背道而驰。

5. 区域制度因素

中国改革开放以来，经济发展十分迅速，但总体上目前还没有走出社会主义初级阶段。正是基于这种国情，中国经济体制改革的一个重要任务就是要逐步消除不合理的所有制结构，建立起以公有制为主体、多种所有制经济共同发展的基本经济制度。但在改革过程中，中国不同区域的改革进度有快有慢。同时也由于历史的原因，中国东、中、西部在经济制度上存在着很大差异，从而

---

① 孙久文：《区域经济学》（修订第二版），首都经贸大学出版社 2010 年版，第 90 页。

带来区域产业结构水平的差异。改革开发的实践表明，一个区域非国有化程度越高，计划控制力就越弱，其产业结构水平就会随经济市场化程度的提高而提高，区域经济也就越能得到快速发展。

6.区域政策因素

特别是区域产业政策和生产力布局规划，对区域产业结构的改善起着不可忽视的作用。区域政策主要包括产业扶持、主导产业确立、生产力布局规划、投资选择等，都是区域产业结构改变的重要诱因。可以这样说，区域产业结构是国家区域政策在区域上的具体实现。[①]

（三）区域主导产业的选择和发展

区域主导产业是对区域经济发展起核心作用的重点产业，决定着区域经济的发展方向、速度、性质和规模，能带动整个区域经济的发展和产业结构的合理化。

1.主导产业的概念和特征

主导产业（Leading Industries）主要是从与其他产业的关联度来定义的。最早提出主导产业概念的是美国经济学家罗斯托（W.W. Rostow），主导产业是他在《从起飞进入持续增长的经济学》一书中提出主导部门（Leading Sector）引申出来的。主导产业是在经济成长中起主导作用的新部门，这些部门能有效地吸收新技术，本身具有较高的增长率，并且能够影响和带动其他部门发展。[②]对这一概念的界定，国内近年来也有了很多新的见解。一些学者认为，主导产业是指在一国经济发展的某阶段有若干产业部门对产业结构和经济发展起着导向性和带动性作用，并且具有广阔的市场前景和技术进步能力的产业部门。[③]江小涓认为，主导产业是指能够较多吸收先进技术、面对大幅度增长的需求、自身保持较高增长速度并对其他产业的发展具有较强带动作用的产业部门。[④]刘伟认为，在特定的时期内，主导产业有快于其他产业的增长势头并正在或已经在产业结构中占据优势比重；主导产业通过其前后向关联与旁侧关联能够对整个经济增长和产业结构高度化发挥明显的"主导性"作用，即能够确实地将其活跃的增长势头、优势的技术创新、制度创新效果广泛而深刻地扩散到整个

---

① 李清泉：《区域经济学》，北京理工大学出版社 2011 年版，第 92 页。

② W.W. 罗斯托：《从起飞进入持续增长的经济学》，四川人民出版社 1988 年版，第 84 页。

③ 刘志彪、王国生、安国良：《现代产业经济分析》，南京大学出版社 2000 年版，第 68 页。

④ 江小涓：《世纪之交的工业结构升级》，上海远东出版社 1996 年版，第 205 页。

经济体系中去。①朱欣民认为，主导产业又称主导专业化产业，系能在区域经济中发挥主导作用，带动全盘经济发展的拳头产业。②江世银认为，主导产业是指那些首先采用了先进技术、降低了成本、放大了市场、增加了利润和积累、扩大了对其他一系列部门的产品需求和对地区经济成长的影响从而带动了整个国民经济发展的部门。③虽然关于主导产业的定义并不一致，但对主导产业的内涵认识比较统一，突出主导产业的关联程度比较高，对其他产业以及经济发展的影响力等方面。主导产业的特殊地位和作用决定了主导产业必须优先发展。

张秀生（2007）认为主导产业的基本特征至少有三点：技术先进性，能够引入新的生产函数；产业高增长性；较强的产业关联和扩散性。魏后凯（2011）进一步总结出主导产业的五个特征：（1）具有较强的竞争优势，属于区域的专业化生产部门。（2）现有产业基础较好，行业规模较大，对地区经济增长的贡献率较大。（3）行业增长速度较快，且未来市场需求增长迅速，发展潜力较大。（4）处于产业链的关键环节，对区域内其他产业具有较强的直接或间接经济联系，他的发展具有连锁性，能够带动一大批相关产业的发展。（5）整个行业的创新能力较强，具有较高的生产率和创新力。在一定时期内，区域主导产业以 3—5 个为宜，这些主导产业既可以是单一部门，也可以是由若干个相互关联的部门有机结合形成的主导产业群。

2. 主导产业的选择

区域主导产业的选择要考虑科技水平、自然资源、市场需求、资本、经济和社会发展阶段等因素。许多经济学家提出了选择主导产业的基准，最著名的是罗斯托基准、赫希曼的产业关联基准、筱原两基准④和日本产业结构审议会两基准。

（1）罗斯托基准。罗斯托对主导产业的研究与界定做出了开创性贡献，他将产业部门分为主导增长部门、辅助增长部门和派生增长部门，持续的经济增长依赖于不断获得新技术和新生产函数的储备，这些新技术和新生产函数通过有限的若干部门高速增长，就能够保证平均增长水平的相对稳定。罗斯托将回顾、旁侧、前瞻这三种扩散效应视为判断主导部门的关键，主导产业优势通

---

① 刘伟：《工业化进程中的产业结构研究》，中国人民大学出版社 1995 年版，第 247 页。
② 朱欣民：《论主导产业选择标准》，《社会科学研究》1997 年第 4 期。
③ 江世银：《罗斯托的经济成长阶段论对我国转变经济增长方式的启示》，载于中国人民大学《教学与研究》编辑部编：《教学与研究论库》，学苑出版社 1997 年版，第 49 页。
④ 关爱萍、王瑜：《区域主导产业的选择基准研究》，《统计研究》2002 年第 12 期。

过扩散效应传递到产业链的各产业中，以带动和促进区域经济的全面发展。但是，这些效应本身难以用精确的统计数据来说明，尤其是旁侧效应和前瞻效应。所以，罗斯托的主导部门理论对于如何选择主导部门，局限于定性的说明，还缺乏可供操作的选择依据。

（2）产业关联基准。美国经济学家艾伯特·赫希曼在《经济发展战略》一书中提出了"产业关联度基准"，主张不平衡发展，提出将产业关联效应作为选择主导产业的标准。产业关联度高的产业对其他产业会产生较强的后向关联、前向关联、旁侧关联，选择这些产业为主导产业，可以促进整个产业的发展。

（3）筱原两基准。首次明确提出主导产业选择基准的是日本经济学家筱原三代平，他在1957年的论文《产业结构与投资分配》中提出了主导产业选择的两个标准，即需求收入弹性基准与生产率上升基准，称为"筱原两基准"。某一产业的需求收入弹性系数E表示为，其中，为该产业人均需求增长率，为人均国民收入增长率。当E大于1时，说明随着人均收入的增加对该产业的需求的增长幅度超过收入增长幅度，该行业潜在市场容量大，市场发展机遇和效益好，发展速度快；E小于1时，则反之。生产率上升率是综合要素生产率的加权平均，该基准是以各产业生产效率上升的快慢最为标准来规划产业结构，并选取生产率上升得快的产业作为主导产业。因为生产率上升快的产业，其技术进步速度较快，单位产品生产费用较低，能吸引各种资源向该产业流动，从而促进该产业的更快发展。

（4）日本产业结构审议会两基准。这一基准又称为过密环境基准和丰富劳动内容基准，是日本产业机构审议会在筱原两基准的基础上于1971年提出的，是对筱原两基准的补充和发展，是主导产业选择的新标准。所谓过密环境基准是指，应选择那些可以防止因生产布局过密而导致公害污染、能补充由于经济高速增长而引发社会资本的短缺、缓解生产集中带来的人口密度过大的产业优先发展。所谓丰富劳动内容基准是指，应选择那些能够提供更多安全舒适和稳定劳动岗位的产业优先发展。[①]日本产业结构审议会两基准丰富了主导产业选择基准，同时说明主导产业选择是一个动态过程，不同时期应该根据不同的环境来选择适合自身发展的主导产业。

近年来，对于主导产业的判断基准，又有了很多新的观点，如"经验法则"、"货币回笼基准"、"就业与节能基准"、"市场导向基准"、"经济效益比较

---

① 孙海鸣、张学良：《区域经济学》，上海人民出版社2011年版，第167页。

基准"等等，这些选择基准侧重于运用数理统计方法服务于更为专业化的研究。[①]

3. 主导产业的发展

区域经济发展中，主导产业处于十分重要的地位，起着带动推动的作用。因此，正确选择和大力发展主导产业是每个区域经济发展中的重大问题。区域主导产业要得到良好的发展，主要应注重以下几个方面。（1）采用先进技术武装主导产业。区域主导产业代表着区域产的发展方向和未来，是具有广阔发展前景的产业。因此，主导产业也必须是技术先进的产业和具有较高创新能力的产业。区域主导产业要有足够的资金投入进行新产品的研发和开发，不断实现技术创新和产品更新换代。只有这样，主导产业才具有市场竞争力。（2）培育大型企业集团作为主导产业发展的载体。区域主导产业要富有竞争力，就必须组建大型企业集团，形成较大规模企业，以增强竞争实力。区域主导产业本身也要求其生产在整个区域中占有较大份额和比重，能在较大程度上主宰区域经济发展。若一个区域产业不能形成一定规模，就难以成为区域主导产业。（3）注意扶持有潜力的主导产业，促使区域产业结构换代升级。区域主导产业同其他产业一样，具有生命周期。新的产业必然替代旧的产业，这是产业结构演进的规律，也是产业升级的必然要求。新兴主导产业开始总是幼稚弱小的，需要扶持和培育才能逐步发展壮大。

第二节　区域基础结构

基础设施一直被认为是整个国民经济的基础结构，是区域经济发展的先行资本，是经济起飞的必要条件。[②]基础设施的发展水平直接或间接地影响生产部门的成本和收益，最终影响供给数量和质量，对区域发展有着十分重要的影响。

一、基础设施概念与类型

20 世纪 40 年代中后期，经济学家们首先把基础设施的概念用于经济分析

[①] 邹晓涓：《中国主导产业理论研究综述》，《天府新论》2007 年第 1 期。
[②] 安虎森：《区域经济学通论》，经济科学出版社 2004 年版，第 77 页。

中。罗森斯坦认为，基础设施是社会的先行成本，他为其他产业创造投资机会。所谓社会的先行成本，包括电力、运输、通信等所有基础工业，这些基础工业的发展必须先行于那些收益快的直接生产投资，他构成了区域经济的基础和分摊成本。这个广义的定义是从社会分摊成本的角度来理解的。赫希曼将基础设施定义为社会间接资本，而所谓的社会间接资本是指进行第一、二、三产业活动所必需的基本服务。一项活动是否属于社会间接资本活动的范围取决于四个方面：这种活动所提供的劳务在某种意义上是其他许多经济活动得以进行的基础；这些劳务是由公共团体或受官方控制的私人团体无偿或者按公共标准收费提供的；这些劳务不能从国外进口；如果其产出量可以衡量，那么投入产出比是很高的，而且具有规模效应，只有在相当规模上才能进行投资。库特纳认为，人们通常所说的社会先行资本的概念包括三个要素：一是为工业生产服务；二是这种服务难以流动；三是投资具有明显的规模经济效应，具有长期性和耐久性。罗斯托把基础设施定义为社会先行资本，即在经济起飞前就必须建设的社会基础设施。他认为，社会基础资本的先行建设是区域经济起飞的必要条件，在区域经济起飞可能出现之前，必须有最低限度的社会基础资本建设。世界银行在 1994 年以基础设施为主题的发展报告中，将社会基础设施定义为永久性的成套的工程构筑、设备、设施和他们所提供的满足所有企业生产和居民生活共同需要的服务。[①] 上述对基础设施的定义中，学者们大多强调基础设施对经济运行和发展的先行性和必要作用。

　　按照不同标准可以把基础设施分成不同的类型。乔德里赫则认为，基础设施可分为狭义和广义两种。狭义的基础设施是指运输、通信、电力生产和供应、供水排污等城市公共事业基础设施，以及农业中的水利设施和其他管水工程。广义的基础设施除了包括狭义基础设施的定义范围外，还包括教育、科研、环境和公共卫生，以及司法刑侦管理体系。[②] 世界经合组织（OECD）认为，从广义上讲，基础设施一般可以分为经济、社会和行政基础设施三种类型，其中，经济基础设施亦称自然基础设施，是指交通、通信网络、电力、供排水和灌溉等方面的设施。他主要由三个部分组成：区域交通系统、共用事业系统、公共工程。社会基础设施是指科技教育、医疗卫生、住房和休闲娱乐等方面的设施，而行政基础设施则是指提供法律实施、行政管理和协调等方面的

---

① 安虎森等：《新区域经济学》，东北财经大学出版社 2010 年版，第 268 页。
② 安虎森等：《新区域经济学》，东北财经大学出版社 2010 年版，第 268 页。

设施。[①]舒尔茨和贝克尔认为，基础设施包括核心基础设施和人文基础设施，前者主要指的是交通和电力，其作用是增加物质资本和土地的生产力；后者包括卫生保健、教育等，其作用是提高劳动力的生产力。[②]世界银行认为，基础设施种类繁多，其中经济基础设施主要包括三部分：一是公共设施，包括电力、电信、自来水、卫生设备和排污、固体废弃物的收集和处理、管道煤气等；二是公共工程，包括公路、大坝和排灌渠道等水利设施；三是其他交通部门，包括市内交通、铁路、港口和航道、机场等。[③]按照职能的不同，也可将基础设施分为生产性基础设施、生活性基础设施和社会性基础设施三种类型。其中，生产性基础设施是指可以充当若干生产单位共用的生产条件的固定资产设施和经营这类设施的部门总体，主要包括交通运输、能源供应、给排水、邮电通信、物资供应、情报信息、工业服务等；生活性基础设施是指专门为居民生活创造一般共同条件而提供公共服务的部门总体，主要包括住宅及共用设施、生活服务设施、公用事业等；社会性基础设施是指能为社会提供公共服务的总体，主要包括教育、科研、卫生、环保以及司法等设施。[④]

二、基础设施的基本特征与供给

1. 基础设施的基本特征

基础设施与基础产业是两个既有联系又有区别的概念。基础产业是指工业中上游产品的生产，包括采掘业和原材料工业，属于第二产业范畴；基础设施是公共服务部门，绝大部分属于第三产业。基础设施和基础产业都具有生产期长、投资规模大及盈利水平低的特点，从而都容易成为区域经济发展的"短板"。但是，由于基础产业是生产物质产品的部门，其生产和消费在空间上可以分离，当产品供不应求时，可以通过市场交换获得满足，并消除"短板"现象；基础设施则不同，由于绝大不疯魔基础设施属于服务部门，他的生产和消费在时间上和空间上同时发生，不能通过区间贸易来满足需求。因此，相对于基础产业而言，基础设施"短板"一旦产生，对区域经济发展的限制性更强。

---

① 魏后凯：《现代区域经济学》，经济管理出版社 2011 年版，第 212 页。
② 西奥多·舒尔茨：《经济增长与农业》，郭熙保等译，北京经济学院出版社 1991 年版，第 37 页。
③ 安虎森等：《新区域经济学》，东北财经大学出版社 2010 年版，第 268 页。
④ 常文娟：《基础设施建设与经济增长》，《北方经贸》2000 年第 5 期。

一般说来，基础设施在投资、生产、运营和消费上具有以下几个特征：（1）建设周期长，投资规模大。基础设施是区域经济正常运行的物质基础，大部分基础设施建设规模巨大，造价高昂，需要耗费巨额投资。因此，工程建设一旦开始，便构成区域经济活动的重点，建成后，极大地改变区域经济发展条件，促进区域经济的快速发展。（2）经营的经济效益比较低。基础设施的经营效益取决于两个方面：一是服务价格；二是维修和保养状况。由于基础设施具有公共产品属性，其价格受到一定程度限制，盈利水平一般低于行业整体水平。（3）具有公益性和外部性特点。基础设施的消费具有排他性，效益具有外部性，在建设中政府往往居于主导地位，尤其在发展中国家。近年来，基础设施也开始由私营部门来提供，其运营效率更高。（4）需要不断维修和保养。基础设施使用年限长，决定其维修和保养具有特殊的重要意义。缺乏维修和保养常常导致大量基础设施建设使用期，降低使用水平，加剧对区域经济发展的制约。[1]

2. 城市基础设施供需

决定城市基础设施需求的主要因素如下：（1）城市人口规模。城市人口规模是决定城市基础设施需求水平的基本因素，人口数量决定了基础设施内部各组成部分的需求水平。（2）城市性质。城市性质决定着城市基础设施的需求水平和城市基础设施内部的组成比例。工业城市与商业城市或旅游城市的基础设施必然存在较大差异。（3）城市功能设施。从城市设施的三类组成上看，社会性设施和基础性设施处于从属地位，是为功能性设施提供服务的。因此，城市基础设施的需求必然取决于城市功能设施的水平和结构。（4）城市基础设施存量。现有的城市基础设施存量的负荷能力，决定着新增设施的数量和结构。因为城市基础设施具有整体性和超前性特点，他的发展是一种阶段性的跳跃发展，不是平滑的发展曲线。（5）科技进步水平。科技进步水平既影响城市基础设施的需求，也影响城市基础设施自身。科技进步能引起城市经济结构、城市布局、城市功能、城市体系、城市间关系等方面的变革，从而引起城市对基础设施服务需求的变化。同时，科技进步也使得基础设施自身发生变化和飞跃。（6）城市人均收入水平。城市人均收入水平对城市基础设施的影响主要体现在对社会性基础设施的需求上。人均收入水平的提高会使人们需求层次上升，增加人们对文化教育、生态设施、医疗保健等设施的需求。[2]

---

[1] 魏后凯：《现代区域经济学》，经济管理出版社 2011 年版，第 213 页。
[2] 安虎森等：《新区域经济学》，东北财经大学出版社 2010 年版，第 242 页。

城市基础设施大体上可分为公共产品、私人产品和准公共产品，相应的有三种不同的供给方式。（1）具有公共产品性质的城市基础设施产品（服务）的供给。如城市道路、桥梁、城市排水设施等，公共产品在消费过程中具有非竞争性和非排他性的特点，使得人们不愿为此付费，"搭便车"现象盛行，因此这类产品和服务只能由政府提供。（2）具有准公共产品性质的城市基础设施产品（服务）的供给。在私人产品和纯公共产品之间的准公共产品兼具两种产品性质，具有一定程度的非竞争性和排他性，或具有外部性，如供水、供气、供热、供电系统，收费的道路、桥梁，以及污水和垃圾处理设施等。一些学者主张对具有非竞争性和排他性的城市基础设施，宜采用市场提供方式，即使用者只有购买才能消费。①安虎森等（2010）对此有不同看法，认为具有非竞争性和排他性的城市基础设施完全由市场提供也同样存在收费损失，如建设收费设施、配备管理人员等都将直接耗费社会资源，以收费机制限制消费还将影响经济运营效率等。（3）具有私人产品性质的城市基础设施产品（服务）的供给。这类产品在消费过程中具有竞争性和排他性，如出租车服务。具有私人产品性质的城市基础设施在消费方面不具有市场缺陷，因而不宜由政府直接提供，应采取市场提供方式。

3. 乡村基础设施供给

工业和城市受到更多的重视，城市基础设施能多得更多的投资，而对广大乡村地区则投入不足，乡村地区往往无力自己进行大规模的基础设施建设。基础设施不足时欠发达地区乡村的一个普遍和重要现象，严重束缚了这些地区的发展，而且乡村基础设施的供给也存在诸多问题。（1）乡村基础设施的供给要解决好非排他性带来的搭便车行为、偏好的决定和融资问题。作为公共产品的乡村基础设施，从供给或消费方面来说，收益具有非排他性的特征。由公共部门提供乡村基础设施时，在偏好决定上会产生偏好不能通过交易来显示的问题。最后，由公共经济部门投资提供乡村基础设施，搭便车现象会推高税务行政成本。上述问题使得乡村，特别是欠发达地区的乡村普遍存在基础设施严重不足、结构不合理和基础建设加重农民负担的现象。（2）乡村基础设施公益性带来的开发和维护问题。乡村基础设施具有公用性，用户数量多少，分布情况，用户间的利益相似还是相异，对于乡村基础设施的开发和维护都有影响。（3）乡村基础设施在设计、建造、运行、使用和维护等各个阶段中出现的衡量问题。其中，

---

① 邓淑莲：《中国基础设施的公共政策》，上海财经大学出版社2003年版，第76页。

最困难的是对基础设施的需求进行分析。由于需求和收益等方面衡量困难，乡村基础设施往往会有服务不当和公平收费困难的现象。（4）政府介入乡村基础设施供给产生寻租的问题。政府介入虽然克服了搭便车和投资不足的问题，但也引起寻租问题。（5）服务地区的依附性带来的分布问题。基础设施提供的是服务而不是产品，其显著的特点是就地生产、就地消费，而且服务的提供依赖于一定的地区和特定的网络。这使得乡村基础设施所提供的服务不能像一般商品一样通过流通调剂余缺，也就出现了乡村基础设施在空间分布上的不平衡。[①]

三、基础设施与区域发展

公共基础设施是一个地区经济发展的必要前提。一般认为，良好的基础设施和服务将通过提高生产率、降低生产成本、增加规模报酬以及获取集聚经济等途径，促进区域经济的发展。基础设施对区域经济的影响可以分为两种类型，即对部门发展的影响和对社会发展的影响。这两种类型的影响在不同地区之间变化很大。新西兰学者吉尔德（Guild，1998）对这种影响进行了较为系统的归纳。

表 6-6　基础设施对区域发展的预期影响

对部门发展的影响	对社会发展的影响
生产率效果 • 作为直接投入而增加产出和生产率的提高 • 通过技术改进促进结构和比较成本的变化 互补/替代效果 • 通过互补降低生产和交易成本 • 通过互补提高其他要素的生产率 区位效果 • 吸引企业的舒适生产环境和吸引劳动力的舒适消费环境 • 依靠低成本和高回报诱导私人投资	收入效果 • 通过生产率提高形成的较高工资 • 基础设施建设工资支出的直接和乘数效应 接近效果 • 接近市场：廉价的投入、较高的产出价格和可选择的就业 • 流动性和通达性较好，具有完善的医疗、教育和社会服务 消费效果 • 基础设施服务的消费价值 • 环境改善

资料来源：Guild，1998。转引自：魏后凯：《现代区域经济学》，经济管理出版社 2011 年版，第 214 页。

从理论上讲，大规模的基础设施投资将有利于提高区域产出和生产率，增加区域收入，并改善社会指标。近年来各国学者进行了大量的经验研究，多数经验

[①] 安虎森等：《新区域经济学》，东北财经大学出版社 2010 年版，第 271 页。

研究结果表明，基础设施对区域经济增长有着重要的正影响。也有少数研究成果显示两者关系并不明显。此外，现有研究大多是以发达国家的经验为背景，对发展中国家的经验研究较少。近年来，学术界对中国的研究增多。魏后凯（2001）探讨了改革开放以来基础设施对区域制造业发展的影响，得到区域基础设施与制造业的发展密切相关，两者之间并非简单的因果关系而是一种双向的互动关系。范九利和白暴力（2002）采用生产函数法和中国 1996—2000 年数据对基础设施的产出弹性进行的估计，结果表明，中国基础设施投资的人均GDP产出弹性为0.187，其中，西部地区为0.423，东部地区为0.117，中部地区为0.128。[①]

第三节 区域空间结构

空间问题一直是理论界十分重视的研究课题。区域空间结构是具有多种尺度、多重内涵的复杂系统，在空间稀缺性对区域发展具有递增的作用的背景下，区域空间系统出现了各种复杂的变化。区域空间结构理论与区位理论具有紧密关系，在很大程度上，区域空间结构理论基本沿用和借鉴了区位理论的研究方法。[②]区域空间结构理论研究问题是要得出各种客体在空间中的相互作用和相互关系，以及反映这种关系的客体和现象的空间集聚规模和集聚程度，以获得社会经济活动在空间上的帕累托最优。

一、区域空间结构概述

1. 区域空间结构的含义

地理学一般认为区域是地球表面的一个空间系统，具有内在的整体性。[③]空间结构中的"空间"并不等于物理学中的"绝对空间"和几何学中静止的"纯空间"，而是指经济现象和经济变量在一定地理范围中以分布的位置、形

---

① 范九利、白暴力：《基础设施投资与中国经济增长的地区差异研究》，《人文地理》2002年第4期。
② 张秀生：《区域经济学》，武汉大学出版社2007年版，第74页。
③ 吴殿廷：《区域分析与规划》，北京师范大学出版社1999年版，第58页。

态、规模以及相互作用为特征的存在形式和客观实体，他反映的是以地理空间为载体的经济事物的区位关系和空间组织形态。[1]从广义上讲，区域空间结构即为地域结构，他是区域内各种组成要素的空间关系的总称，区域是空间的特化。所谓特化就是地域空间的一部分被赋予特定的资源、环境与人口特征。这种特化使得一个空间范围在地理学性质上区别于另一个空间范围，他们各自成为区域。[2]从狭义上讲，区域空间结构主要是指区域经济空间结构，即各种人类经济活动在特定经济区域内的空间分布状况及空间组织形式。[3]一般的，区域空间结构由点、线、网络和面四个基本要素组成。点、线、网络和面不是简单的空间形态，他们具有特定的经济内涵和相应的功能，相互结合在一起构成区域空间结构。从区域经济学角度看，空间结构是指区域经济的核心、外围、网络诸关系的总和。[4]区域空间结构的主要内容是产业的空间结构，是社会经济客体在空间中的相互作用及所形成的空间集聚程度和集聚形态，或者说是经济地域的主要物质内容在地域空间上的相互关系和组合形式。[5]根据上述定义，区域空间结构应包括以下几个方面：一是空间宏观格局和框架的关系；二是区域的产业布局及产业的空间组合关系；三是各级经济中心与其外围地域的关系，包括城乡关系、核心区与周围地区关系以及城镇体系关系；四是区域结构网络关系；五是空间结构类型。[6]

2.区域空间结构的基本要素

由于各种经济活动的经济技术特点及由此而决定的区位特征存在差异，所以他们在地理空间上表现出的形态不同。比如，工业、商业、城镇、市场等表现为点状，交通、通信、能源等要素则表现为线状，农业、工矿业多表现为面状。这些具有不同特质或经济意义的点、线、面依据其内在的经济技术联系和空间位置关系，相互连接在一起，就形成了特定功能的区域空间结构。一般的，区域空间结构由点、线、网络和域面四个基本要素组成。（1）区域空间结构中的点是指某些经济活动的内聚力极化在地理空间上形成的点状分布形态。节点要素是区域空间中最基本的要素，是组成"线"和"面"的基础，也是区

---

[1] 曾菊新：《空间经济：系统与结构》，武汉出版社1996年版，第119页。

[2] 王铮等：《理论经济地理学》，科学出版社2002年版，第77页。

[3] 杜肯堂、戴士根：《区域经济管理学》，高等教育出版社2004年版，第91页。

[4] 李小建：《经济地理学》，高等教育出版社1999年版。

[5] 王世豪：《区域经济空间结构的机制与模式》，科学出版社2009年版，第8页。

[6] 陈才：《区域经济地理学》，科学出版社2001年版，第85页。

域空间结构研究的重点。一般的，工业、商业、服务业等部门组织在空间上集聚呈现点状，于是形成相应的工业点、商业网点、服务网点等。这些点在空间上往往是同位的，引起区域内的人口和社会活动向他们的集聚地集中，城市因此而产生，并且成为区域空间结构中的重要的点。经济活动在地理空间上的集聚规模有大小之分，相应的，区域空间结构中的点也有规模等级之分。区域内各种规模不等的点相互连接在一起就形成了点的等级体系。点的空间分布体系是指一定区域范围内各节点在地域上的组合形式、相互分布位置的状况，包括点的分布频度和点的空间组合形式两个方面。点的分布频度主要用分布密度、城镇间距、离散度、均匀度等指标描述；空间组合形式以城镇为例，大致可分为条状城镇带和块状城镇带。（2）区域空间结构中的线是指某些经济活动在地理空间上所呈现出的线状分布形态。根据经济活动的性质，线包括了交通线、通信线、能源供给线、给排水线，还有由一定数量的城镇呈线状分布所形成的线。城镇所组成的线是区域空间结构中一种综合性的重要的线，在区域经济发展具有特殊意义，因而往往被称之为轴线。线可以根据组成要素的数量、密度、质量及重要性等分成不同的等级。同类但不同等级的线之间往往在功能上是互补的，他们相互连接，相互补充，共同完成某一种经济活动。（3）区域空间结构中的网络是由相关的点和线相互连接所形成的。网络是连接空间结构中点与线的载体，网络的意义在于能够使连接起来的点和线产生出单个点或线所不能完成的功能。网络可分为单一性网络和综合性网络。前者是由单一性质的点和线组成，如交通网络、通信网络、能源供给网络等。后者是由不同性质的点和线组成。[①]区域经济发展中的各种商品流、资金流、技术流、信息流、人流等都是通过相应网络进行传递的，其中，交通运输网络的影响最大，作用最明显。网络系统大致有五种分布形式：放射状网络、扇状网络、轴带网络、过境网络、环状与一字线网络。（4）区域空间结构中的域面是由区域内某些经济活动在地理空间上所表现出的面状分布状态。域面是区域空间结构其他要素的基础，又是点和网络以及他们的作用和影响在地表上的扩展。域面作为区域空间结构的组成要素，同区域本身存在着区别，虽然两者的空间范围大体一致，但结构大不相同，域面不包括节点和网络，而区域则包括节点和网络。最常见的有：农业空间分布所呈现的域面，各种市场所形成的域面，城市经济辐射力所形成的域面。另外，其他经济活动在一定地理空间范围内作较密集的连续分

---

① 聂华林等：《发展区域经济学通论》，中国社会科学出版社2006年版，第452页。

布，也可看作域面。一般来说，域面的发展水平越高，经济规模越大，其节点就越多，网络就越密，空间结构就相对合理，空间结构功能就越完善。按经济活动可将域面分为五类：农牧业为主的域面、林矿业为主的域面、旅游业为主的域面、加工业为主的域面、综合性域面。

点、线、网络和域面不是简单的空间形态，他们具有特定的经济内涵和相应的功能。区域空间结构就是由各种点、线、网络和域面相互结合在一起构成的。

3. 区域空间结构的理论基础

（1）循环累积因果理论与回流扩散理论。1944 年瑞典经济学家缪尔达尔提出循环累积因果论（Cumulating Theory of Causality），提出经济发展过程在空间上并不是同时产生和均匀扩散的，而是从一些初始条件较好的地区开始，通过累积不断吸引有利因素继续超前发展，市场力量会强化和加剧区域间的不平衡，导致增长地区和滞后地区之间发生分化，并产生两种相反的效应：回流和扩散效应（Myrdal，1944）。（2）中心—外围理论（也称为核心—边缘理论）。该理论最早是 20 世纪 40 年代由劳尔·普雷维什提出，20 世纪 60 年代弗里德曼在《区域发展政策》中将中心—外围概念引入区域经济学，并加以完善和发展，形成一个完整的核心—边缘理论。弗里德曼将一定空间地域分为"核心区"（Core Regions）和"边缘区"（Peripheral Regions），认为发展是通过一个不连续的，但又是逐步累积的创新过程而实现的；而发展通常起源于区域内具有较高相互作用潜力的少量的"变革中心"，创新由这些"中心"向周边潜力较小的区域扩张，周边地区依附于"变革中心"获得发展，这类创新变革中心称为"核心区"，依附于他发展的地区称为"边缘区"。弗里德曼将区域增长特征与经济发展阶段相联系分为四个阶段：独立的地方中心阶段、单一强中心阶段、唯一强中心和边缘次级中心阶段、区域空间一体化阶段。[①]每个阶段的资源要素流动状态不同，呈现出不同的阶段性特征。克鲁格曼（1992）提出中心—外围模式认为，一个地区成为制造业中心，另外一个地区成为农业外围取决于较大规模经济、较低的运输成本和制造业在支出中占较大份额这三者的某种结合，有一个向心力维持这种关系，即厂商希望位于更加接近市场的地方和产业工人希望获得其他人生产的产品；有一个离心力使中心—周边关系瓦解，即中心内厂商希望转移出去为周边农产品市场服务。如果规模经

---

① 孙久文：《区域经济学》（修订第二版），首都经贸大学出版社 2010 年版，第 248 页。

济不显著、运输成本较高以及制造业在支出中的份额一般，那么中心—外围模式就难以维系，中心就会向外围扩张使中心—外围模式解体。（3）空间均衡分析与空间动态变化分析理论。古典、新古典区位理论把空间视为连续体，空间内的经济活动都与距离有关。随着线性规划模型的发展，凯斯建立经济物品和经济活动的最优空间配置模型，需求或供给区域由空间上的点来表示，这些点通过运输相联系。伴随着该理论发展，出现了空间均衡理论。空间动态变化所研究的是区位、各种空间要素、空间结构在时间系列上的动态变化。这是通过解耦股内的变化规则内部化，导出内生的时间过程。各类经济区的区位、各种空间要素、空间结构在时间系列上的相互作用，就是要通过空间动态变化来推动中国各类经济区内部区位、各部分经济维度的整合，促进各类经济区加快形成和发展。

表 6-7　弗里德曼核心—边缘理论阶段性特征

	独立的地方中心阶段（前工业化阶段）	单一强中心阶段（工业化初期阶段）	唯一强中心和边缘次级中心阶段（工业化成熟期阶段）	区域空间一体化阶段
资源要素流动状态	较少流动	边缘区资源要素大量流入核心区	核心区要素高度集中，开始回流到边缘区	在特定区域内全方位流动
区域经济典型特征	已存在若干不同等级的经济中心，但彼此间缺乏联系	核心区进入极化过程，少数主导地带迅速膨胀	核心区开始对外扩散过程，边缘区出现规模较小的新的核心	多核心区形成，少数大城市失去原有主导地位，区域发展为城市体系

注：引自叶飞文：《中国经济区域比较》，社会科学文献出版社 2010 年版，第 34 页。

4. 国内区域空间结构研究回顾

在确立具有中国特色的社会主义市场经济发展方向后，形成开放和流动的区域空间结构是中国的首要任务。我国学者正在积极地探索各种新的区域空间结构，如城市经济区、流域经济区、交通经济带等以及各种微观经济空间组织方式如产业集聚区、高新技术开发区、依产业价值链而形成的连锁式分工协作区等。重组中国的区域空间结构，使其更有效地配置资源、更安全地与全球空间接人，是新时期中国经济结构调整的首要任务之一。[①]

改革开放后的 80 年代，我国的经济地理和人文地理专家一方面积极吸取西方国家的空间结构理论，一方面还受着前苏联生产力布局理论的影响。学者们主要讨论了我国生产力布局的总框架，陆大道 1984 年在《2000 年我国工业布局总图的科学基础》报告中，根据"中心地理论"的基本原理，首次提出"点—轴系统"理论模型和我国国土开发与经济布局的 T 形战略[②]，以及在此基础上形成的弓箭形生产布局，王建提出了"九大都市圈"模式，厉以宁提出了"中心辐射"模式，刘宪法提出了"菱形发展"模式等。国家应根据梯度理论，立足东部、循序西移，做好生产布局的一、二、三级轴线和国土重点整治地区的工作。杨吾扬、牛亚菲等人 1989 年在华北平原根据克里斯塔勒的中心地学说对我国的城镇建设进行了研究。[③]学术界的这些研究与认同，后来成了研究我国区域开发和经济区划的理论基础。

自 20 世纪 90 年代以来，中国的经济与社会进入了新一轮的转型期，区域产业结构的调整成为区域经济研究的热点问题，而关于产业结构调整对空间结构的影响问题也成为学术界的热点研究问题，尤其是新兴产业的兴起对区域空间结构的影响研究更多。具体表现在：首先，由短缺经济向过剩经济转型，要求生产型的空间结构向生产—消费型的空间结构转化；其次，由计划的经济向市场的经济转型，要求均衡的、封闭的空间结构向高效的、开放的空间结构转化；第三，由国家经济向全球经济的转型，要求地方空间向流动空间转化；第四，区域经济的投资主体向多样化转变，使空间结构重组的动力机制转变；第五，在以经济发展为根本目标的背景下，要求行政型的空间结构体系向有序的经济型空间结构体系转变，要求重新定位各个区域的空间归属、促进空间结构的体系化。[④]这一时期，涌现了大量的关于空间结构研究的成果，如吴传钧（1997）《现代经济地理学》；陈栋生（1993）、郝寿义、安虎森（1999）分别出版了《区域经济学》；李小建（1999）将公司组织引入空间结构分析出版了

[①] 陈修颖：《转型时期中国区域空间结构重组探论》，《经济经纬》2004 年第 6 期，第 52–54 页。

[②] 陆大道：《论区域的最佳结构——提出"点—轴系统"和"T"结构以来的回顾与分析》，《地理学报》2001 年 56 卷第 2 期，第 127–135 页。

[③] 耿明斋：《现代空间结构理论回顾及区域空间结构的演变规律》，《企业活力》2005 年第 11 期，第 16–20 页。

[④] 陈修颖：《区域空间结构重组理论初探》，《地理与地理信息科学》2003 年第 3 期，第 65–69 页。

《公司地理学》；陆玉麒（1998，2002）针对口岸城市提出了双核结构的空间模式，并对这种组合的固定性及其形成、发展的内在规律、机制等从理论上进行科学解释，构筑出较为完整的双核空间结构理论模式[①]；魏后凯（1995）针对不平衡增长理论和平衡增长理论所存在的缺陷，在实证的基础上提出非均衡协调发展的新区域经济发展观点；覃成林（1997）对如何协调我国空间结构的差异问题出版了《中国区域经济差异研究》；叶大年（2000）针对地理结构的对称性提出了我国城市分布在空间上的对称原理；厉以宁（2000）提出区域经济要用中心城市联网辐射开发战略的理论观点；王缉慈（2003）在经济全球化和区域一体化的背景下，从微观的角度界定企业集群是一种典型的经济活动空间现象，并对企业集群进行了深入的理论和实证分析。随着我国西部大开发和振兴东北老工业基地战略的实施，我国学者运用西方空间结构理论结合现实发表了大量的著述，对区域政府的政策实施提供了有力的理论支撑。[②]

中国各类经济区的资源、市场、技术和环境等的区域分布差异是客观存在的，这种客观存在决定了任何区域系统内都是由中心和外围两个子系统组成的。从当前我国区域经济发展的现状看，我国很大一部分区域的空间结构正处于由第三阶段向第四阶段过渡的时期，简单的中心—边缘关系转变为多极结构，投资分布于许多具有战略地位的次中心。这一阶段也是区域经济问题多发阶段。[③]

二、区域空间结构的演化

空间结构式在一定时期和发展条件下，区域内部各种经济组织进行空间分布与组合的结果，因而区域内任何社会经济客体的空间活动及其相互关系都会形成一种空间态势。随着时间的推移、区域社会生产力的进步，区域空间结构也随之进行演化，由简单到复杂、由疏到密、由混沌到秩序、由低级到高级逐渐演变。[④]英国经济学家杰里夫·怀特海德在《经济学》一书中就描述了这一过程。在无自然条件差异对区域空间结构产生干扰的前提下，杰里夫·怀特

① 陆玉麒：《中国区域空间结构研究的回顾与展望》，《地理科学进展》2002年第7期，第468-476页。
② 耿明斋：《现代空间结构理论回顾及区域空间结构的演变规律》，《企业活力》2005年第11期，第16-20页。
③ 王世豪：《区域经济空间结构的机制与模式》，科学出版社2009年版，第30页。
④ 张秀生：《区域经济学》，武汉大学出版社2007年版，第91页。

海德把区域空间结构的演化分为四个阶段：一是低水平均衡阶段。这一阶段里经济活动分散孤立，地域间要素交换活动稀少，城市经济内容以手工业和少量商贸业为主，城市规模较小，乡村为传统的农业社会。二是极核式集聚发展阶段。这一阶段里低技术水平条件下集聚效益明显的产业迅速极化，并带动相关产业连锁集聚，促进城市规模迅速扩大，优质要素大量向城市集聚，开始有不同规模的城市出现，并依赖少量的交通网络沟通城市间和城乡间的经济联系。三是扩散均衡发展阶段。这一阶段里集聚产生的规模不经济和外部不经济效益日益明显，大量生产力要素开始寻找新的区位，一般是向城市的边缘区扩展，或者向低规模等级的城镇扩散。大量新城出现，城市规模等级关系日益复杂，城乡联系紧密，网络密集，节点间流量大。四是高级均衡阶段。这是区域一体化发展阶段，城乡联系紧密，协调发展，网络高度发达，城镇密集，体系完备。以网络化、均衡化、多中心为特征的空间结构处于一个高水平的、动态的均衡发展之中，多为后工业化社会和信息化社会的典型空间结构。

区域空间结构的演化有其自身的规律性。从区域空间结构演化的几个阶段可见，区域空间结构的发展处在均衡—非均衡—均衡的螺旋式循环中，而且演变总是遵循由点到轴、由轴到面的演化过程。而理论界一般认为，规模报酬递增是区域经济空间分布和演进的关键动因。[①]新兴古典经济学和空间经济学文献认为，经济活动的空间集中源于报酬递增，克鲁格曼指出："这种生产在地理上的集中正是某种收益递增的普遍影响的证明。"[②]因此必须厘清报酬递增与区域空间演化的关系。到目前为止，对报酬递增最具解释力的仍然是分工理论，新兴古典经济学文献则通过分工网络效应更加形象地解释了分工发展导致报酬递增的机制和市场与分工相互作用导致经济体自组织的循环累积过程。郑长德等（2009）学者认为消费多样性需求和中间投入品的多样性需求尽管可以解释报酬递增现象，但他们毕竟只是分工发展的结果，而不是报酬递增的最终源泉。因此，分工演进与报酬递增的关系可以理解为：就整个经济体而言，分工演进导致分工网络的扩大，而分工网络的扩大表现为中间投入品和最终产品的多样化，这种多样化生产格局使得围观主体间的经济关联日益紧密和复杂，经济活动的外部性得以增强，整个经济体乃至围观主体都因为外部规模经济的强化而呈现收益递增，这又进一步刺激了分工网络的扩大，由此经济体进入一

---

①　郑长德等：《空间经济学与中国区域经济发展》，光明日报出版社2009年版，第43页。
②　保罗·克鲁格曼：《地理与贸易》，北京大学出版社、中国人民大学出版社2002年版，第5页。

个自我强化的循环累积过程。经济活动的空间集中是一种降低分工网络运行成本，从而更加充分利用和强化分工网络效应，提升报酬递增程度的经济空间组织形式。当分工网络扩大对企业带来的边际收益大于由于网络扩大和空间集中而增加的企业总成本时，空间向心力大于离心力，则空间集中成为必然。反之，则区域处于低水平均衡状态。既然区域空间结构演进是分工演进在空间维度上的展开，那么该结构从低水平均衡状态向空间集中的演进就必然是分工演进的结果。

表 6-8　区域社会经济不同时期空间结构的演变

转型阶段	农业社会→工业社会	工业化初期→工业化中期	工业化中期→工业化末期	工业化末期→后工业化时期
重组模式	极化式重组	扩散式重组	均衡式重组	高级极化式重组
空间转型	原生空间→地方空间	地方空间→承转空间	承转空间→流动空间	流动空间→全球体系
重组战略和目标	打破封闭，实现生产力要素的跨区域流动。采用优区位发展战略组织空间	促进节点长期累积的生产力优势向周边辐射与传递优区域发展战略	促进边缘区域成长协调发展战略	组建地方空间—承转空间—流动空间的空间等级结构。全球空间的国家竞争战略
节点的重组目标	优区位节点优先成长，率先形成区域顶极	形成副中心，加强与同级相邻节点的分工与协作，加强内部产业重构与空间重组	促进低级节点成长和边缘区城市化水平提高，培育巨型城市和大都市连绵区	形成若干国际性大都市，促进国际大都市成为全球节点
通道重组目标	向心状通道建设	网络状通道建设	提高通道等级和不同通道的协作联动性	加强国际通道建设，促进地方通道与国际通道有机
流的重组目标	生产力的向心流动	生产力自由流动，生产要素地域分异，高级要素向高级城镇集中	生产力流的专业经营和管理，促进流的低成本和高效转移	以价值流为主，物质流为基础
网络重组目标	单节点网络	多节点网络，多重网络	加快非物质性网络建设	构建全球网络

城镇体系重组目标	二级体系	低水平的多级结构	高水平的多级结构	全球城镇体系
产业重组目标	加快工业化进程，提高农业水平	三产快速发展，二、三产业引导区域增长，制造业的加工度提高	三二一结构，三产引导经济增长	以高级第三产业为主(如金融、信息、研发、物流等)

注：引自陈修颖：《区域空间结构重组理论初探》，《地理与地理信息科学》2003年第3期，第67页。

三、区域经济的空间开发模式

区域经济的空间开发模式主要有增长极开发、点轴开发、网络开发和梯度开发等几种模式，各种开发模式既有区别又有联系。如网络开发依托于点轴开发，点轴开发的初级阶段表现为增长极开发，增长极开发演变到高级阶段会伴随着一些低层次、小规模的点轴开发甚至网络开发等。[①]

1. 增长极开发模式

区域增长极开发模式又称为"区域据点开发模式"、"区域基地开发模式"。在某一国家或地区范围内配置若干个规模较大、增长迅速且具有较大地区乘数作用的区域增长极，以此作为区域开发的据点或基地，实行重点开发的区域开放模式。一般为落后地区所采取的一种开发模式。一般说来，落后地区具有广阔的地域与较丰富的自然资源，但物质技术基础薄弱，交通不便，自然地理条件较差，开发程度较低。区内经济主要是第一产业和小规模的制造业。中心城市数量既少，规模又小，且分布零散，多为地方级小城镇，缺乏能带动全区发展的中心城市。城市功能主要是作为地区行政中心，其次才是加工中心。落后地区建设资金也十分有限。而在基础设施建设需要巨额社会资本投资的情况下，采取增长极开发模式能有效地促进这类地区的经济开发。在落后地区配置的增长极大致有三种主要类型：（1）城市依托型增长极以原有城市为依托，进行结构调整，选择主导产业和推进型企业加以重点发展，并将其建设成为某种工业基地和地区经济的启动中心，从而带动周围非增长极地区经济的迅速增长。（2）资源开发型增长极以当地优势资源的综合开发利用为基础，建成地区

[①] 魏后凯：《现代区域经济学》，经济管理出版社2011年版，第337页。

矿业、农林牧业生产及加工制造中心，并以此带动周围地区的发展。（3）出口导向型增长极以引进外国资本和先进技术、发展出口导向型工业或农业为基础，以出口带动周围地区的经济增长。这些增长极能否发挥作用，能否通过极化效应和扩散效应，对周围落后地区产生较大的推动作用和经济影响，需要主导产业、推进型企业与适当的周围环境密切配合。适当的周围环境是指那些有利于增长极发展的地理位置、交通条件、地区资源及其空间组合、经济结构及经济活力、技术水平、社会生活习惯以及国家的区域发展政策等。①

2. 点轴开发模式

点轴开发模式是增长极开发模式的延伸。在某一国家或地区范围内，选择若干条经济轴线作为重点开发轴线，采取轴线延伸、逐步累积的方式进行的开发。即沿着重点开发轴线，配置一些新的增长极，或对轴线地带的原有增长中心、城市中心进行重点开发，使其逐步形成产业密集地带，一般为发展中地区或经济密集区所采取的一种主要开发形式。如韩国、马来西亚、中国台湾所采取的沿海工业地带开发，日本20世纪60年代采取的重化工业在太平洋沿岸地带的集中开发，都属于这种类型。经济轴线主要有四种类型：海岸经济轴线、沿大江（河）分布的经济轴线、沿主要铁路干线分布的经济轴线、山地和平原交界处的经济轴线。任何一个国家或地区都可能有许多条不同类型的经济轴线。发展中国家或地区因受资金、财力的限制，一般只能分阶段、有层次地选择一两条重点开发轴线优先发展。重点开发轴线的选择主要根据以下原则：（1）以水陆交通干线为依托，实现产业布局与交通运输的空间最佳组合；（2）城镇或工业区又具有一定基础、具有较大经济发展潜力；（3）自然条件优越，农业发展水平高，资源（特别是水资源）丰富，或者要素的可供给性及空间组合良好；（4）轴线的开发，对整个腹地区域乃至全国的经济发展所起的促进和带动作用较大。从国际上区域开发的经验来看，重点开发轴线一般选择在沿海、沿江地区。②

3. 网络开发模式

网络开发模式最早由魏后凯（1988）进行了系统的阐述，他是区域空间开发的高级形式，是区域经济相对发展条件下出现的产物。一般来讲，网络开发模式是指在一定区域范围内，一方面对老区进行整治，对部分传统产业进行

---

① 刘树成：《现代经济辞典》，凤凰出版社、江苏人民出版社2005年版，第828页。
② 刘树成：《现代经济辞典》，凤凰出版社、江苏人民出版社2005年版，第823页。

扩散、转移，或采取工业分散化政策，以配合落后地区的增长极开发；另一方面又全面地、大规模地开发新区，以达到经济的空间均衡的区域开发方式。新区的开发，一般也采取点轴开发形式，而不是分散投资、全面铺开。这种新旧点轴的不断渐进扩散的经纬交织，逐渐在空间上形成一个经济网络体系。一般说来，网络开发是较发达地区或经济重心区所采取的主要开发形式。这类地区一般是由若干个工业枢纽和若干个工业城镇组成的，其物质技术基础雄厚，资金、技术、劳动力密集，经济地位在一国或一地区内举足轻重。如我国的长三角地区、京津唐地区，菲律宾的大马尼拉地区，巴西的"金三角"地区等。较发达地区之所以采取网络开发模式，主要有两方面的原因：（1）由于区域整体经济已达到高度发展阶段，这时经济的空间差异缩小就成为区域经济发展的必要条件。同时，资金供给对区域开发的约束已不明显。区域经济实力已允许或能够全面开发新区，进行大幅度的区域空间结构调整，以便促使区域经济逐步趋向均衡。（2）极化效应所产生的集聚规模经济是有限度的，当区域经济在少数点、地带上过度集聚时，将导致一系列"膨胀病"，如交通紧张，能源短缺，用地、用水困难，环境质量下降，公共服务成本及基础设施建设成本迅速增加等，这又将使集聚产生的规模不经济超过集聚带来的利益。同时，在国际上企业为了分摊风险，正在向多产品、多工厂、分散化的方向发展。对企业家来说，集中带来的外部经济重要性正在逐步下降。如果说增长极开发、点轴开发是以集中化为特征的话，网络开发则是以分散化为特征的。[1]网络开发一般包括网络外延开发和网络内涵开发两个方面。小网络相互连通、合并、再分化，属于网络外延开发范围；区域网络以交通、产业和城市向高密度、高层次、高分化方向演变为网络内涵开发范畴。[2]

　　4.梯度开发模式

　　与增长极开发和点轴开发一样，网络开发虽然注意到区域平衡发展的要求，但他仍然是一种基于增长极和点轴开发形式的"非均衡"开发模式，由于点、轴存在极大的个性，网络开发强调尊重个性和在个性的基础上的分工，从而他不能有效解决网络内某些点、轴开发的共同性问题。同时，非均衡发展的区域不仅存在点与点之间、轴与轴之间的差异，而且存在面与面之间、网与网之间这种更宏观、更普遍、更一般的差异。中国大陆地势由西到东分三级阶

---

① 刘树成：《现代经济辞典》，凤凰出版社、江苏人民出版社2005年版，第832页。
② 魏后凯：《现代区域经济学》，经济管理出版社2011年版，第341页。

梯，经济发展水平也分为三级阶梯，"面上"的不平衡状态确实存在。所谓梯度就是趋势面的倾斜程度，差异与距离产生梯度。任意两点之间的梯度为这两点的势位差除以这两点的距离。梯度开发战略是针对社会经济发展存在面的不平衡现象而提出来的。梯度开发战略以情况不同有三种形式：梯度不平衡开发战略、梯度平衡开发战略、梯度分工与协同开发战略。梯度不平衡开发战略是一种发挥优势，强者先行，强化区域发展差异的战略。这是一国工业化初期常采用的战略。梯度平衡开发战略也成为逆梯度开发战略，是指强调利用落后地区的后发优势，利用经济技术的梯度转移与扩散，优先发展落后地区，缩小落后地区与发达地区的发展水平与经济差异。梯度分工与协同开发战略的取向与梯度平衡与不平衡开发战略有点不同。梯度分工与协同开发战略承认区域差异，其战略的制定以差异为依据，以强化分工与协作，保持特色与联系为前提。目标不是消灭差异或扩大差异，而是以协同发展、共同发展为目的。[①]

事实上，不同的开发模式适用于不同的地区、不同的初始发展条件、不同的发展阶段。当区域发展需要外部力量，靠政府推动时，可以根据不同情况使用梯度平衡开发模式和梯度不平衡开发模式。当区域发展主要依靠内生力量自主发展时，梯度分工与协同开发模式就更有优势。

参考文献

张秀生：《区域经济学》，武汉大学出版社 2007 年版。

高洪深：《区域经济学》（第三版），中国人民大学出版社 2010 年版。

孙久文：《区域经济学》（修订第二版），首都经贸大学出版社 2010 年版。

张平：《中国区域产业结构演进与优化》，武汉大学出版社 2005 年版。

安虎森等：《新区域经济学》，东北财经大学出版社 2010 年版。

张平：《中国区域产业结构演进与优化》，武汉大学出版社 2005 年版。

李清泉：《区域经济学》，北京理工大学出版社 2011 年版。

冯海发：《结构变革的历史顺序》，《当代经济科学》1989 年第 3 期。

吴殿廷：《区域经济学》，科学出版社 2003 年版。

陈秀山、张可云：《区域经济理论》，商务印书馆 2003 年版。

---

① 魏后凯：《现代区域经济学》，经济管理出版社 2011 年版，第 342 页。

魏后凯：《现代区域经济学》，经济管理出版社 2011 年版。

吴殿廷：《区域分析与规划》，北京师范大学出版社 1999 年版。

曾菊新：《空间经济：系统与结构》，武汉出版社 1996 年版。

王铮等：《理论经济地理学》，科学出版社 2002 年版。

杜肯堂、戴士根：《区域经济管理学》，高等教育出版社 2004 年版。

李小建：《经济地理学》，高等教育出版社 1999 年版。

王世豪：《区域经济空间结构的机制与模式》，科学出版社 2009 年版。

陈才：《区域经济地理学》，科学出版社 2001 年版。

聂华林等：《发展区域经济学通论》，中国社会科学出版社 2006 年版。

叶飞文：《中国经济区域比较》，社会科学文献出版社 2010 年版。

简新华：《产业经济学》，武汉大学出版社 2001 年版。

苏东水：《产业经济学》，高等教育出版社 2000 年版。

豆建民：《区域经济发展战略分析》，上海人民出版社 2009 年版。

刘志彪、王国生、安国良：《现代产业经济分析》，南京大学出版社 2000 年版。

江小涓：《世纪之交的工业结构升级》，上海远东出版社 1996 年版。

刘伟：《工业化进程中的产业结构研究》，中国人民大学出版社 1995 年版。

孙海鸣、张学良：《区域经济学》，上海人民出版社 2011 年版。

郑长德等：《空间经济学与中国区域经济发展》，光明日报出版社 2009 年版。

刘树成：《现代经济辞典》，凤凰出版社、江苏人民出版社 2005 年版。

陈自芳：《区域经济学新论》，中国财政经济出版社 2011 年版。

陆大道：《区域发展及其空间结构》，科学出版社 1995 年版。

陆大道：《关于"点—轴"空间结构系统的形成机理分析》，《地理科学》2002 年第 1 期。

陆玉麒：《区域双核结构模式的形成机理》，《地理学报》2002 年第 1 期。

厉以宁：《区域发展新思路》，经济日报出版社 2000 年版。

王缉慈：《创新的空间：企业集群与区域发展》，北京大学出版社 2003 年版。

张苏梅等：《论国家创新体系的空间结构》，《人文地理》2001 年第 1 期。

曾菊新：《空间经济：系统与结构》，武汉出版社 1996 年版。

魏后凯：《区域开发理论研究》，《地域研究与开发》1988 年第 1 期。

常文娟：《基础设施建设与经济增长》，《北方经贸》2000 年第 5 期。

邓淑莲：《中国基础设施的公共政策》，上海财经大学出版社 2003 年版。

范九利、白暴力：《基础设施投资与中国经济增长的地区差异研究》，《人文地理》2002 年第 4 期。

朱欣民：《论主导产业选择标准》，《社会科学研究》1997 年第 4 期。

江世银：《罗斯托的经济成长阶段论对我国转变经济增长方式的启示》，载于中国人民大学《教学与研究》编辑部编：《教学与研究论库》，学苑出版社 1997 年版。

关爱萍、王瑜：《区域主导产业的选择基准研究》，《统计研究》2002 年第 12 期。

邹晓涓：《中国主导产业理论研究综述》，《天府新论》2007 年第 1 期。

安虎森：《区域经济学通论》，经济科学出版社 2004 年版。

陈修颖：《转型时期中国区域空间结构重组探论》，《经济经纬》2004 年第 6 期。

陆大道：《论区域的最佳结构——提出"点—轴系统"和"T"结构以来的回顾与分析》，《地理学报》2001 年第 2 期。

耿明斋：《现代空间结构理论回顾及区域空间结构的演变规律》，《企业活力》2005 年第 11 期。

陈修颖：《区域空间结构重组理论初探》，《地理与地理信息科学》2003 年第 3 期。

陆玉麒：《中国区域空间结构研究的回顾与展望》，《地理科学进展》2002 第 7 期。

亚当·斯密（英）：《国民财富的性质和原因的研究》（上卷），郭大力、王亚南译，商务印书馆 1972 年版。

西奥多·舒尔茨：《经济增长与农业》，郭熙保等译，北京经济学院出版社 1991 年版。

威廉·配第：《政治算术》（中文版），商务印书馆 1978 年版。

W.W.罗斯托：《从起飞进入持续增长的经济学》，四川人民出版社 1988 年版。

保罗·克鲁格曼：《地理与贸易》，北京大学出版社，中国人民大学出版社 2002 年版。

第七章 区域分工、贸易与经济一体化

区域分工、贸易与经济一体化是区域经济学研究的重要内容和基本问题之一。区域分工、贸易与经济一体化是一个有机整体，他们在理论上具有内在逻辑的联系，在区域经济发展中呈现出互动的关系：区域分工是区域经济发展的前提条件，是区域经济学研究的基本出发点；区域贸易则以区域分工为依据，分工的程度决定贸易的紧密程度和成熟开放程度；区域经济一体化则是区域分工和贸易的必然要求，一个区域的经济是封闭运行还是对外开放以及开放的程度，在相当程度上影响该区域经济发展的程度。因此，学习和研究区域经济学，必须研究和把握区域分工、贸易与经济一体化理论。

第一节 区域分工

区域间要素禀赋的不同，必然导致区域间不同经济活动的交往和交换，这在空间上表现为劳动分工和经济联系，这样就促成了区域分工，进而引起区域之间的要素流动，而要素的流动反过来又推动和强化了区域分工。同时，伴随着经济活动空间分布格局和区域经济利益格局的变动，区域间竞争不断加剧，从而推动了区域经济的不断发展。

一、区域分工及其理论基础

分工问题是经济学最早讨论的问题之一。早在古希腊时代，色诺芬（Xenophon，约公元前430—354）就对此问题进行了阐述。色诺芬是一位最早研究经济问题的学者，著有《经济论》和《雅典的收入》，其中《经济论》是最早以经济二字命名的经济学著作。色诺芬在分工问题上有非常大的理论贡献，他指出分工程度取决于市场范围的大小，而这个理论贡献被亚当·斯密（Adam.Smith）继承与发扬，后人将其称为"斯密定理"。色诺芬认为，在小城市里，一个人兼营几种工作，能找到足够的主顾就已经十分满意了。但在大城市里，一个人往往只要从事一项手艺，甚至一项手艺中的一个特定部分，就足以维持生活。在自给自足的经济社会里，每个家庭都可以自己耕种、织布和建房等，在这样的环境中，一个高度专门化的行业是很难孕育、生长和成熟起来的；而在一个大城市里，人口的密集使得专门化的技能有了发挥的空间。

马克思最早论述了地域分工问题。马克思认为，在人类社会的早期，原始公社之间的分工表现为以自然条件为基础的分工。在商品交换出现后，地域分工出现了新的表现形式。马克思认为："一切发达的、以商品交换为媒介的分工的基础，都是城乡的分离。可以说，社会的全部经济史，都概括为这种对立的运动。"[①]在这种情况下，最基本的地域分工就是城市和农村两大经济区域。在工业革命产生后，地域分工的表现就是产业的地域分布。马克思说："把一定生产部门固定在国家一定区域的地域分工，由于利用各种特点的工场手工业生产的出现，获得了新的推动力。"[②]

区域分工也称区际分工、地域分工、劳动地域分工和地理分工等。关于其定义，学术界有着比较统一的共识。杨开忠（1989）认为，区际分工亦称劳动地域分工、地理分工，他是社会分工的空间形式，是指相互关联的社会生产体系受一定利益机制的支配而在地理空间上的分异。[③]张敦富（1999）认为，所谓区域分工，是指一国内各区域在充分利用区内优势的基础上实行区域专门化生产，并通过区际交换实现其专门化部门生产的产品价值与满足自身对本区域不能生产或生产不利的产品的需求，从而扩大区域生产能力，增加区域利益，[④]而郝寿义（1999）认为，区域分工是社会经济活动依据一定的规则在地域空间上的有机组合。社会分工或劳动分工首先表现在部门分工上，而部门分工又要落实到空间上，这种按地域的分工就是劳动地域分工。因此，区域分工是社会分工的一种形式，他是在区域间展开的分工，主要体现在部门分工层次上，即依靠发展专业化部门来体现分工；区域分工的实现途径是区域之间的贸易；区域分工能够促进区域经济的发展。区域分工是在要素禀赋差异下人们为了获得各种区域利益而出现的不以人的意志为转移的必然选择过程，这种选择过程在经济利益的驱使下，各区域将根据自己的要素禀赋优势进行专业化生产，并在

① 马克思：《资本论》第 1 卷，人民出版社 1975 版，第 390 页。
② 马克思：《资本论》第 1 卷，人民出版社 1975 版，第 390 页。
③ 杨开忠：《中国区域发展研究》，海洋出版社 1989 年版，第 40 页。
④ 张敦富：《区域经济学原理》，中国轻工业出版社 1999 年版。

一定的区域交换基础上实现区域产品和服务的交换从而扩大区域生产能力，增加区域利益。区域分工分为：（1）自然分工。即一般分工或者产业间的分工，也就是把社会生产分为农业、工业等诸产业的分工。（2）社会分工。也称社会劳动分工或劳动分工，他属于产业内部的分工，是对各产业进行进一步的细分，在各产业层次下的更具体的分工。（3）个别分工，即在个别生产企业内部的分工。（4）劳动地域分工。也称为生产地域分工、产业地域分工、经济地域分工、地域分工及地理分工等。劳动地域分工是指人类经济活动按地域（或地区）进行分工，即各个地域依据各自的条件（自然、经济、社会诸条件）与优势，着重发展有利的产业部门，并与其他地域进行产品的交换（贸易），输出剩余产品、输入所需产品。这种一个地区为另一个地区生产产品并通过交换活动互相满足所需的现象，即劳动地域分工。

二、经济学中的分工理论

古典经济学一开始就注意到地域分工的经济效益，比如亚当·斯密的绝对利益理论[1]、大卫·李嘉图的比较利益理论[2]、赫克歇尔–奥林的"要素禀赋理论"[3]等。随着区域分工理论的进一步发展，这些理论被应用到国际贸易方面。随后，区域经济学又将其发展和推广，作为引导区域分工，促进区域专业化的理论基础。20世纪30年代以后，特别是自50年代起，区域经济学独立成一门新学科，区域分工理论得到进一步完善和发展。其发展，基本上循着两条轨迹：一是放宽古典区域分工理论的假设，二是更广泛地考虑资本与劳动力以外的其他影响区域分工的因素。

（一）要素替代理论

要素替代理论是利用经济学中的替代原则对区位理论进行综合与发展而形成的一种区位决策理论。某产品在不存在要素替代的情况下，在发达地区与落后地区都属劳动密集型产品，但在要素可替代的情况下，该产品的生产既可在发达地区采取资本密集的方式进行，也可在落后地区采取劳动密集的方式进行。如中国东中西部地区都有纺织品生产，纺织品生产究竟在哪些地

---

① 亚当·斯密：《国民财富的性质和原因研究》（下卷），商务印书馆1974年版，第28页。
② 大卫·李嘉图：《政治经济学及赋税原理》，商务印书馆1962年版，第113-115页。
③ Ohlin. Interregional and International Trade Cambridge: Harvard University Press, 1933.

区生产才具有比较优势呢？对此，要素禀赋理论只强调了在要素密集度不变与生产函数一定情况下在落后地区生产有利。因此，要素替代理论是对要素禀赋理论的完善。

1965年，W.爱萨德（W. Isard）出版了《区位与空间经济》一书。在该书中，他详细阐明了要素替代对企业区位决策的影响。[①]古典分工理论与古典区位理论都只强调了相同因素的区际比较，而忽视了生产要素是可以相互替代的。例如，煤、水电、原子能、石油、天然气在能源生产中可以相互替代，资本与劳动可以相互替代。因此，在分析区域生产优势时，不能仅简单地按统一的成本项目进行比较，而必须按各区域最有利的投入组合方式下计算出的成本进行比较。在要素可替代的情况下，比较优势由要素边际替代率和各种要素在不同地区的价格共同决定。

（二）技术差异理论

技术差异理论和产品生命周期理论都相当重视技术要素对区域分工的影响。一个技术要素丰富的区域总是在技术创新与技术产业化方面处于领先地位，在技术密集型产品生产方面具有比较优势。

技术差异理论（technological gap theory）由波斯勒（Posner）于1961年提出。[②]该理论认为，能产生大量创新并生产新产品的区域会获得在这些产品生产方面的优势。但是，这种优势不是恒久性的，在其他区域能生产这些产品前存在一个仿造滞后期。这一仿造滞后期可分为两个阶段：一是需求滞后期。在这一时期，创新区域生产新产品，但由于存在一个需求滞后期而不输出这类商品。对其他区域来说，这是了解新产品并调整其消费习惯以适应新产品的时期。二是仿造滞后期。创新区域向其他区域输出新产品时期即为仿造滞后期。一旦仿造开始，创新区域就会逐渐丧失其优势与该新产品输出的主导地位。由于区域开放程度较高，创新与技术的区际传播速度较快等因素影响，仿造滞后期可能较短。然而，即使是在区域层次上，创新的传播也远非完全，他要受制于诸如专利法等限制。同时，某些区域似乎能随时间的推移而保持越来越大的新产品创新能力，因而在一些新产品的仿造期结束后，仍能继续创新并创造新产品以替代以前的优势产品。

---

① 张秀生：《区域经济学》，武汉大学出版社2007年版，第237页。

② M.V.Posner. International Trade and Technical Change Oxford Economic Papers, Vol.13, pp. 323-344, 1961.

（三）巴郎斯基的地理分工论

苏联著名经济地理学家巴郎斯基以马克思主义原理为指导，在对地域分工进行了比较详细的分析后，提出了比较系统的地理分工理论。

巴氏指出经济利益是地理分工发展的动力。而地理分工的必要前提是：$Cv > Cp+t$，（Cv表示商品在销售地 V 的价格，Cp表示商品在销售地 P 的价格，t表示商品从 P 地到 V 地的运费）。

显然，巴郎斯基的分工理论是沿袭了斯密的绝对利益原则。[①]

（四）其他学说

上述几种理论是关于区域分工的主导理论，虽然都在不同程度上揭示了区域分工的比较利益机制，但他们也显然存在某些不足之处，这就引起了许多学者对其进一步研究，随之产生了众多学说。

1."扶持幼小产业"说

19 世纪，德国经济学家李斯特对正统的比较利益原则提出了挑战，主张用贸易政策扶持弱小的德国工业。[②]后来，日本经济学家对此做了进一步的解释，认为从发展的眼光看，比较生产费用是可以变化的，暂时处于劣势的产业也有可能转化为优势的产业，对这些产业不但不应该放弃他的发展，而且应该扶持他的发展，这可以看成一种"动态的比较生产费用说"。

2."协议分工"说

当两国或两区绝对成本、比较成本均无差异时，分工的动力来自规模经济所带来的利益。对此，日本学者小岛清提出"协议性区域分工理论"。小岛清的理论，回答了当两国或两地区绝对成本、相对成本均无差异时分工的动力问题。小岛清指出："即使在消除了比较优势差距的极端状态下（即市场力量不能决定专门化的基本方向的状态），还应该有为了向较优技术水平为基础的生产函数转移的分工，或为了互相获得规模经济的分工。这种分工不能指望通过价格机制自动地实现，需要通过贸易当事国的某种协议来加以实现。"小岛清认为，当两国或两地区在绝对成本和相对成本均无差异时，分工的动力来自于规模经济所带来的利益，即在绝对优势和相对优势都不存在的条件下，决定分工的主要原因是规模经济，由于这种分工不能通过市场机制自动地实现，需经

---

① 巴郎斯基：《经济地理学文集》，科学出版社 1985 年版，第 56 页。
② 李斯特：《政治经济学的国民体系》，商务印书馆 1961 年版。

当事双方的某种协议加以实现，故小岛清将这种分工称之为"协议性分工"。[1]

3."竞争优势"理论

20世纪80年代，美国哈佛大学商学院著名经济学教授迈克尔·波特（Michael Porter）提出了竞争优势理论，[2]引发了理论界关于比较优势和竞争优势的激烈讨论。波特在其三部著作，即《竞争战略》、《竞争优势》、《国家竞争优势》中详尽地阐述了竞争优势理论，并在90年代后，提出了产业集聚的概念，进一步发展了竞争优势理论。其理论模型从微观企业竞争优势、中观产业竞争优势和宏观国家竞争优势三个层面系统地论述了国家竞争优势的培育和竞争战略的运作技巧。迈克尔·波特的竞争优势理论超越了传统比较优势概念，具有广泛的兼容性，他既探讨了要素、技术及其他因素对国际贸易的影响，整合了价格因素与非价格因素对竞争优势的决定，又反映了竞争优势与国际贸易的动态变化。

二、区域分工的特点及其成因

（一）区域分工的特点

不同的区域分工具有不同的特点。了解不同的区域分工特点，有助于把握各区域间的联系，发挥区域要素禀赋的特色和优势，可以了解不同功能、不同结构、不同层次的经济系统相互联系和相互作用机制。

1.区域经济的专业化

区域分工就是要求区域生产专业化，减少区域产业结构趋同，发挥区域特色和优势。因此，经济的专业化是区域分工最基本的要求。区域分工要求一个地区不断地实现经济或生产的专业化，经济专业化水平则反映了一个地区的区域分工程度。一个地区的经济活动包含许多内容和职能，随着分工过程的加深，区域的经济活动内容和职能不断分离出去，由其他专业化地区承担，而本区域的专业化职能就不断地得到加强和提高。随着各个地区经济专业化的实现及水平和程度的提高，最终形成了各个区域分工的格局，而地区经济专业化就成为区域分工最显著和最基本的特点。

2.区域间生产要素的相互联系性

区域分工是以区域间生产要素相互联系性为基础的。离开相互联系就不存

---

① 小岛清：《对外贸易论》，南开大学出版社1990年版，第220页。
② 迈克尔·波特：《竞争优势》，华夏出版社1997年版。

在区域分工。区域分工与相互联系是一个事物的两个方面，他们之间应该是相互依存、相互促进的关系，其根本目的就是实现区域经济利益以及一国整体利益的最优化。我国出现各地重复建设、低水平竞争、产业结构趋同、经济效益低下等问题，主要原因就是忽视了区域分工所要求的区域间生产要素相互联系的特性。生产要素相互联系是区域分工的纽带和桥梁，他使不同地域紧密联系起来。一方面，不同地区、不同地点和不同企业的职能向不同的方向发展，因而使得一个地区为另一个地区生产产品，并相互交换产品成为可能，一个地区利用另一个地区的原料、燃料进行生产也变为现实；另一方面，人们的需求具有多样性和不可分割性，而经济专业化使不同区域在经济上相互需求，把各个区域吸引到商品、信息；技术的相互交换中来，从而为参加交换的企业或地区带来额外利益，反映出地区间的经济联系。因此，生产要素地区间的相互联系性，是区域分工的重要特点。

3. 区域分工的层次性

区域经济是一个国家整体经济的一部分。因此，经济地域系统就是一个由不同功能、不同结构、不同层次的经济系统相互联系和相互作用集合而成的大系统。在这个大系统中，区域分工呈现出层次性：首先是区与区的分工。他是指经济区之间依据各自绝对优势或比较优势建立自己的专业化部门，形成具有全国意义的专门化经济地带。这种分工构成了国内劳动地域分工的骨架。其次是区内的劳动分工。这是在区内不同层次之间的劳动地域分工。第三是局部劳动分工。他是在一个地域内部的、城市与城郊、中心城市与其腹地，以及城市之间、地区之间的劳动地域分工。[①]

（二）区域分工的原因

区域分工是指相互关联的社会经济体在地理空间上的分异，是社会分工的空间表现形式。区域分工产生的原因总的来看有外因内因之分，区域分工的外因：一是人类经济活动空间分布的间断和差异，二是产品的区际交换和贸易；区域分工的内因：区域分工是由经济过程的内在机制决定的，分工协作产生的各种利益才是驱动区域分工协作发生发展的直接动力和内在原因。但是追求区域利益并不是区域分工的唯一内因，全国整体利益也是区域分工的驱动力，而且通常更为重要，"局部服从全局"思路有时会牺牲区域利益，形成政府计划调控下的区域分工格局。

---

① 张秀生：《区域经济学》，武汉大学出版社 2007 年版，第 239 页。

1. 自然条件和资源禀赋的差异是区域分工的前提

自然资源禀赋的空间不均衡或不平衡，是指生产要素在地理空间的分布和地域经济系统演变过程中的不均匀性或差异性。自然资源禀赋空间分布的差异性，必然导致经济活动方式和内容的差别，这就促使不同地区之间商品的交换和生产要素的流动，形成区域分工，使不同区域结成一种互补竞争的关系。自然资源禀赋差异性越大，区域劳动分工越明显，常常形成各具特色的区域专业化生产部门。而自然资源禀赋差异性较小的地区，则往往通过市场机制，增强自己在某些要素上的优势，加强经济竞争实力，不断地拓展市场。

自然资源禀赋的空间分布不均衡状态，势必形成各个区域在经济发展中的互补性，是形成区域分工的客观原因。正如 1977 年诺贝尔经济学奖获得者、瑞典著名经济学家贝尔蒂·奥林所指出的那样，"生产要素不平衡的分布，除非由相应的地区需求的不平衡加以抵消，否则，这种分布会使生产要素的价格在各地区形成差异，从而促成地区间的分工和贸易"。我国东部与中西部地区自然资源禀赋存在明显的差异性，使各自有着比较明显的产业结构特征和相互之间的产业分工，表现在农业生产上，各个区域在农业部门结构和产品结构上都有比较明显的差异；在工业生产上，东部主要是生产加工制成品，中西部主要是生产资源性产品和初级加工产品，因而东部与中西部之间大宗产品的输入与输出就各有其特色。

2. 社会经济条件的差异性是形成区域分工的必要条件

区位优势的差异性，主要是指一些非自然因素的不同。包括资本、劳动力、科学技术、教育、人文传统、经营管理能力、各种基础设施等。这些非自然因素对区域分工尤其是在现代化生产条件下对区域的劳动分工具有深刻影响。一个国家经历过漫长的历史变迁和社会变革以及经济的发展，最终形成各自的区位优势。这种区位优势在区域分工过程中，无疑会形成各个区域各具特色的经济结构。我国东西部文化教育水平不同，在劳动力素质结构上存在差异，这样就造成东西部科技水平和对企业的经营管理能力存在一定的差距，再加上社会政治制度对经济发展起着不同的制约作用，使各自的经济发展水平存在较大的差距，这些非自然因素对东西部选择和决定各自的产业始终起到制约作用，从而形成了各自的区域分工。区位优势是在研究区域分工中不能忽视的一个客观必要条件。各个区域的产业应该是各展所长，相互配合。各个区域在产业发展上要认清自己的优势，重视发挥自己的优势，注意保持自己的优势，积极创造自己的优势，由此而建立自己的优势产业。

3. 经济利益的驱动是区域分工的直接动力

区域分工归根结底是人类经济活动在地域空间长期分化组合的结果，这是由经济过程的内在机制所决定的。因此，人们从分工中获得的各种利益是驱动劳动地域分工发生、发展的直接动力和内在原因。区域分工的经济利益表现为单位生产费用的降低或节约，这种节约途径来自劳动分工所带来的规模经济。通过规模经济可以提高劳动生产率，降低生产成本。因此，在规模经济机制作用下，不仅厂商可以通过技术创新降低产品成本，提高产量和质量，从而产生一系列生产上的节约，而且产品可以在其价格低廉的生产地集中生产，形成区域分工。

对于区域分工所带来的经济利益，古典经济学家已经作了不少的论述，盛洪在《分工与交易》一书中，将其归纳为直接的经济性和间接的经济性两种。[①] 直接的经济性是指采用一定程度的分工和专业化的生产方式后较采用这种方式以前带来的生产效率的提高或生产资源的节约；间接的经济性是指分工和专业化的发展为生产方式的其他创新提供了条件，对这些生产方式创新的采用会带来生产效率的提高或生产资源的节约。关于劳动地域分工的经济性大致表现在以下五个方面。

（1）区域分工使得各地区根据本区域在自然资源、人力、资本、技术等方面的比较优势，将生产、经营活动集中在较少的方面，这既能够较快地提高其生产的熟练程度，又能够最大限度地使各种资源得到有效合理的使用，生产更多的劳动产品，提高劳动生产率。

（2）区域分工可以共享社会生产条件，减少对基础设施要求的复杂性，从而节约基础设施的费用。

（3）区域分工的发展，可以形成较为高效的地方劳动力市场，也利于集中培训专业技术人员。

（4）区域分工可以共享辅助行业提供的专门服务。由于地区的专业化，为其服务的辅助行业或者采取了高度专门化性质的机构，或者只是采取了生产或服务的专门化方式，所提供的服务的单位成本是低廉的，如果在这一地区没有较多的同类企业，专门提供这样的服务是不值得的。这种辅助行业包括提供工具、原材料和运输服务的行业。

（5）区域分工有利于专业技术的传播和扩散。

---

① 盛洪：《分工与交易》，上海三联书店、上海人民出版社 1995 年版，第 39—45 页。

四、区域分工模式

区域分工模式[①]主要有以下几种模式：

1.垂直分工

垂直分工表现为不同生产阶段和不同生产水平之间的分工。一般而言，一个完整的生产过程由初级产品生产、中间产品生产、最终产品生产三个阶段构成，同时还需要有关的配套服务。不同生产阶段之间就形成了一种垂直的联系，不同生产阶段的分工是指不同区域分别从事产品不同生产过程的分工，如某地区的产业结构以生产最终制成品的某一中间产品为中心，以另外地区一个或多个最终制成品为核心建立自己的以互补、依附为主要功能的产业结构体系。其基本特征是各地区的专门化产品属于不同的产业层次，增值率差异较大。虽然存在某个区域可以同时进行所有阶段生产，但是，对于某一种产业，一个区域最适合其发展的只有某个或少数生产阶段，于是，区域之间就形成了垂直分工体系。

不同生产水平的分工是指生产水平上有较大差异的区域之间的分工，垂直分工与各区域的经济发展条件和水平关系密切，常见的情况是，发达区域生产最终产品，中等发达地区多生产中间产品，欠发达区域以初级产品、配套服务为主。所以，不同经济发展水平区域之间的分工常常是一种垂直分工。

垂直分工有三种基本类型：一是资源—加工型，二是零部件组装型，三是纯贸易型，即两地交换的产品主要是为了最终消费的目的，而不是把他作为中间产品投入社会再生产。

2.水平分工

水平分工表现为生产水平基本相近的区域间的分工，可分为部门内分工和部门间分工。其基本特征是两地在同一产业层次上进行的专门化生产。指经济发展水平大体相同的国家之间的分工。水平型国际分工论关于经济发展水平相同或接近的国家（如发达国家以及一部分新兴工业化国家）之间在工业制成品生产上进行国际分工的学说。当代发达国家的相互贸易主要是建立在水平型国际分工的基础上的，一般可分为产业内与产业间两种水平分工。前者又称为"差异产品分工"，是指同一产业内不同厂商生产的产品虽有相同或相近的技术

[①] 郝寿义、安虎森：《区域经济学》，经济科学出版社 2004 年版，第 28 页。

程度，但其外观设计、内在质量、规格、品种、商标、牌号或价格有所差异，从而产生的国际分工和相互交换。后者则是指不同产业所生产的制成品之间的国际分工和贸易。由于西方发达国家的工业发展有先有后，侧重的工业部门有所不同，各国技术水平和发展状况存在差别。因此，各类工业部门生产的国际分工日趋重要。

3.混合分工

混合分工是指一个地区专门化生产既参与"垂直分工"，又参与"水平分工"。比如发达地区之间采取水平分工，发达地区与不发达地区则可以采取垂直分工。我国东部地区互相之间分工多属于水平分工，而东西部之间的合作，则应采取垂直分工。这种分工模式，既可以使东部满足追求效益最大化的需求，调动东部参与西部大开发的积极性，也可能在较短的时间内激活西部经济，加速西部经济发展，提高西部经济的总体实力，减少东西部之间的差距。

第二节 区域贸易与区域市场

区域贸易是指各个区域之间在物资、劳务、资金、技术和信息等方面的相互的交换活动。区域贸易是建立在一定的区域联系和区域开放的基础之上的，而区域联系包括自然联系、经济联系、人口移动联系、技术联系、社会联系、服务传递联系和政治、管理及组织联系等。区域联系随着社会生产力的提高而不断发展，随着社会化大生产、社会分工和区域分工的加深而不断扩大。因此，区域联系是区域分工不断深化和发展的产物，是区域在经济上彼此相互依赖日益加深的表现。

一、区域联系相关理论

（一）相互依赖性

"相互依赖理论"的提出：各个国家和区域之间，在经济发展过程中都不是也不可能是彼此孤立的，而必然是相互依存、相互制约的。这一理论是由我国著名区域经济学家刘再兴先生归纳提出的。西方一些经济学家也就二次大战后以欧洲共同体为代表的区域一体化的相互依赖关系，"南北"之间、"南南"

之间的相互依赖关系，从理论上进行了分析和探讨，阐述了世界经济相互依赖的理论。

区域"相互依赖理论"的基本点，主要表现在以下三个方面：（1）世界各国经济发展的相互依赖性。随着资本主义经济的产生和发展，世界各国之间经济的相互依存、相互制约和相互联合越来越明显，尤其是进入 20 世纪 80 年代以后，世界经济一体化的趋势，更加强调区域经济发展的相互依赖，这种相互依赖是市场经济发展的客观要求和必然趋势。（2）区域相互依赖的全面性。当代世界各国间的相互依赖，已经扩展到全世界范围，包括一切国家、一切民族，并且扩展到各个方面，即不仅包括某一领域内的相互依赖，而且还包括物质生产和精神生产等领域的相互依赖。（3）相互依赖的双向性。区域和国家间的相互联系具有互利性，而不是单方面的和单向的。

（二）相互作用：要素流动

区域相互作用是指在某种特定因素的影响下，发生于不同地理位置之间的相互作用。这种作用是通过区域间人口、物资、资金、信息等的流动来实现的。区域作为一个开放的系统，只要存在不平衡，就会产生区际要素的流动。区际劳动分工越发展、越发达，区域之间的要素流动就越频繁，区域相互作用就越大。这就产生一种平衡机制，使得每种生产要素纯收益及区域收入趋于平衡状态。区域相互作用学说是研究区域间平稳协调发展、区域间生产力布局、区域规划、城市规划、交通网规划等项研究工作的重要理论基础。他对区域经济发展具有重要的指导作用。

1. 区际要素流动的主要模式

区域相互作用主要是通过生产要素区域间的流动表现出来的。借助物理学中热传递的 3 种方式，区际要素的流动主要表现为 3 种类型，即对流、传导和辐射。[①]

（1）对流。对流以人和物资的移动为特征，如产品、原材料在生产地和消费地之间的运输，邮件和包裹的输送及劳动力的流动等。

（2）传导。传导是指区域间的多种交易，如财政、税收、金融和证券等，这类交易以会计学系统为特征，通过簿记程序来完成。

（3）辐射。辐射是指信息的流动和新思想、新技术的扩散等。一般来讲，辐射主要是先进地区向落后地区、发达地区向贫困地区、城市向农村和中心城

---

① 郝寿义、安虎森：《区域经济学》，经济科学出版社 1999 年版，第 286 页。

市向周边地区的影响力扩散过程。

当然，对流、传导和辐射的划分，只是为了研究和论述的方便和需要。在实际经济活动中，他们往往是相互交叉和互相包容的，而不可能截然分开、泾渭分明。

2. 区际要素流动分析

在区域相互作用中，资金流动、劳动力流动[①]和信息、技术的区际转移与扩散，对区域经济发展具有重要的作用。

（1）资本流动

资本的投入是社会生产和再生产顺利进行的第一推动力和持续动力。没有足够、持续的资本供给，既不可能形成新的经济增长点，也不可能使区域经济持续稳定发展。在没有外来资本流入的情况下，一个地区的资本供给，只能取决于本地区的储蓄能力和居民的储蓄意愿，而储蓄能力又直接与地区的国民收入水平有关。在一个地区资本供给不足、而本地区的储蓄率提高又已经达到某种界限时，则需要从外地区输入资本。资本的流动既是联系各区域经济的重要渠道，也能够为区域带来净收益，同时，还为各区域的共同发展开辟了道路。

区域资本流动的主要原因是利润的差别，是以流入地区具有对外界资本的某种吸引力的存在为前提的。在资本以获得最大利润为目的的前提下，一个地区要吸引外地区的资本，就必须保证外地区资本的流入有利可图。资本的流动有两种形式：生产资本和借贷资本。生产资本的输出又称直接投资，借贷资本的输入则称间接投资。

（2）劳动力流动

劳动力资源是经济持续发展的第一要素。当然，对于劳动力流动需要引进人力资本这一概念作为分析的基础。人力资本不仅表现在劳动力数量上，而且更表现在劳动力的质量上。从这一角度进行分析，人才流动和一般劳动力流动属于两个不同的范畴。

人才流动的障碍较多，供给不充裕，而一般劳动力流动较自由，供给相对充裕。两者之间在流动的动力方面并不完全相同。技术人才对于流入地区的收入外要求会更高。

劳动力流动的基本原因主要还是经济因素。地区间的工资差异是导致劳动力流动的重要力量。根据斯杰·斯塔德（Siaastad）的研究，在流动者面临几

---

① 孙久文：《区域经济学》，首都经济贸易大学出版社 2006 年版，第 210 页–218 页。

种可供选择的迁入地时，总是选择预期未来收益最大的那一处。

劳动力流动对区域经济发展具有多方面的影响。从流入区来看，劳动力的流入能使该地区的税收增加，同时带来人才和不同地区文化的交流，为地区经济发展输送高素质的人员，使当地居民能够享受多种文化下的精神生活。从流出区角度来看，由于具有税收贡献能力的人员减少，地区政府的收入也相应减少，所以一般认为是效率的净损失，尤其是人才的流失。因此，在我国一些比较落后的地区则采取各种措施，阻碍人才流动。如果我们换一个角度思考，虽然人才外流了，但是对于留下来的劳动者却相对来说减少了竞争压力，在某种程度上也刺激了人才流出区人才的成长，从而有利于当地经济的发展。另外，一些地区得自外流劳动力的汇款，由流动者带来的经济交往、信息交流等方面的作用，都是不容忽视的。

当然，劳动力的流动也不可避免会带来一些社会问题。劳动力流人一个陌生地方，在生活甚至生存都未有着落的情况下，往往会产生犯罪心理和行为。如我国每年"盲流"的流动及遣返，已经成为我国劳动力流动的一大难题。因此，对于劳动力流动要进行正确的引导。

（3）新信息、新技术的区际转移与扩散

新信息和新技术是一个地区保持经济优势和经济持续发展的重要条件。但是，一个地区要想保持对新信息和新技术的独自占有，从而保持在区域经济发展中的优势是不可能的。"随着生产技术的变革以及新技术发明应用于实际生活过程中的时间间隔的缩短，在企业之间竞争加剧的条件下，企业越来越感到及时获得市场信息和技术新资料的迫切性，技术和信息的扩散也越来越快。"信息和技术的区际转移与扩散是区域经济发展的必然趋势，他在推动区域经济发展中具有重要的作用，也是区域相互作用的一个重要内容和表现形式。

雷蒙德·弗农的"产品生命周期"理论认为，在技术没有扩散的情况下，其技术优势使产品在区域竞争中的比较优势会保持下去。但是，随着产品进入成长期，产品大量生产并销往外地，区际贸易本身会造成技术的传播和扩散，相应地，产品竞争优势也会发生转移并逐渐丧失。弗农认为，信息技术越是扩散，创新地越应该放弃该部门的生产，这对各地区的产业升级和经济发展具有重要的意义。[①]

---

① R.Vernon. International Investment and International Trade in the Produce Cycle. Quarterly Journal of Econimics, 1966, Vol.180, pp. 190-207.

　　20 世纪 50 年代瑞典著名学者哈格斯特朗（T. Hagersteand）从空间角度对技术创新的扩散进行了研究。他认为，由于一项创新优势，使创新者在其周围的地理空间中产生一种"位势差"。为了消除这种"位势差"，一种平衡力量促使创新活动向外传播和扩散。技术的空间扩散采取 3 种形式，即近邻扩散、等级扩散和位移扩散。近邻扩散是指以创新源地为中心向周围地域连续的扩散；等级扩散是以创新源地为起点，循着一定等级顺序的扩散，即由最大城市（最发达经济地域）越过小城市、乡镇向较远距离的规模相当或仅次于扩散源的大城市（或大的经济地域）传播，然后再跳跃空间向更小一级城市（地域）扩散；位移扩散是指扩散随时间产生非均衡的位移，新技术往往是通过传播者自身的移动，将新技术带到新的地方。①

二、区域对外开放理论

　　区域对外开放是区域分工和区域贸易的必然要求，也是增强区域生产力、挖掘生产潜力、发挥各区域经济优势、提高经济效益的重要途径。区域对外开放理论主要研究区域之间的互相开放，同时还要对区域对外开放新的形式即区域经济国际化或区域经济一体化进行探讨。在区域经济发展过程中，只有实行对外开放，区域分工和联系才能得以实现，并不断地向深度和广度发展，才能在更大范围内进行资源配置。在当代，区域经济一体化已成为世界经济发展的一个重要特征或潮流。因此，区域对外开放理论具有重要的战略意义。

　　（一）区域之间互相开放的客观必然性

　　区域之间互相开放，是指不同的区域在物质资料生产、流通、资本运作、人力资源利用、信息和技术的开发等方面按照平等互利的原则，彼此之间相互交流、开放市场、进行区域经济联合与协作的过程。

　　区域之间互相开放是社会化大生产的必然要求。随着区域生产力的发展和现代科学技术的进步，区域之间互相开放必然向深度和广度发展。区域之间互相开放具有客观必然性。

　　1. 社会生产力发展的内在要求

　　社会经济发展的历史表明，在社会生产力水平低下、商品经济处于低级阶段、人类的生产方式处于自然经济状态下，生产的组织形式一般是分散的、单

---

① 郝寿义、安虎森：《区域经济学》，经济科学出版社 1999 年版，第 312—314 页。

个的，相互之间很少发生经济联系，生产过程并不需要经济联系与协作就能进行。换句话说，在自然经济条件下，人们的生产活动只是为了满足自身的消费需求。随着社会生产力的发展，商品经济开始发展，于是在社会生产过程中，一家一户式的生产方式逐渐被打破，并逐渐形成生产专业化。生产专业化必然要求生产过程的联合与协作，生产过程联合与协作客观上就要求生产单位之间消除互相隔离、闭关自守的状况，实行和保持一种开放态势。随着生产力的进一步发展，社会分工所引起的生产专业化水平提高，社会化大生产就成为人类社会经济发展的必然趋势。社会生产力的发展使劳动分工拓展为区域分工，区域分工必然要求区域之间的互相开放，而区域之间的互相开放是区域经济发展的必然要求。因此，区域之间的互相开放是生产力发展的内在要求。

在我国，随着社会主义建设和改革开放事业的进行，社会生产力获得迅速发展。目前我国社会分工水平和生产社会化程度日益提高。一个区域的生产、流通，日益以整个社会为舞台，甚至走向世界舞台；区域的产品不仅是以本区域而且也以其他区域为服务对象；所需的原材料、能源、资金等物质条件也并不全部由本区域提供；甚至某些产品也绝非一个区域就能生产，往往需要同其他区域相关的企业进行联合与协作，形成包括多区域在内的群体优势才能够得以完成。因此，区域经济的发展，要求区域之间互相开放，并在分工协作基础上开展区域间的广泛联合，以适应生产力发展的内在要求，从而形成新的更强大的社会生产力。

2. 适应市场经济发展互相竞争的客观要求

市场经济是开放型经济。在市场经济体制下，每个区域作为一个市场主体，就必须按照区域分工与协作原理的要求，互相开放，积极地参与区域之间的竞争，实现资源配置的优化。在区域经济发展中，每个区域都存在着区域条件差异、位势差异和趋势差异，因而在区域经济发展中必然受能源、原料、设备、技术、信息、资本（金）、人才等多种条件的限制。因此，区域之间的互相开放有利于区域发挥优势，扬长避短，通过采用最新技术成果，提高劳动生产率，在激烈的市场竞争中使各个区域占据一定的比较优势，从而提高各个区域的竞争力。

3. 实现区域管理体制合理化的客观要求

长期以来，我国区域管理体制明显地制约着我国区域经济协调、持续和快速的发展，成为我国区域经济发展的体制障碍。我国区域管理体制使全国经济发展处于条块分割状态，政府习惯用行政手段管理区域经济，形成了极不合理的组织结构和管理机构，造成地区之间产业结构同质化，地方保护主义、本位主义盛行，导致区域资源配置的低效益和产业结构的低级化。要改变这种局面，必须适应市场经济发展的要求，区域之间互相开放。由此，必须对现有的区域管理体制进行彻底的改革，从管理体制上保证和促进区域之间的互相开放，冲破地区、部门界限，解除地区分割和封锁，以地区、中心城市或大型企业为依托，组成横向经济网络，推动区域经济的健康协调发展。因此，区域之间的互相开放，是促进区域管理体制合理化的强大动力，是实现区域管理体制合理化的客观要求。

（二）区域之间互相开放的原则

1. 自主性原则

区域之间互相开放是建立在市场经济发展基础上的。任何一个区域作为市场主体，在开放过程中形成的任何交换关系都是以其主体的自主平等地位为前提的。因此，自主性是区域之间互相开放必须遵循的一个原则。在开放中，只有坚持自主性，各区域才能为获得的信息做出自主的经营决策，才能对本区域的经济活动做出灵敏的反应。随着区域经济的不断发展，市场需求和结构也在不断地变化，这就要求区域的组织结构、产品结构和产业结构及时做出相应的反应和调整，并要求区域之间互相开放的形式、内容、层次表现出多样化。只有坚持开放的自主性原则，才能使各区域从本地区实际出发，充分发挥自身优势，在市场供求变化的情况下及时做出区域经济战略调整，保持区域经济结构在动态中的合理性。

2. 共发展原则

区域之间互相开放必须以区域分工和联系理论为指导，通过互相开放，发挥出自己的优势，并利用其他区域的优势弥补自身的弱势或劣势，从而实现比较优势；因此，从这个意义上来说，扬长避短是区域互相开放的基本要求或基本原则，互利互惠则是区域互相开放的目的所在。如果区域间互相开放只是对一方有利，不能实现优势互补，那么，这种开放就不是一种建立在平等经济关系基础之上的开放，不能实现互补互利，区域间共同发展就不可能实现。

3. 整体性原则

区域经济是一个复杂的整体系统，他不仅是各个区域，而且包括区域内的部门、行业、企业，以及社会生产和再生产各个环节，人、财、物等多因素、多变量、多层次、多目标，并在系统运行过程中经常遇到信息、资源开发、技术、人才使用、生态平衡等诸多问题。在区域间互相开放中，必然会涉及某些区域的局部利益和联合区域的整体利益。因此，在开放过程中，必须从区域的整体利益出发，始终注意发挥区域经济系统的整体功能，把整体利益作为开放的主要目标。

4.层次性原则

层次性原则是指在区域间互相开放中，要从区域的整体利益出发，有重点、有步骤、分层次地逐步做到互相开放。要遵循这一原则，就要求在开放中正确地处理好整体与层次、层次与层次之间的相互联系、相互协调的关系。我国区域经济呈现出非常明显的二元结构，我们首先要抓住那些能够带动和促进整个区域经济发展的行业和部门率先进行开放，从而不断地提高优势产业的竞争力和市场占有率，推动弱质产业的发展，同时加长产业链，逐步地拓展开放的广度和深度。

（三）区域之间互相开放的作用

1.推动社会生产力的发展

区域间互相开放的出发点和归宿点都是发展社会生产力，推动整个区域经济的快速发展。这种作用主要表现在两个方面：一是他能够使生产力诸要素综合起来，实现优化配置。区域间互相开放，能使社会分工进一步向广度和深度发展，并把各地区、各部门、各行业之间的联系建立在市场体制的基础上，使区域生产力布局即产业结构、行业结构、企业结构和产品结构合理化，从而使联合、协作体的劳动者的熟练程度高于社会平均熟练程度，使科学技术和生产过程紧密结合，加速科学技术转化为现实的生产力，扩大先进技术的适用范围，有效地利用自然资源。二是他能够通过联合与协作创造出新的生产力。区域间互相开放能够使各个区域扬其所长，避其所短，创造出新的生产力，同时他也扩大了生产的空间范围，使资源在更大的空间范围进行重新配置，这本身就为创造新的生产力提供了条件。在条块分割的情况下，各个区域的各种生产要素只能按照行政隶属关系进行配置，而区域间互相开放冲破了地区、所有制的限制，实现了生产过程更大空间的结合。一个区域在条块分割下难以做到或根本做不到的事情，在互相开放中则能够实现。区域群体所创造的生产力，要比单个区域生产力的总量大得多。

2.推动科学技术的进步

科学技术是第一生产力。现代科学技术的进步推动着社会生产力的迅猛发展。长期以来，我国科研体制条块分割、部门分割、地区分割，从而造成科研机构与生产实践分离，科研、设计、教育、生产相脱离，使科学技术对社会生产力发展的巨大推动作用得不到充分的发挥。区域间互相开放摆脱地区、部门和条块分割，使区域中的科研优势与生产广泛结合，加速科研成果转化为现实生产力，增强区域产品更新换代能力和新产品的开发能力。同时，区域间互相开放还解除了某些区域技术力量不足的后顾之忧，也给科研机构带来生机和活力。这些都必将成为推动科学技术进步的动力。

3. 促进区域企业组织结构的合理化

企业组织结构是指企业的组织形式，包括企业进行生产经营活动所必备的劳动力、劳动资料和劳动对象等基本要素的配置、数量比例，以及相互结合、运转、与外界发生联系的方式等。在区域自我封闭、条块分割的情况下，企业纷纷走上"大而全"、"小而全"的路子，致使高消耗与低效益、多投入与少产出成为我国企业发展的一大弊端。区域间互相开放冲破了区域分割、部门分割、条块分割，把企业从某地区和某部门的一个"切块"变成了区域经济网络中的一个环节，大大改变了企业存在和发展的社会环境。同时，区域间互相开放也带动了企业按照市场经济的客观要求重新组织企业的生产力，使企业经营活动范围和空间得以扩大。企业可以根据生产经营发展的需要自主实行资金、设备、人力和科技等方面跨地区的联合，使企业组织结构更加优化和合理化，朝着少投入多产出、低消耗高效益的方向发展。[1]

三、区域贸易理论

区域贸易是指一个地区与其他地区进行商品交换的活动。区域贸易可以引进本区域缺乏的生产要素（包括自然资源、资金、人才、技术等）和产品，扩大区域生产和消费领域，提高生产效率。在开放的环境中，其他区域经济的发展可以成为本区域扩大的市场和新的投资来源，可以在更高层次上促进竞争和企业的发展，从而促进国民经济的发展。

区域贸易形成的原因：

（一）地区比较利益差异引起的贸易

该学说认为：假定只存在甲、乙两国，生产 A、B 两种商品，甲、乙两国经济发展条件存在着绝对差异，甲国生产 A 商品的生产成本低于乙国，乙国生产 B 商品的生产成本低于甲国，这时甲国专业化于 A 商品，乙国专业化于 B 商品，然后交换。两个交易地区都以最低成本获得了最大的社会满足，并因此获取了区域贸易利益。可见，各地区之间由于生产条件极其不同，各地区都进行

---

[1] 储东涛：《区域经济学通论》，人民出版社 2003 年版，第六章内容。

自己具有优势的特定商品的生产，通过与其他地区进行贸易交换，能够以较低成本扩大区域的消费品种类。

即使两个区域中的一个在每一种行业上都比另一个具有较高的绝对效率，两个区域之间的贸易同样对双方有利，贸易条件是：在生产不同的产品上两个区域之间存在着相对的效率差异，这时，每个区域都专业化于本区域具有相对有利条件的商品，并用该商品去换取另一区域具有相对有利条件的商品，从而产生贸易利益。专业化与区域贸易可以增加相关区域的总产量和总消费量，为地区发展带来利益。如果参加交易的是一个国家内部的不同地区，那么，贸易总利益实际上就是国民经济利益。因此，一个大国，如果各个地区之间存在有不同的发展条件和比较优势，那么促进地区分工，以及地区之间的商品交换，是提高国民经济效益的重要途径。[①]

（二）生产条件的多样性决定区域贸易商品的多样化

作为区域贸易的结果，每一个国家或地区会专业化于他具有最大的相对有利条件的商品，并把该商品的主要部分用于出口，以便换取其他地区多余的专业化商品，并从中获取贸易利益。但是，由于生产条件的多样性，每个区域不一定会达到完全的专业化，而是仍然会生产另一些在总体不占优势，但具备个体优势或局部优势的商品，并部分用于输出。

（三）生产要素禀赋论决定的区域贸易格局

赫克歇尔·俄林（Heckscher Ohlin）理论认为，在所有影响贸易前商品价格差异的因素中，要素禀赋差异是产生比较优势的根本原因，从而进一步发展了贸易理论。[②]俄林把区域分工、区域贸易与生产要素禀赋紧密地联系起来，认为区域分工及区域贸易产生的主要原因是各地区生产要素禀赋上的差异，并由此决定了劳动生产率的差异。

禀赋即天赋。生产要素禀赋是指区域内各种生产要素的相对丰裕程度。要素密集度是指在商品生产的过程中，消耗各种生产要素的相对强度。

每个国家或地区生产要素禀赋各不相同，与其他地区相比，那些具有禀赋优势的生产要素的价格较低，利用这些要素来进行生产的商品成本也相对较低，利润较高；相反，禀赋较差的生产要素由于稀缺，具有较高的价格，利用这些要素进行生产的商品成本也相对较高。那么在区域贸易体系中，每个区域

① 郝寿义、安虎森：《区域经济学》，经济科学出版社 1999 年版，第 295—302 页。
② Ohlin. Interregional and International Trade [M]. Cambridge: Harvard University Press, 1933.

都应该专门化于本区域相对丰裕和便宜的要素密集型商品，并用于出口，同时进口那些本区域相对稀缺和昂贵的要素密集型商品

　　俄林的要素禀赋理论的一个重要贡献在于提出了要素贸易。俄林认为，很多生产要素与商品一样可以直接流动，通过要素流动，能够改善区域要素条件及其组合状况，从而改变区域的生产结构和贸易格局。从另一个角度看，商品贸易是生产要素贸易的一种间接的形式，商品贸易可以替代要素贸易改变区域要素分配不均的状况，这在一些不可移动的生产要素（如土地、矿产、水力等）上显得更为重要。

　　从动态比较优势理论来看，在经济发展的一定时期内，各区域的产业结构和贸易结构犹如一个大梯队。每个区域因其发展水平的不同而都处于梯队的特定位置，他们接受处于上一梯级的国家和地区传递过来的先进技术和产品，同时向下一梯级的国家和地区传递自己将要扩散或淘汰的技术和产品。这样，为了发展区域经济，每个区域都必须认清自己所处的位置，根据区域间生产和技术转移决定贸易格局的大趋势，明确未来时期自己可能的优势，并适时采取措施，对这些产业进行扶持，加快其成长过程。

　　雁行产业发展形态认为：一个有发展潜力的产业要实现由幼小产业发展成为世界性生产基地，必须经过如下三个阶段。第一阶段，大量进口该产业的产品，开拓国内市场，同时引进技术，消化吸收，提高国产化水平，为国内大规模生产做准备；第二阶段，国内规模化生产。这时该产业的技术已经完全标准化，产品质量提高，价格下降，产业开始具备较强的国际竞争力；第三阶段，产品大规模出口，成为世界性的生产基地。19世纪下半期日本处于资本的原始积累阶段，棉纺织业是其发展的首要选择。日本棉纺织工业的发展就经历了下述三个阶段：（1）国内棉纺织业尚未得到发展，西方发达国家棉纺织品大量进口，为开拓国内市场奠定了条件。（2）迅速扩大的国内市场与日本的低工资及近代技术相结合，使本国棉纺织工业迅速得以发展，并获取规模经济效益。由于成本低廉，在世界市场上已具有一定的竞争力。（3）棉纺织品大量出口，成为世界性的生产基地，国际市场的开拓又使国内生产得到进一步的发展。可见，雁行产业发展形态说实际上是一种落后国家引进先进国家的技术，实现经济赶超的理论。他通常用于通过扶持幼稚产业，调整产业结构。这也是一种很好的贸易模式。当我们要扩大某产业在市场上的份额，假如这种产业在区内的生产还很弱小，国内市场尚未打开，则可以先实行进口贸易，开拓国内市场，待国内生产达到一定水平时，再进行输出贸易，扩大商品市场。

五、区域市场

区域市场是市场经济运行的重要基础，是市场经济发挥作用的地域载体，是连接区域微观经济活动与宏观经济调控的纽带，也是区域分工专业化、促进区域经济发展的市场空间组织。区域市场的现状既是区域经济发展的结果，也是影响区域经济发展战略、规划与政策制定的重要依据。所以，区域市场是"区情"的重要构成要素之一。正确地把握区域市场内涵、发展阶段、种类、基本特征，对于建立良性循环的区域市场格局，促使区域市场系统沿着健康的轨道发展有着重要的理论和实践意义。

区域市场指商品交换关系以区域为活动空间的市场。其内涵是指在一定区域分工基础上，以地理空间为依托，以区域内中心城市为核心，以城镇体系为节点，促进区域内资源配置，发展区域间生产和流通协作，调节区域商品、劳务、金融、产权已经供求交易的市场空间组织形式。区域市场根据不同的标准，类别也是不一样的。

（一）区域市场内涵

区域是由不同区位形式（点、线、面）组合而成的地理实体，具有一定的客观上存在的范围，尽管这种界限多是模糊的、变化的，或者是一渐变过渡带。区域市场中的区域狭义上是超行政区划的，应该与经济区划接近。经济区划有层次性，而区域市场中的区域也应该也有层次性。其"区域"是一个经济概念，是以区域分工专业化和区域贸易需求为动力机制而逐步发育和演变而来的。因此区域市场所涉及的范围是具有相对全面分工和合作的综合经济区，而不能是仅仅只为解决某系经济问题，为地方经济服务的部门经济区、经济合作区、问题经济区或规划经济区，因此，区域市场的内涵就是在一定的区域分工基础上，以地理空间为依托，以区域内中心城市为核心，以城镇体系为节点，促进区域内资源配置，发展区域间生产和流通协作，调节区域商品、劳务、金融、产权以及供求交易关系的市场空间组织形式。[①]

（二）区域市场的发展阶段

区域市场是劳动地域分工作用的结果，那么我们可以按照区域分工发展程度，将区域市场分为三个发展阶段：

---

① 朱传耿、沈山、仇方道：《区域经济学》，中国社会科学出版社 2001 年版，第 85-87 页。

1.区域经济协作阶段

这是区域市场的初级阶段。本阶段以初级地区分工为基础，相邻地区之间调剂余缺，进行产品互换为内容，具有随机性、松散性、临时性和单一商品（要素）交换等特征。虽然有从区域整体利益出发的雏形，但行政调控因素影响较大。

2.区域经济渗透阶段

这是区域市场的中级阶段。本阶段以不断深化的地区分工为基础，地区专业化程度高，以地区间的商品交换、资金融通技术协作作为主要内容，具有紧密性、相对稳定性和多样性等特征。

3.区域经济一体化阶段

这是区域市场高级阶段，本阶段以高度发达的地区分工为基础，以区域内一切活动要素的自由流动为内容，形成彼此依存、高度关联的区域市场结构，区域经济走向一体化。

（三）区域市场分类

依据经济意义对区域市场进行分类：

1.小范围市场。在封建社会就已经形成，他起到补充和巩固自给自足自然经济的作用。形成之后，随着产业分工和区域分工不断扩展其范围。

2.地区性市场。随着资本主义因素的孕育与成长，商品经济冲破了小范围市场狭小天地，若干个市场空间连接为一个地区性市场。

3.区域性市场。市场经济体制的完善，为区域市场的发展和完善创造了条件，综合经济区的成熟，区域专业化分工与合作突破了行政区域的限制，地区性市场融合成区域性市场。

4.统一市场。他是区域市场的有机体，市场活动要素的区际流动，区际贸易和国际贸易的迅速发展，推动了跨区域发展的经济分工与合作，使区域市场不断融合，经济一体化迅速发展，成为全国性的统一市场。

5.依据行政意义对区域市场进行分类：（1）地方市场。他是由行政地方界定，认为形成的市场，他具有行政性市场的含义，其范围可以是一个地区市场或一定范围的地方市场。行政性区域市场缘于行政上的割据等人为因素，是地方保护主义的结果。（2）统一的国内市场。这是每一个统一主权国家都拥有的行政性市场含义。[1]

---

[1] 朱传耿、沈山、仇方道：《区域经济学》，中国社会科学出版社 2001 年版，第 93—94 页。

（四）区域市场的特征

区域市场具有经济性与动态性、区域性与综合性、开放性与互补性等特征。

1. 经济性与动态性

区域市场是商品交换自身运动规律的结果，他的存在有其客观必然性，且受经济规律约束，自然、行政、法律等因素不能直接创造区域市场，只能通过影响、规范与管理交易行为与交易关系而间接作用于区域市场。区域市场在经济活动中是动态的，他从来不拒绝与区域范围之外的信息、资金、商品、劳务的多向互动交流。同时，他不仅不断地进行市场活动要素的扩张，而且也不断地进行区域间的扩张。

2. 区域性与综合性

区域市场是一定空间范围的市场，所以他无疑具有区域性。区域市场边界虽然处于一种动态变化之中，但市场的范围还是具有相对（短期）稳定性，因为劳动地域分工格局在一定时期内不会发生根本性变化，我们可以通过识别劳动地域分工界定区域市场的范围。同时，区域市场的形成和发展与区域经济发展密切相关，每个区域市场发育的具体过程都带有明显的区域特色。综合性包括区域市场内交易行为与交易关系的综合性，又包含区域范围识别的综合性。综合经济区以外的任何形式的区域都具有功能单一或分工体系不全的缺陷，不能作为识别区域市场的区域框架，此外，综合性还指区域市场要素的综合性，即区域市场运行主体、客体、基础条件、运行机制、中介组织、调控系统、市场规则等对相互联系、相互依存的。必须综合协调地完成这些要素。否则，任何一项要素的缺陷都会阻滞区域市场的发育。

3. 开放性与互补性

市场就其本性讲是要"力求超越一切空间界限"的。源于区域开放的区域市场，不仅强化了区域开放的功能，而且要通过不断的开放，扩展市场的功能和作用范围，市场活动要素才得以合理流动和优化配置，加速区域经济一体化进程。

互补性是指区域内市场经济活动主体，在分工基础上形成相互依赖与合作关系，在平等竞争、等价交换的基础上相互依存。区域市场是各种经济活动的主体相互依存的中介，分工越发达，区域内相互依赖程度越深。[1][2]

---

① 吴殿廷：《区域经济学》，科学出版社 2003 年版，第 284—285 页。
② 朱传耿、沈山、仇方道：《区域经济学》，中国社会科学出版社 2001 年版，第 87—88 页。

第三节 区域经济合作与经济一体化

区域共同发展是理论是区域经济合作和经济一体化的理论基础，区域共同发展是一个内容极其丰富的概念。这种发展是一种全方位、多层次、多视角的发展。因此，区域经济合作与发展不仅要从纵向角度考察，实现区域自身的发展，而且还要从横向角度考察，实现区域间和区域内的共同发展。所谓共同发展，就是指各区域在经济发展过程中，在发展速度、发展内容上要做到相互依赖、相互支持、相互合作、相互促进，实现协调发展，从而促进区域经济一体化的发展。

一、区域经济合作与共同发展

（一）区域经济合作的概念

1.区域经济合作的含义。

区域经济合作是指各不同的区域为了促使其自身经济的更好更快发展，获得更多的经济利益，在互惠互利的基础上，通过协议或章程组织起来的各种经济联合体和建立起来的各种经济联系。他是不同地区生产要素的优化组合，即生产要素的区域转移和重新组合配置。由于各地区自然条件和经济发展水平不同，其拥有的生产要素存在一定的差异，包括数量上和质量上的差异，只有将不同区域的优势生产要素结合起来，才能更快地发展经济。区域经济合作是区域经济发展的内在要求。[①]

区域经济合作是生产社会化和地区分工协作发展的必然结果，是区域经济专业化和商品经济发展的客观趋势，是国民经济横向联合的一种形式。合理的区域分工，是社会进步的重要标志之一。每一种社会经济形态都有其特定的劳动地域分工，他反映着当时社会经济形态的性质和生产力发展水平。分工与合作市相互依存的，分工是合作的前提条件，合作是分工得以实现的保证。社会劳动地域分工越发达，区域经济合作的内容就越丰富，形式就越多样化。在社

---

① 吴殿廷：《区域经济学》，科学出版社 2003 年版，第 283 页。

会化大生产条件下，区域经济合作从简单到复杂，从低级到高级，不断向前发展。当然，社会劳动地域分工的演变受不同历史时期、不同发展阶段的自然、经济、社会等因素的制约。因此。组织区域经济合作必须全面系统地研究国情和区情，根据社会劳动地域分工发展的阶段，因地制宜地制定有关的方针政策，组织不同层次、不同内容、不同形式的经济协作和经济网络，充分发挥区域经济合作对推动区域经济发展乃至国民经济发展的积极作用。

2. 区域经济合作的产生和发展。

区域经济合作必须以劳动地域分工为基础。在奴隶社会和封建社会里，商品经济虽然有一定程度的发展，但生产力发展水平很低，自然经济占优势，商品交换不发达，社会分工不甚显著，劳动地域分工仍局限在一个较小的范围内，同时还具有不固定和不稳定的特点。因此，这一时期只存在不发达的社会劳动分工和劳动地域分工。到了资本主义社会和社会主义会，随着机器大工业的发展、生产的日益社会化和专业化、铁路和海上航运业的发展以及国内外市场的扩大，市场经济得到充分发展，劳动地域分工才日益扩大和明显。区域之间通过多种经济纽带紧密地联系在一起，区域经济合作变得日益重要，并得到空前发展。

当一个区域众多的专业部门发展到一定程度，以致这些部门足以构成该区域的特色，区际联系变得频繁而稳定时，这个区域便逐渐形成为一个经济区域。所以，经济区域是市场经济发展到一定阶段时才出现的，是劳动地域分工发展的必然结果。经济区域的主要标志是区域经济的专业化和商品化。

3. 区域合作的类型

区域合作包括经济发达区域与不发达区域、发达区域之间、不发达区域之间的合作。这些不同类的合作，无论是在内容上还是在合作的方式和水平上，都是有差别的。这些不同类型的合作，其内容和形式主要有两种，即企业之间的合作和区域之间的合作。（1）企业之间的合作。是企业和企业集团之间的合作。他是区域经济合作的基础和基本形式。其合作内容主要包括生产、营销和研究开发3个方面。（2）区域之间的合作是指地区之间、城市之间、城市与地区之间的经济合作。这一合作以企业之间的合作为基础，比企业之间的合作高一个层次。区域之间的合作一般由各方政府发起和组织。他是从宏观角度协商和规划区域间经济发展以及生产力的配置和布局。区域之间的合作主要有以下几种形式：①大经济协作区，即在几个省、市、自治区之间的经济合作；②经济协作区，即省区与毗邻地区形成的经济合作；③小经济协作区，是省或自治区内市县联合而成的经济合作关系；④经济协作网络区，是由某种利益相关的一组城市所构成，他们的地域互不相邻，往往通过铁路、航道等交通干线把他们连接在一起，形成城市经济网络。[①]

（二）区域共同发展的模式

区域共同发展是一个内容极其丰富的概念。这种发展是一种全方位、多层次、多视角的发展。因此，区域经济发展不仅要从纵向角度考察，实现区域自身的发展，而且还要从横向角度考察，实现区域间和区域内的共同发展。这里的共同发展，就是指各区域在经济发展过程中，在发展速度、发展内容上要做到相互依赖、相互支持、相互合作、相互促进，实现协调发展。显然，区域共同发展理论就是关于区域协调发展的学说。如何实现区域共同发展呢？目前主要有3种发展模式。

1. 均衡发展。均衡发展也称平衡发展。这种发展观点认为，区域间要实现共同发展，就必须保持各个产业间的平衡发展关系。因此，区域经济发展要推动所有产业部门同时发展，齐头并进；要保持各个区域之间发展的平衡。同时，要通过推动各个产业和区域的发展，实现国家和区域经济全面和持续的增长。

均衡发展观点的政策，就是主张国家在生产力布局方面应该以落后地区为重点，或者在资源分配上主张搞地区平均主义。这种均衡发展观渗透了"小农自然经济观念"，他是"试图追求一种理想的均匀和无差异的平等和平衡。"从新中国建立到改革开放之前，我们在区域经济发展中，基本上就是按照均衡发展观进行产业布局和国家投资的，即国家采取以实现全国经济布局相对均衡、缩小区域经济差异为直接目标的均衡发展战略。[②]

2. 非均衡发展。非均衡发展又称不平衡发展。这种发展观承认社会经济发展不平衡存在的客观性，他的理论根据就是区域经济发展具有不平衡性，在经济发展的长期过程中，产业之间、区域之间一直处于不平衡状态。非均衡发展观认为，产业间或区域间发展上的短期均衡，是一系列不平衡发展形成的。他反对在资源配置上对各产业、各地区采取无差别的平均主义的做法，主张遵循并自觉利用不平衡发展规律，实现有区别、有重点、有选择的不平衡发展战略。因此，非均衡发展观主张，发展区域经济要集中力量率先发展关联效应大的产业部门，并以其为核心引导和扩大对其他产业部门的投资。在地区发展方

---

① 陈自芳：《区域经济学新论》，中国财政经济出版社2011年版，第268—269页。
② 张秀生：《区域经济学》，武汉大学出版社2007年版，第39页。

面，要优先发展相对发达地区，通过他们来支持和带动其他欠发达地区的发展，最终实现区域共同发展。

在我国，区域非均衡发展观强调国家生产力布局和投资应遵循不平衡发展规律，并主张实行以三大经济地带为地域单元的梯度推移政策。改革开放之初，我国为扩大对外开放，加强与世界经济的交流，利用世界经济重心逐步东移给我国经济发展所带来的机遇，同时也为了实施渐进式区域推进政策，国家采取了优先发展东部沿海地区的非均衡发展战略。从"六五"计划开始，国家按照三大经济地带谋划全国的经济布局，并提出要积极利用沿海地区的现有基础，充分发挥他们的特长，带动内地经济进一步发展。"六五"计划至"八五"计划期间，国家在投入上重点向沿海地区倾斜，更重要的是国家对沿海地区在改革开放政策方面给予倾斜，这些无疑对全国经济实现持续快速发展起了保障作用。但是，由于不平衡发展论在强调对不同产业和地区实行有差别、有重点、有选择的政策时，没有注意到适度倾斜和协调发展的重要性，非均衡发展战略的实施也引发了一系列区域经济问题：一是全国区域经济差异进一步扩大，区域之间的相对差异和绝对差异都出现加速扩大的趋势；二是区域经济结构趋同问题凸显出来；三是地方保护主义现象增多，区域经济秩序紊乱。

无论是均衡发展战略，还是非均衡发展战略，都未能有效地解决区域经济差异问题，即没有很好地实现区域共同发展，同时也没有真正处理好效率与公平的关系。因此，近几年针对以上两种发展战略的片面性，一些学者提出了非均衡协调发展理论。

3. 非均衡协调发展。非均衡协调发展是实现区域共同发展的一种重要学说，有的学者用协调发展概念。党的十六大报告再次强调"促进区域经济协调发展"，并要求"加强东、中、西部经济交流和合作，实现优势互补和共同发展，形成若干各具特色的经济区和经济带"。协调发展概念中包含着非均衡的含义，他较好地处理了在区域共同发展中的效率与公平关系。非均衡协调发展应成为我们制定区域经济共同发展战略的基本指导思想。

非均衡协调发展思想的核心内容，就是适度倾斜与协调发展相结合。在国家所掌握的资源十分有限的条件下，为了提高资源配置的效率，保持国民经济的适度增长，就必须集中有限的人力、物力和财力，采取重点开发的形式，并在资源分配和政策投入上对重点开发地区和重点产业实行倾斜。但是，国民经济是一个有机的整体，各地区之间、各产业之间都存在着一定的有机联系和相互依存关系，经济发展需要保持协调，于是就要求国家实行的这种倾斜政策必须适度，必须以保持协调发展为前提。保持地区间和产业间的协调发展，应作为判断倾斜政策适度与否的重要标志。[①]

我国区域经济协调发展的方向，就是要按照市场经济规律和经济内在联系以及地理自然特点，突破行政区划界限，在已有经济布局的基础上，以中心城市和交通要道为依托，逐步形成7个跨省区市的经济区域，即长江三角洲及沿江地区、环渤海地区、东南沿海地区、西南和华南部分省区、东北地区、中部五省区和西北地区。"九五"末期我国开始实施的西部大开发战略，就充分体现了区域经济非均衡协调发展的思想。

魏后凯在《区域经济发展的新格局》一书中，阐述了适度倾斜与协调发展相结合的三方面含义：①在地区间的资源分配和政策投入上，实行适度的地区倾斜与必要的区域补偿相结合；②在各地区的产业发展上，实行适度的地区专业化与必要的多样化相结合；③在各种经济活动的空间分布上，实行适度的地理集中与必要的地理分散相结合。显然，以上三个方面的结合，体现了非均衡协调发展的思想，他们是非均衡协调发展思想在地区间和产业间的经济关系以及空间结构上的具体反映。

（三）区域经济合作的特点

区域经济合作最基本的特点是开放性，一个封闭性的区域经济合作是没有生命力的，因此，区域经济合作是一个开放性的区域经济方式，呈现出以下特点。

1. 区域经济一体化与经济全球化相结合

经济全球化与区域经济合作已成为当今世界经济发展的两大主要趋势。区域经济一体化不仅有利于区域内部的国家或地区的经济发展，同时也是世界经济全球灵活实用的合作机制，利用地区内部市场来扩大需求，进而带动国内生产和产业结构的调整。目前，区域经济一体化的发展越来越快，甚至超过了经济全球化发展的速度，越来越多的国家在参与多边贸易机制时也参与到不同的区域经济合作组织中去。从更广泛的意义上看，区域性组织和多边性行动在推进贸易自由化方面可以起到相互补充而不是相互排斥的作用。

2. 区域内合作和跨区域合作相结合

区域经济合作开始主要发生于有地缘优势的相邻国家和地区之间。其对区域内和区域外实行不同的经济贸易开放政策，对内是开放的、自由的、协调

---

① 张秀生：《区域经济学》，武汉大学出版社2007年版，第41-44页。

的，而对外却有不同程度的区别。随着区域经济合作的发展，周边可用的资源逐渐减少，再加上通信技术的发展，跨洲的经济交流趋于便利，参加国际合作国家和地区逐渐增加。

3. 多样性与层次性相结合

区域经济合作的内容是多样的，既有各种区域性组织、政府有关机构和其他非政府组织提供的贷款、赠款、出口信贷、人员的培训和交往，也有为有关机构和企业发展提供的各种援助和资助等，包括这些机构资助的国际交流项目。合作的领域是全方位的，既包括社会发展、能源建设、环境保护、人力资源开发、投资、金融和经贸合作等领域，也包括工商、企业领导人的交流与培训等方面，同时还包括科技发展、文化信息的交流、技术合作与转让，尤其是在信息技术和电子商务等方面的技术合作。

区域经济合作的方式是多层次的：既可以是两个或两个以上的国家、地区或单独关税区之间的合作，也可以是国内城市之间或国内城市与国际城市之间的合作；既可以是区域组织内部官方或民间的友好往来，也可以是区域内的政府部门和非政府组织的合作。同时，这种区域经贸安排灵活多样，在与一国或地区签订双边自由贸易协定的同时，还可以与第三国或地区就同样内容或相似内容进行谈判与商签。内容的多样性与方式的多层次是紧密结合的，构成经济合作的新特点。

（四）区域经济合作发展趋势

在经济全球化和区域经济一体化发展的背景下，区域经济合作呈现出范围不断拓展、程度不断加深、层次不断提高的发展趋势。从国际区域经济合作发展看，中国成功地加入了WTO，赢得了参与制定世界经济规则的权利；成为亚太经济合作组织的重要成员；与俄罗斯、中亚一些独联体国家发起并成功组建了上海合作组织；正在与东盟10国构建东盟与中国自由贸易区等。从国内来看，随着经济市场化的发展，区域经济合作将逐渐成为市场力为主导、政府积极推动、区域协调组织有效发挥作用的发展机制。区域经济合作将会更过地体现以资产联结为纽带、以资源优势为基础、以生产要素优化为向导、合作领域不断拓展的发展趋势。

1. 全方位多层次的区域合作全面展开，区域一体化步伐加快

中国加入WTO以后，国际市场国内化、国内市场国际化的趋势更加明显，从而促使各地对外开放的深化，区域经济合作将大规模推进，全方位、多层次的区域合作全面铺开。长江三角洲、珠江三角洲等发达地区的区域经济合作向

国际大都市经济一体化方向发展。发达地区与不发达地区的区域经济合作也在自然资源开发、基础设施建设、旅游资源开发等方面实现优势互补的合作。西部地区、中部地区、东部工业区等地区也在进行着多种形式的合作。

2.企业成为区域经济合作的主体，跨区域的产业集团发展趋势强劲

在经济全球化的推动下，企业在日益激烈的市场竞争中，为寻求更大的发展空间，打破了行政区域的界限，实现跨区域的横向经济联合，向产业集团化方向发展。

3.区域经济合作格局逐步由垂直型向水平型发展

随着工业化、市场化的发展，区域经济结构的调整和优化必将加快，从而对区域经济合作产生重大影响。地区间工业分工格局也逐步由部门间分工向部门内产品间分工，甚至同一产品按不同生产环节进行分工转变。各区域都在着眼于各产业结构的升级，根据市场效率的原则，加强劳动密集型、资本密集型、技术密集型之间以及在其工序与零部件生产之间的分工与合作，以促进各区域经济的可持续发展。

二、区域经济一体化

（一）区域经济一体化的内涵

区域经济一体化并不是二战之后的新现象，其萌芽可以追溯到 19 世纪中叶。美国学者 D.A. 斯奈德在《国际经济学导论》中提出，德意志关税同盟的建立可以称为区域经济一体化的"历史原型"，战后才发展出比他结合程度或高或低的其他类型。[①]荷兰经济学家丁伯根（1954）最早提出经济一体化的概念：经济一体化就是将有关阻碍经济最有效运行的人为因素加以消除，通过相互协调与统一，创建最适宜的国际经济结构。[②]美国经济学家林德特和金德尔伯格认为：经济一体化可以指宏观经济政策的一体化和生产要素的移动以及成员体之间的自由贸易。一体化是通过共同的商品市场、共同的生产要素市场和两者结合，达到生产要素价格的均等。[③]国内有的学者认为区域经济一体化是指通过共同的商品市场、共同的生产要素市场，达到生产要素价格的均等和自由流通，以及成

---

①《世界经济百科全书》，中国大百科全书出版社 1987 年版，第 259-260 页。
② 赵儒煜、尹小平：《国际经济理论问题探索》，吉林大学出版社 1995 年版，第 97 页。
③《国际经济学》，上海译文出版社 1985 年版，第 191-204 页。

员方之间的自由贸易。还有人认为，区域经济一体化表述为整体内部各个部门的联盟，是利益相近的国家之间的联合，他包含取消属于不同民族国家之间的歧视性举措，必然导致货物销售的自由市场以及资本、劳动统一市场的建立。

区域经济一体化是经济区域内各生产要素部门组成的系统有机整体，是指生产要素在超国界或区域的一定区域内实现合理流动，各种资源在更大空间和生产领域的有效配置，实现优势互补、互相促进的过程。他是区域经济发展到较高水平阶段，在区域经济合作基础上逐步形成的。区域经济一体化是20世纪下半叶以来，国际经济生活中出现的一大潮流。区域经济一体化是指两个或两个以上的国家或地区，通过相互协商制定经济贸易政策和措施，并缔结经济条约或协定，在经济上结合起来形成一个区域性经济贸易联合体的过程。

区域经济一体化已成为当今国际经济关系中最引人注目的趋势之一，但国内外对经济一体化尚无统一定义。"经济一体化"这个词语的使用是近年出现的。据专家考证，在1942年以前一次也没有被使用过。到1950年，经济学家开始将其定义为单独的经济整合为较大的经济的一种状态或过程。也有人将一体化描述为一种多国经济区域的形成，在这个多国经济区域内，贸易壁垒被削弱或消除，生产要素趋于自由流动。所谓"区域"是指一个能够进行多边经济合作的地理范围，这一范围往往大于一个主权国家的地理范围。根据经济地理的观点，世界可以分为许多地带，并由各个具有不同经济特色的地区组成。但这些经济地区同国家地区并非总是同一区域。为了调和两种地区之间的关系，主张同一地区同其他地区不同的特殊条件，消除国境造成的经济交往中的障碍，就出现了区域经济一体化的设想。经济的一体化是一体化组织的基础，一体化组织则是在契约上和组织上把一体化的成就固定下来。

从20世纪90年代至今，区域经济一体化组织雨后春笋般地在全球涌现，形成了一股强劲的新浪潮。这股新浪潮推进之迅速，合作之深入，内容之广泛，机制之灵活，形式之多样，都是前所未有的。此轮区域经济一体化浪潮不仅反映了经济全球化深入发展的新特点，而且反映了世界多极化曲折发展的新趋势。

（二）区域经济一体化理论

1. 关税同盟理论

对关税同盟理论研究最有影响的是以美国经济学范纳（Jacok Viner）和李普西（K·G·Lipsey）。按照范纳的关税同盟理论，完全形态的关税同盟应具备以下三个特征。

（1）完全取消各成员国间的关税；

（2）对来自成员国以外的国家和地区的进口设置统一的关税；

（3）通过协商方式在成员国之间分配关税收入。这种自由贸易和保护贸易相结合的结构，使得关税同盟对整个世界经济福利的影响呈现双重性，即贸易创造和贸易转移并存。

2. 关税同盟的静态效应

所谓关税同盟的静态效应，是指假定在经济资源总量不变、技术条件没有改进的情况下，关税同盟对集团内外国家、经济发展以及物质福利的影响。关税同盟的静态效应主要是指贸易创造效应和贸易转移效应。

（1）贸易创造效应（Trade Creating Effect）

贸易创造效应是指由于关税同盟内实行自由贸易后，产品从成本较高的国内生产转往成本较低的成员国生产，从成员国的进口量增加，新的贸易得以"创造"。此外，一国由原先从同盟外国家的高价购买转而从结盟成员国的低价购买也属于贸易创造。

（2）贸易转移效应（Trade Diversion Effect）

假定缔结关税同盟前关税同盟国不生产某种商品而采取自由贸易的立场，无税（或关税很低）地从世界上生产效率最高、成本最低的国家进口产品；关税同盟建立后，同盟成员国高产品转由同盟内生产效率最高的国家进口。如果同盟内生产效率最高的国家不是世界上生产效率最高的国家，则进口成本较同盟成立增加，消费开支扩大，使同盟国的社会福利水平下降，这就是贸易转移效应。

3. 次优理论与关税同盟的其他静态效应

（1）次优理论。范纳认为关税同盟的建立既可能增加也可能减少成员国和世界其他国家的福利，而这取决于产生关税同盟的环境，这就是次优理论（Theory of the Second best）。这个理论认为，如果福利最大化或者帕累托最优所需要的条件不能全部满足，那么尽量满足尽可能多的条件是没有必要的，并且这样做通常会导致次优情况的发生。因此，建立关税同盟并不仅仅在成员国之间消除贸易壁垒，并不必然产生次优的福利状态。

（2）关税同盟的其他静态福利效应。第一，关税同盟使得各成员国的海关人员、边境巡逻人员等减少而引起的行政费用的减少；第二，贸易转移型关税同盟通过减少对同盟成员国之外的世界上其他国家的进口需求和出口供给，有可能使同盟成员国共同的贸易条件得到改善；第三，任何一个关税同盟，在国际贸易投票中以一个整体来行动，较之任何一个独立行动的国家来说，可能具有更强大的讨价还价的能力；第四，关税同盟建立后，可减少走私。由于关税同盟的建立，商品可在同盟成员国之间自由移动，在同盟内消除了走私产生的根源。这样，不仅可以减少查禁走私的费用支出，还有助于提高全社会的道德水平。

4. 关税同盟产生的动态效应

所谓关税同盟的动态效应，是指关税同盟对成员国贸易以及经济增长的推动作用。关税同盟的动态效应表现在以下几个方面：（1）关税同盟的建立使成员国间的市场竞争加剧，专业化分工向广度和深度拓展，使生产要素和资源配置更加优化；（2）关税同盟建立后，成员国国内市场向统一的大市场转换，自由市场扩大从而使成员国获取转移与规模经济效益；（3）关税同盟的建立、市场的扩大、投资环境的大大改善，会吸引成员国厂商扩大投资，也能吸引非成员国的资本向同盟成员国转移；（4）关税同盟建立以后，由于生产要素可在成员国间自由移动，市场趋于统一并且竞争加剧，投资规模扩大，促进了研究与开发的扩大，技术进步提高，加速了各成员国经济的发展。

5. 大市场理论

大市场理论的提出者认为：以前各国之间推行狭隘的只顾本国利益的贸易保护政策，把市场分割得狭小而又缺乏适度的弹性，这样只能为本国生产厂商提供狭窄的市场，无法实现规模经济和大批量生产的利益。

6. 综合发展战略理论

综合发展战略理论认为，经济一体化是发展中国家的一种发展战略，要求有强有力的共同机构和政治意志来保护较不发达国家的优势。所以，有效的政府干预对于经济一体化是很重要的，发展中国家的经济一体化是变革世界经济格局、建立国际经济新秩序的要素。

（三）区域经济一体化的形式

1. 按照贸易壁垒强弱的程度划分

（1）特惠贸易协定（ Preferential Trade Arrangements ）。他是指在实行特惠贸易安排的成员国之间，通过协定或其他形式，对全部或部分商品规定特别的关税优惠。这是经济一体化的最松散和较低级的一种形式。

（2）自由贸易区（ Free Trade Area ）。他是指由签订有自由贸易协定的两个或两个以上的国家或地区组成的贸易区域。自由贸易区内逐渐减免甚至取消关税与进口数量限制，同时，保留成员国各自的原有独立的对区外国家的关税结构和其他贸易保护措施。

（3）关税同盟（ Customs Union ）。他是指两个或两个以上的国家通过签订条约或协定取消区域内关税或其他进口限制，并对非同盟国家实行统一的关税率而缔结的同盟。这在一体化程度上比自由贸易区更进了一步。他除了包括自由贸易区的基本内容外，而且成员国对同盟外的国家建立了共同的、统一的关税税率，结盟的目的在于使参加国的商品在统一关镜以内的市场上处于有利地位，排除非成员国商品的竞争，他开始带有超国家的性质。

（4）共同市场（Common Market）。他是指除了在成员国内完全废除关税与数量限制并建立对非成员国的共同关税外，还取消了生产要素流动的各自限制，允许劳动、资本等在成员国之间自由流动。在商品自由流动方面，他既一直在对外的统一关税，有协调间接税制度、产品标准化制度；在资本的自由流动方面，有协调筹资制度；在劳动的自由流动方面，有学历和技术等级的相互承认制度等等。共同市场下经济调节的超国家性质比关税同盟更进一步。

（5）经济同盟（Economic Union）。他是共同市场和经济共同体向超国家一体化的宏观协调机制发展的具体步骤，是一种较高层次的区域经济一体化组织形式。其特点是，在实行关税、贸易和市场一体化的基础上，进一步协调成员国之间的经济政策和社会政策，包括货币、财政、经济发展和社会福利政策，以及有关贸易和生产要素的流动政策，并拥有一个制定这些政策的超国家的共同机构。

（6）完全的经济一体化（Complete Economic Integration）。这是经济一体化的最高级形式。完全经济一体化不仅包括经济同盟的全部特点，而且各成员国还统一所有的重大经济政策，如财政政策、货币政策以及有关贸易和生产要素流动的政策。在这个一体化组织内，各成员国的税率特别是增值税率和特别消费税率基本协调一致；他建立统一的中央银行，使用统一的货币；取消外汇管制，实行同样的汇率管理；逐步废除跨国界的金融管制，允许相互购买和发行各种有价证券；实行价格的统一管理等等。完全经济一体化组织一般有共同的组织管理机构，这种机构的权力以成员国的部分经济决策与管理权限的让渡为基础。

2. 按区域经济一体化的范围划分

（1）部门经济一体化（Sectoral Economic Integration）。部门经济一体化是指区域内各成员国的一个或几个部门（或商品，或产业），达成共同的经济联合协定而产生的区域经济一体化组织。

（2）全盘经济一体化（Overall Economic Integration）。全盘经济一体化是指区域内各成员国的所有经济部门加以一体化的形态。

3. 按参加国的经济发展水平划分

（1）水平经济一体化（Horizontal Economic Integration）。水平经济一体

化，又称横向经济一体化。他是指由经济发展水平大致相同或相近的国家所组成的经济一体化组织。

（2）垂直经济一体化（Vertical Economic Integration）。垂直经济一体化，又称纵向经济一体化。他是指由经济发展水平不同的国家所组成的区域经济一体化组织。

五、区域经济一体化组织

（一）国际区域经济一体化组织发展历程

14世纪和15世纪，在西欧出现了萌芽的资本主义，意大利北部的威尼斯、热那亚、佛罗伦萨等城市，以及波罗的海北岸的汉萨同盟诸城市，都已成为欧洲的贸易中心。15世纪末16世纪初，随着资本主义生产关系的发展，地理上的大发现，以及海外殖民地的开拓，对外贸易的范围不断扩大，逐渐形成了区域性的国际商品市场。三次全球化的浪潮把国际贸易推向了新的高潮。

第一次浪潮出现在19世纪后半期到20世纪初，最后被第一次世界大战打乱。在1850—1875年间，国际贸易和经济发展的迅速扩张多半归因于海陆交通运输。国际贸易的繁荣和国际资本、劳动力的大规模流动成为这个时代的特征。

20世纪50—60年代，经济全球化的第二次浪潮。二战后建立的国际金融体制是以美元为基础货币的，实行汇率固定但可调整的布雷森林体系为形成的，国贸总协定勾勒了多边贸易体制的框架。在宏观上的特征是以美国实力支撑为形式的国际金融和国际贸易体制，在微观上则是跨国公司，尤其是美国跨国公司活跃于世界经济舞台。

从70年代后期起，西方国家经济政策的调整、新技术的创新和扩散、发展中国家的经济自由化改革和开放政策，企业经营活动的国际化等。促使第三次经济全球化浪潮来临。

进入21世纪以来，新科技革命、信息化的不断发展，既加剧了各国之间的激烈竞争，又密切了彼此的关系。各国都清醒地意识到，本国经济的发展离不开国际的资金、技术、市场和信息，离不开国际合作。因此，他们都积极支持和参与世界经济一体化和地区合作，使得地区经济一体化得到迅猛的发展。

随着生产力的进步，通信、信息和交通运输业的也得到迅猛发展。当代国际贸易又有了新的特点，参与世界市场活动的国家增多，交换的商品内容不断扩大，从货物贸易向服务产品、知识产品贸易的延伸，可贸易的产品日益增多。国际贸易又有了新的挑战。在市场经济体制下，国际分工和市场获得巨大的发展空间，自由贸易政策成为主流。世界各国为了发展对自己有利的对外贸易，通过制定和实施对外贸易政策保护和促进贸易的发展，例如，各种关税和非关税壁垒政策。同时因经济贸易发展的不平衡，不时地会出现新的贸易保护政策和措施。跨国公司有着极强的竞争优势，不断推动服务业的发展，发达国家自始至终都是国际贸易发展的主体，发达国家与发达国家的水平贸易，发达国家与发展中国家的垂直贸易，以及发展中国家之间的国际贸易，其经济技术合作方式多种多样，在加政府的支持和促进。国际贸易有了空前的发展，国与国的竞争已经不能只从国家的角度来衡量。

目前，国际政治多极化、世界经济全球化和区域化迅速发展的今天，随着经济全球化的加速发展和世界市场的快速开拓，世界各国的联系都在不断地加强，这样使得世界各国和各个地区经济的依赖性不断地加深，世界各国及其国内企业进入世界市场的机会也在不断地增加。各个国家和地区为了取得在世界市场的国际竞争优势和市场利益，组织或参与区域经济一体化成为各国或地区的必然选择。世界经济中已有数十个各种类型的区域经济一体化组织，不仅发达国家无一例外地卷入了组建区域经济一体化的新浪潮，而且广大的发展中国家出于发展本国或本地区经济和共同对付发达国家经济剥削的需要，也纷纷组建、巩固和发展自身的区域经济合作组织。据统计，目前全球共有33个区域经济一体化组织。其中欧洲6个、拉丁美洲11个、亚洲3个、非洲8个、大洋洲2个、北美1个、跨洲际的一体化组织2个。共有150多个国家和地区参加。

（二）国际区域经济一体化组织

1. 欧洲联盟

（1）历程。前身是欧洲经济共同体（European Economic Community, EEC）。1951年4月，西欧6国（法、联邦德国、意、荷、比、卢）签订《欧洲煤钢联营条约》（巴黎条约），建立欧洲煤钢共同体。规定逐步取消成员国间煤钢产品的进出口关税和限额，成立煤钢共同市场；通过控制投资、产品价格、原料分配、企业合并等办法，调节共同体成员国的煤钢生产。巴黎条约原则扩大：1957年3月25日，6国签订《建立欧洲原子能共同体条约》和《欧洲经济共同体条约》，统称《罗马条约》，1958年1月1日生效，欧洲原子能共同体和欧洲经济共同体正式成立。

主要内容：建立全面的关税同盟，内部取消各种工业品关税，对外采用统一关税；对外实行共同的贸易政策；内部实施共同农业政策；逐步协调经济和社会政策，实现商品、人员、劳务和资本的自由流通。1967 年 7 月 1 日，欧洲煤钢共同体、欧洲原子能共同体、欧洲经济共同体的主要机构合并，统称为欧洲共同体（European Communities，EC）。

主要机构：部长理事会、执行委员会、欧洲议会、欧洲法院、欧洲理事会。总部设比利时首都布鲁塞尔。

1968 年欧共体建立了一个关税同盟，实现了对内取消关税，对外统一关税。欧共体自创立以来已实现三次扩大，由最初的 6 国发展到现在的 15 个国家：英国、爱尔兰、丹麦（70 年代）、希腊、葡萄牙、西班牙（80 年代）、奥地利、芬兰、瑞典（90 年代）。

（2）发展。20 世纪 70 年代后，欧共体经济出现滞胀。原因：内部虽取消关税壁垒，但非关税壁垒严重，内部市场分隔。企业难以获取规模经济效益，产业结构和出口结构调整迟缓，尖端科技落后，经济发展速度下降。经过长期磋商，建立"欧洲统一大市场"，振兴经济，与美、日争夺世界市场的主导权。欧共体执行委员会起草《欧洲一体化文件》，提出在 1992 年底建成统一大市场的计划。1992 年底，各国基本撤除了各种阻碍商品和要素自由流动的壁垒，形成统一大市场。1991 年 12 月，荷兰马斯特里赫特城举行成员国首脑会议，正式签署《马斯特里赫特条约》（又称《欧洲联盟条约》），由《经济和货币联盟条约》和《政治联盟条约》组成。前者目标：实现欧洲统一货币和成立欧洲中央银行，后者目标：建立共同外交、防务、社会政策等方面的国家联盟。由于 1992 年欧洲金融风暴，直到 1993 年 11 月，《马约》才被所有的成员国批准通过。正式生效后"欧洲共同体"被改名为"欧洲联盟"。1999 年欧盟 11 国开始使用新的统一货币"欧元"。

此外，1992 年 2 月，欧共体与欧洲自由贸易联盟达成了"欧洲自由贸易区"协议。欧洲 19 个国家组成世界上最大的自由贸易区。1994 年 12 月欧盟达成决议，在条件成熟时吸收波兰、匈牙利、捷克、斯洛伐克、保加利亚、罗马尼亚、斯洛文尼亚、立陶宛、爱沙尼亚、拉脱维亚等 10 国加入。欧盟决定在 2010 年建立欧盟与地中海的自由贸易区。[1][2][3]

---

[1] 白洪声、张喜平：《国际贸易理论与实物》，山东人民出版社 2005 年版，第 156 页。

[2] 周肇光：《区域经济学概论》，安徽大学出版社 2008 年版，第 71—84 页。

[3] 哈维·阿姆斯特朗、吉姆·泰勒：《区域经济学与区域政策》，刘乃全等译，世纪出版社、上海人民出版社 2007 年版，第 254—266 页。

2. 北美自由贸易区（North American Free Trade Area，NAFTA）

北美经济一体化于 20 世纪 80 年代兴起。首先在美国和加拿大之间进行。80 年代后，美、加之间的经济关系获得发展，贸易、投资相互渗透、相互依赖。但两国经济上的矛盾频发且不断扩大，以致危及双方的经济利益。于是，两国认识只有通过双边自由贸易，才能避免矛盾的激化，获得自由贸易的好处，求得最佳的经济利益。两国经过 23 轮、一年多的谈判，签署《美加自由贸易协定》。1989 年 1 月 1 日正式生效。内容：规定 10 年内取消商品进口关税和非关税壁垒。关税分三批于 1998 年降至零。美国 1990 年 6 月与墨西哥磋商美墨自由贸易协定，9 月加拿大宣布参加谈判。三国于 1992 年 8 月 12 日签订《北美自由贸易协定》。1994 年 1 月 1 日正式生效。

内容：规定 15 年内建成北美自由贸易区，关税取消分三批进行：50% 的商品关税立即取消，15% 的商品关税在 5 年内取消，其余的商品关税在 6—15 年内逐步取消。协定还在服务、投资、知识产权、政府采购等方面作了规定。美国提出"美洲倡议"，将自由贸易范围扩大至拉美，建立美洲自由贸易区。1994 年 12 月，在迈阿密举行由北美、南美、加勒比海所有 34 个国家（古巴除外）的"美洲首脑会议"，讨论建立美洲自由贸易区。决定在 2005 年完成美洲自由贸易区的谈判。

1998 年 4 月，在圣地亚哥召开第二届美洲国家首脑会议。5 月份正式启动谈判计划。北美自由贸易区人口 3.6 亿、GNP6 万多亿美元、贸易总额高出欧盟 25%（后者的人口接近 4 亿），是全球最大的区域性贸易集团。对亚洲发展中国家影响较大：纺织品 1996 年墨西哥取代中国成为对美第一出口国。①②

3. 亚太经济合作组织（Asia Pacific Economic Cooperation，APEC）

20 世纪 80 年代由澳大利亚建议建立。1989 年 11 月，亚太 12 国（美、日、澳、加、新、韩、马、泰、菲、印尼、新、文）在堪培拉举行第一届部长会议，APEC 成立，1992 年 9 月第四届年会吸收了中国，中国台湾、中国香港加入，后增墨、巴新、秘鲁、俄罗斯、越南、智利，共 21 国。亚太各国政治体制、经济体制、经济发展水平、社会文化差异较大，短期内不可能成立比较紧密的经济一体化组织。亚太经济合作组织只是一个松散的经济合作论坛，合

---

① 宫占奎、陈建国、佟家栋：《区域经济组织研究——欧盟、北美自由贸易区、亚太经合组织》，经济科学出版社 2000 年版，第 20-29 页。
② 周肇光：《区域经济学概论》，安徽大学出版社 2008 年版，第 90-100 页。

作的实质内容尚处于讨论和制定阶段。1993 年 11 月西雅图部长会议通过"贸易与投资自由化框架协议"，建立常设贸易和投资委员会以协调、促进亚太及全球贸易、投资活动。此次会议美国倡议从 1993 年起，每年举行一次成员国首脑非正式会议，扩大了 APEC 的国际影响，为今后的贸易、投资、技术一体化方向发展，注入政治推动力。1994 年 11 月，印尼茂物第二次首脑非正式会议，通过《茂物宣言》，承诺最迟不晚于 2020 年实现亚太地区的贸易和投资自由化，发达国不晚于 2010 年，发展中国不晚于 2020 年。基本原则：成员国之间既要与世界贸易组织的原则和要求相协调，又要在自愿与自主基础上相互协调，以有利于解决亚太地区内部一些次区域性合作问题。

温哥华第九届部长级会议、第五次成员国首脑非正式会议，发表"联合声明"、"联系大家庭宣言"：重申《茂物宣言》、确定实现贸易投资自由化的两个时间表、批准 1997 年完成的单边和多边行动计划、同意 15 个部门提前自由化。

4. 其他区域经济一体化组织

亚洲：

（1）东南亚国家联盟（ASEAN）

前身是 1961 年由马、菲、泰三国建立的东南亚联盟。1967 年 8 月 8 日，三国与新、印尼在曼谷举行会议，发表《东南亚国家联盟宣言》（也称《曼谷宣言》），成立东联。1984 年文莱、1995 年越南、1997 年缅甸和老挝入盟。现有成员国 9 个。政治与经济合作并重的综合区域组织。成立最初 10 年的合作内容主要集中在政治领域，70 年代后期，转向以经济合作为主，实行优惠贸易安排，东盟贸易自由化有了发展。1992 年 10 月，东盟签署《新加坡宣言》、《经济合作框架协定》、《普惠关税协定》，决定从 1993 年起，逐步削减关税，10 年内建立东盟自由贸易区，2003 年把内部工业和农产品的关税率降至 0.5%。

（2）南亚区域合作联盟

1985 年 12 月成立，成员有印、孟、巴基斯坦、斯里兰卡、马尔代夫、尼、不丹 7 国。十多年来，区域经济合作进展不大：原因是成员国之间存在着严重的政治分歧和边界争端，印巴两个南亚大国在该地区禁止核武器问题不可调和的矛盾。说明政治关系是影响区域经济一体化发展的一个重要因素。

（3）海湾合作委员会

1965 年成立，成员国有沙特、科威特、巴林、阿曼、卡塔尔、阿联酋 6 国。1992 年底，海湾合作委员会宣布，1993 年 3 月建立共同市场，统一进口关税，进口货物自由流动。

（4）经济合作组织

1964 年成立，成员国有伊朗、巴基斯坦、土耳其。1992 年加入有阿富汗、阿塞拜疆、哈萨克斯坦、乌兹别克斯坦、吉尔吉斯斯坦、土库曼斯坦、塔吉克斯坦。1993 年制订行动计划，确定 2000 年前合作目标，最终目标是建立伊斯兰共同市场。

欧洲：

（1）欧洲自由贸易联盟

1959 年 7 月，英、瑞、丹、挪、瑞、奥、葡 7 国斯德哥尔摩举行部长级会议，11 月签订《欧洲自由贸易联盟条约》。1960 年 5 月正式成立。后芬、冰、列相继加入。英、丹、瑞典、奥、葡、芬加入欧洲经济共同体，仅剩挪、瑞士、冰和列四国。建立原因是对抗欧共体，后转为与之加强合作。1972 年 7 月，同后者签署自由贸易区协定，逐步取消国家间工业品关税，把自由贸易制度扩大到这两大经济集团内的所有国家。

（2）独联体经济联盟

苏联、东欧剧变，"经互会"（1949 年建立）1991 年 6 月 28 日解体。俄、乌、白俄三国在 12 月 8 日首先建立经济联盟，后成为俄罗斯为首的 12 国"独联体经济联盟"。独联体经济转轨过程至今仍未走出低谷，俄罗斯近几年经济大滑坡，各国都缺少资金，投资环境又不太理想，国外投资甚少，经济恢复缺少活力。

（3）中欧自由贸易区

1992 年 12 月，波兰、匈牙利、捷克、斯洛伐克四国签署《中欧自由贸易协定》。

（4）黑海经济合作组织

1992 年 6 月伊斯坦布尔签署《黑海经济合作宣言》，通过多边合作网，加强经济合作，取消扩大贸易、投资的一切障碍，为商品、劳务和资金的自由流动创造条件。11 个正式成员国：罗马尼亚、保加利亚、土耳其、阿尔巴尼亚、希腊、俄罗斯、亚美尼亚、摩尔多瓦、格鲁吉亚、乌克兰、阿塞拜疆。

拉丁美洲：

（1）南方共同市场

1991 年 3 月 26 日，阿根廷、巴西、乌拉圭、巴拉圭在巴拉圭首都亚松森签署《亚松森条约》，建立南方共同市场。1995 年 1 月 1 日正式启动运转。

（2）中美洲共同市场

前身1956年成立的中美洲自由贸易区。1962年8月，危地马拉、萨尔瓦多、洪都拉斯、尼加拉瓜、哥斯达黎加在马那瓜签署《中美洲经济一体化条约》，成立中美洲共同市场。80年代后期，5国经济状况恶化、政治动荡、内战不断、债务负担异常沉重，成员国之间重新构筑了非关税壁垒。为抑制区内贸易保护主义，1993年达成"最终多边协议"，建立了关税同盟。

（3）安第斯集团

1966年，玻利维亚、智利、哥伦比亚、厄瓜多尔、秘鲁5国签订《安第斯条约》，后委内瑞拉加入，智利退出。1995年正式对外实施四级对外关税结构。

（4）拉美一体化联盟。

前身是拉美自由贸易联盟。1960年2月阿根廷、玻利维亚、巴西、智利、墨西哥、巴拉圭、秘鲁、乌拉圭8国签订《蒙得维的亚条约》，成立"拉美自由贸易联盟"。后哥伦比亚、厄瓜多尔和委内瑞拉相继加入，成员国11个。1980年签订新的《蒙得维的亚条约》，建立"拉美一体化联盟"，推动经济一体化进程。

非洲：

（1）西非国家经济共同体

1975年5月，西非15个国家签署《拉各斯条约》，成立西非国家经济共同体。成员有：贝宁、象牙海岸、几内亚、上沃尔特、马里、毛里塔尼亚、尼日尔、塞内加尔、多哥、冈比亚、尼日利亚、加纳、利比里亚、塞拉利昂、几内亚比绍。后佛得角加入，现为16国。目前非洲最大的区域性经济组织。1993年第16届首脑会议签订《修正条约》。建立超国家机构、实现货币一体化、成立西非货币局，于2000年前实现西非统一货币。

（2）西非经济共同体

西非法语国家的经济合作组织，前身是1959年成立的西非关税同盟，成员有贝宁、科特迪瓦、马里、毛里塔尼亚、尼日尔、塞内加尔、布基纳法索。拥有共同的中央银行、实行同样的货币，货物在成员国间自由流动。

（3）南部非洲发展共同体

前身是南部非洲发展协调会议，成立于1980年4月。成员国有：安哥拉、博茨瓦纳、莱索托、马拉维、莫桑比克、纳米比亚、坦桑尼亚、赞比亚、斯威士兰、津巴布韦共10国。1996年签署8年内实现地区贸易自由化文件，南非、毛里求斯加入，现为12个国。

（4）阿拉伯马格里布联盟

北非五国（阿尔及利亚、利比亚、毛里塔尼亚、摩洛哥、突尼斯）1989年成立。目标是2000年建立共同市场。已经建立了马格里布农业共同市场。

（5）阿拉伯自由贸易区协议

阿拉伯联盟经济一体化委员会与阿拉伯各国财政、海关关长于1997年10月共同签订的《阿拉伯国家自由贸易区协议》，于1998年1月1日起生效。规定10年后阿拉伯国家间实现零关税。14国执行该减税计划，约旦、阿联酋、苏丹、伊拉克、阿曼、沙特、巴勒斯坦、卡塔尔、叙利亚、巴林、突尼斯、科威特、埃及、摩洛哥。其相互间贸易占阿拉伯国家贸易总额的80%。

澳洲

前身是1965年建立的"澳新自由贸易区"，1983年被"澳新紧密经济关系协议"取代。该协议包括所有贸易产品，1990年取消全部所有关税及非关税措施。澳新自由贸易区是当前众多自由贸易区中贸易自由化程度最高、最彻底的一个。

二、国内区域一体化组织发展概况 [①]

（一）新中国成立后至20世纪70年代末：萌芽阶段

在后至改革开放前的30年时间，我国实行的是高度的中央统一计划模式，各地区平行运作，各自为政，正常联系渠道中断或削弱，联系的机制不健全，成为人为割裂、封闭发展的省市经济。这段时期在计划经济指导下，中央组织过一些地区经济协作、支援内地建设的联合活动，但规模有限，而且单靠行政命令，因而效果不太理想。

如中央和国务院在1958年6月作出了关于加强协作区工作的决定，将全国划分为东北、华北、华东、华南、华中、西南、西北七个协作区，但其着眼点是实现计划经济下的"大而全"，要求各协作区尽快分别建立大型的工业骨干企业和经济中心，形成若干个具有比较完整的工业体系的经济区域。这些经济协作区不是建立在地区比较优势基础上的，不但不能促进区域合作，反而造成区域分割。中央进而提出，许多省，只要有条件，都应建立比较独立的但情况不同的工业体系。[②] 在这种思想指导下，各地区纷纷追求相对独立和完整的

---

① 丁任重、李标：《中国区域经济合作：发展与组织转型》，《中国经济问题》2012年第3期。
② 曾培炎：《新中国经济50年》，中国计划出版社1999年版，第392页。

工业体系和国民经济体系，各地追求的是大而全和小而全，地区经济的独立发展成为标准的经济运行空间模式。在这种各省区各自为政封闭发展的情况下，七大协作区根本无法有效运作，处于名存实亡的境地。国家计委为统筹全国各地协作而设立的地区局，也没有有效地发挥作用，后被撤销[①]。

（二）20世纪70年代末期—80年代中期：兴起阶段

在80年代，为了打破传统计划经济体制的条块分割，培育和发展市场经济，中央政府提出了跨（行政）地区经济联合和形成经济区的大思路。1980年国务院发出《关于推动经济联合的暂行规定》，提出了"扬长避短、发挥优势、坚持自愿、组织联合"的原则，促进区域经济合作。1981年的全国人大五届五次会议以及1984年的中共十二届三中全会，进一步提出要充分发挥城市的中心作用，逐步形成以城市特别是大中城市为依托的、不同规模的开放式、网络型的经济区[②]。1981年华北地区在呼和浩特市召开了经济技术协作会议并成立了我国第一个区域经济合作组织——华北经济技术协作区（由京、津、冀、晋、内蒙古组成）[③]。之后，上海经济区、东北经济区等相继成立，区域经济合作范围开始扩大。

这一阶段区域经济合作内容主要是在地区之间进行余缺物质的调剂和技术、资金协作。1984年全国达成省际经济技术协作合同17000项，协作金额达88.8亿元。在各级政府的推动下，地区、城市和企业之间不同层次、不同规模、不同内容的合作大量涌现，区域合作组织发展到100多个，特别是1985年后，经济技术协作有更新的发展，全国普遍建立起了经济技术协作机构和区域经济协调组织。经济技术协作从最初的物资协作为主转为资金、技术、人才等多方面的协作，从临时的协作开始向长期性的产业协作发展，由流通领域扩展到生产领域，出现了地域性的城市经济联合体和跨地区、跨行业的经济联合体[④]。

（三）20世纪80年代后期—90年代初：快速发展阶段

1984年9月，原国家经委与国家计委、国家民委和国家物资局联合召开

---

① 上海财经大学区域经济研究中心：《2003中国区域经济发展报告——国内及国际合作》，上海财经大学出版社2003年版，第312页。
② 洪银兴、刘志彪等：《长江三角洲地区经济发展的模式和机制》，清华大学出版社2003年版，第33页。
③ 张可云：《区域大战与区域经济关系》，民主与建设出版社2001年版，第120页。
④ 上海财经大学区域经济研究中心：《2003中国区域经济发展报告——国内及国际合作》，上海财经大学出版社2003年版，第312页。

了"全国经济技术协作和对口支援会议"。同年秋，《中共中央关于经济体制改革的决定》明确指出："对外要开放，国内各地区之间更要相互开放。经济比较发达地区和比较不发达地区，沿海、内地和边疆，城市和农村，以及各行业各企业之间，都要打破封锁，打开门户，按照'扬长避短、形式多样、互利互惠、共同发展'的原则，大力促进横向经济联系，促进资金、设备、技术和人才的合理流动，发展各种经济技术合作，联合举办各种经济事业，促进经济结构和地区布局的合理化，加速我国现代化的进程。"[①] 1986 年国务院颁发了《关于进一步推动横向经济联合若干问题的规定》，对横向联合的原则、目标，促进物资横向流通，加强生产与科技结合，发展资金横向融通，调整征税办法，保障经济联合组织合法权益等问题作了具体明确的规定。1991 年制定的《国民经济和社会发展十年规划和第八个五年计划纲要》又提出"继续完善和发展区域合作，以省、区、市为基础，以跨省、区、市的横向联合为补充，发展各具特色、分工合理的经济协作区；提倡经济上较发达的沿海省、市与内地较不发达的省、区开展经济联合。巩固、完善和发展区域合作组织和各种经济网络"。[②] 财政部、国家统计局、物资局、工商行政管理局、商业部、体改委、审计署、中国人民银行等部门相继制定了一些具体规定以促进区域经济发展。

在政府推动下，地区、城市与企业之间不同层次、不同规模、不同内容的合作在这段时期大量涌现，区域合作的地域范围不断扩展，内容不断丰富，形式也不断多样化，区域经济合作组织发展到 100 多个。在此阶段前，我国有组织的区域经济合作基本上集中于东部沿海地区。1985 年后，中西部地区也开始建立广泛的区域经济合作组织。现有的经济合作区（包括经济协作区、经济技术协作区、经济网络等）绝大部分是在这一时期形成的。

这段时期区域经济合作的内容，开始由物资调剂和技术、资金协作转向地区间的联合开发，如联合建设跨省市的能源、原材料、交通和通信项目，联合开发区域市场等。国家鼓励东部发达地区对中西部不发达地区开展以经济利益为纽带，以技术转让、人员培训、补偿贸易、合资经营、合作开发等形式多样的经济合作，鼓励东部地区将一些劳动密集型产业和初级产品加工业向中西部适宜地区转移。国家有关部门还实施了旨在促进东西部联合的计划，如农业

---

① 张可云：《区域大战与区域经济关系》，民主与建设出版社 2001 年版，第 120 页。
② 张可云：《区域大战与区域经济关系》，民主与建设出版社 2001 年版，第 123 页。

部组织的"乡镇企业东西合作示范工程"、中国轻工总会组织的"东西携手工程"、全国工商联组织的"光彩事业计划",组织中央各部门、社会各界、发达省市对落后地区、贫困地区、民族地区的对口支援工作等[1]。据对全国各省市、自治区、直辖市、计划单列市和新疆生产建设兵团的不完全统计,"八五"计划前四年(1990—1994)共执行经济技术协作项目27.3万项,协作资金总额3674亿元,实现生产总值3994亿元,新增税收518亿元。[2]

表 7-1 1987 年时中国主要区域经济合作组织

类型	所包括的经济区
省区间的经济协作区	华北经济技术协作区(1981.10)、上海经济区(1983.1)、晋陕豫蒙宁能源基地(1983.1)、东北经济区(1983.6)、五省区六方经济协调会(1984.4)、西北五省区经济技术协作联席会(1984.6),中南五省区二市经济技术协作联席会(1985.3)、三峡地区经济开发区(1986.7)
省区毗邻地区经济协作区	川黔边区经济协作区(1983.12)、加速大别山老区经济发展联络会(1985.6)、云贵川毗邻县经济技术协作会(1985.6)、湘鄂川黔桂经济技术协作联席会(1985.6)、中原地区经济技术协调会(1985.9)、川滇黔毗邻十二地州市经济技术协作会(1985.11)、淮海经济区(1986.3)、闽粤赣边区经济协作区(1986.4)、鄂豫川陕毗邻地区经济协作区(1986.4)、川滇九地州市经济协作联席会(1986.5)、南京区域经济协调会(1986.6),滇桂黔边区四地州经济协调会(1986.6)、陕甘宁蒙毗邻地边区经济协调会(1986.6),西江走廊经济区(1986.6)、燕北经济协作区(1986.7)、汉孝信经济技术协作区(1986.7)、冀蒙辽七地市经济协作联席会(1986.8)、晋陕豫黄河三角经济协作区(1986.9)、冀鲁经济技术协作区(1986.9)、晋冀蒙八地盟市经济协作区(1986.10)、陕甘川毗邻十二方经济区(1986.11)、陕甘边界经济协作区(1986.11)、闽浙赣皖边区经济协调会(1986.12)、牡丹江流域经济区(1986.12)、闽浙边区三地一市经济技术联谊会(1987.2)、川滇青藏毗邻地区经济协作会(1987.3)、川甘青藏滇毗邻地区民族友好经济协作区(1987.4)、燕南经济协作区(1987.4)、武汉经济协作区(1987.5)、鄂赣九地市经济协作区(1987)、临夏—海东民族经济协作区(1987.8)、苏皖毗邻经济协作区、闽浙赣边区协作区,湘赣边界县横向经济协调会、湘粤赣边界协作区、宜长广经济协作区、湘鄂毗邻四地市协作区、嫩江流域经济区、湘桂毗邻地区经济协调会、湘鄂毗邻地区对口协作网

---

[1] 曾培炎:《新中国经济 50 年》,中国计划出版社 1999 年版,第 402 页。
[2] 上海财经大学区域经济研究中心:《2003 中国区域经济发展报告——国内及国际合作》,上海财经大学出版社 2003 年版,第 312 页。

省区内的经济技术协作区	内蒙古西部地区经济技术协调会（1985.11）、内蒙古东部五盟市经济协作区（1986.12）、辽宁中部城市经济技术协作联合体（1984.12）、辽宁沿海城市经济技术协作联合体（1985.1）、辽宁西部城市经济技术协作联合体（1985.5）、长白山经济协作区（1987）、黑龙江西北部经济区（1985.1）、黑龙江中部经济协作区（1986.7）、黑龙江三江平原经济规划协作区（1986.8）、苏锡常通经济协作区（1985.7）、宁镇扬经济协作区（1985.8）、徐淮盐连经济协作区（1985.9）、通扬盐泰经济协作区（1986.3）、苏扬两地六市经济技术协作网（1987.2）、浙东经济技术协作联谊会（1987.3）、杭嘉湖地区横向经济联谊会（1987）、皖南经济协作区联席会（1986.4）、皖中经济区协调会（1986.6）、皖北经济区协调会（1986.6）、闽南经济区（1983.12）、闽北五地市横向经济联合会（1986.11）、豫南地区经济技术协调会（1986.6）、荆沙经济技术协调会（1985.6）、江汉平原经济技术协作会（1985.11）、荆宜六县经济协作区（1986.3）、鄂东南经济技术协作区（1986.7）、鄂西北协作区（1987.7）、三峡经济协作区（1987）、长株潭经济区（1985.1）、钦州湾经济技术协调会（1985.11）、桂西南经济协作区（1985.12）、柳河经济协作区（1986.4）、桂林经济旅游协作区（1986.4）、桂东南经济技术协作委员会（1986.5）、川南经济技术协调会（1985.6）、川西经济技术协调会（1985.9）、五地五市经济联系会（1986.10）、攀西北地区经济技术协调会（1986.6）、滇中六地州市经济协作区（1986.12）、贵州六市政府联席会议、关中地区市长（专员）联席会（1986.10）、甘肃中部经济区（1986.7）
城市经济技术协作网络	西北五城市经济技术联席会（1984.9）、长江沿岸中心城市经济协调会（1985.12）、东北五市三盟市市盟长联席会议（1986.4）、环渤海地区经济联合市长（专员）联席会议（1986.5）、东北地区十地市盟经济合作会（1986.10）、十五城市横向经济联合恳谈会（1986.11）、十一城市横向经济互促会（1986.12）、中国北方城市郊区经济技术协作网（1986.12）、陇海—兰新铁路沿线地带市长、专员联席会（1986.12）

资料来源：张万清主编：《区域合作与经济网络》，经济科学出版社1987年12月版，第271—281页。表中的经济区后的括号中的数据为成立时间。

（四）20世纪90年代中期—90年代末：规范化阶段

尽管20世纪80、90年代我国区域经济合作发展较快，在协调地区间关系等许多方面起了重要作用，但由于体制不尽完善，出现了极为矛盾的现象：一方面区域合作蓬勃发展，另一方面同时存在较为严重的区域冲突。从80年代初的盲目引进与重复布局到80年代中期的地区原料大战再发展到80年代末的地区市场封锁，区域冲突不断升级，不仅严重妨碍了区域经济发展与区域关系协调，而且引发或加剧了诸如"三角债"链延长、假冒伪劣产品泛滥、通货膨胀、企业规模不经济且效益低下等许多重大经济问题。为克服冲突，国务院曾于 1990 年底发出《关于打破地区间市场封锁，进一步搞活商品流通的通知》，要求"各地区、各部门自觉制止和纠正地区封锁的错误做法"。这一通知对缓解当时较为激烈的地区冲突起了一定的作用，但仍未能消除地区冲突的根源。1993 年底，《中共中央关于建立社会主义市场经济体制若干问题的决定》确定了我国社会主义市场经济体制的基本框架。这标志着我国区域经济合作规范化与消除地区冲突有了基本的规范体制依据。江泽民在十四大报告《加快改革开放和现代化建设步伐夺取有中国特色的社会主义事业的更大胜利》中要求"各地区都要从国家整体利益出发，树立全局观念，不应追求自成体系，竭力避免不合理的重复引进。积极促进合理交换和联合协作，形成地区之间互惠互利的经济循环新格局"。[①]

在这一阶段，由国家计委组织，分别对长江沿江地区、东北经济区、西北经济区、西南和华南部分地区、环渤海地区等进行了统一规划。在对外开放方面，放弃了沿海试点，全方位对外开放格局正在形成。国内与国际区域合作相衔接，有利于国内市场与国际市场的全面接轨。

（五）21 世纪以来：新的发展阶段

进入 21 世纪以来，我国的经济形势发生了重大变化。在国内方面，随着国内改革开放的深入，各项制度陆续完善，人们的市场意识不断加强，市场环境逐渐成熟；在国际方面，随着中国加入 WTO，经济全球化、国际区域经济一体化的加速，知识经济的迅速发展，给我国同时带来了巨大的机遇和挑战。国内外形势的变化使各地区加强经济合作、应对国内外竞争的要求越来越迫切。在这种形势下，我国区域经济合作进入了新的发展阶段。以大城市为中心的不同层次、规模不等、各有特色的经济区域网络先后建立，企业协作进一步发展为区域联合，有科研生产联合、工商联合、商商联合、资金联合等。城市联合群体，大都市圈（大都市连绵带）的发展趋势日益突出。这一阶段区域经济合作日益向着规模化、区域化、集团化方向发展。珠江三角洲地区在 2003 年提出"大珠三角"概念后，又于 2004 年 6 月在"泛珠三角区域合作与发展论坛"上高调推出"泛珠三角"概念，受到相关地区的热烈响应。泛珠三角经济区包括广东、福建、江西、广西、海南、湖南、四川、云南、贵州九省区，以及香港、澳门两个特别行政区，简称"9＋2"，是新中国成立以来规模最大、

---

① 张可云：《区域大战与区域经济关系》，民主与建设出版社 2001 年版，第 124 页。

范围最广、在两种经济体制框架下形成的经济圈。长江三角洲城市经济协调会则提出了建立"泛长三角经济区"的设想，积极吸纳新成员。京津冀地区也提出了"环渤海经济圈"的概念。其他区域合作组织也都在积极进行联合、扩张。随着市场机制作用的深入、企业自主地位的日益凸现、区域经济集聚扩散效应的进一步显现，区域合作在多层次发展的同时，逐渐向一体化方向发展，"优势互补、互惠互利、联合发展、共同繁荣"的区域经济合作新局面正在形成。

二、我国区域经济合作组织的类型

按合作地域的不同，可将我国区域经济合作组织分为四类：

省（区）际间的经济协作区。如上海经济区、东北经济区、西南六省七方经济协调会、西北、华北、中南经济协作区、长江三峡经济开发区等。

省（区）毗邻地区的经济协作区。如淮海（苏鲁豫皖）、中原（晋冀鲁豫）经济协作区、南京（苏皖赣）区域经济协调会、武汉（湘鄂赣）经济协作区等。

省（区）内的经济协作区。如辽宁中部城市联合体，苏锡常通（江苏省）、江汉平原（湖北省）、长株潭（湖南省）、珠江三角洲（广东省）、四川川西经济协作区等。

城市经济协作区。如长江沿岸中心城市经济协调会、长江三角洲城市经济协调会、环渤海地区经济联合市长（专员）联席会议、东北五市三盟市盟长联席会议、十五城市横向经济联合恳谈会、十一城市经济互促会等。

按性质和作用，还可将我国区域经济合作组织分为七类：

综合经济协作区。是指参加合作的各方在不同的领域进行多方面的协作，以促进经济协作区的全面发展。如上海经济区、东北经济区、西南六省七方经济协调会、中原地区经济技术协调会、淮海经济区、西江走廊经济区等。

资源开发协作区。这类协作区的合作重点是共同开发资源，将资源优势转化为经济优势。如晋陕豫蒙宁能源基地、长江三峡经济开发区、晋陕豫黄河三角经济协作区、攀西—六盘水开发区协调会等。

经济开放地区。这类地区包括我国 20 世纪 80 年代为促进对外开放而设立的三个经济开放区：长江三角洲、珠江三角洲和闽南三角洲。随着我国的全面对外开放，与其他地区的政策差别已逐渐淡化。

城市经济协作区。是以一个大城市或一组相关城市为中心联合起来的经济协作区，如燕南经济协作区、黑龙江三江平原经济协作区、南京区域经济协调会、武汉经济协作区、江汉平原经济技术协调会等。

城市经济协作网络。城市经济协作网络是城市经济协作的一种特殊类型，他是由地理位置上互不成片的城市组合而成，为了开发或发展区域经济，促进城市经济的发展，而形成的合作形式不同、规模不等的城市经济协作网络。如长江沿岸中心城市经济协调会、环渤海地区经济联合市长（专员）联席会议等。

经济不发达协作区。这是由经济不发达的"老、少、边、穷"地区组成的经济协作区。如闽粤赣边区经济技术协作区、鄂豫川陕毗邻经济协作区、湘鄂川黔桂毗邻地区经济技术协调会、滇桂黔边区四地经济协作区等。

部门经济协作区。是指在一定区域内，某一行业或部门进行协作与联合，如物资部门的物资协作，金融部门的资金融通，工业部门的企业联合，以及技术协作、信息交流等。如陕甘宁川毗邻地区物资协作区等。

参考文献

朱传耿、沈山、仇方道：《区域经济学》，中国社会科学出版社 2001 年版。

孙久文：《区域经济学》，首都经济贸易大学出版社 2006 年版。

张秀生：《区域经济学》，武汉大学出版社 2007 年版。

郝寿义、安虎森：《区域经济学》，经济科学出版社 2004 年版。

吴殿廷：《区域经济学》，科学出版社 2003 年版。

陈秀山、张可云：《区域经济理论》，商务印书馆 2003 年版。

金院欢、王建宇：《区域经济学》，浙江大学出版社 1997 年版。

邓宏兵：《区域经济学》，科学出版社 2008 年版。

丁任重、李标：《中国区域经济合作：发展与组织转型》，《中国经济问题》2012 年第 3 期。

朱传耿、沈山、仇方道：《区域经济学》，中国社会科学出版社 2007 年版。

孙海鸣、张学良：《区域经济学》，上海人民出版社 2011 版。

周肇光：《区域经济学概论》，安徽大学出版社 2008 年版。

陈自芳：《区域经济学新论》，中国财政经济出版社 2011 年版。

魏后凯：《现代区域经济学》，经济管理出版社 2006 版。

杨开忠：《中国区域发展研究》，海洋出版社 1989 年版。

张敦富:《区域经济学原理》,中国轻工业出版社 1999 年版。

盛洪:《分工与交易》,上海三联书店、上海人民出版社 1995 年版。

储东涛:《区域经济学通论》,人民出版社 2003 年版。

赵儒煜、尹小平:《国际经济理论问题探索》,吉林大学出版 1995 年版。

白洪声、张喜平:《国际贸易理论与实物》,山东人民出版社 2005 年版。

宫占奎、陈建国、佟家栋:《区域经济组织研究——欧盟、北美自由贸易区、亚太经合组织》,经济科学出版社 2000 年版。

曾培炎:《新中国经济 50 年》,中国计划出版社 1999 年版。

洪银兴、刘志彪等:《长江三角洲地区经济发展的模式和机制》,清华大学出版社 2003 年版。

张可云:《区域大战与区域经济关系》,民主与建设出版社 2001 年版。

马克思:《资本论》,人民出版社 1975 年版。

《世界经济百科全书》,中国大百科全书出版社 1997 年版。

《国际经济学》,上海译文出版社 1985 年版。

上海财经大学区域经济研究中心:《2003 中国区域经济发展报告——国内及国际合作》,上海财经大学出版社 2003 年版。

哈维·阿姆斯特朗、吉姆·泰勒:《区域经济学与区域政策》,刘乃全等译,世纪出版社和上海人民出版社 2007 年版。

亚当·斯密:《国民财富的性质和原因研究》(下卷),商务印书馆 1974 年版。

大卫·李嘉图:《政治经济学及赋税原理》,商务印书馆 1962 年版。

巴郎斯基:《经济地理学文集》,科学出版社 1985 年版。

李斯特:《政治经济学的国民体系》,商务印书馆 1961 年版。

小岛清:《对外贸易论》,南开大学出版社 1990 年版。

迈克尔·波特:《竞争优势》,华夏出版社 1997 年版。

Ohlin. Interregional and International Trade. Cambridge: Harvard University Press, 1933.

M.V.Posner. International Trade and Technical Change. Oxford.

Economic Papers, Vol.13, pp. 323–344, 1961.

R. Vernon. International Investment and International Trade in the Produce Cycle . Quarterly Journal of Econimics, 1966, Vol.180, pp.190–207.

Ohlin. Interregional and International Trade. Cambridge : Harvard University Press, 1933.

第八章　区域经济与城市经济

区域经济发展的实践表明，城市是区域的中心，区域是城市发展的依托。城市经济是区域经济增长的强大引擎和持久动力，区域经济是城市经济能够不断焕发活力的有力支撑。因此，研究城市经济和区域经济之间的关系，对提升城市和区域的竞争力都具有重要意义。

第一节　城市是区域经济中心

既然城市对区域发展起着如此关键的主导作用，那么很有必要首先对城市有一个总体的认识，然后在此基础上研究城市作为区域经济中心的特征和作用。

一、城市概述

（一）城市的基本概念

什么是城市？由于城市本身在发育阶段、发展规模和发展特色等方面一直处于不断演变之中（见表8-1），人们至今对城市的定义仍有争议，有些学者甚至认为界定城市的概念已经成为世界性难题。[①]同时，鉴于城市对人类生存和发展的重要性，不同学科从各自研究对象的特点出发形成了内涵各异的多种概念。例如：人口学认为，城市是人口高度集中的地域，人口规模和密度是判断城市的标准；地理学认为，城市是一种在本质上不同于农村的高级聚落；经济学认为，城市是各种经济活动因素在地理上的大规模集中；社会学认为，城市形成了一种特有的生活方式——城市性（urbanism）；文化学认为，"城市是一种心理状态，是各种礼俗和传统构成的整体，是这些礼俗中所包含的、并随传统而流传的那些统一思想和情感所构成的整体"；[②]生态学认为，城市是人类

---

① 宋俊岭：《城市的定义和本质》，《北京社会科学》1994年第2期。
② 蔡竞：《可持续城市化发展研究》，科学出版社2003年版，第94页。

表 8-1　中西方城市概念的发展与演化

西方概念	中方概念	发展阶段	发展规模	概念内涵
Town	镇			
City	城市			指实体城市，相当于建成区
Metropolis	大城市	初	小	包含一定郊区
Megacitis	特大城市			人口超过 1000 万的特大城市
Metropolitan area	大都市区			包含郊区、农村和中小城市
Megalopolis	大都市带	超高	超大	带状的大都市区域，包含郊区、农村和中小城市
Citistate	都市综合体			更高级的大都市区域经济政治综合体

资料来源：魏后凯：《现代区域经济学》，经济科学出版社 2011 年版，第 312 页。

聚落的生态系统等等。此外，人们也通过关注城市的功能思考城市的概念，例如：马克思指出："城市本身表明了人口、生产、工具、资本、享乐和需要的集中，而在乡村所看到的是完全相反的情况，孤立和分散。"[1]列宁认为："城市是经济、政治和人民精神生活的中心，是前进的主要动力。"[2]英国经济学家 K.J.巴顿提出："城市是一个坐落在有限空间地区的各种经济市场——住房、劳动力、土地、运输等等——相互交织在一起的网状系统。"[3]

　　上述众多概念的出现，一方面说明学者对城市概念认识较为多元化，侧重于揭示城市某一方面或某一阶段的特征；另一方面也表明城市是同时涵盖历史阶段和空间特征比较复杂的综合性概念。鉴于此，我们应该如何认识城市的基本内涵呢？我们不妨从城市化主体（人）的需求与城市功能演进耦合的视角进行分析。尽管城市的形态和规模都在不断变化，但不可否认的是，城市对区域经济社会的发展始终起着重要的引领作用，这背后与城市的功能演变密切相关，而人类（作为城市化的主体）的需求则成为城市功能演变的基础，即人类的需求使城市不断焕发出新的社会经济功能。因此，从这个意义上讲，"城市

---

[1]《马克思恩格斯选集》，第 3 卷，人民出版社 1972 年版，第 57 页。
[2]《列宁全集》，人民出版社 1972 年版，第 264 页。
[3] K.J.巴顿：《城市经济学理论和政策》，商务印书馆 1984 年版，第 14 页。

的社会学定义比较具有综合性，……但是具有较大实用价值的则是城市的经济学研究视角"。①

从一般意义上讲，"城市"是"城"与"市"的有机组合；而"城"与"市"是两个不同的概念，正因为两者的有机组合才形成了完整意义上的城市。"城"是指在一定地域上用作防卫而围起来的墙垣，"市"则是指商品交换的场所，即古时候的商品流通中心。随着生产力水平的发展，剩余产品的出现使得商品交换日益频繁，这客观上要求为商品交换提供一个安全、固定和便利的环境，于是"城"与"市"互相结合最终形成了城市。可见，"城"是政治概念，"市"是经济概念，"城"和"市"是政治和经济结合的产物。工业革命前的城市大多不是经济性城市，而多是政治、宗教或军事中心，是消费中心而不是生产中心。工业革命改变了城市的面貌和性质，城市发展成为以交换和生产为中心的现代工业城市，制造业等第二产业在城市的就业和产值中占很大比例。20世纪70、80年代以来，人类社会由工业社会向后工业社会或信息社会转变，在经济全球化背景下，城市是第三产业集聚的地方，城市的功能日益演化为信息和知识生产使用和聚散中心。综上所述，从工业革命以来，城市就兼具有了社会和经济两方面的功能，无论是第二产业为主的现代城市还是第三产业聚集的信息城市，变化的只是社会经济功能的表现形式，其所包含的城市社会经济功能的内容并未发生改变，即体现了生产、流通、分配、文教卫生、社会和政治等共性功能，进一步可以归结为经济、政治、文化、社会和生态等功能。据此，我们将城市理解为："城市是指在一定区域范围内同时具有经济、政治、文化、社会和生态等功能，能够产生巨大集聚经济效益的有别于乡村的人类聚落。"

为了更好地理解城市概念，需要强调和注意以下几点。

第一，从理论上讲，城市是非农人口、非农产业、非农基础设施、非农生活方式高度集中与聚集，并达到一定规模和密度的地域。

第二，城市与乡村是两个明显区别的地域范畴，非乡村即为城市，非城市即为乡村。随着乡村城市化进程以及统筹城乡的推进，这种划分界限就过于简单和武断，城镇和乡村的识别有时会变得困难。在这种情况下，需要利用一些指标来确认某些地区是否为城市地区，如人口规模、人口密度、职业和产业构成等标准。不同国家确认一个地区为城市的标准很不同，有的用一项指标，有的用多项指标；就是同一项指标，不同国家又采用不同的标准。如：就人口规

① 尤建新：《城市定义的发展》，《上海管理科学》2006年第3期。

模这一指标来说，有的国家认为 200 人以上就可以划为城市，有的国家认为城市聚落的人口规模必须达到 3 万人以上。对不同国家的城市人口与城市化水平进行比较时，必须事先注意各国划分城乡的标准及差别。

第三，研究我国城市问题时，要特别注意按行政建制设立的城市与理论意义上的城市的区别。根据我国《城市规划法》，城市是指国家按行政建制设立的直辖市、市和镇，即城市是一个行政区的概念，行政区意义上的"城市"既有城市地区，也有乡村地区，例如：成都市包括成都的乡村地区。在《中国统计年鉴》中，无论是"城市"还是"市区"，都是这种行政区"城市"概念。上面所论及的与乡村地域明显区别的理论意义上的城市概念，我国实际中"城市建成区"与之比较吻合。

（二）城市的特征

从明显区别于乡村的地域范畴的意义上讲，城市的特征主要体现在以下几个方面。

1. 集聚性

集聚（agglomeration）是指经济活动的集中，他由某种循环逻辑创造并维持——潜在的客户之所以来到圣马丁巷（遍布着二手书及印刷品的销售商的很短的街道），是希望在那里找到很多值得一逛的店铺；而店主之所以把店铺开在圣马丁巷，是因为那里有大批的潜在顾客。[①]集聚性是城市最本质的特征，集聚效应是城市形成和发展的重要动力和基础。主要表现在人口集聚、产业集聚、财富集聚、智力集聚和信息集聚等方面。人口集聚是城市发展的主要标志之一，城市的大小根据城市人口的多少而定。城市作为一个"经济景观"，产业集聚增强了城市的经济集聚效应。城市也是一个国家和地区物质财富主要的创造地和聚集地。城市里几乎集中了所有的大专院校、科研院所和文体设施，智力集聚能力成为城市保持其竞争力的不竭动力。信息已成为当今的新的、高级生产要素，城市作为实现信息化的前沿阵地和主要载体，加速了新型工业化的发展、产业结构优化升级。

2. 高效性

集聚性带来了城市的另一个显著特征即高效性。这通过三条路径实现：一是高效率。城市拥有完善的市政设施、便捷的通信手段、发达的交通工具以及

---

① 藤田昌久、克鲁格曼、安东尼·J.维纳布尔斯：《空间经济学——城市、区域与国际贸易》，梁琦主译，中国人民大学出版社 2005 年版，第 1-2 页。

健全的公共服务等，集聚在城市的经济主体可以获得规模经济和外部经济，因而获得了较高的运行效率。二是高效益。相对于农村，城市经济的发展基本脱了对土地的依赖，较少受自然气候等因素的干扰，再加上工业生产的迂回程度大大高于农业生产，因而能够获得较高的经济效益。三是创新活动的频发。人口在城市的大规模集中、信息知识的频繁传递和交流，使得城市成为新思想、新观念等的孵化器，创新活动的频发对城市经济社会的高效运转产生深刻影响。

3. 中心性

中心性是指城市在区域发展中扮演着某一方面或多个方面的中心地位的角色。城市规模不论大小，中心性是所有的城市都具备的一个重要特征。城市的中心地位具体体现在：一是商品生产中心，其中最主要的是工业生产和工业协作中心。二是商品流通中心，即商品的集散地，这也是城市作为商品生产中心客观上要求的。三是金融中心，即具有一定的资金吸纳和辐射功能，成为资金融通和资金集散的中心。四是交通运输中心，这同城市作为商品生产和流通中心的地位相适应。五是信息中心，即城市是信息来源、存储、加工等的中心。六是文化教育、科学技术与人才中心，高校、研究机构、文化集团云集奠定了城市在这方面的中心地位。七是经济管理中心，行政管理机构的存在注定了城市成为一国或地区的经济管理中心，在区域经济中发挥着管理协调的作用。八是旅游中心，很多城市历史上形成了一些旅游资源，从而成为著名的旅游胜地或历史名城。并不是说所有的城市都具备以上八个方面的中心地位，城市的中心性与他在区域的中心地位层次直接相关。

4. 多元性

相对于农村，城市在人口、生活方式和文化底蕴上表现出多元性特征。城市人口主要从事非农产业，城市人口中三教九流无所不有，人们从事的具体职业也分化为不同阶层，呈现多元性特点。城市人的交往范围极大地扩宽，交往的内容、方式和规则也随之表现出多元化。城市由分工、产业、人群等多项城市元素的不同性质构成了城市的多元社会，其文化底蕴上必然体现出多元性，从而城市就成为不同文化的交汇融合之处。

5. 综合性

城市不是众多的人和物在一定的地域空间的简单叠加，而是一个以人为主体、以自然环境为依托、以经济活动为基础、社会联系极为紧密的有机系统。在城市这个大系统下面，还包含着经济管理、社会管理、市政管理、生态环境管理等许多子系统，而这些子系统又是由无数分子系统构成。同时，各个系统的要素之间相互联系、相互依存；而且城市作为一个开放系统，与外界不断发生着各种经济社会联系，这样整个城市系统的结构就由此变得十分复杂，功能多样，具有综合性的特点。

（三）城市的类型

了解城市的类型具有以下意义：第一，通过考察一个城市形成的原因和条件尤其是经济社会条件，有利于对城市的未来发展、在区域中作用的发挥做出合理规划和布局。第二，将本国的城市发展同其他国家同类型城市进行对比，促进开展交流。第三，将城市单调的功能适当多元化，这对处于转型发展中的城市（如衰落的资源型城市）尤为重要。

城市类型可以从多个角度进行划分，如按时间分类、人口规模分类、经济分类和行政规划分类等，其中按城市的职能分类更带有综合性、能更深刻地揭露城市的本质。城市的职能是指某城市在国家或区域中所起的作用，所承担的分工。城市的活动由两部分组成，一部分是为本地居民正常的生产和生活服务的，即非基本活动部分；另一部分具有超越本地以外的区域意义，为外地服务，即基本活动部分。这两部分活动的发展常常互相交织在一起，但主动和主导的因素一般来说总是后者。城市职能概念的着眼点就是城市的基本活动部分。

城市职能分类使用的方法有一般描述方法、统计描述方法、统计分析方法、城市经济基础研究方法和多变量分析法等，经历了由简单到复杂、从定性到定量以及从采用单指标到多指标的发展过程。[1]如：美国地理学家哈里采用统计描述方法将城市分为：工业城市、综合城市、批发商业城市、运输业城市、矿业城市、大学城市、游览疗养城市。日本小笠原义胜采用统计分析方法将日本城镇分为：工业城市、商业城市、矿山城市、水产城市、交通运输城市和其他产业城市。我国对城市职能分类的研究逐步深入，由定性描述逐步向定量研究发展，已有的研究通常将我国城市类型分为：一是多职能的综合性城市，他们多是全国或区域的经济中心；二是以某种经济职能为主的城市，其中最多的是工矿业城市，其次是交通枢纽城市；三是以特殊职能为主的城市，如历史名城、风景游览城市和边境城市等。综合国内外研究，城市职能分类的总体框架如图8-1所示。[2]需要指出的是，城市类型是一个历史概念，而非固定模式，他将随城市主导功能的变化而变化。

---

① 周一星：《城市地理学》，商务印书馆2007年版，第203-222页。
② 杜闻贞：《城市经济学》，中国财政经济出版社1987年版，第78页。

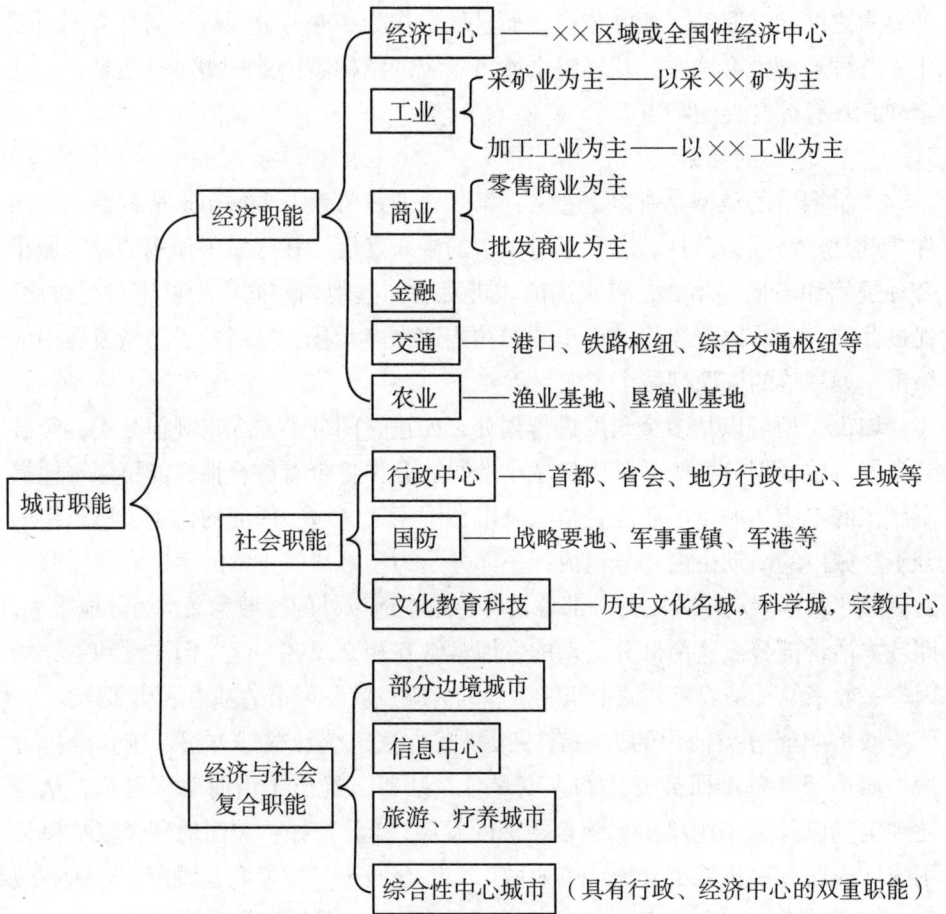

图 8-1　城市职能分类的总体框架

　　为了更好地理解我国城市在区域发展中的作用，这里重点介绍我国中心城市类型以及按照城市人口规模分类的城市类型。

　　1. 中心城市类型

　　所谓中心城市，是特定区域内在经济上有着重要地位，具有强大的辐射力、吸引力和综合服务能力的城市，并且主要是指那些具有综合性、多功能的经济中心作用的大城市。[①]需要明确的是，一个地区的经济中心不一定就是这

---

① 林凌：《中心城市综合改革论》，经济科学出版社1992年版，第14页。

个地区的中心城市，两者有着很大的区别。经济中心可以是大城市，也可以是镇，但中心城市必须是特大城市或大中城市。经济中心功能可以比较单一，但中心城市必须具有综合性的城市职能，能带动整个区域经济社会的发展。经济中心未必都是区域中心城市，而区域中心城市一定是经济中心。

按其影响范围大小，我国中心城市分为全球职能城市、区域中心城市、省级中心城市和省内中心城市4个等级。（1）全球职能城市。这类城市在我国具有重要的战略地位，在发展外向型经济以及推动国际文化交流方面具有举足轻重的作用。这类城市有可能发展成为亚洲乃至于世界的金融、贸易、文化、管理等中心。主要指北京、天津、上海、广州、重庆和香港。（2）区域中心城市。区域中心城市的培育将促进区域经济社会的发展，缩小地区间发展差距。我国的区域性中心城市主要有：沈阳（东北）、南京（华东）、郑州（华中）、武汉（华中）、深圳（华南）、成都（西南）、西安（西北）。（3）省级中心城市。他们在一个省域范围内承当经济中心的功能，一般都是大城市或特大城市。（4）省内中心城市。他们在一个省份的局部地区承当经济中心的功能，行政级别上往往是地级市（但并非所有的地级市都能起到中心城市的作用）。

2. 按照城市人口规模分类

根据1989年制定的《中华人民共和国城市规划法》第4条，市区和近郊区非农业人口在50万以上的为大城市，20万—50万的为中等城市，不足20万的为小城市。这部规划法已于2008年1月1日废止，而同时实施的《中华人民共和国城乡规划法》没有设定城市规模的条文，即目前我国尚未从立法的层面对大中小等城市规模概念进行定义。2010年，由中国中小城市科学发展高峰论坛组委会、中小城市经济发展委员会与社会科学文献出版社共同出版的《中国中小城市发展报告（2010）》，依据目前中国城市人口规模现状，对划分界定大中小城市提出了新标准：市区常住人口50万以下的为小城市，50万—100万的为中等城市，100万—300万的为大城市，300万—1000万的为特大城市，1000万以上的为巨大型城市。

（四）城市未来的发展趋势

改革开放三十多年来，我国经济已经进入了从出口、投资主导型发展模式向消费主导模式转变的关键时期。实现转型发展，主要在于加速推进城市化进程，大力提升自主创新能力，调整产业结构发展低碳生态经济，提升公共服务设施水平，形成消费主导型发展新格局。实现转型发展必然对未来城市产生深刻的影响。这里重点介绍生态城市、低碳城市和智慧城市三种我国转型城市类型。

1. 生态城市

生态城市是应用生态学原理和现代科学技术手段来协调城市、社会、经济、工程等人工生态系统与自然生态系统之间的关系，以提高人类对城市生态系统的自我调节与发展的能力，使社会、经济、自然复合生态系统结构合理、功能协调，物质、能量、信息高效利用，生态良性循环。[①]生态城市的核心是生态优先，优先考虑自然生态环境，由过去的先"建设"后"保护"的规划向先"保护"后"建设"的规划转变。生态城市构成要素由自然生态系统、经济生态系统、文化生态系统、社会生态系统构成，依托自然环境、人工环境、生态农业、清洁工业、城市文明、人口优化分布等要素，创造一个经济高效、生态良性循环、人居环境优越、居民幸福指数增加、充满活力的人类家园。[②]生态城市建设重点在于：第一，高度开放的生态系统。充分利用自然资源和条件，使人工系统与自然系统协调和谐，从而形成一个科学、合理、健康、完美、自然的城市格局。第二，自然—经济—社会复合的人工生态系统。应用生态工程、社会工程、系统工程等现代科学技术手段建设居民满意、经济高效、生态良性循环的人类聚居区。第三，强调人的幸福感，提升城市活力。通过对自然、社会、经济和文化等各方面的改善，旨在营造一个以人为本、健康宜居的城市。

2. 低碳城市

低碳城市是指以减少城市能源消耗和碳排放为导向，以低碳技术为支撑，以低碳经济为发展方向，以低碳社会为理念并以低碳制度为管理导向的新城市类型。低碳城市建设包括三个方面：第一，在能源输入环节，开发可再生能源、清洁能源，倡导使用零碳排能源。第二，在经济社会系统的运转环节，强调建筑、交通和生产三大领域内的低碳发展模式；通过紧凑的空间布局将城市各系统整合成为高效运转的复合体；通过建立能源网络实现能源循环、高效利用；通过市政设施等城市硬件设施支撑城市空间与能源网络的高效运行，通过虚拟网络、科技知识、信息传播、政府管理、风险投资等城市软件设施引导城市空间与能源网络的高效运行，并在城市硬件设施、软件设施与城市能源网络之间建立反馈机制。[③]第三，在二氧化碳排放环节，增加碳汇，包括加强森林等生态系统的保护，增加城市绿化。

---

① 黄光宇：《生态城市研究回顾与展望》，《城市发展研究》2004 年第 6 版。
② 顾朝林：《转型发展与未来城市的思考》，《城市规划》2011 年第 11 期。
③ 顾朝林：《转型发展与未来城市的思考》，《城市规划》2011 年第 11 期。

3. 智慧城市

智慧城市是继数字城市和智能城市之后出现的一个新概念，其核心是以一种更智慧的方法通过利用物联网、云计算等新一代信息技术来改变政府、企业和人们相互交往的方式，对于包括民生、环保、公共安全、城市服务、工商业活动在内的各种需求做出快速、智能的响应，提高城市运行效率，为居民创造更美好的城市生活。[1]智慧城市建设包括城市经济信息化、城市社会管理智能化、环境维护自动化和居民生活便捷化等多方面的内容。[2]智慧城市主要注重基础设施先进、信息网络畅通、科技应用普及、生产生活便利、城市管理高效、公共服务完备、生态环境优美。发展智慧城市是提高城镇化质量、推进城镇现代化建设的重要步骤，也是城市经济增长的倍增器和社区和谐发展的转换器。建设指挥城市有利于提升城市运行效率、引发新一轮科技创新、催生大规模新兴产业和创造更美好的城市生活等。

二、城市在区域发展中的功能

城市尤其是中心城市对区域发展的引领作用是通过其功能发挥出来的，这些功能主要表现在：

（一）聚集功能

城市的聚集功能是指城市具有聚集人口、产业、财富、信息等的功能，也是城市内部自我循环、自我完善、自我修复和自我增殖的一种能力或作用。[3]城市的聚集功能包括以下几种特有的效应：一是共生效应。从城市内部来看，城市是一个综合有机复杂系统，各要素、子系统、不同部门和企业之间彼此关联，相生相养，保持整体的活力。从城市外部来看，城市是区域中高质量的"点"，周边广大的腹地则是环绕城市分布的"面"，"点"与"面"通过有形的交通网络和无形的经济联系联结起来，城市和区域两者的发展紧密相关。二是互补效应。城市充分发挥主导产业的作用，在区域范围内形成相关配套产业，城市和区域之间形成一个经济群落。这一方面表现为城市和

---

① 巫细波、杨再高：《智慧城市（未来城镇发展的方向）》，《城市发展研究》2010年第11期。

② 林跃勤：《智慧城市（未来城镇发展的方向）》，《中国社会科学报》2011年9月2日。

③ 丁任重：《经济区的理论与实践》，陕西人民出版社1988年版，第79—81页。

区域相互依存，另一方面又表现为他们之间的相互适应。当遇到外界经济力量冲击时，各经济主体会相应地调整相互之间的比例关系，改变原先的总体格局，以抵消或适应外力冲击。此外，城市的经济结构具有多层次性，对市场需求变化具有较强的应变性。这样城市和区域总是保持一种共存性和适应性，以整体的面貌出现。三是整体效应。城市的整体效应体现在城市运行的高效率、高效益以及创新活动的频发（这一点已在城市特征中有所论述），这无疑提高了整个区域优化配置资源的能力。总之，城市的聚集功能体现了城市和区域的共生、补充和整体关系，依靠自组织演化能力得以创造和维持，同时对区域具有管理协调能力。

（二）扩散功能

城市的扩散功能是指城市发挥自身的经济优势，同区域内的广大腹地进行广泛而又密切的经济协作和经济交流，实现城市与区域经济交流的一种能力或作用。扩散有两种基本形式：一是无形扩散，如智能、信息和服务的扩散等。二是有形扩散，如人才流动、资金信贷、生产设备转移和商品提供等都属于有形扩散。在扩散初期一般以有形扩散为主，随着扩散的加速或区域整体经济水平的提高，无形扩散则逐步居于主导地位。地域分工和协作相辅相成，地域分工是地域协作的基础，地域协作能够更好地促进地域分工的发展。聚集功能的物质基础，就是以主导部门为核心，辅之于一些相关的配套部门，建立合理的城市结构。但由于客观条件的限制，城市不可能使主导部门所需要的所有相关部门都建立齐备，有些无法建立的相关部门，可以通过城市与区域腹地之间的经济协作加以弥补。

（三）中枢功能

城市的中枢功能是指城市作为一种中观经济，作为宏观经济与微观经济进行联系的枢纽点，在宏观经济与微观经济之间承上启下、沟通协调的一种能力或作用。为了说明这一点，需要先分析一下聚集功能和扩散功能之间辩证统一的关系。聚集功能是扩散功能的基础，扩散功能为聚集功能提供了条件。城市与区域腹地开展经济协作、进行物质交流的过程，同时也是发挥自身优势、扩散经济能量的过程。但城市优势是否能够得到充分发挥，发挥到什么程度，取决于城市整个内部各组成部分之间的协调关系，也就是取决于聚集功能的作用程度。同时，如果由于某些方面的原因，聚集功能的作用受到阻碍，这就会削弱城市经济优势，妨碍城市经济优势的扩散。聚集功能和扩散功能之间的辩证关系，反映了城市的一个重要特点，即城市是一种中观经济，他是宏观经济和微观经济的中间环节和结合部。一方面，城市和区域腹地之间的相互作用，构成了区域这个相对完整的经济综合体，区域也因此成为国民经济的一部分。另一方面，企业的生存和发展只有在城市、区域中，存在于经济群体中才有活力。因此，如何发挥城市结合部的作用，是国民经济管理体制中的一个重要问题。

（四）服务功能

城市的服务功能是指城市对本市区、区域或跨区域的服务能力或作用。从空间属性的角度来看，城市综合服务功能可分成三个层次：一是市区性功能，其服务范围为城市实体地域，服务功能大多是用于维持城市的正常运转和满足城市居民的基本生活需要。二是区域性功能，其服务范围为城市的腹地区域，由多种服务功能构成，主要是城市作为特定区域的中心为其腹地所提供的各种物质、精神方面的综合服务活动，主要体现在综合性工业部门与腹地之间的垂直和水平联系，区域性交通枢纽和区域商品批发中心对腹地交通组织和商品流通的作用，企业总部和行政管理机构对腹地工业的组织管理和行政决策作用等。三是跨区性功能，其服务范围是全国性甚至世界性的，这类服务功能较少，但是功能影响尺度较广，主要表现为超越腹地尺度的专业化工业服务功能、专业化商贸服务功能、专业化交通运输功能、专业化旅游功能等。这是城市聚集和辐射能力的结合。随着产业结构的合理化和高层次化，尤其是服务业的作用不断显现出来。

三、城市在区域发展中的作用

通过分析城市在区域发展中的重要功能，可以看出城市在区域中发挥以下重要作用。

（一）带动腹地区域的发展

城市对区域的发展具有带动和引领作用。城市是区域经济的增长极，其资源要素最集中、发展条件最好，能够在区域中能够最快发展起来，因此城市的发展水平在一定程度上代表了整个区域的发展实力。由于城市的人口、产业、市场和资本相对集聚，在聚集一定的能量后向周边其他地区辐射，带动和促进腹地区域经济发展，从而提升整个区域经济的竞争力。2008年，我国地级及以上城市（不包括市辖县）GDP达186279.5亿元，占全国GDP的比重62%；地方财政预算内收入16892.7亿元，占全国地方财政收入的59%；年末金融机构存款余额333639.8亿元，占全国的71.6%。

（二）优化区域产业结构

随着城市功能的演进与转型，第三产业的比重逐步上升，城市的产业结构实现优化升级。城市成为区域产业结构调整的主战场。2008 年，我国地级以上城市（不包括市辖县）第一、二、三产业的结构比重为 3.2 ： 50.6 ： 46.2，与1990 年相比，第一产业的比重下降 3.4 个百分点，第二产业的比重下降了 9.8 个百分点，第三产业比重上升 13.2 个百分点。

（三）引领区域内技术进步

技术进步已经成为产业升级和经济增长最活跃、最重要的因素。城市是先进生产力、科技创新人才集聚的地域。城市因此成为开发新技术、研制和生产新产品的重要基地。城市在引进国外先进技术和向国内扩散中起着"转化器"的作用。这对带动区域内技术进步、产品更新换代具有重要意义。

（四）引导区域拓展外向型经济

在开放的宏观经济环境下，城市日益发展的外向型产业，对国际经济要素的集聚能力和枢纽作用不断增强，在带动区域参与国际交换和合作中发挥着重要作用。

（五）支撑各级政府管理调控经济

城市经济是一种中观经济，处于宏观经济和微观经济的结合点；是各部门经济在空间上的集合和重要纽结，也是国民经济和企业经济的中间环节。城市经济是企业的摇篮、依托和最重要的外部条件；是各级政府进行管理和调控经济的重点和支撑。在这一点上，我们要吸取以往在城市经济上实行的"条条"、"块块"垂直管理方式，要释放城市经济功能，尤其是要进一步发挥中心城市的功能，使城市经济成为调控和管理国民经济的中枢。

第二节　城市化道路

城市化过程与一个国家经济社会发展相辅相成，城市化过程是在一定的经济社会条件下实现的，反过来城市化过程又深刻地影响经济社会的发展。因此，研究城市化过程的经济规律，探讨我国城市化道路选择问题，对我国经济社会转型与发展具有特别重要的意义。

一、城市化的含义、起源与测度

（一）城市化的含义

与城市的概念一样，城市化目前也有多种解释。从学科来讲，人口学认为城市化是农村人口转变为城市人口的过程；地理学认为城市化是农村地区转变为城市地区的过程；社会学认为城市化是农村生活方式转化为城市生活方式的过程；经济学则认为城市化是由农村自然经济转化为城市社会化大生产的过程。又如：1993 年，美国新版的《世界城市》所提出的城市化定义认为"都市化是一个过程，包括两个方面的变化。一是人口从乡村向城市运动，并在都市中从事非农业的工作。二是乡村生活方式向都市生活方式的转变，这包括价值观、态度和行为等方面。第一方面是强调人口的密度和经济职能，第二方面则强调社会、心理和行为的因素。实质上，这两方面是互动的"。[①]国内学者刘志军（2004）对城市化的定义嬗变和分歧进行了系统的梳理后，指出学术界对城市化的界定大致经历了从传统型定义到现代型定义，再发展到后现代型定义的过程，即：传统型的城市化概念认为，城市化是指随着产业经济向城镇的集中而发生的农村人口向城镇转移的过程；现代型的城市化定义在强调人口转移、职业转移和产业集中的同时，突出了生活方式和都市文明的扩散过程；后现代型的城市化定义特别强调和突出了生活方式的转变和都市文明的渗透这些深层的内涵，甚至对传统型城市化定义中所强调的人口、地域、生产要素等集中的必要性提出了质疑。[②]他进而提出，城市化定义的嬗变反映了人们从关注经济的发展到重视生活方式的转变和文明的变迁，从强调城区的集中建设到主张都市带的协调发展，从强调城市工业文明取代乡村农业文明到主张城乡文明相互融合等思路历程。

纵观各个学科和各位学者提出的城市化定义，尽管并未统一、存在不少分歧，但都能各自给人以某一方面的启迪和警示，从而为实际工作者和政府决策者在制定和实施城市化战略等方面提供比较全面的参考和借鉴。城市化现象反映在社会生产和生活的各个方面，同时也是一个动态发展过程，需要融合多学科的知识、从更广泛的角度去分析和认识。因此，我们认为，城市化是社会生

[①] 周大鸣：《现代都市人类学》，中山大学出版社 1997 年版，第 27—28 页。
[②] 刘志军：《论城市化定义的嬗变与分歧》，《中国农村经济》2004 年第 7 期。

产力的变革所引起的人类生产方式、生活方式和居住方式等一系列社会经济结构改变的过程，具体表现为非农产业产出和要素集聚与扩散的过程与影响，进而表现为由此导致的农业剩余劳动力及其人口的非农化；从数量标志上看表现为城市人口比重不断上升的历史过程。[①]根据城市化的内涵，城市化必须有两方面的核心内涵：一是由非农产业的迅速发展而引起的居民职业由农业改变为非农业；二是由非农产业的迅速发展而引起的人类聚落由农村改变为非农村。综合两方面的核心内容，就是一定要有非农产业的大力发展，否则都不是真正的城市化，例如：在实际中，那种只变农村居民户口而不变职业、只扩大城镇地域空间景观而不发展城市产业、只改变地域名称而不加强城市功能的做法都是对城市化含义的误解，不能称为真正的城市化。

城市化是英文 Urbanization 的中文译法，有的文献译作"城市化"，有的译作"城镇化"，对于这两种称谓曾经也出现过一些争论，我国政策表述上采用了与我国具体国情相适应的、体现我国特色的"城镇化"称谓。城镇化相比于城市化更侧重于强调小城镇的发展。我国人多地少，人口密度比较大，除了大中小城市之外，小城镇也是人口聚集的重要单位。这样的国情决定了我们无法将人口全部集中在大城市，而应该使大中小城市和小城镇建设并举，把小城镇发展作为重要的发展战略。从这个角度来讲，我们应该更重视城镇化，这与我国的国情和战略侧重点都有关系。尽管如此，为了表述的统一，讨论我国的城市化问题时，这里还是使用"城市化"这一称谓。

（二）城市化的起源

城市化作为一种社会经济现象，究竟源于何处？从何时开始？对此理论界有两种看法：一种是"城乡分离论"，即认为自有城市之初就有城市化进程，如英国经济学家巴顿提出："在公元前 6000 年已经开始城市化。"欧美一些学者多持此观点。另一种是"产业革命推动论"，即认为真正意义上的城市化只是在 18 世纪中叶的产业革命以后才出现的。

根据历史记载，世界城市发展已经有五千多年的历史了，但是，在资本主义以前的很长的历史时期中，城市发展十分缓慢，城市人口所占的比重一直很低，而且，城市数量与规模一般都比较小，城市职能和结构也比较简单。18 世纪中叶的工业革命，使大规模的工厂化生产成为可能，同时也加深了地域分工，引起了大批工厂向一些有利的地区（如就近煤、铁产地和水陆交通枢纽）

① 王雅莉：《城市经济学》，首都经济贸易大学出版社 2008 年版，第 31 页。

集聚。随着工厂扩大后对劳动力的需要，驱使人们离开耕地走向车间，在工厂地区就出现了城镇。恩格斯对此写道："大工业企业需要许多工人在一个建筑物里面共同劳动；这些工人必须住在近处甚至在不大的工厂近旁，他们也会形成一个完整的村镇。他们都有一定的需要，为了满足这些需要，还须有其他的人，于是手工业者、裁缝、鞋匠、面包师、泥瓦匠、木匠都搬到这里来了。"①由此可见，西方发达国家的城市化过程与现代化大生产紧密联系着的，是生产力不断发展、劳动分工不断完善的必然结果，是在产业革命发生后才出现的。

一般地说，城市赖以存在和发展的物质基础无非是工业、商业、交通运输业、基本建设、文化、教育、科学研究以及行政管理等，其中最主要的是工业。因此，城市化过程与工业化过程直接相关，一些发达国家工业化的历史证明，工业化带动城市化，而城市化反作用于工业化，两者是互为因果的关系。然而，发展中国家的城市化却有自己的特点。战后发达国家由于城市人口的自然增长率满足不了工业急剧发展引起的对劳动力的大量需求；而农村的现代化又使农业劳动力有了剩余，于是一部分农业劳动力吸收到城市中来，导致了人口的城市化。一些发展中国家的城市化的动因不是工业化，而是由于农村经济的极端落后，城乡差别的日益增长，大量的破产农民为了基本温饱不得不涌入城市特别是少数大城市，因而形成了城市—农村两极分化，这也形成了发展中国家城市化的一个显著特征。

环顾世界城市化发展进程，最早开始城市化的国家是英国。尽管发达国家与发展中国家城市化的动力机制有差异，但二战以来世界各国的城市化进程都在不同程度地加快，并表现出与经济发展水平的正相关关系（见表8-2）。

（三）城市化的测度

目前，理论界对城市化水平测度方法有单一指标法和复合指标法两种。

1. 单一指标法

即通过某一最具有本质意义的且便于统计分析的指标来描述城市化水平。目前通常采用的有以下三种指标。

（1）城市人口比重指标。即城市化水平是指某一地区内的城市人口占总人口的比重。该指标反映了人口在城乡之间的空间分布，简单明了，较为实用，为各学科普遍接受，是世界上公认的城市化水平指标。这一指标也存在很大的缺陷：第一，由于各国设市的人口数量标准差距悬殊，低则200人，多则

---

① 《马克思恩格斯全集》第2卷，人民出版社1957年版，第300页。

表 8-2　2008 年主要国家人均年 GDP 和城市人口分布

	城市人口比重（%）	人均 GDP（美元）
世界平均	49.9	9054
高收入国家	77.7	40420
中等收入国家	48.1	3618
低收入国家	28.7	584
美国	81.7	46716
欧元区	73.2	41619
日本	86.3	38443
韩国	81.5	19115
俄罗斯	72.8	11339
巴西	85.6	8400
马来西亚	70.4	7221
南非	60.7	5685
中国	45.7	3263
印度尼西亚	51.5	2254
印度	29.5	1068

注：日本城市化率为 2005 年数据，资料来源于日本统计年鉴；中国数据来源于中国统计年鉴。其他国家城市化率和人均 GDP 来源于世界银行数据库。

60000 人，相差 300 倍，缺乏可比性。第二，由于行政区划的调整变更以及某些人为的社会政治因素影响，也会导致城市人口突变，造成城市化水平忽高忽低，缺乏逻辑上的一贯性和连续性。第三，对于城市人口的认定本身，就是一件极其困难的事情。城市人口究竟是仅仅指具有本地户籍、定居于城市地域的常住人口，还是也包括不具有本地户籍，但在城市地域稳定就业和长期定居的外来人口？对此前提不能统一，得出的结论自然不同。为解决这一难题，目前我国统计部门按照以城市地域内的普查人口作为城市的实际居住人口来计算城市化水平的方法。即：城市化率不以户籍人口计算，而是以常住人口计算。从

2010 年第六次人口普查起采用常住人口计算，即外地人口只要在本地区居住半年以上，就统计为常住人口；反之，本地人口外出半年以后，就不把其统计为本地的常住人口。

（2）非农业人口比重指标。即以某一地区的非农业人口占总人口的比重。该指标着重考察人口在经济活动上的结构关系，比较准确地把握了城市化的经济意义和内在动因，反映了生产方式变革的广度和深度。需要说明的是：在我国，统计部门所称的"农业人口"是指依靠农业生产维持生活的全部人口，包括实际从事农业生产的人口及其抚养的人口；对于由乡村管理下的非直接从事农业生产的一些人，如民办教师、乡村医生等人员，也计入农业人口。由于我国乡镇企业的迅速发展，在很多地方（如长三角、珠三角）的农村，越来越多的农民进入到非农经济活动中去，不再直接从事农业生产或者主要不依靠农业生产维持生活，因此他们应该被视为非农业人口。但因为这些人仍然定居于农村而非城市，是典型的"离土不离乡"、"进厂不进城"的生产与生活方式，若把他们作为非农业人口来计算城市化水平，显然又会造成对实际城市化水平的高估。

（3）城市用地指标比重。即以某一区域内的城市建成区用地占区域总面积的比重。他体现的是城乡在地理景观上的分野，对于城市化水平较高的城镇密集地区，具有直观性和说服力。例如在 20 世纪 80 年代初，美国东北部五大湖地区的城市用地面积占总面积的 20% 强，就说明这是一个高度成熟的城市化地区。但由于这种方法忽略了人口密度的稠与稀所造成的城市用地的紧与松，以及在统计上存在较大的难度，故应用不广。

2. 复合指标法

由于单一指标法的缺陷，难以全面反映城市化的进程，因此有学者提出了以多项指标综合衡量城市化。例如：在日本使用过的"城市成长力系数"采用了 10 项指标：（1）总人口；（2）地方财政年支出；（3）制造业从业人数；（4）商业从业人数（包括批发零售）；（5）工业产品上市额；（6）批发业年销售额；（7）零售业年销售额；（8）住宅开工面积；（9）储蓄余额；（10）电话普及率。先计算各城市每个指标在相同时期（3 年或 4 年）的增减率，然后用全国的平均增减率作标准换算成增长指数，把 10 个增长指标进行算术平均即得到反映一段时间内各城市的成长力大小。"城市民力度系数"采用上述（2）、（5）、（6）的人均值和（7）、（8）、（9）的户均值，加上电话普及率和彩电普及率共8 个指标，以各自的全国平均数为 100，换算成系数，把 8 个系数进行算术平均，得到某一年份各城市的综合实力。这两个综合指标都以单个城市为单元。国内学者潘德惠等曾用城市生态、经济、居民生活、医疗卫生、文化教育、文化生活、娱乐、交通等方面共 10 个指标综合评价 118 个 20 万人口以上城市的发展状态，发现特大城市的发展状况普遍好于大、中城市。这一类单个城市的复合指标不如说是度量城市的发展状况更为确切。

二、城市化的发展阶段与特征

世界城市化的实践与历程表明，城市化进程具有明显的阶段性，而且每个阶段具有不同的特征。

（一）城市化发展的 S 形曲线

1979 年，美国地理学家诺瑟姆（Ray M·Northam）发现，各国城市化进程所经历的轨迹，可以概括成一条稍被拉平的"S"形曲线（如图 8-2）。我国学者高佩义援引英国的数据资料，基本上证实了这一曲线的存在。[1]谢文蕙则进一步对 S 形曲线的数学模型进行了推导，得出公式为：$Y = 1 / (1 + Ce^{-rt})$（其中：Y 代表城市化水平；C 为系数，表明城市化起步的早晚；t 为时间；r 为积分常数，表明城市化发展速度的快慢）。[2]按照传统的观点，城市化进程可分为三个阶段：城市化率低于 30% 为初期阶段，城市化水平较低，发展速度也较慢；30%—70% 为中期阶段，城市化加快推进，城市化加速阶段；70% 以上为后期阶段，城市化发展速度有所回落并趋于放缓，进入一个长期保持平稳的阶段。

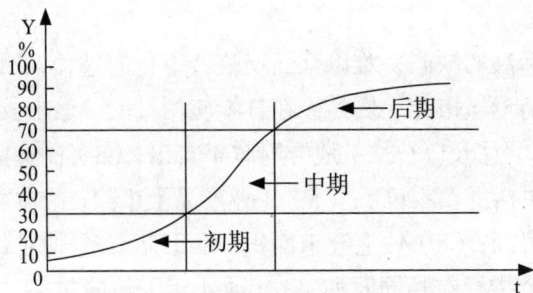

图 8-2 城市化发展的 S 形曲线

---

[1] 高佩义：《中外城市化比较研究》，南开大学出版社 1991 年版，第 155 页。
[2] 谢文蕙、邓卫：《城市经济学》，清华大学出版社 2008 年版，第 40 页。

（二）城市化各发展阶段的主要特征

有学者从城市化发展的S形曲线入手，通过比较城市化初级、中级和高级三个阶段的发展速度、产业结构、动力机制和空间形态等的不同，刻画城市化各发展阶段的主要特征，如谢文蕙等（2008）。[1]也有学者指出，S形曲线的划分方法并不能体现城乡空间结构演变的阶段性特征，同时根据S形曲线的特点，曲线上必然存在一个拐点，拐点之前城市化以递增的速度发展（可称为城市化前期阶段），拐点之后城市化以递减的速度发展（可称为城市化后期阶段）。[2]这两种观点都有合理性，第一种观点揭示了世界上大多数国家城市化的共同特征，而第二种观点则充分体现城乡空间结构演变的主要特征，为分阶段制定城市发展方针提供依据。因此，下面我们分别介绍这两种观点。

1. 城市化各阶段的主要特征——依据S形曲线

从发展速度、产业结构、动力机制和空间形态四个方面将城市化初级、中级和高级阶段的主要特征总结如下（见表8-3）：

2. 城市化各阶段的主要特征——前期阶段和后期阶段

（1）城市化前期阶段的主要特征：集中型城市化和大城市化

表8-3 城市化各阶段的主要特征

特征＼阶段	发展速度	产业结构	动力机制	空间形态
城市化初级阶段	比较缓慢	第一产业占主导地位	农业的先导发展和工业的蓬勃兴起是城市化的基本动力	城市规模较小，功能较为单一，彼此间的横向联系较弱
城市化中级阶段	加快	第二、三产业全面崛起	工业化是城市化的主要动力	城市数量急剧增加，大城市和特大城市发展尤为迅速
城市化高级阶段	放缓	第三产业持续上升，居首席	第三产业成为城市化的后续动力	较高的城市化水平使得区域内大中小各类城市形成有机的体系

---

[1] 谢文蕙、邓卫：《城市经济学》，清华大学出版社2008年版，第42-44页。

[2] 杨波等：《城市化的阶段特征与我国城市化道路的选择》，《上海经济研究》2006年第2期。

在城市化前期阶段，以集聚效应为动力的区域经济集聚趋势十分显著，集聚与规模经济成为经济活动的主要特征。集聚机制内在地推动集中型城市化的形成，并使之成为该阶段的主要特征。根据世界城市化进程，集中型城市化一般会导致大城市超先增长，出现大城市化。导致大城市化的直接原因是在城市人口和农业人口的流动中，总的趋势是流向大城市的人口要超过流向中小城市的人口。因此，大城市化也是城市化前期阶段的主要特征。

（2）城市化后期阶段的主要特征：扩散型城市化和城市区域化

当城市化进入后期阶段，在避免集聚不经济、寻求新的发展机会和政府干预作用等因素的作用下，扩散将上升到主导地位，扩散机制推动城市化呈扩散型发展，使之成为该阶段的主要特征。扩散的过程导致扩散型城市化，使城市范围得到扩展，引起城市区域化。城市区域化是指城市不断向周边地区扩张，经济辐射能力不断增强，经济辐射范围不断扩大，形成城市区域的过程。城市区域基本上可以分为单一型和复合型城市区域两种形式。单一型城市区域是指城市本身就是一个区域，他的发展既表现为城区半径的扩大，也表现为城市群的组合。复合型城市区域是由于城市集中发展之后的循序性扩散与跳跃式扩散，使许多原本不相干的和联系很少的城市逐渐连为一体所形成的城市区域。

三、我国的城市化道路

城市化道路是指城市化进程的途径或方式，也指推动城市化进程所采取的某种模式或战略安排。城市化战略是我国经济社会发展的重要战略，新中国成立以来尤其是改革开放三十多年来，城市化问题成为我国学术探讨的热点，城市化道路选择问题也成为城市化研究领域备受关注的课题。

（一）我国城市化的发展历程

新中国成立以来，虽然我国城市化进程经历了起伏和挫折，但总体仍呈现出不断加快发展的基本态势（见图8-3）。改革开放前，我国城市化进程经历了 1949—1957 年的起步时期、1958—1965 年的波动较大时期、1966—1978 年停滞发展时期三个阶段。[①] 改革开放之后，我国城市化进入快速持续稳定发展，2011 年我国城市化率达到 51.3%，标志着我国进入城市型社会，我国的城市化进程也进入一个新的发展阶段。

---

① 国家统计局：《我国城市化水平 2008 年已达 45.68%》，中国经济网，2009 年 9 月 21 日。

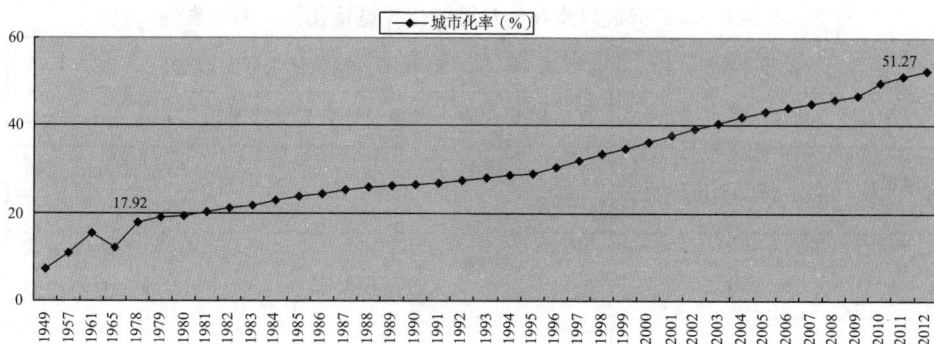

图 8-3 1949—2012 年我国城市化率变化情况

1. 改革开放前我国城市化的发展

1949—1957 年的起步发展为今后我国推动城市化进程奠定了基础。随着"一五"计划的实施、156 个重点工程的启动和推进，我国不仅新培育了一批工矿城市，而且还扩建了一批工业占优势的城市、发展了一些中等城市和大城市。1949—1957 年，我国城市由 132 个增加到 176 个，城区人口由 3949 万人增加到 7077.27 万人，城市化率由 7.3% 上升到 10.9%。

1958—1965 年，我国城市发展和城市化率出现巨大波动，由扩大态势进入紧缩局面。三年"大跃进"后，我国城市数量由 1957 年 176 个增加到 1961 年的 208 个，增长 18.2%；城市人口由 7077.27 万人增加到 10132.47 万人，增长 43.2%；城市化率由 10.9% 提高到 15.4%。然而，1962 年实行国民经济调整以来，由于撤销了一大批城市、停缓建大批建设项目和动员 2500 万左右职工回农村等原因，相比于 1961 年，1965 年我国城市减少 40 个，城市市区人口下降 12.6%，城市化率下降至 12.2%。

1966—1978 年，受文化大革命的影响，我国城市发展缓慢，城市化进程受阻。这段时期，我国仅增加城市 26 个，平均每年只增加 2 个，1978 年城市人口为 17245 万人，城市化率达 17.92%。

2. 改革开放后我国城市化发展

党的十一届三中全会以来尤其是进入 20 世纪 90 年代后，随着小城镇发展战略的实施、经济开发区的普遍建立以及乡镇企业的兴起，我国城市化迎来高速发展。1979—1991 年，全国共新增加城市 286 个，平均每年新增 15 个城市。1991 年末，全国城镇人口增加到 31203 万人，比 1978 年增长 80.9%，平均每年增长 5.8%。城市化率达到 26.94%，比 1978 年提高 9 个百分点。1992 年党

表 8-4　改革开放以来我国对城市化（城镇化）政策的表述

时期	城市化（城镇化）政策表述
"八五"计划（1991—1995）	严格控制大城市规模、合理发展中等城市和小城市
"十五"规划（2001—2005）	坚持大中小城市和小城镇协调发展，走中国特色的城镇化道路
"十一五"规划（2006—2010）	以特大城市和大城市为龙头通过统筹规划，形成若干用地少、就业多、要素集聚能力强、人口分布合理的新城市群
2010 年中央一号文件	当前要把加强中小城市和小城镇发展作为重点
"十二五"规划（2011—2015）	积极稳妥推进城镇化进程。优化城市化布局和形态，加强城镇化管理，不断提升城镇化的质量和水平。按照统筹规划、合理布局、完善功能、以大带小的原则，遵循城市发展客观规律，以大城市为依托，以中小城市为重点，逐步形成辐射作用大的城市群，促进大中小城市和小城镇协调发展

的十四大明确了建立社会主义市场经济体制的总目标，城市作为区域经济社会发展的中心，其地位和作用得到前所未有的认识和重视。1996 年城市化率达到30.48%，我国进入城市化中期阶段，农村人口的绝对数量开始减少，此后城市化率每年以一个百分点左右的速度在提高。2011 年我国城市化率首次超过 50%（为 51.3%），正式进入城市型社会。其间，我国城市化政策的表述也在变化调整中，城市化道路的探索在理论界和实践中从未停止（见表 8-4）。未来 40 年，我国城市化水平将继续保持较快增长，预计 2020 年我国城市化率将达到 58%，2030 年将达到 65%，2050 年左右将达到 75%。[①] 目前，我国城市化正处于前期阶段向后期阶段转折的阶段，城市化前期阶段主要以量的扩展为主，通常是追求速度的发展阶段；城市化后期阶段，我国城市化虽然稳步推进，但速度要比以往慢些，主要以提升城市化质量为主。

（二）我国城市化存在的主要问题

虽然我国城市化发展较快，但城市化质量不高，存在以下几个主要问题：

[①] 陈甬军、景普秋：《中国新型城市化道路的理论及发展目标预测》，《经济学动态》2008年第 9 期。

1. 城乡二元结构仍较明显

自进入 21 世纪以来，随着我国统筹城乡发展战略的深入实施，城乡二元结构得以极大松动，如通过机制体制创新在城乡规划、市场、公共服务、社会管理等一体化方面取得了积极进展，但由于转型时期市场机制自发作用、城乡二元结构形成原因的复杂性以及城市利益的刚性等，城乡二元结构仍未根本扭转。有关数据表明，2002—2012 年年，我国城乡居民收入差距保持在 3 倍以上，最高达到 3.33（2007 年和 2009 年），最低为 3.10（2012 年）。这不仅制约了农村消费市场的开拓和挖掘，也影响了城市经济作用的发挥。同时，目前 2 亿多进城农民工尚未真正成为市民，他们的户籍和公共服务的均等化问题尚未得到根本解决，呈现出人口的不完全城市化或虚假城市化现象。

2. 粗放发展模式较突出

我国城市化的发展建立在对土地等自然资源的高消耗和环境污染日益恶化基础之上，这种粗放发展模式是不科学的、不可持续的。我国土地城市化快于人口城市化，据统计，2000—2006 年，我国城市建成区面积增速与城镇人口增速之比为 1.93∶1，在造成城市空间快速蔓延、大片的耕地被征用的同时，也使大量的失地农民因得不到合理安置而出现生产和生活困难，引发众多社会问题。目前，全国 669 座城市中有 400 座供水不足，110 座严重缺水；在 32 个百万人口以上的特大城市中，有 30 个长期受缺水困扰。同时，汽车尾气、噪声污染也对城市环境和能源需求构成巨大威胁。

3. 城市管理水平严重滞后

城市管理体制不完善，城市管理水平还不够高。城市基础设施承载功能、产业服务功能和高端要素集聚功能与城市化发展速度相比有不少差距。社会保障、劳动就业、社区服务、医疗等公共服务等还需进一步提升，城市软环境有待继续优化。

（三）我国城市化道路研究的主要观点

我国理论界对城市化道路选择问题的争论大致分为"大城市重点论"、"中等城市重点论"、"小城镇重点论"、"大中小城市并举论"和"市场模式论"五种观点。[1]下面将逐一列举和分析各种观点。

---

① 冯睿、张沫：《我国城市化道路研究述评》，《金陵科技学院学报》（社会科学版）2011年第 1 期。

1.大城市重点论

大城市重点论认为：第一，从国外城市发展经验来看，大城市超前发展是存在于世界各国城市化早期的普遍规律。大城市的发展能带来集聚和规模效应，其超前发展是客观规律作用的结果，是世界城市化的整体运动趋势。第二，大城市市场机制健全，资源容易集聚，便于形成规模经济，吸纳农村剩余劳动力的潜力还很大。第三，大城市投资回报率较高，公共设施、社会服务及土地资源利用率高，比发展小城镇成本要低得多。第四，通过生产要素的自由流动与配置能够对周围地区形成辐射和带动作用，大城市的生活方式、生产技术等会向周边地区迅速扩散，从而形成一个完整的城市体系。

从总体上讲，大城市具有自身的明显优势尤其是聚集经济效益比中小城市强，但单纯强调发展大城市的观点也存在一定的片面性。首先，大城市发展容易引发"城市病"，影响居民的切身利益，尤其是在目前我国还有几亿农村劳动人员需要转移的情况下。其次，大城市目前自身已经面临着内部人员失业的危机，在承载能力有限的情况下再大量吸收农村转移来的劳动力困难极大。因此，单纯强调发展大城市难以真正实现经济、社会和环境效益的统一。

2.中等城市重点论

这种观点认为：第一，中等城市具有"承大启小"的功能，可以分流大城市的就业、交通、环境等压力，避免大城市过度膨胀，还可以吸引农村生产要素，促进农村的发展。第二，中等城市往往具有一定规模效应，有一定的基础设施和配套设备，综合服务能力较强，经济效益和社会效益较好。第三，发展中等城市可以克服大城市现代城市病和小城镇规模效应不够的弊端，同时兼有二者的优点。

中等城市有其不足，如高端产业发展缺乏基础、高校科研机构数量较少等。尤其在我国城市行政等级制度明显的体制下，中等城市与大城市、特大城市在争夺资源方面往往处于劣势，导致一些在中小城市发展更有优势的产业无法扩散出来，造成中小城市实际发展不足的弊端。

3.小城镇重点论

这种观点认为：第一，我国国土面积大、农村人口众多，发展小城镇符合我国国情，是加快我国城市化进程的切实选择。第二，发展小城镇能够促进农业规模效益的提高和农民收入的增长，小城镇可以成为农村地区的发展极和增长点，能够解决数以万计的农村剩余劳动力的转移。第三，农民进入小城镇成本低，而转移到大中城市会增加经济成本。第四,四，小城镇市场前景广阔，拥有低廉的土地价格、廉价的劳动力资源，是企业投资经营的首选。

实践证明，通过小城镇战略推进我国城市化具有较高的社会成本，东部发展成效相对较好，中西部地区则效果不理想。第一，小城镇规模效应、聚集效应不足，非农产业滞后，公共服务设施较差，城市功能不全，城市化水平低。第二，小城镇缺乏科学规划，布局分散，土地等资源浪费严重。第三，由于城市功能的不健全，在吸引农村转移出来的劳动力方面往往是"看上去很美"，实际成效并不理想。第四，在与大中城市的发展竞争中，小城镇在保障建设用地等方面还存在体制机制等障碍，不利于其自身发展。

4.大中小城市并举论

这种观点认为，大中小城市共同发展符合城市化的国际惯例，应该根据地域特征确立城市化模式。如：东部地区要发展大都市带以提高国际竞争力，中部地区合理发展中等城市并积极发展小城镇，西部地区要以发展大城市和小城镇为重点。这种观点的不足在于：第一，城市化道路选择往往会受到社会经济水平的制约，味地强调各种城市都要发展最后很可能是都发展不好。第二，发展小城镇不仅成本高，而且效率低；目前大城市都难以彻底打破城乡分割政策，中小城市和小城市实施起来难度更大。因此，并举论虽然是一种理想的城市化模式，但现阶段实行起来有一定的困难。

5.市场模式论

市场模式论指出，应该摆脱城市大小的争论，让市场效益机制来调节城市规模和布局。消除制度障碍才是目前推进城市化应该关注并着力解决的主要问题。反对这一观点的学者认为，城市化道路属于宏观层面问题，存在着市场失灵的现象，因此很有必要发挥政府的宏观调控作用。

综上，以上五种观点都有其合理性和不足，我国推进城市化进程究竟是优先发展大城市、中等城市还是小城镇，这些观点并不存在不可调和的互斥关系。城市化是个系统工程，涉及人口、经济、社会和环境等方方面面；仅从经济方面或社会方面，抑或从单个城市或单个区域考虑城市化，对于我国这样处于转型时期的大国经济来说都有失偏颇。制定我国的城市化战略，必须坚持以人为本，站在全国的高度、从历史的视角进行通盘考虑，既要注重效率，又要兼顾公平。

（四）我国城市化道路的未来选择——新型城市化

在国际金融危机冲击和国内发展阶段转变的特定背景下，我国将加快推进以扩大内需、构建消费大国为目标的发展方式转型。城市是消费的主要载体，加快城市化进程成为构建消费大国的战略性选择。传统城市化道路的弊端已充分暴露，传统城市化道路难以为继，不利于我国社会和谐稳定和可持续发展。要想通过城市化的快速发展实现消费大国的发展目标，并形成以内需拉动为主导的发展新格局，必须改变现有粗放型的传统城市化模式，实现城市化模式的转型升级，积极探索新型城市化发展道路。

2002 年，我国提出走新型工业化道路，新型城市化概念也随之出现。新型城市化道路是与传统城市化道路相对应的，是在我国特殊国情下发展出来的新概念，目的在于纠正传统城市化道路下的发展偏差。但目前为止，什么是新型城市化道路，如何走新型城市化道路，理论界并没有定论。胡际权（2005）认为，新型城市化是体现以人为本、全面协调可持续发展的科学理念，以市场机制为主导，实现资源节约、环境友好、经济高效、社会和谐、大中小城市和小城镇协调发展、城乡互促共进的城市化发展道路。[1]牛文元（2009）认为，新型城市化是"坚持实现可持续发展战略目标，坚持实现人口、资源、环境、发展四位一体的互相协调，坚持实现农村与城市的统筹发展和城乡一体化，坚持实现城乡公共服务的均等化，以城乡之间和城际之间攫取财富和分享财富的机会平等为标志，逐步减缓和解消城乡二元结构达到社会和谐的城市化之路"。[2]魏后凯（2011）指出，新型城市化具有确立新的城市生态观、突出城市的特色、重视城市效率、坚持城乡统筹的理念和重视城市空间结构的改善五个特点。[3]总的来说，新型城市化是一种以科学发展观为指导，强调以人为本的全新的城市化战略，其核心是提高城市化的质量，促进城市化健康发展。

从已有研究来看，新型城市化道路具有如下几个特征：第一，城乡统筹的城市化。走新型城市化道路，必须通盘考虑城乡资源环境承载力，优化城乡空间布局，改变重"城市"轻"乡村"的发展模式，通过城乡基本公共服务均等化，逐步实现城乡一体化发展。第二，社会和谐的城市化。走新型城市化道路，必须谋求社会和谐与公平，更加注重社会利益矛盾的调节，防止社会不公和两极分化，高度重视发展成果的全民共享，加快进城农民工市民化进程，实现城市包容性发展。第三，集约发展的城市化。走新型城市化道路，必须重视城市空间的科学规划和土地资源的高效利用，避免摊大饼式的无序蔓延。着眼于资源的高效配置和可持续利用，构建资源节约型和空间紧凑型城市发展模

---

① 胡际权：《中国新型城镇化发展研究》，《西南农业大学博士学位论文》2005 年。
② 牛文元：《中国新型城市化战略的设计要点》，《中国科学院院刊》2009 年第 2 期。
③ 魏后凯：《现代区域经济学》，经济科学出版社 2011 年版，第 314 页。

式。第四，环境友好的城市化。走新型城市化道路，必须树立新的城市生态观，注重城市空间结构的改善，强调城市生产、生活和生态的协调发展，建设环境友好型绿色生态城市，营造良好的人居环境。

如何实施新型城市化战略是我国理论界面前的迫切重大课题，也是实际部门努力探索的现实问题。已有研究提出了不少真知灼见，虽未完全统一，但在以下方面达成共识：一是在城市化空间形态方面，主张加快城市群区域一体化发展。通过构建城市群发展模式，塑造合理的城市体系，促进区域一体化发展，增强整个城市群的竞争力，实现区域发展的战略目标。二是在统筹城乡发展方面，着力实现城乡基本公共服务均等化。统筹城乡发展、推进城乡一体化是我国扩大内需的潜力所在，要努力推进城乡在科学规划、产业布局、基础设施、公共服务、社会管理等方面的一体化，要逐步实现城乡基本公共服务均等化，使广大农民平等参与城市化、现代化进程，共享改革发展成果。三是在城市治理方面，打造包容城市。转变传统的自上而下的城市治理模式，通过制度建设和创新，改革城市治理结构，发挥其他治理主体（包括企业、居民、非政府组织）的作用，促进我国城市包容性发展。[①]四是在城市生态建设方面，建设绿色生态宜居城市。着眼于提升城市综合承载力和可持续发展能力，坚持高起点规划、高水平建设、高效能管理，改善城市空间结构，建设生态宜居城市。

第三节　城市群与都市圈

在当代经济发展日新月异、全球化日益深入推进的背景下，城市区域化与区域城市化的特征与趋势越来越明显，而城市群便是在这一趋势影响下应运而生的最集中、最典型的城市化现象。当前，在世界范围内已经形成了公认的五大城市群：美国波士华城市群、北美五大湖城市群、日本太平洋沿岸城市群、欧洲西北部城市群、英国中南部城市群。目前，西方发达国家城市群的经济总量已经占到国家经济总量的 70%—80%，他们不仅引领国家经济发展，而且成为国家参与全球竞争和国际分工的基本地域单元。我国经过改革开放 30 年

---

① 王鹤、尹来盛、冯邦彦：《从传统城市化到新型城市化——我国城市化道路的未来选择》，《经济体制改革》2013 年第 1 期。

来的发展，已经形成长三角、珠三角、京津冀、山东半岛、辽中南、中原、长江中游、海峡西岸、川渝和关中这十大城市群；其中，长三角、珠三角和京津冀三大城市群发育较为成熟，长三角已经被公认为未来的世界第六大城市群。2008年，我国十大城市群土地面积占全国的10.42%，GDP占全国的64.38%，工业总产值占到全国的66.04%，即凭借仅占全国十分之一的区域面积，创造了全国一半以上的经济总量，成为支撑区域及全国经济发展的重要载体和主要依托。因此，研究城市群（都市圈）的相关理论、发挥城市群（都市圈）的积极作用对我国推进新型城市化、提升区域竞争力无疑都具有重大现实意义。

一、城市群内涵界定及相似概念辨析

城市群现象伴随着城市化的迅猛发展首先在国外发达国家涌现。城市群的发展经历了一个动态成长过程，在不同阶段表现出不同的空间组织形态。西方学者们最早关注到城市群的空间组织形态，并用不同的概念或术语来表述。目前我国理论界对城市群概念界定较为多样，相似或相关概念颇多且彼此混用现象较为频繁。因此，再次认识城市群的概念内涵就成为首要问题。

（一）国外对城市群概念的界定

1. 对城市群概念的早期研究

从19世纪末至20世纪初，西方一些学者的观点中已经蕴含着城市群空间组织形态的思想。1898年，英国学者埃比尼泽·霍华德（E. Howard）在其著作《明天的田园城市》（Garden Cities of Tomorrow）中提出"田园城市"（Garden City）及其组成的"社会城市"。"田园城市是为安排健康的生活和工业而设计的城镇，其规模要有可能满足各种社会生活，但不能太大；被乡村带包围；全部土地归公众所有或者托人为社区代管"。由一个中心城市（5.8万人）和若干个由农业地带分隔的田园城市（各3.2万人）共同构成"社会城市"（总人口25万人）。

1915年，苏格兰生物学家格迪斯（Dickinson R）在他的《进化的城市》（Cities in Evolution）一书中，通过对英国城市的研究，提出城市演化的几种形态：城市区域（city region）、集合城市（conurbation）以及世界城市（world city），其中众多城市影响范围相互叠加产生了"城市区域"，而集合城市又是众多城市区域相互影响和叠加形成的新的城市空间。[①]芬兰建筑大师沙里宁

---

① Geddes P. Cities in evolution London : Williams & Norgate, 1915.

（E. Saarinen，1918）在《城市：他的发展、衰败和未来》一书中强调城市是有机的生命体，城市群体发展应当从无序的集中变为有序的疏散。[1]继霍华德之后，1922年曾参与过"花园城市"规划设计的建筑师恩温（R. Unwin）提出在伦敦周围适当距离的郊区建设一系列"花园城市"（他称之为"卫星城"），通过调整重组大城市空间结构推动大伦敦都市区的规划与建设。[2]

2. 对西方发达国家城市群概念研究

为适应大城市扩张发展的需要，美国曾在1910年人口统计中就提出了大都市区概念（Metropolitan Districts），即人口在10万及10万以上的城市及其周围10英里范围内与中心城连绵不断、人口密度达150人/平方英里的郊区均可合计为大都市区人口。此后，为了准确反映大都市区的发展态势并保持概念的大体一致，美国大都市区的定义及统计标准经历了近一个世纪的反复修订补充逐步趋于完善，20世纪50—90年代依次改为"标准大都市区"（SMA：Standard Metropolitan Area）、"标准大都市统计区"（SMSA：Standard Metropolitan Statistical Area）、"大都市统计区"（MSA：Metropolitan Statistical Area）和"大都市区"（Metropolitan Areas）。为克服都市区统计标准日趋复杂的弊端，2000年美国对大都市区的统计标准大为简化，定义了大都市统计区（Metropolitan Statistical Area）和小都市区统计区（Micropolitan Statistical Area）。2006年11月公布了最新版本，全美国划分了大小都市统计区为953个，联合都市统计区126个。

大都市区化是20世纪美国城市化的主导趋势，继而大型大都市区的蓬勃发展导致在地域相连、制度相近的区域逐步形成了大都市带。1957年，法国地理学家戈特曼在《经济地理》（Economic Geography）杂志上发表了"Megalopolis：or the urbanization of the northeastern seaboard"一文，他观察到美国东北海岸从波士顿到华盛顿一带大城市沿海岸线高密度分布的现象。戈特曼认为，"规模这样巨大的大城市带不仅在美国，甚至在世界范围内都是独一无二的。很明显这是一连串的都市区通过集聚作用在近期形成的，而每一个都市区都围绕一个强大的城市核发展。这种大范围内的超级都市区特征是人类所能观察到的最宏伟的城市发展现象，需要用一个特别的名字来称呼他"。据此，他用来源于希腊语中的

---

[1] 沙里宁：《城市：他的发展、衰败与未来》，中国建筑工业出版社1986年版。
[2] 林先扬、陈忠暖、蔡国田：《国内外城市群研究的回顾与展望》，《热带地理》2003年第3期。

"Megalopolis"一词来描述，意为"一个非常大的城市"。

此外，西方各国也仿效美国建立了相类似的概念，并设立了大体相同又有细微差别的划分标准，如英国的"标准大都市劳动市场区"（SMLA）、加拿大的"国情调查大都市区"（CMA）、澳大利亚的"国情调查扩展城市区"（CEUD）等。日本最早使用了都市圈这一术语，20世纪50年代日本行政管理厅对都市圈的定义是：以一日为周期，可以接受城市某一方面功能服务的地域范围，中心人口规模须在10万人以上。[1] 1960年提出的"大都市圈"概念规定：中心城市为中央制定市；或人口规模在100万人以上，并且邻近有50万人以上的城市，外围地区到中心城市的通勤率不小于本身人口的15%，大都市圈之间的物资运输量不得超过总运输量的25%。[2]据此，日本全国被划分为首都圈、近畿圈、中部圈、北海道圈、九州圈、东北圈、中国圈和四国圈八大都市圈。[3]

3. 对发展中国家城市群概念的研究

20世纪70年代以来，发展中国家的大城市快速发展，城市化现象显著并呈现出与发达国家不同的特征，由此引起了一批城市研究专家对两个领域的关注。

（1）城乡混合区研究。20世纪80年代以来，亚洲某些发展中国家和地区的部分核心城市与其边缘通过交通走廊的连接出现了一种独特的地域：城市与乡村界限日益模糊、非农与农业活动紧密且交错、城市用地与乡村用地相互混杂。1991年，加拿大英属哥伦比亚大学地理学系荣誉教授麦吉通过长期观察研究提出，这种空间形态代表了一种与西方国家模式不同且适用于发展中国家的城市化空间模式，称之为"desakota"模式——由主要都市、边缘都市区域、城乡互动区（desakota）、密集人口的乡村区域和零星人口的边缘地区五部分组成。[4]根据国家经济发展情况和城乡空间转换趋势，麦吉将亚洲各国的城乡混合区（desakota）分为三种类型：一是日韩型。农村人口迅速地向城市人口进行空间转换。二是中印泰型。经济快速增长，农业人口不断下降，农业朝多元化发展。三是临近国家次中心城市地区。经济增长缓慢，农业和农村人口比重较大。

（2）扩展型大都市区研究。2003年香港地理学家薛凤旋通过不同的亚洲

---

[1] 陆大道等:《中国区域发展的理论与实践》，科学出版社2003年版。
[2] 陆大道等:《中国区域发展的理论与实践》，科学出版社2003年版。
[3] 陆大道等:《中国区域发展的理论与实践》，科学出版社2003年版。
[4] 于峰、张小星:《"大都市连绵区"与"城乡互动区"——关于戈特曼与麦吉城市理论的比较分析》，《城市发展研究》2010年第1期。

案例提出了扩展型大都市区（Extended metropolitan Region）的概念。[1]他指出，在扩展型大都市区中，中心城市凭借全国对外开放政策、通达的对外和对内交通和通讯等成为该国的地区总部，由于经济的蓬勃发展使大城市的发展空间日益狭小，一些劳动密集型的低附加值经济活动需要转移到外围的城郊和农村，在这些大城市周围形成庞大的"城乡交接带"或"半农半工贸带"。[2]

（二）我国学者对城市群概念的理解

国内学者对城市群有不同的界定主要缘于以下 3 个主要原因：一是翻译的不同。部分国内学者在介绍国外相关研究成果的时候，由于理解的不同导致了中文译法的各异。如：国内学者对戈特曼提出的"Megalopolis"一词的中文译名就有都市圈、城市群、城市带、大都市带、大都市连绵区和大城市连绵区等若干称谓。二是城市群处于动态发展之中。城市群的成长变化是一个漫长的演进过程，处于不同发展阶段和水平的城市群也就具有不同的特征。国内研究者往往根据自己所关注的城市群发展的不同阶段采用了相应的概念。三是学者本身的研究需要或偏好。学者们从不同的学科角度或研究需求出发，对城市群概念的内涵或外延的理解做出了选择性或偏好性取舍，由此造成对城市群概念理解的较明显或细微分歧。

我国学者早在 20 世纪 80 年代末、90 年代初通过研究城镇体系和城市经济区就提出了城市群的概念；进入 21 世纪以来，进一步使城市群概念中国化，提出了众多贴近我国实际并相似的概念。1987 年顾朝林完成《中国城镇体系—历史·现状·展望》博士学位论文，在中国现代城镇体系地域空间结构研究部分依据分布形态、核心城市多寡和城市数量多少分为三种基本类型：块状城市集聚区、条状城市密集区和以大城市为中心的城市群。[3] 1995 年，顾朝林在出版的《中国城镇体系研究》一书中提出，"城市群"是由若干个中心城市在各自的基础设施和具有个性的经济结构方面，发挥特有的经济社会功能，而形成一个社会、经济、技术一体化的具有亲和力的有机网络。[4]姚士谋（1992）堪称是国内研究城市群的权威专家，他与陈振光、朱英明合著的《中国城市群》分别在 1992 年 1 月、2001 年 9 月和 2006 年 12 月出版了第 1、2 和 3 版。在第

① 薛凤旋、蔡建明：《中国三大都会经济区的演变及其发展战略》，《地理研究》2003 年第 5 期。
② 顾朝林：《城市群研究进展与展望》，《地理研究》2011 年第 5 期。
③ 顾朝林：《城市群研究进展与展望》，《地理研究》2011 年第 5 期。
④ 邹军、张京祥、胡丽娅：《城镇体系规划》，东南大学出版社 2002 年版。

三版中，他们将"城市群"定义为：在特定的地域范围内具有相当数量的不同性质、类型和等级规模的城市，依托一定的自然环境条件，以一个或两个超大或特大城市作为地区经济的核心，借助于现代化的交通工具和综合运输网的通达性，以及高度发达的信息网络，发生与发展着城市个体之间的内在联系，共同构成一个相对完整的城市"集合体"。随后，我国理论界又对城市群的概念进行了多种相似又各有侧重的表述，较有影响的主要观点列举如下。

表 8-5　2000 年以来国内理论界对城市群概念的界定

作者	年份	主要观点
邹军、张京祥、胡丽娅	2002	"城市群"是指一定地域范围内集聚了若干数目的城市，他们之间在人口规模、等级结构、功能特征、空间布局，以及经济社会发展和生态环境保护等方面紧密联系，并按照特定的发展规律集聚在一起的区域城镇综合体。
吴传清、李浩[1]	2003	"城市群"是指在城市化过程中，在特定地域范围内，若干不同性质、类型和等级规模的城市基于区域经济发展和市场纽带联系而形成的城市网络群体。
刘静玉[2]	2004	"城市群"是在城市化过程中，在一定的地域空间上，以物质性网络（由发达的交通运输、通信、电力等线路组成）和非物质性网络（通过各种市场要素的流动而形成的网络组织）组成的区域网络化组织为纽带，在一个或几个核心城市的组织和协调下，由若干个不同等级规模、城市化水平较高、空间上呈密集分布的城镇通过空间相互作用而形成的，包含有成熟的城镇体系和合理的劳动地域分工体系的城镇区域系统。
戴宾[3]	2004	现代意义上的城市群实际上是一个城市经济区，即是以一个或数个不同规模的城市及其周围的乡村地域共同构成的在地理位置上连接的经济区域。同时，又指出，城市群是一定区域内空间要素的特定组合形态，由一个或数个中心城市和一定数量的城镇结点、交通道路及网络、经济腹地组成的地域单元。他在结构状况（产业结构、组织结构、空间布局、专业化程度）、区位条件、基础设施、要素的空间集聚方面比其他区域具有更大的优势，能够通过中心城市形成区域经济活动的自组织功能。因此，城市群是区域经济活动的空间组织形式。

① 吴传清、李浩：《关于中国城市群发展问题的探讨》，《经济前沿》2003 年第 21 期。
② 刘静玉：《城市群形成发展的动力机制研究》，《开发研究》2004 年第 6 期。
③ 戴宾：《城市群及其相关概念辨析》，《财经科学》2004 年第 6 期。

续表

郁鸿胜[①]	2005	"城市群"是在具有发达的交通条件的特定区域内，由一个或几个大型或特大型中心城市率领的若干个不同等级、不同规模的城市构成的城市群体。城市群体内的城市之间在自然条件、历史发展、经济结构、社会文化等某一个或几个方面有密切联系。其中，中心城市对群体内其他城市有较强的经济、社会、文化辐射和向心作用。
钟海燕[②]	2006	城市群是城市区域化和区域城市化过程中出现的一种独特的地域空间组织形式，是城市化发展到一定水平的标志和产物。他是指在一定的区域范围内，以一个或几个大型或特大型中心城市为核心，包括若干不同等级和规模的城市构成的城市群体，他们依托空间经济联系组成一个相互制约、相互依存的一体化的城市化区域。
苗长虹[②]	2007	城市群是在一定规模的地域范围内，以一定数量的超大或特大城市为核心，以众多中小城镇为依托，以多个都市区为基础，城镇之间、城乡之间紧密联系而形成的具有一定城镇密度的城市功能地域。
倪鹏飞[④]	2008	城市群是由集中在某一区域、交通通信便利、彼此经济社会联系密切而又相对独立的若干城市或城镇组成的人口与经济集聚区。
刘勇[⑤]	2009	城市群是由若干相临地级以上城市组成的、具有密切分工与协作关系（人流、物流、资金流和信息流达到一定水平）的城市集群。同时，他认为，"这样定义的城市群绝不仅仅是分析城市集群发展的一般概念，而是与我国完整的4层次区域经济体系密切相关的，事实上这样确定的城市群就是我国完整区域体系的第三个层次—确定区域特色的分工与协作关系的最重要的经济区划层次（或称分工协作经济区，或功能经济区）。"

① 郁鸿胜：《崛起之路：城市群发展与制度创新》，湖南人民出版社2005年版，第15页。
② 钟海燕：《成渝城市群研究》，《四川大学博士学位论文》2006年。
③ 苗长虹：《中国城市群发育于中原城市群发展研究》，中国社会科学出版社2007年版，第40页。
④ 倪鹏飞：《中国城市竞争力报告》，社会科学文献出版社2008年版，第28-29页。
⑤ 刘勇：《我国城市群演进轨迹与前瞻》，《改革》2009年第4期。

表 8-6　国内学者对城市群及其相关相似概念的研究

时间	研究者	研究对象	特点
1983	于洪俊、宁越敏	巨大都市带	强调城市群空间的绵延和带状分布，主要分布在沿海地域或沿交通设施分布。
1988	周一星	都市连绵区	
1999	杜德斌、宁越敏	都市带	
2003	胡序威	都市连绵区	
1987、1992	顾朝林	城镇体系	强调城市体系的完整性、功能的不断完善以及大、中、小城市的相互衔接。
1995	孙一飞	城镇密集区	
1996	周干峙	城镇密集地区	
2003	刘荣增	城镇密集区	
2000	张京祥	城镇群体	
1990	高汝熹、阮红	城市经济圈	强调城市和区域的互动发展，主要在省域范围内，呈圈层形态。
1998	高汝熹、罗明义	城市圈域经济	
1995	顾朝林	城市群	强调地理和经济双重涵义和功能、城市之间的相互联系和作用、城市体系整体的作用以及城市群与经济区之间的关系等。
1998	代合治	城市群	
2002	邹军、张京祥、胡丽娅	城市群	
2003	吴传清、李浩	城市群	
2004	刘静玉	城市群	
2004	戴宾	城市群	
2005	郁鸿胜	城市群	
2006	钟海燕	城市群	
2007	苗长虹	城市群	
2008	倪鹏飞	城市群	
2009	刘勇	城市群	
1993	沈立人	大都市地区	强调大城市的扩展、与周围郊区的一体发展。
2003	胡序威	（大）都市区	
2003	宁越敏	（大）都市区	
2003	刘君德	（大）都市区	

续表

1999	饶会林	城市区域	强调城市与地域的关系。
2005	冯云廷	城市区域	
2006	饶会林、王晓玲	城市区域	
2001	张京祥	都市圈	强调圈层结构、大城市与周边郊区的联动发展。
2002	杨涛	都市圈	

近年来，我国理论界对城市群概念研究出现了以下 3 个动向：一是注重与我国城市发展的实际情况相结合。对城市群的译法，《中华人民共和国国家标准——城市规划基本术语标准》（1998）采用"agglomeration"，而《中华人民共和国国民经济和社会发展第十一个五年规划纲要》（2006）则译为"urban agglomeration"。我国的城市群概念在国外没有对等的概念，而"urban agglomeration"在西方文献中意为"城市集聚体"。联合国将"城市集聚体"定义为：由一个城市或城镇的中心城区与郊区边缘地带或毗邻的外部地区组成；一个大的城市群可能包括几个城市或城镇郊区及其边缘地区。①实际上，"城市群"是我国的特色名词，特定描述的是一定地域内城市集合、城市集群或者城市组群发展的城市化现象。

二是建议对目前出现的多种概念界定要"重内容轻形式"。学术研究的百花齐放无疑值得大力提倡和鼓励，而如此多的相似概念及引发的热烈讨论不仅耗费精力，而且也在一定程度上偏离了研究重点，并不利于进一步深入开展城市群研究。为此，国内已有学者建议用某一个概念或者从城市群的多个侧面统一众多概念，如：周一星（1996）、陈美玲（2011）等。

三是对城市群相似概念的辨析日益清晰。通过不断的探讨，国内对城市群概念界定做出贡献的学者中不乏研究权威和著名学者，城市群概念界定日益贴近我国实际，一些相似概念之间的区别已在学者中达成共识。

（三）对城市群概念的再认识

1. 对城市群概念的界定

通过梳理城市群概念界定现状及动向可知：（1）目前国内对城市群概念界

---

① 顾朝林：《城市群研究进展与展望》，《地理研究》2011 年第 5 期。

定不乏真知灼见，但由于城市群概念的综合性、层次性、系统性和开放性，仍有必要在借鉴和整合已有研究的基础上进一步完善。（2）鉴于中外城市群概念内涵的差异以及城市群发展环境的不同，我国城市群概念的界定要与我国实际紧密结合，体现自身的特色。因此，我们在赞同姚士谋等（2006）最为全面的定义基础上，从更为注重城市群体效应的角度，将城市群界定为"在一定的城镇密集区内，具有紧密的经济、社会、文化、生态和空间等内在联系，呈现出整体发展的关联性、协同化和一体化特征的城市集群"。需要进一步指出的是：（1）我国构成城市群的主体主要是地级市及以上城市。（2）"内在联系"不仅限于经济联系，还是涵盖了社会、文化和生态等众多方面，这种联系又可以最终表现为城市之间各种有形和无形联系，即交通网络等物质载体，信息网络、市场网络和产业网络等隐性载体，而无形联系又是城市群内城市相互作用、整体联动更为重要的因素。（3）城市群发展的主体依托应为群集，将城市群概念最终落脚到"城市集群"，体现了城市群在空间的群集载体，而其他诸如产业集群、企业集群等与城市集群相互联系、彼此支撑。

2. 对相似概念的辨析

（1）相似概念之间的区别。美国在1970年首次采用了"标准都市统计区"（SMSA）的概念，这种界定方法充分考虑了城镇影响范围（地域影响范围和就业影响范围），统计单元与行政区划较吻合，同时行政区划（县）大小的差异也可能导致SMSA包含一些人口较少的区域。由于SMSA界定方法的较大影响，英国、加拿大和澳大利亚等也都出现了类似的概念。因此，都市区是城市群概念的基础，一个城市群一般由几个（大）都市区组成，一个（大）都市区就是一个具有相应规模的城市群。

都市圈概念最早出现在日本，是与西方国家采用的都市区或类似都市区概念相对应。目前国际上对都市圈概念或者界定标准并不统一，一般认为所谓"都市圈"是指一个大的核心城镇，以及与这个核心具有密切社会、经济联系的，具有一体化倾向的临接城镇与地区组成的圈层式结构。①从这个意义上讲，都市圈的主要特征是有一个明显的主导中心城市，戈特曼指出都市圈是大都市带的基本构成单元。因此，都市圈相当于大都区的概念，是比都市区尺度更大的城市化区域，是过渡到大都市带的必经阶段之一。

"Megalopolis"是戈特曼研究美国东北岸的城市化现象提出的，国内学者

---

① 张京祥：《城镇群体空间组合》，东南大学出版社2004年版，第99页。

将其译为"都市带"或者"都市连绵区"。都市带是城市群的城市群，即较大尺度、较为成熟的城市群。城镇体系是与城市群关系密切的另一概念，是城市群形成的基础。

（2）相似概念之间的联系。首先，从国内外城市群发展历程看。虽然西方国家城市群的发展历程不尽相同，但从单个城市发展到城市群大致都依次经历了大城市到都市区、都市区到都市圈、都市圈到城市群、城市群到大都市带这四次扩展过程。国外都市区（都市圈）、城市化地区等概念实质上等同于我国城市经济区、城市经济圈等概念。其次，从城市群处于动态发展变化过程看。单个（大）城市在集聚经济作用下，成为带动周边腹地发展的增长极。随着区域合作推进，单个（大）城市与腹地的一体化发展，成为城市经济圈（城市经济区、都市区、都市圈）。随着交通轴线的延伸，沿线城市与中心城市的联系加强，形成城镇密集区；城镇密集区进一步发展并逐渐走向成熟，在规模和结构上都有了质的提升，成长为城镇体系。城镇体系再继续发展成熟为城市群，进而演进到城市群的高级形态——都市带、都市连绵区等。

二、城市群的特征

根据已有研究，城市群具有"六性"特征，即多中心性、强集聚性、群集性、网络性、创新性和战略性。

1. 多中心性。在一个城市群空间里，中心城市是指那些在经济、社会和文化等方面都居主导地位的城市，不仅仅限于在经济方面的带动和引领作用。虽然都市圈是城市群的组成部分之一，但都市圈一般都是单中心结构，而成熟的城市群一般则包括两个及以上的中心城市。

2. 强集聚性。城市经济的本质是集聚经济，城市群表现为更大规模、更强作用力度的集聚经济。这不仅表现在其在整个区域或国家经济总量中的显著比例，还体现在经济密度、城镇密度、人口密度等指标上。我国城市群之间存在经济密度的差异，而且有些城市群（如长三角）在快速发展中经济密度甚至高于一些世界城市群。

3. 群集性。城市群是多个城市的集合体，整个城市群落无疑具有整体、系统的特征。然而，城市群又不仅仅是多个城市在邻近空间或地域上的简单罗列，关键还要体现"集成"特征，即城市之间、产业之间、基础设施之间、公共服务之间等具有一种综合、内在和有机的紧密联系。如果仅是城市群聚，而没有内在的"集成"性，就表现出"群而不集"或"群散"的状态。

4. 网络性。城市群处于动态发展中，城镇体系是城市群演进最捷径的起点。城镇体系一般都表现出树枝状的等级关系，城市群发展在全球化等新因素的影响下，更多地表现出复杂的网络化关系。这种网络性一方面是指城市群内部形成了各种网络，如城市网络、产业网络、基础设施网络、市场网络、物流网络和商贸网络等；另一方面，网络之间具有紧密关系，如：产业网络、基础设施网络的发展最终导致城市网络的发展，最终形成更为复杂的等级关系或者网络关系。

5. 创新性。这也就是戈特曼的"Megalopolis"所谓的"孵化功能"或者个别学者提出的"内在有机性"特征。城市群外在表现为城市的集群、组群发展，而在功能上却显现出不同于单个城市的加总的全新功能，尤其是大量的人才、信息、知识和技术在城市群里交会后，为知识创新提供现实基础和条件，知识或文化的影响成为推动城市群经济增长或创新的重要源泉。

6. 战略性。受经济全球化的席卷，区域经济一体化发展已成为不可扭转的趋势和特征。在此背景下，区域竞争不再是单个地区的争斗，而是区域经济整体的较量。城市群作为我国城镇化的主体形态、区域经济发展的主体依托，区域竞争在很大程度上表现为城市群的竞争。因此，城市群发展就承载了相应的战略目标、任务和路径等，使自身具备更强竞争力，从而更好地带动区域经济快速发展。

三、城市群理论

（一）西方城市群理论

1. 戈特曼的大都市带理论研究

大都市区化是 20 世纪美国城市化的主导趋势，继而大型大都市区的蓬勃发展导致在地域相连、制度相近的区域逐步形成了大都市带。法国地理学家戈特曼对大都市带进行了开拓性和长期不懈的研究探索，逐步形成了一套完整的学术思想，主要体现在他 1957 年发表的关于大城市带的首篇论文、1961 年、1987 年和 1990 年出版的关于大都市带的著作以及 1986 年应邀在华盛顿作的题为"大都市带：二十五年之后"的系列报告等。

1957 年，戈特曼在《经济地理》（Economic Geography）杂志上发表了"Megalopolis: or the urbanization of the northeastern seaboard"一文，他观察到

美国东北海岸从波士顿到华盛顿一带大城市沿海岸线高密度分布的现象。戈特曼认为，"规模这样巨大的大城市带不仅在美国，甚至在世界范围内都是独一无二的。很明显这是一连串的都市区通过集聚作用在近期形成的，而每一个都市区都围绕一个强大的城市核发展。这种大范围内的超级都市区特征是人类所能观察到的最宏伟的城市发展现象，需要用一个特别的名字来称呼他"。据此，他用来源于希腊语中的"Megalopolis"一词来描述，意为"一个非常大的城市"。影响大都市带最主要的两个因素是：多核心结构（the polynuclear origin）、东海岸一连串的城市在美国经济中扮演"枢纽"作用。戈特曼同时提出，当时世界上有其他两个地方有可能发展成大都市带，即欧洲西北部从阿姆斯特丹到巴黎向东延伸至鲁尔和科隆一带和英格兰中部，从利物浦、曼彻斯特经伯明翰和谢菲尔德一直延伸到利兹和布拉德福这一地区。

1961 年，戈特曼出版的《MegaloPolis：the urbanized northeastern seaboard of the United States》一书是其大都市带研究过程中的里程碑，从产业结构变动及其在人口、劳动力构成和土地利用形式等方面描述了东北海岸大都市带的特征并分析了他的自然、社会和经济基础。他指出，大都市带具有构成要素的高度密集交织和多元的马赛克结构两个主要特征，他们正是大都市各种功能的形成基础。大都市带的功能主要表现在枢纽功能（Hinge）和孵化器功能（Incubator）。戈特曼将大都市带的发展阶段划分为：孤立分散阶段（1870 年之前）、区域性城市体系形成阶段（1870—1920 年）、大都市带的雏形阶段（1920—1950 年）和大都市带的成熟阶段（1950 年以后）四个阶段。因此，在戈特曼看来，大都市带就是具备特定条件地区出现的沿着特定轴线发展的巨大多核心城市系统。他由存在着各种形式的密切交互作用、空间形态相连的多个异质子系统（都市区）构成。除定性描述外，他为大都市带设定了两个定量指标，即以 2500 万和 250 人/平方公里分别为其人口规模和人口密度的下限。[1]与此同时，尽管部分学者支持和发展大都市带理论，而有些学者也持不同意见，如：以美国学者芒福德为代表对戈特曼的思想进行批判，认为大都市带其实并不是一种新型的城市空间形态，是由于大城市地区的人口爆炸而导致的一种"类似城市混杂体"（Urbanoid Mishmash）。[2]

---

[1] 史育龙、周一星：《戈特曼关于大都市带的学术思想评介》，《经济地理》1996 年第 3 期。

[2] 裘丽岚：《国内外城市群研究的理论与实践》，《城市观察》2011 年第 5 期。

2. 空间经济学对城市群演进的理论研究

空间经济学是上世纪末 90 年代末兴起的一个新理论，以藤田昌久（Masahisa Fujita）、保罗·克鲁格曼（Paul Krugman）和安东尼·J.维纳布尔斯三位著名经济学家为代表，为研究城市群演进研究提供了一个微观基础和视角。空间经济学在以往区位理论的基础上，通过借鉴和吸收迪克西特－斯蒂格利茨（Dixit-Stigliz）的垄断竞争模型、萨缪尔森的运输冰山成本以及计算机的动态模拟技术等，分别建立了单个城市发展的中心—外围模型、城市体系演化模型和国际模型，其中城市体系演化模型论证了城市体系的形成实际上是企业、消费者在市场条件下追求各自效用最大化的均衡过程。此后，不少学者又在这三个主要模型的基础上，进一步放松相应的约束条件，不断丰富空间经济学的模型体系和主要观点。

（二）我国城市群理论

虽然我国对城市群的理论研究起步较晚，但我国学者在借鉴国外研究成果的同时进行创新，对我国城市群发展提供了一些切合实际的重要理论观点。

1. 点轴开发理论及其延伸

1986 年，我国经济地理学家陆大道提出了"点轴开发"理论。在 20 世纪内及 21 世纪之初，我国经济社会发展的首要目标是争取较高的经济增长速度，这是确定今后工业布局总图战略的原则性前提；追求区域的平衡发展不是 20 世纪内的主要目标，而且区域的平衡发展也不能靠大片战略转移实现，而只能采取轴线延伸逐步积累的渐进方式。据此，他提出了"点轴开发"是最有效的空间组织形式。点轴开发即点—轴等级渐进扩散式开发，是在全国（或地区）范围内，确定若干具有有利发展条件的大区间、省区间以及地市间线状基础设施轴线，对轴线地带的若干个点（城市及城市区域—发展中心）予以重点发展。[①]"点"主要指区域的各级中心城市，"轴"是连接点的线状基础设施。该理论在强调"点"增长极作用的同时，还强调点之间轴的作用，认为轴线不单是联络线，而是一个社会经济密集带，具有较强的经济实力并且有较大的发展潜力。[②]此后，魏后凯（1995）提出"网络开发"模式（Network Development Model），进一步发展了"点轴开发"理论。他认为，点与点之间的经济联系及相互作用的结果往往在空间上沿着交通线连接成轴线，轴线的经纬交织形成经济网络。针对这一特点，落后地区应采取增长极点开发，发展中地区应采取

---

① 陆大道：《2000 年我国工业生产力布局总图的科学基础》，《地理科学》1986 年第 2 期。
② 裴丽岚：《国内外城市群研究的理论与实践》，《城市观察》2011 年第 5 期。

点轴开发，而发达地区应采取网络开发。①

2. 姚士谋等对我国城市群的系统研究

姚士谋、陈振光、朱英明合著的《中国城市群》是国内首部以"城市群"为研究对象的研究专著。该书系统论述了城市群发展演进中的若干重要问题。（1）城市群的概念及特征。姚士谋等从系统的思想出发，将城市群理解为"城市集合体"，给出了城市群最为全面的定义；并认为城市群具有首位城市的显著性、扩展性、动态性、空间网络结构的连接性与开放性以及边界的模糊性的特征。（2）城市群演进发展的影响因素及趋势。城市群发展不仅与地理区位、自然条件、历史基础、经济条件和城市基础设施建设等因素相关，还受到全球化、信息化和现代服务业发展等新因素的深刻影响。在这些新因素的作用下，城市群表现出四个显著特征：区域集聚程度越来越高；大城市比重有所下降、小城镇比重继续上升和中等城市基本上维持原有的比例；城镇密集区逐步增多；内部各个城市的边缘区出现空间迅速扩展。（3）城市群演进的空间机制及模式。城市群地区城市的集聚与分散都是城市化水平不断提高的过程。通过研究我国沪宁杭、津京唐、珠三角、山东半岛、辽宁中部与四川盆地6个超大型城市群以及近似城市群的7个城镇密集地区的形成发展条件和现状特点等，总结出我国城市群发展的高度集中型、双核心型、适当分散和交通走廊轴线这4种模式。（4）提出未来我国推进城市化、城市群发展的3个基本对策。一是建立资源节约型国民经济体系，城市发展应走可持续、稳健的发展方针，城市化比重不能盲目追求西方高指标的路子。二是严格控制人口数量过快增长，提高全民族的文化科技水平，提高城乡人口的素质，走健康城市化的道路，重视城市现代化的建设水平，逐步缩小城乡差别。三是历史地、全面地认识一个城市，特别是在市场经济体制下充分认识、系统分析一个城市的地位、作用于功能定位问题是21世纪我国成熟时发展的关键，各市有关领导应当高瞻远瞩，审时度势，梳理健康城市化的道路与城乡一体化的新思路。

3. 双核模式理论

双核结构模式是以陆玉麒教授领导的南京师大课题组，1998年进行《南京经济区域跨世纪发展战略》研究时，在对江西地区进行实证分析时发现的。双核结构模式是在某一区域中，以区域中心城市和港口城市为主，组成一种城市空间结构模式。该理论认为：（1）港口城市与区域中心城市的空间耦合是基于

① 裴丽岚：《国内外城市群研究的理论与实践》，《城市观察》2011 年第 5 期。

两者之间功能和区位的互补。（2）双核结构兼顾了区域中心城市的趋中性和港口城市的边缘性。（3）区域中心城市寻求对应的港口城市而与区外发生更为有效的联系。（4）港口城市的发展依赖于区域中心城市的支撑。比较典型的双核模式案例在世界范围内都有很多：欧洲的鹿特丹—伊斯堡、美国的华盛顿—巴尔的摩、德国的莱茵—鲁尔、英国伦敦—伯明翰、日本的东京—横滨、韩国的汉城—仁川、中国的北京—天津、济南—青岛、杭州—宁波、成都—重庆等。双核结构模式是对点轴系统理论的继承与发展，他以一种新的切合我国经济地理国情的轴线思想，为我国沿江、沿边城市与区域中心城市的合作发展提供了理论支撑。

第四节　统筹城乡发展

统筹城乡发展是我国进入 21 世纪实施的区别于传统城乡差别发展战略而言的全新战略选择，其实质是打破城乡二元结构，逐步缩小城乡差距，实现城乡同发展共繁荣。统筹城乡发展是我国一项长期艰巨的战略任务，必将对我国未来经济社会发展产生深远巨大影响。了解我国统筹城乡发展的现实背景、基本内涵、主要内容以及典型实践和存在的主要问题等，无疑有助于我们深刻理解这项贯穿我国未来经济社会发展很长时期乃至全过程的重要战略。

一、我国统筹城乡发展的现实背景

"统筹城乡"这个说法与理论，同"城乡一体化"、"三农"一样，都是我国特有的，国外只有城乡协调、城乡均衡发展等说法。可见，我国城乡分割局面的形成是在特定历史时期的产物，所以有必要首先了解我国在 21 世纪初提出统筹城乡发展的现实背景。

（一）我国统筹城乡发展战略的提出及不断深化

新中国成立初期，我国重工业、轻农业，重城市、轻农村，重市民、轻农民的发展倾向和以农补工、以乡养城的格局建立，在有力支撑工业化和国民经济快速发展的同时，也不可避免地加剧了城乡经济社会的分化。改革开放以来，新一轮工业化和城市化全面提速，城乡二元结构、"三农"问题成为制约我国城乡协调发展的最大障碍；在体制内努力和体制外的冲击下，我国"三农"获得一定发展，城乡二元结构在一些领域有所突破和松动。进入 21 世纪后，我国迎来了全面解决"三农"难题、着力破除城乡二元结构的新时期。自 2004 年来的中央一号文件均聚焦"三农"问题，将解决"三农"问题作为全党工作的重中之重。党的十六届三中全会将统筹城乡发展作为科学发展观的"五个统筹"之首提出并日益深入实施，党的十七大、十七届三中全会作出的"我国总体上已进入以工促农、以城带乡的发展阶段"的判断，更加明确了新时期解决"三农"问题的思路，即破解"三农"难题要与整个国民经济的健康持续发展相统一，避免"就农业论农业、就农村论农村、就农民论农民"的单一性和片面性。

（二）我国未来深入实施统筹城乡发展战略的必然性

自党的十六大以来的 10 年，我国"三农"发展迎来黄金时期，我国农村经济获得了极大的发展，城乡融合不断加深，"三农"问题得到很大程度地缓解，城乡二元结构受到前所未有的冲击。然而，由于转型时期市场机制的自发作用，城市利益格局的刚性制约，在一些领域不仅叠加了城乡二元结构而且衍生出城乡二元结构新的变种，因此城乡二元结构克服、"三农"问题不是一蹴而就能够解决的。目前，我国最大的发展差距仍然是城乡差距，最大的结构性问题仍然是城乡二元结构。"三农"问题解决还面临着一些难题：虽然在今后相当长时期内，农业份额会下降、农村人口会减少，但农业在国民经济中的基础作用不会改变，"三农"问题在全局中的重要地位不会改变，而且随着工业化城镇化的推进，工农城乡相互联系更加紧密、相互影响更加广泛、相互作用更加直接，"三农"问题日益成为全社会范围的重大问题。在当今经济全球化和中国经济社会转型的关键时期，"蝴蝶效应"让"三农"的位势变得更加重要和关键，其影响牵一发而动全身。只有不断改革并形成"三农"投入持续增加机制、农民增收持续扩大机制、农村发展持续加强机制，我们才能保持"三农"发展的稳中求进，才能为经济社会长期平稳发展打下坚实基础。尽管这些年粮食和主要农产品产量大幅增加，但生产能力仍不稳固，供求关系仍然偏紧，保持农产品供求平衡的任务更加艰巨。当前，粮食安全领域存在的三大矛盾尚未根本解决，一是粮食的刚性需求与生产的硬性约束的矛盾，二是生产成本上升与比较效益下降的矛盾，三是劳动力转移与"谁来种地"的矛盾。需要我们不断探索创新促进农业农村发展的制度环境，建立健全保障粮食等农产品有效供给的长效机制，努力形成提升农业比较效益的增收机制，大力拓展推进农民职业化和新型农民建设的内生机制。农民增收的长效和内生机制尚未形成，影响农民增收的制约因素仍将长期存在。当前，在复杂的国内外经济环境下，提价、补贴的增收空间有限，务工增收也面临新的不确定因素，财产性增收的体制机制约束依然存在，而通过增产、提质、节本来扩大增收不仅需要依赖科技创新，也需要假以时日和不断努力。没有农民的小康，也就不可能全面建成小康社会；没有农业农村的现代化，就没有国家现代化。增加农民收入、加快实现农业现代化、缩小城乡差别也成为我国经济社会发展的重大问题。因此，必须坚定实施统筹城乡发展战略、推进城乡发展一体化，真正实现城乡同发展共繁荣。

二、统筹城乡发展的内涵

（一）统筹城乡发展的基本含义

统筹城乡发展就是要把城市与农村、农业与工业、农民与市民作为一个整体，纳入经济社会发展统一规划中去通盘考虑，把城市和农村经济社会发展中存在的问题及其相互关系综合起来研究，统筹加以解决，建立有利于改变城乡二元结构的体制机制，实现以城带乡、以工促农、城乡一体的协调发展。

需要强调的是：第一，统筹城乡发展与城乡一体化是两个既有联系又相互区别的概念。统筹城乡发展是一种手段、方法，是将城市和农村的发展统筹考虑，破除城乡二元结构，最终达到城乡一体化；城乡一体化是一种结果、状态，是城市和农村的发展贯通，使两者在经济、社会等诸多领域面对相同的制度和政策环境，缩小两者之间的差距，达到两者发展的互动与融合。因此，统筹城乡发展与城乡一体化可以说是手段与目标、方法与结果的关系。第二，统筹城乡发展城乡同质化、同样化；也绝不是仅指农村如何发展或牺牲城市来发展农村。第三，我国实施统筹城乡发展战略、进而实现城乡一体化发展目标不是在短期内就可以一蹴而就的，而是一个长期的历史过程。

（二）统筹城乡发展的理论依据

统筹城乡发展不仅是一个实践性极强的命题，而且具有丰富的理论基础，总结国内外学者的研究成果，我们将统筹城乡发展的理论依据归纳为以下四点。

1. 马克思、恩格斯的城乡关系理论

随着资本主义生产关系的萌发，西方资本主义国家城乡分离后带来的城乡对立现象逐步暴露；尤其是到了工业革命后期，由于城市剥削农村、工业剥削农业的现象极为突出，导致了城市与农村之间、工业与农业之间严重对立。马克思和恩格斯高度城乡关系问题，他们从社会分工入手，运用阶级分析的方法，揭示了城乡对立的根源和城乡关系演进的总体趋势，并提出消除城乡对立的条件和途径，这为我国实施统筹发展战略提供了理论和现实依据。同时，由于马克思、恩格斯受时代的局限，无法预测 20 世纪以来城乡关系的深刻变化与发展，需要我们结合自身实际不断丰富和完善他们的理论。

马克思、恩格斯认为城乡关系是社会生活中影响全局的关键环节。一切发达的、以商品交换为媒介的分工的基础，都是城乡的分离；社会的全部经济史都可以概括为城乡对立的运动。他们指出，城乡之间的对立只有在私有制的范围内才能存在，即私有制是城乡对立的根源；城乡差别、城乡对立只是生产力发展到一定历史阶段的产物，随着生产力的发展，城乡差别的消失是历史的必然。城乡对立通过革命斗争改变资本主义生产关系而消灭。城乡间阶级对立的消灭并不意味着城乡之间社会经济文化发展水平差别的消失。恩格斯指出，通过消除旧的分工，进行生产教育，变换工种，共同享受大家创造出来的福利，以及城乡融合，使全体成员的才能得到全面的发展。他在这里第一次提出了"城乡融合"的概念，并进一步指出实现这一目标的两个标志：一是工人和农民之间阶级差别的消失；二是人口分布不均衡（指城乡之间）现象的消失。而大工业在全国尽可能平衡的分布，是消灭城市和乡村分离的条件。根据城乡融合的思路，恩格斯提出通过土地公有化发展"大农业"、"大工业"以及在农村地区办工业的思想。

2. 二元经济结构理论

发达国家和地区都经历过二元经济结构转换阶段，而发展中国家和地区正处于二元经济结构转化时期。二元经济结构理论将二元经济反差看作是发展中国家的特征性事实，经过不断完善和拓展，论证了两个重要问题，即城市工业部门和乡村农业部门结构上和经济上的差异、把两个部门联结起来的劳动力转移过程的重要作用，从而成为发展经济学中具有分析价值的理论。刘易斯从古典主义出发，认为发展中国家农业中存在边际生产率为零的剩余劳动力，在其论文《劳动力无限供给下的经济发展》（1954）构建了一个二元经济结构模型。该模型认为，发展中国家中仅能维持最低生活水平、以土著方法生产的农业部门和以现代化方法进行生产的城市工业部门并存，而且两个部门之间有着关联效应：城市工业部门从农业部门吸纳劳动力——城市工业部门获得利润——城市工业部门将所得利润再投资——农业部门的劳动力被不断吸纳，劳动生产率随之提高，最终促使两部门劳动边际生产率相等。拉尼斯和费景汉指出，刘易斯模式忽略了农业在促进工业增长中的重要性、农业剩余产品的出现是农业中的劳动力向工业流动的先决条件，从而得出了虽有差异但结论一致的拉尼斯–费景汉模型。到目前为止，刘易斯—费景汉—拉尼斯模型仍是解释二元经济结构问题的主要依据。在反思刘易斯—费景汉—拉尼斯模型的基础上，乔根森（1967）假定两部门的劳动边际生产率大于零，通过模型构建和求解，得出了二元经济结构转化的充要条件，此条件强调工农业的紧密关系，特别是农业发展对工业和二元经济结构转化的重要意义。沿着这个思路，托达罗（1969）在劳动边际生产率为正的前提条件下，将预期引入模型分析，指出收入差距不能描述劳动力转移的决策机制，必须将对城市就业预期和收入水平差距结合起来，才能确切地刻画二元经济结构转化、特别是农业剩余劳动力转移的过程。

3. 分工组织理论

二元经济结构理论注意到了农业和工业的生产率差异，但并未清晰地说明差异产生的根本原因，将两大部门发展的差异更多地归结为劳动力资源的配置的差异。事实上，可以利用分工组织理论解释农业和工业的生产率差异，而二元经济结构理论正是忽视了经济中的分工组织问题。亚当·斯密在《国富论》中提出了著名的"斯密定理"，即分工是经济发展的一个关键性因素，而分工水平又取决于市场规模。斯密曾提出这样的猜想：农业上劳动力的增进，总跟不上制造业上劳动力增进的主要原因，也许就是农业不能采用完全的分工制度。杨格在吸收斯密分工思想的基础上，将"斯密定理"拓展成"杨格定理"：分工水平取决于分工水平。由此推断，生产率的提高以及人均收入的增加都是劳动分工加深的若干侧面，因此劳动分工能够对产业之间生产率的差异做出较好解释。劳动分工的最大特点是所谓的迂回生产方式（roundabout production method）。"经济发展的过程就是在初始生产要素和最终消费之间插入越来越多、越来越复杂的生产工具、半成品、知识的专业生产部门，使分工越来越精细"（杨小凯，1997）。高帆、秦占欣在生产率水平是分工组织内生演进结果的思路下，利用超边际分析构建了一个新兴古典经济学的数学模型，该模型证实了斯密猜想：农业和工业的生产率差异源于不同的分工水平，特别是迂回生产程度及中间产品使用在农业中远低于工业，这是产生二元经济结构的基本原因。[①]因此，二元经济结构的转化思路就是在不断推进工业化的同时，努力提

---

① 高帆、秦占欣：《二元经济反差：一个新兴古典经济学的解释》，《经济科学》2003 年第 1 期。

高农业迂回生产程度，实现农业中的分工经济以缩减二元经济反差。他们将农业生产中中间产品的采用大致上可以划分成两种类型：一是物质型，即主要通过采用机械、化肥、良种和薄膜等使工具性中间产品不断普及。二是知识型，即主要通过更多培养专业技术人员、提高农民生产技术及知识含量等途径，以使智力性中间产品趋于增加。

从分工组织理论出发，改造传统农业、发展现代农业在于由起先迂回生产程度低、自给自足经济演化成一种大量使用中间产品的分工经济。而农业过剩劳动力转移并不仅仅进入工业产业，同时可以大量地流向农业的中间产品生产领域。将分工组织理论与二元经济结构理论相联系，就为我国在工业化、城镇化和农业现代化"三化"联动中推进城乡一体化提供了理论依据。

4. 城乡关系演进的制度变迁理论[①]

我国城乡二元结构的形成虽与当时特殊的历史条件和经济环境相关，但根源还是各种城市偏向的制度和政策，因此制度变迁理论为我国城乡关系演进、城乡二元结构破解提供了分析视角。从制度供给角度看，我国城乡二元结构的形成直接根源于 20 世纪 50 年代开始推行的重工业优先发展战略，国家强制性供给了偏向工业化和城市的新制度。从制度需求角度看，城市居民和农村居民是目前我国城乡发展政策制度的需求主体。对城市居民来说，偏向城市的政策制度完全满足他们的利益要求，因此，城市居民对偏向城市的发展政策具有非常强烈的需求。农民一方面并不对偏向工业化和城市化的新制度产生需求，另一方面在新制度的需求博弈中处于弱势地位，因此就成为新制度的利益受损者。制度变迁理论表明：一项制度是否能够顺利变迁取决于制度供给与制度需求是否一致，只有对新制度同时产生供给和需求时，新制度才可能顺利诞生。一种低效的制度的负面影响越大，制度创新的动力也会越大，但新制度究竟能否取代旧有制度，不仅取决于这一新制度可能产生的净收益（整个社会的帕累托改进），还取决于制度供给者对于利益格局重新调整的难度。如果新制度的变迁会改变旧有制度下的受益者的利益格局，使其既得利益受损，即使进行新的制度变迁能够使整个社会实现帕累托改进，旧制度的既得利益者也会通过各种途径维护旧有制度，这无疑增大了制度变迁的难度。我国改革开放以来城乡差距不但没有得到有效遏制，而且有不断扩大并日益严重之势，城乡关系演进

[①] 吴冠岑、刘友兆、马贤磊：《我国城乡制度变革的制度变迁理论解析》，《农业经济》2007 年第 5 期。

缓慢有着根深蒂固的制度原因。一方面城市居民对既得利益的维护是使得制度创新陷入诺斯所称的"锁住"效应，另一方面城乡分割的户籍制度、投融资体制、劳动就业制度、财税体制、社会保障制度和土地制度等相互关联，彼此之间存在着跨域的相互"嵌入"。由于我国城乡制度演进中存在固有的路径依赖，因此制度变迁只能是渐进性而不能是爆炸性的。首先，制度关联及其互补关系表明我国城乡统筹的制度变迁必须整体推进，而不是单一领域制度的改革。其次，城乡关系制度变迁方式的选择必须与其演进的渐进性特征相适应。在我国经济社会转型时期，单一的国家强制性制度变迁容易陷入"锁住"效应，所以未来城乡关系制度变迁中应该加大农民诱致性制度变迁方式与国家强制性变迁的结合，以多种方式实现城乡制度变迁。

三、统筹城乡发展的主要内容和根本保障

统筹城乡发展是一项系统工程，涉及我国经济社会生活的方方面面；只有确立了统筹城乡发展的主要内容、战略主线和根本保障，实践探索才更具有目标性和富有成效。

（一）统筹城乡发展的主要内容

党的十七届三中全会通过的《关于推进农村改革发展若干重大问题的决定》要求，"建立促进城乡经济社会发展一体化制度，尽快在城乡规划、产业布局、基础设施建设、公共服务一体化等方面取得突破"，这既是对新时期我国统筹城乡生动实践的总结，也为我们思考统筹城乡发展的主要内容或者重点领域提供了方向和依据。实施统筹城乡发展战略、形成城乡经济社会发展一体化新格局，从微观层面看，要让生产要素、公共资源在城乡均衡配置；从中观层面看，要形成城乡产业互动融合发展的格局；从宏观层面看，要形成城乡一体的制度环境，关键是破除城乡二元结构。据此，我们将统筹城乡发展的主要内容总结为"六个一体化"。

1. 城乡规划一体化。将城乡作为一个整体通盘考虑，将广大农村纳入城市规划之中，实施城乡规划"全覆盖"，做到"一张蓝图绘到底"，形成城乡一体、配套衔接的规划体系和执行监督体系，实现规划编制、实施和监管的城乡全覆盖。

2. 城乡产业一体化。树立统筹产业发展的理念，促进城乡资源优化配置和转化利用，通过产业发展战略的调整和体制机制的创新，积极调整优化城乡产

业布局，实现城乡产业互动发展和变革农村生产关系。

3. 城乡市场一体化。坚持运用和发挥市场机制作用，引导土地、资金、技术、人才和管理等生产要素在城乡之间自由双向有序流动，改变以往生产要素单向大规模从农村向城市流动、造成农村凋敝和资源枯竭的局面和做法。

4. 城乡基础设施一体化。以加强农村基础设施建设水平为重点，积极做好农村道路、水利、电力、污水、垃圾和通讯等配套设施建设，促进城乡基础设施共建共享共管，逐步缩小城乡基础设施建设差距。

5. 城乡公共服务一体化。健全促进区域基本公共服务均等化的体制机制，加大公共资源向农村、贫困地区和社会弱势群体倾斜力度，以构建城乡一体的教育、医疗卫生、文化、体育和社会保障等体系为抓手，努力推进公共服务向农村延伸，促进资源均衡配置、发展机会均等。

6. 城乡管理体制一体化。打破城乡分治的行政管理格局；实施规范化服务型政府建设；推进户籍制度改革，放宽中小城市落户条件，使在城镇稳定就业和居住的农民有序转变为城镇居民；推动流动人口服务和管理体制创新；以改善民生、惠及民生为根本途径，统筹推进城乡文化、教育、卫生、社会保障和城乡建设等社会管理一体化。

（二）统筹城乡发展的根本保障

统筹城乡发展的根本保障是：构建"以工促农、以城带乡"的长效机制。城乡经济社会一体化，其形成机理不仅是是以市场为导向的、以城乡要素自由流动转换为条件的、以工业化城市化为基础的聚集扩散机制发生作用的自然产物，而且是以政府为主导的、以建立城乡均衡决策机制为条件的、以规划政策制度为手段的统筹协调机制发挥作用的自觉结果。[1]构建以工促农、以城带乡的长效机制，其实质就是在市场机制的基础作用下，发挥政府的主要作用，以建立城乡均衡决策机制为条件、以规划政策制度为手段，改变农业、农村在资源配置和国民收入中的不利地位，让生产要素和公共服务更多地流入农业和农村，惠及农民。

从历史和国际经验来看，在工业化初始阶段，农业支持工业、为工业提供积累是带有普遍性的倾向；但在工业化达到相当程度后，工业反哺农业、城市支持农村，实现工业与农业、城市与农村协调发展，也是带有普遍性的倾向。

---

[1] 方辉振：《城乡经济社会发展一体化新格局的形成机理研究》，《经济体制改革》2010年第1期。

我国目前工业化已经进入中期阶段并向后期过渡、城镇化进入加速发展时期，形成了工业化、城镇化的较高集聚水平和较强辐射带动能力，这说明我国已具备工业反哺农业、城市支援农村的基本条件。但是，要把工业反哺农业、城市支持农村的能力转化为"以工促农、以城带乡"的现实行为，没有构建一套规范、全面的"以工促农、以城带乡"的长效机制是很难达到的，因为在市场经济条件下资源和生产要素总是向回报率最高的行业和区域流动。由于第二、三产业具有集聚程度高、要素容量大、技术进步快、需求弹性大等特点，城市具有很强的集聚效应、规模效应和资金、技术、人才、信息等优势，而农业则具有天然弱质性、高风险性，农村则具有广阔性和分散性，这决定了无论工业化、城市化水平处于什么阶段，农业与农村在与工业、城市竞争资源和要素的过程中必然处于不利的地位。如果仅靠市场机制自发作用，那么工业和城市的资源和要素向农业和农村扩散将是一个十分缓慢的过程。

我国是一个农业大国，但是传统农业的经营规模小、附加值和商品化率都比较低，如果不能与城市、与工业有机对接则很难有大的发展，反过来，农村市场又是我国城市工业品的主要内需消费市场，农村经济不繁荣，农村市场容量小，则我国的工业发展也会受到巨大制约。我国是一个人口大国，一方面，农村富余劳动力巨大，如果这部分劳动力不转移，则农业适度规模化经营、农业劳动生产率提高和农民增收就会受到制约；另一方面，继续留在农村从事农业生产活动的农民素质低、老龄化现象十分突出，如果不通过城市和工业先进生产要素的带动而仅靠农业内部的要素积累，那么传统农业向现代农业转变就十分困难。只有跳出"三农"来解决"三农"问题，才能大幅度提高农民的收入、有效提升农村产品和服务的商品化率、提升农村居民的文明程度，也才能从根本上解决"三农"问题。这就要求我国必须充分发挥进入工业化中期并向后期过渡的有利条件和反哺能力，构建"以工促农、以城带乡"的长效机制。由于所建立的这种机制是稳定的、长期的、持续的而不是临时的、短期的、间断的，因而能从根本上缩小城乡经济社会差距进而实现城乡一体化。

参考文献

丁任重：《经济区的理论与实践》，陕西人民出版社 1988 年版。

宋俊岭：《城市的定义和本质》，《北京社会科学》1994 年第 2 期。

魏后凯：《现代区域经济学》，经济科学出版社 2011 年版。

周一星：《城市地理学》，商务印书馆 2007 年版。

杜闻贞：《城市经济学》，中国财政经济出版社 1987 年版。

林凌：《中心城市综合改革论》，经济科学出版社 1992 年版。

顾朝林：《转型发展与未来城市的思考》，《城市规划》2011 年第 11 期。

刘志军：《论城市化定义的嬗变与分歧》，《中国农村经济》2004 年第 7 期。

王雅莉：《城市经济学》，首都经济贸易大学出版社 2008 年版。

谢文蕙、邓卫：《城市经济学》，清华大学出版社 2008 年版。

杨波等：《城市化的阶段特征与我国城市化道路的选择》，《上海经济研究》2006 年第 2 期。

陈甬军、景普秋：《中国新型城市化道路的理论及发展目标预测》，《经济学动态》2008 年第 9 期。

冯睿、张沫：《我国城市化道路研究述评》，《金陵科技学院学报》（社会科学版）2011 年第 1 期。

牛文元：《中国新型城市化战略的设计要点》，《中国科学院院刊》2009 年第 2 期。

王鹤、尹来盛、冯邦彦：《从传统城市化到新型城市化——我国城市化道路的未来选择》，《经济体制改革》2013 年第 1 期。

陆大道等：《中国区域发展的理论与实践》，科学出版社 2003 年版。

顾朝林：《城市群研究进展与展望》，《地理研究》2011 年第 5 期。

高帆、秦占欣：《二元经济反差：一个新兴古典经济学的解释》，《经济科学》2003 年第 1 期。

张克俊、王娟、李晓燕：《推进城乡一体化的战略主线、关键环节与根本保障研究》，《中共四川省委省级机关党校学报》2012 年第 5 期。

林凌：《林凌文选：改革三十年亲历》社会科学文献出版社 2008 年版。

滕田昌久、克鲁格曼、安东尼·J.维纳布尔斯：《空间经济学——城市、区域与国际贸易》，梁琦主译，中国人民大学出版社 2005 年版。

K.J.巴顿：《城市经济学理论和政策》，商务印书馆 1984 年版。

第九章 区域经济竞争力

21世纪全球化、区域化、一体化发展更加突出，区域竞争力的重组将决定世界各区域未来的经济版图，各国对区域竞争力的追求已成为推动区域发展、增强国家国际竞争力的内在动力。本章着重阐述区域经济竞争力的内涵、理论基础、主要内容、评价模型与提升途径，这对发现区域竞争优势、制定与实施区域竞争力战略具有重要指导意义。

第一节 区域经济与竞争

国内外经验充分表明，区域竞争贯穿于区域发展的全过程。随着区域经济在国家总体经济格局中地位的日益凸显，区域竞争日趋激烈并以多种复杂的方式呈现，保持合理、适度、有效、持续的区域竞争，对区域经济的持续健康发展至关重要。

一、区域竞争与区域经济发展

（一）区域竞争的概念

所谓竞争，顾名思义，就是竞赛与争夺，强调在两者或以上主体间发生的行为，是指为了己方的利益而与他方争胜。当代经济格局中，经济增长的快慢主要取决于对资源和市场占有程度的高低。围绕资源和市场展开竞争是市场经济的核心动力之一。依照竞争领域的不同，竞争又可以分为资源竞争、市场竞争、技术竞争、人才竞争及文化竞争等。根据竞争中经济主体的不同，竞争可以分为国家竞争、地区竞争、产业竞争、企业竞争和部门竞争等。竞争行为表现于经济生活的各个方面，既有相同层次经济主体间的竞争，又有不同层次经济主体间的竞争；既有同一领域的纵向竞争，又有差异化领域的横向竞争；竞争并不局限在国内，更是在全球范围内激烈开展。在当代竞争中，除传统意义上"你死我活"、"优胜劣汰"的对抗性竞争外，还出现了分工合作、携手共进式的协作型竞争，竞争对手间既相互争夺，相互协助；既相互对抗，又相互支持。

区域作为当代经济发展的重要主体，其彼此间的竞争在推动区域经济发展中所承担的作用愈发重要。一般来讲，区域竞争概念是源于市场经济体制环境下，区域之间为追求相对较高的经济发展水平而产生出的对于稀缺要素的争夺。在计划经济时代，由于资源的统分统配，各区域间不存在利益争夺的驱动力，区域间的竞争也就无从谈起。市场经济条件下，区域具有相对独立的利益诉求，为提高资源使用效率，谋求本区域的发展，抢占经济发展的优势地位，各区域对市场和资本、人才、科技等资源展开着持续性的竞争。

（二）区域竞争对区域经济发展的正面效应

1. 提升区域产业竞争力。区域是一个地缘、经济性概念，区域间的竞争并非空虚缥缈之言，其很大程度上落实在该区域产业发展之间的竞争，区域竞争力的构成同样也以该区域众多产业发展能力的集合作为基础。从这个意义上讲，良性的区域竞争必然会促使产业的不断升级发展，区域在竞争过程中会致力于优化投资环境、提供高效的市场机制，这也就成了提升区域产业竞争力和区域整体竞争合力的有效途径。

2. 促进区域分工与合作。相对的区域优势是进行区域竞争的必要基础，而专业化的分工则为形成和保持这种竞争优势提供了可行途径。区域通过专业分工，可以提高其对特定资源的利用效率和市场的占领水平，因此，一个区域在构建高效率于国内外市场上汲取和利用资源的能力、加强竞争力的过程中，自然会不断地进行区域分工和市场细化。区域作为一个整体参与同其他地区的竞争，其竞争能力本质是一种合力。这种合力的增强必须在分工基础上加强区域内外之间的合作，利用合作产生的协同效应，提高单位资源的使用功效。合理的区域竞争往往促成区域之间的经济活动形成又专业分工又相互合作的有序局面。

3. 推动区域资源优化配置。经济的高效持续发展必须要考虑资源要素的获取成本和配置效率。市场经济条件下要素流动相对自由，区域竞争的目的也正是要获取这些自由流动的资源要素。各地之间由于地理、环境、经济等因素的不同，各类要素的利用效率也有所区别。区域竞争会促使当地政府完善基础设施、健全法制制度、推进行政改革，形成良好的投资环境吸引资源的流入。同时，通过比较优势的自动选择机制，将整体社会环境下的资源重新分配，优化配置，提高使用效率。

4. 促进制度创新和管理效率提高。为了在区域竞争中形成其他区域所不具备的优势，掌握市场先机和主动权，无论是企业还是地方政府，均会在自身有弹性的空间内尝试制度创新，并在此基础上引入适应市场经济发展需要的企业制度、产权制度、行政管理制度等。如果地方政府和企业具有通过制度创新获取收益的强大动力，就会使制度创新的风险更小、成本更低、绩效更高。中国区域经济的真正发展源于改革开放后，但由于受到计划经济体制遗留弊端的影响，需要通过改革和制度创新进行突破，为此，中央政府采取授权试点或对一些地区自主制度创新给予默认试行的方式，大大激发了地方政府为追求自身利益进行制度和管理创新的动力，造就了这些地区区域经济发展的活力。因此，无论是从成本立场还是从效率角度，区域竞争确实推进了体制改革和制度创新。

5. 带动辐射其他区域发展。区域竞争不一定是你死我活的损人利己的竞争，合理的区域竞争更多地表现为互惠共赢。某一区域如果由于资源禀赋、历史机遇、制度优势等因素，在竞争的环境下大力发展社会分工、促进资源高效利用而先发展起来，但随着发达地区经济的进一步发展，往往会通过产业链延伸、技术扩散、区域分工和合作等"涓滴效应"辐射带动周边区域，缩小周边区域与整体大环境之间的差距，促进区域间的协调发展。我们应破除只有发挥政府的作用才能缩小区域之间发展差距的观念，实际上，区域之间展开竞争到一定程度时也会缩小地区发展差距。

（二）区域竞争对区域经济发展的负面效应

诚然，合理有序的区域竞争是促进区域经济发展的重要助力，也是保持创新的动力源泉，但是应当看到，不合理的区域竞争，对区域经济发展可能带来不利影响。

1. 导致过度的重复性经济建设。所谓重复建设，是指生产某种商品的企业数量过多，造成全国范围内该产品的总体生产能力过大，出现生产过剩或生产设备闲置的现象[①]。重复性的经济建设是现实经济发展的普遍现象，无论是发达国家还是发展中国家都会出现一定程度的重复建设。但是，不合理的区域竞争则会带来过度的重复建设，产生企业之间的恶性竞争，导致各种短缺资源和严重浪费。不合理的、过度的重复建设往往是由高度的信息不对称和体制不完善所引起的，投资者在较低水平上进行盲目投资所形成的生产能力过剩，不仅会抑制区域经济发展，更易导致区域整体较低的经济发展水平。

2. 区域经济空间布局不当，产业趋同现象突出。在不合理、不规范、过度

---

① 魏后凯主编：《从重复建设走向有序竞争》，人民出版社 2001 年版。

的竞争环境下，如果地方政府存在着行政审批和干预经济权限过大、地方官员政绩考核机制出现GDP至上的偏差，就会导致大多数地方政府从本地经济利益短期最大化的原则出发，对当地企业投资经营行为进行不合理的干预，不惜花大量资金进行雷同的基础设施兴建和基建项目的盲目攀比，不顾宏观需求无序扩大生产能力等，从而致使宏观经济的空间布局不当，产生产业结构严重趋同现象。这样的产业结构趋同通常又伴随缺乏核心技术等问题的出现，这在一定程度上对整体产业调整和产业升级造成阻碍。

3. 地方保护主义盛行，市场分割严重。区域竞争是市场竞争和市场经济体制的产物，而地方政府竞争是市场经济体制下分权化改革的结果[①]。地方政府作为该地域的重要竞争主体和利益代表，会试图通过优化投资环境、制度法规等方法吸引更多的要素流入，同时，如果对其规范不力，也会为了维护其自身和辖区内经济主体利益而采取多种地方性保护措施，如：设置市场壁垒、操纵市场、限制非本地企业提供的产品或服务参加公平竞争等。对于相邻地区，由于彼此在资源供给与需求上具有天然的地理相似性，地方政府往往通过行政手段限制资源要素的流动，致使不同程度的市场分割。由地方保护滋生的市场分割的后果是十分消极的，他抑制了各地区通过合作形成各自的比较优势，导致大量资源的利用效率低下，也势必会削弱各区域的竞争力。

4. 区域间经济发展差距过大。各区域之间往往不同程度的存在自然环境、要素禀赋、经济起点等方面的差异，在竞争的环境下，有些区位条件和经济技术较好的地区，由于抓住了市场竞争带来的机遇，并在深度挖掘自身优势和充分利用外部资源的基础上，采取了正确的区域竞争战略，致使这些地区较先较快地发展起来；而那些自然条件不好、经济技术基础较差的地区，就可能在竞争的环境下要素和资源不断流失，造成经济发展缓慢。尤其是不合理的区域竞争与不合理的区域倾斜政策叠加在一起，就会加速地区发展差距的扩大，损害区域之间的协调发展。中国区域间的经济发展差距，主要表现在东西差距，尤其在改革开放后，沿海城市的进一步开放，更是使得东西部之间的经济发展水平愈加不平衡。这样的不平衡发展不仅有失公平性原则，同样也在一定程度上不利于中国整体经济平衡、平稳、快速的发展。

---

① 魏后凯：《当前优化区域竞争中的几个理论误区》，《中州学刊》2005 年第 5 期。

二、中国区域经济发展的总体格局

改革开放三十年来，中国区域经济经历了非均衡发展过程，目前已进入统筹发展的历史阶段。在国家实施以"西部大开发、振兴东北、中部崛起、东部率先发展"为核心内容的区域发展总体战略导向下，近年来中西部地区继续保持快速发展势头，主要经济指标增速全面领先于东部地区，区域经济发展差距已经呈现出逐步缩小的态势，发展不平衡、不协调、不可持续的状况得到了较大程度的改观，中国经济正从区域不均衡逐渐走向相对平衡，中国的区域发展已经迈向"多轮驱动"的新时代。

在中国改革开放早期，为了推进改革开放、搞活经济，国家在整体战略布局上实施了东部沿海优先发展战略。该区域在国家政策倾斜、体制创新的更大灵活权和自身较好的区位、经济技术基础的共同作用下，成了我国经济发展的"隆起"地带。东部沿海优先发展确实带动了全国经济的持续快速发展，实现了"让一部分地区先发展起来"的既定目标，但是却加剧了不同地区、不同区域之间发展的不平衡性，从而对中国经济的整体发展带来了日益突出的不利影响。另一方面，东中西部地区经济发展的差距又为发挥中西部地区的后发优势、实现产业的梯度转移以及为中国经济不断积蓄新的增长动力提供了有利条件。针对区域发展不平衡可能给中国带来的不利影响，自20世纪90年代末期起，中央在继续鼓励东部地区率先发展的同时，陆续出台了西部大开发、促进中部崛起和东北等老工业基地振兴等区域发展战略，逐步形成了比较完整的区域发展总体战略。

为了使中国区域发展总体战略能够更好地落到实处，产生更大的成效，针对中国地域范围广大、地理差别明显的特点，近几年来，中央政府又先后批复涉及珠江三角洲、长江三角洲、天津滨海新区、福建省海峡西岸经济区、关中－天水经济区、中国图们江区域、黄河三角洲、横琴新区、安徽皖江城市带、鄱阳湖生态经济区等十多部区域规划和文件。2007年6月，成渝地区被批准成为全国统筹城乡综合配套改革试验区，这是继上海浦东新区、天津滨海新区之后国家批准的又一个综合配套改革试验区。2011年6月，我国首个全国性国土空间开发规划《全国主体功能区规划》颁布，该《规划》按开发方式将国土空间划分为优化开发区域、重点开发区域、限制开发区域和禁止开发区域。2011年6月，为贯彻落实《长江三角洲地区区域规划》、《江苏沿海地区发展规划》，进一步加强区域合作、促进区域协调发展，国务院批准在江苏省连云港市设立国家东中西区域合作示范区，并正式批复《国家东中西区域合作示范区建设总体方案》。2012 年 1 月，国务院通过了《西部大开发"十二五"规划》和《东北振兴"十二五"规划》。通过这些举措，中国经济总体上迈入了比较协调发展的轨道。

从未来的区域发展格局看，京津冀都市圈、山东半岛城市群、东北哈大产业带、中原城市群、武汉都市圈、长株潭城市群、成渝经济圈、关中城市群等，都有可能成为支撑未来中国经济增长的新的主导地区和增长极，中国区域经济发展将进入"群雄并起"的多元化发展时代。

三、当前中国区域竞争的现状

近年来，中国经济一直伴随着经济全球化程度的不断加深而持续发展，地区之间为获取有限的要素资源，占领经济发展中有利位置，纷纷在经济政策、基础设施、项目配套和区域形象等诸多领域展开竞争，并对原有制度和机制进行优化，以期获得更高的经济效率。当前中国区域竞争的现状是：

（一）区域竞争主要是获取稀缺的要素资源

传统经济学研究的就是在资源稀缺的理论假设下，探讨如何获取更多资源并提高利用和配置效率。区域竞争之所以存在且不断发展，要素的稀缺性是前提条件，区域竞争也自然着眼于获取尽可能多的要素资源。中国自改革开放以来，财税收入、银行贷款、地方政府债券、企业积累等资金渠道取代了中央财政预算，成为地区建设资金的最主要来源。然而，由于国内市场容量的有限性和现有融资渠道的高门槛，区域发展所需资金额度无法得到充分满足，于是，各地政府及企业主体的视线自然投向外商直接投资这一相对稀缺的资源要素。在吸引外资的竞争过程中，由于便于航运的天然地理优势和相对良好的基础设施条件，沿海地区成为优胜者，充足的资本资源为沿海地区保持经济发展的领先地位贡献巨大。近年来，随着经济发展环境的改变，区域竞争的目标不只局限于外资，针对专业化人才、高新技术、跨国公司总部或研发中心以及紧缺的能源资源开展的竞争十分突出。

（二）从提供优惠政策的竞争向打造综合环境的竞争演变

在中国传统区域竞争过程中，实施土地供给、租金、税收等方面的优惠政策是各区域争取外商进入和区外资金的重要措施。地方政府通常给予投资商以优惠的土地使用价格和部分地方税收的财政返还，尤其在中西部地区，在土地供应上给予支持是普遍的竞争方式，有的地方甚至采取免收土地转让费等方式吸引资源。相比而言，发达地区由于土地资源供应日趋紧张，出于成本考虑，土地方面的优惠政策有所收紧。

中国目前区域竞争手段正在从以提供土地、财税优惠为主的传统途径向以打造综合服务环境为核心的现代区域竞争途径转变。良好的综合服务环境是促进产业集群发展、提高资源利用效率、塑造区域品牌的有效手段。硬件基础设施建设是形成良好的综合服务环境的前提，各地以完善交通体系和优化信息系统为重点，纷纷优先发展铁路和智能交通系统，实现铁路、航空、公路、水路、管道等基础设施的协调发展，目的在于降低物流成本，破除制约现代经济主体发展的重要瓶颈。尤其是各地区纷纷建立以电信、广电为网络骨架，以大型数据库和云端环境为运算支持的信息基础设施，推进经济和社会的全面信息化，加快建设"信息高速公路"，已成为打造区域综合服务环境的重要手段。

（三）全方位的开放竞争愈加激烈，软环境比拼日显突出

自中国加入世贸组织之后，标志着中国的经济发展和区域竞争进入到新的历史阶段，国际贸易市场大门进一步打开，对外开放的程度越来越高，从有限范围的开放到多层面、全方位的开放，由以往单方面的自我开放转为组织成员国互相之间的多方开放。市场的进一步开放，也相应引入了更多的经济主体之间的竞争，与世界经济相联的区域经济之间的竞争也成了全方位的开放性竞争。根据世贸组织的公开、透明、非歧视性原则，传统区域经济竞争所依靠的政策优势将被逐渐打破，随之而来的是资金、人才、信息的高度流动，各个层次的区域竞争也愈显激烈。

随着当前市场秩序的逐步规范，经济资源的不断开发利用，各地方能够加以利用的政策优势和资源优势将逐渐减弱，现有及未来的区域竞争将更多地在改善发展环境特别是软环境的层面上展开。所谓软环境，是相对于地理条件、物质资源等硬环境的概念，主要包括政策、体制机制、法律法规、居民素质、文化氛围等因素在内的有机综合整体，他是经济发展的非物质保障。当今的区域竞争日益强调经济发展的软环境，将软环境的优劣作为评价区域竞争力大小的重要标准，这也是区域经济可持续发展的本质要求。

（四）城市是区域竞争的核心，沿海地区的竞争程度高于中西部

城市是区域聚集各类资源的主要载体，是商品、信息、资本、人才、技术的流动中心。目前中国大部分城市已经进入工业化发展的中后期阶段，这一阶段里，城市仍旧是现代区域发展的核心，也是区域竞争发生最频繁、竞争程度

最高的部分。一个的地区竞争力在较大程度上取决于该区域里城市的数目、经济水平、人口容量等因素，各个区域也纷纷以培育城市持续发展能力作为提升区域竞争力的首要选择。在竞争活动中，东部沿海及其他发达地区无论从竞争激烈程度还是从竞争手段方面，都比中西部和欠发达地区更突出。在东部沿海地带内部，长三角、珠三角地区的竞争要比环渤海地区的竞争更为激烈。这主要是由于东部沿海地区市场机制更完善，资源流动性更强，单就资本要素而论，在信息对称的环境下，资金流的区位选择更为理性和灵活，获取资金的成本相对较小，投资回报率较高。更重要的是，当前东部沿海发达地区面临的资源环境约束更大、产能过剩的现象更突出，在经济外向度已经很高而世界经济又处于低迷的状况下，竞争的压力明显增大。

（五）区域竞争仍由地方政府主导

从理论层面分析，区域竞争主体是一个体现区域整体利益的集合概念，是包括当地政府、本地企业、域内居民等多类别大量个体在内的集合性主体。竞争最终不是落实在各地政府之间的较量，而表现于企业或企业群体之间的角力。我们说一个地区竞争力强于另一地区，绝不仅仅是指当地有一个强有力的政府，当地企业的发展状况才是竞争力的关键。然而，由于我国的政治经济体制限制，政府拥有着极大的干预经济运行的权力，尤其在现行的官员政绩考核机制之下，地方政府无论从现实基础或动力来源上来讲，都往往在经济发展中实际上扮演者"推动者"甚至于"组织者"或"实施者"的角色，而弱化了本应作为竞争的真正主体，即当地企业的职能作用。目前中国区域竞争的核心依旧由地方政府主导，主要在招商引资层面进行资源争夺，竞争的运行机制受到行政指令的影响仍较大，市场机制的作用时常受到地方政府行为的干扰而出现扭曲现象，降低了资源的配置效率。

四、中国区域竞争的转型

进入 21 世纪以来，区域竞争程度日益激烈、竞争手段愈发多样，特别是在经济全球化继续发展和金融危机后世界经济格局发生大的调整下，区域竞争呈现出新的时代含义。始于地方分权改革历史时期的区域竞争一直贯穿于中国经济发展的全过程。总体上来讲，中国区域竞争总体处于竞争的初级阶段，传统的让利措施依旧以是竞争的主要手段，应当积极探索适应时代要求的新的区域竞争模式，推动区域竞争转型。

（一）建立适应地区差异化的区域竞争机制

中国区域竞争的发展历程可以从五个阶段进行考察。第一阶段，自1978年到1982年，经济特区从试点到正式建设，广东省、福建省最早进行对外开放，在经济迅速发展的同时形成区域竞争的雏形。第二阶段，自1983年到1988年，特区经验在东部沿海区域得以推广，沿海地区进一步开放，同时全国范围内实行有计划的商品经济和启动全民所有制企业改革，区域经济得到进一步发展。第三阶段，自1989年到1998年，中国沿着纵深方向推广开放，建立现代企业制度，进行分税制改革，区域竞争日渐活跃。第四阶段，自1999年至2007年，西部大开发战略实施，同时振兴东北老工业基地，区域竞争愈发激烈，手段也更多样化。第五阶段，自2008年到如今，经济全球化程度不断加强，金融危机后时代的区域竞争也被赋予了更多元的时代特征①。开放的路径和模式选择决定了发展的速度，现如今，东强西弱的经济格局依旧十分明显，在区域竞争上呈现出较强的梯度性，由东至西、从南到北，区域竞争水平与区域经济发展状况大致相同，竞争强度依此递减。针对不同地域的发展现状和结构特征，建立特异性高、适应性强的竞争机制十分重要。应当深入分析具体区域在整体环境中所处的经济地位，研究该地区未来经济发展的基本走向，并结合该区域所具备的资源禀赋和区域优势制定相应的竞争机制与发展战略。

（二）规范地方政府在区域竞争中的行为

地方政府在区域竞争所产生的负面问题主要集中在四个方面：第一，地方保护主义，保护本地企业和市场，地方政府介入市场竞争，设立资源流动、产品进入壁垒。第二，同质化建设，不合理重复建设在区域产业和基础设施建设上都有着不同程度的体现，造成资源利用效率低下。第三，竞争的短期性，各地政府迫于政绩压力和GDP追赶，盲目发展招商引资，而且由于官员任期届别，使得不少竞争活动周期短促，难以形成长效发展机制。第四，经济发展忽视环境保护，部分地区过分注重经济增长而忽视环境效益和社会利益，导致负外部性问题普遍出现。但是，也应看到，地方政府作为市场组织方、资源配置调节终端，对良性区域竞争的形成和促进区域经济发展具有强大的正效用，大多数的政府行为具有经济理性，也能在中央政府的干预和指导下，从区域乃至国家全局出发进行资源调配。多年的实践证明，政府在区域竞争过程中的规范化行为能有助于解决市场失灵问题。应该及时总结既往经验，探索适当的政府

---

① 周文、任丽彬：《区域竞争与资源配置》，《经济问题探索》2006年第6期。

行为模式，要对地方政府参与区域竞争进行正确定位，规范地方政府的职能，引导地方政府当好区域竞争的协调者和引导人，促进地方政府转向提供更多的公用产品和公共服务。

（三）寻求区域间竞争与合作机制

由于历史、经济、文化、政策等多重因素的合力作用，中国区域经济发展和区域竞争水平确实存在较大的差异。应当在区域整体协调发展的大前提下允许合理的差距存在，并在此基础上，深化对区域竞争的认识，探索竞争与合作的有效互动机制。中国经济三十多年来一直保持较快增长，是与区域之间的竞争所产生的发展活力分不开的。一般而言，区域竞争程度越高的地方，经济增长速度越快，对国民经济的贡献也越大。因此，应当肯定区域竞争的积极作用，鼓励良性、积极的区域竞争活动，保证市场活力。竞争与合作相辅相成，有序的竞争中包含着合作，持续的经济发展需要在竞争中合作，合作中竞争[1]。日益激烈的竞争与愈发密切的合作衍生出新的关系——"竞合关系"（coopetition），这形象地说明了发展区域经济固然必须讲竞争，同时也要重视合作，实现双赢、多赢。区域间应该积极在合作中发挥协同效应，探索彼此配合中所形成的各自比较优势，取长补短，优势互补，提高资源的配置效率。

（四）促进让利竞争向服务竞争转型

时至今日，我国现阶段的区域竞争模式仍是以"让利竞争"为主，让利竞争主要指在招商引资中，地区之间竞相出让利益给投资商的一种竞争方式[2]。具体方式包括：所得税减免、以低于成本的价格出让土地、增值税地方留成部分先征后返、吸引区外投资者购并本地企业等。从区域竞争的阶段和层次看，这是一种初级的、低层次的竞争模式，在区域经济发展初期确有成效，但会导致地区长期利益受损，缺乏长效型发展机制。同时，土地等稀缺资源在珠三角等发达地区早已无可提供，这样的竞争模式也不利于资源真实价格的发现和市场机制的实现。无论从科学发展还是长效机制建立层面，让利模式都已经到了终结之时，应及时向新型的"服务竞争"模式转型。要充分发挥政府提供萨缪尔森意义上的公共产品职能，切实改善投资综合环境，加强服务竞争，并树立鲜明的区域经济结构特色，才能不断提高中国区域经济的发展水平。

---

① 茶旺洪：《区域竞争与区域合作的经济学新视角解读》，《区域经济评论》2013 年第 2 期。
② 陈耀：《构建我国新型的区域竞争模式》，《中州学刊》2005 年第 5 期。

第二节　区域竞争力的主要内容及理论基础

随着经济全球化趋势的加剧和区域一体化的大力发展，国家间的竞争越来越多的体现在区域的发展和竞争上，区域竞争力成为了当代经济研究的新课题。对区域竞争力研究是把区域看成一个整体系统，从多层次、多角度来分析，首先要明确区域竞争力的内涵、特征、要素、形成机理及其影响因素。

一、区域竞争力的概念和特征

（一）区域竞争力的概念

对于什么是区域竞争力，国内外学术界尚无统一认识，甚至有的还提出了区域竞争力这个概念是否有意义的质疑。如国际著名经济学家克鲁格曼（Paul Krugman）认为将竞争力应用到国家整体经济之上是显得缺乏实际意义，而且对竞争力进行过多研究是无效率的，也是危险的，因为国家经济发展应重点关注全要素生产率水平，而国家的相对生产率（Nation's Relative Productivity）则相较次要。他还进一步指出，经济学家的关注重点应当是生产、交易中的获利水平，而不是过多重视竞争力这个带有意识流成分甚至诗意的概念[①]。然而，从现实的角度而言，区域经济的发展确实与竞争力息息相关，一方面，市场经济的本质就表现于竞争上，良性的竞争是提高资源配置效率和经济发展速度的有效手段。另一方面，随着经济全球化进程的加快发展，区域已经逐步成为现代经济发展的引擎和参与竞争的重要主体。

对区域竞争力概念本身，多数学者是从现有的"竞争力"概念来进行定义。关于什么是竞争力，Storper（1997）把竞争力定义为"一个经济体系在保持和提高人民生活水平的同时，集聚和留住那些具有稳定且不断上升市场份额企业的能力"[②]；任海平（1998）认为竞争力是一个国家在国际社会上与他国

---

① 税伟：《区域竞争力的国际争论及启示》，《人文地理》2010 年第 1 期。
② Storper, Michael. The Regional World: Territori-al Development in a Global Economy. Guildford:New York. 1997.

进行竞争所具有的相对优势，他实质上反映了综合国力的发展速度。2008 年 WEF 将竞争力定义为决定一个经济体系生产水平的制度、政策以及其他要素的集合①。目前关于区域经济竞争力的主流观点，大致可分为如下五类。

1. 产品提供能力。这类观点是将区域放置于一个更大的地理范畴之内，区域竞争力是指该区域向其所属的大地区提供产品及相关服务的能力。鲁司·科斯塔在《美国竞争力和世界经济》一书以及经合组织在其 1992 年的成员会议中均提出，国际竞争力是一国在自由市场条件下向国际市场提供优良产品的能力。同时，我国学者阳国新（1995）也认为：区域竞争力是指各经济区域所提供的商品在某一特定区域市场中占领的市场份额。

2. 财富创造能力。这种观点将区域竞争同创造财富相等同。洛桑管理学院和世界经济论坛是从国家层面研究竞争力的杰出代表，他们于 1994 年合作发表的《全球竞争力报告》用"在世界市场上均衡地生产出比其竞争对手更多财富的能力"来定义一个国家的国际竞争力。持这类观点的学者以区域经济的均衡产出、生产能力和市场地位来描述竞争力。如张旭华（2005）认为，区域竞争力是该区域在其范围内积聚资源、提供产品和服务的能力，是区域经济、科技、环境等综合发展能力的体现。

3. 持续发展能力。这种观点基于提高竞争力的实际意图，即促进国民经济持续增长。美国学者迈克尔·波特在他的理论中指出，国家经济竞争力是指该国产业创新和升级的能力，是该国保持较高生产力水平的能力。国内学者张为付（2002）认为，区域竞争力是一个区域与整个市场加强分工与协作，实现区域经济和社会可持续发展的能力。丁力、杨茹（2003）则进一步指出：竞争力是经济持续增长能力，他不同于经济实力和简单经济增长，而体现为经济增长的加速度。

4. 资源配置能力。"资源吸引和有效配置能力说"着眼于提高区域竞争力的基本途径，体现了新古典经济学本质，即对稀缺资源的优化配置。倪鹏飞（1998）指出，城市竞争力是一个城市在竞争和发展过程中与其他城市相较所拥有的吸引、控制、争夺与转化资源，创造价值的能力；王秉安（2000）认为区域竞争力是区域为其自身发展，在其从属的大区域中进行资源优化配置的能力，即是一个区域对所处大区域资源的吸引力和市场的争夺力。

5. 综合合力结果。除上述三方面的认知之外，还有学者认为区域竞争力

---

① 迈克尔·波特、泽维尔·萨拉-艾-马丁、克劳斯·施瓦布：《2007 - 2008 全球竞争力报告》，杨世伟、高闯译，经济管理出版社 2009 年版。

是多种能力的综合表现。连玉明（2003）从竞争优势出发，认为城市竞争力是该城市在全球经济一体化背景下，在要素流动过程中，同其他城市相比，抗衡现实与潜在对手，并实现由各种竞争优势确立的城市价值的能力；郭秀云（2004）定义区域竞争力为一个区域在与其他区域竞争中所具有的相对优势，包括经济增长潜力、资源优化配置能力和市场占有能力等，是社会、经济、文化、制度、政策等多种因素综合作用的结果。

事实上，对竞争力内涵理解的分歧，只是源于不同的理论思想和研究视角，没有对错优劣之分。可以发现，上述几种观点虽然存在一定的片面性，但其之间也不构成根本矛盾，可以共存，即产品提供、财富创造是竞争力的直接表现，经济持续发展是提高竞争力的根本意图，资源有效配置是提高竞争力的基本途径，他们综合构成了竞争力概念的内涵。

通过梳理以上观点，将区域竞争力定义为：经济区域通过在全球范围内吸引和有效配置资源，均衡地生产出比竞争对手（其他同类区域）更多的财富、占领更大份额的国内外市场，以实现区域经济持续增长的能力。理解区域竞争力的内涵应注意以下要点：（1）竞争主体是具有相对独立发展能力的一国之内的经济区域。（2）区域竞争是全球化背景下的开放式、国际化竞争。特定区域的竞争对手并不限于国内，还包括所有基于特定资源、要素或有利条件形成竞争关系的国外区域。（3）区域竞争力的强弱直接表现为区域内产业（或企业）相对于其他区域内产业（或企业）创造财富、争夺国内外市场能力的强弱，其根本目标在于保持区域经济的持续增长，而这种能力的形成与强化则主要得益于该区域对全球资源的吸引、整合和有效配置。

（二）区域竞争力的特征

1. 集合性。区域竞争力就其本质而言，是区域内部各种资源要素、软性条件在经济发展过程中所表现出的整体性合力，他所衡量的是区域资源环境、经济和社会因素的综合发展程度与未来潜力，也是该区域的组合与运作能力的表现。区域竞争力的强弱由区域经济系统所决定，该系统可以视为由物质、人员、社会、组织、环境等多个子系统按照经济发展需要有机组成的一个协作的、复合的、开放的系统。内部子系统通过协同作用，不断优化整体时间、空间结构，从而推动区域经济竞争力的持续增强。

2. 动态性。所谓动态性是从时间序列角度出发，研究内外部环境同区域竞争之间的关联，主要强调的是条件的变化。区域竞争力的形成都建立在一定的环境前提下，随着区域所处的客观经济状况变化、参与竞争的区域发展水平变化、参与竞争的微观主体生命周期变化，区域竞争都会随之发生变动，而这些变化将影响区域竞争的最终结果。

3. 相对性。区域竞争力的相对性可从两个方面进行分析。首先，区域竞争本就是一种又合作又比拼的状态，这里的竞争并不意味着是"你死我活"的竞争而可能是合作共赢的竞争，区域竞争的意图和结果是促进专业化分工。同时，由于地理空间因素的现实性，区域竞争活动的开展并非如企业竞争一样以企业主体的消亡为结果。另外，竞争力作为一种能力也只有在比较中才能体现，只就本区域的发展状况毫无意义。因此，区域竞争力是一个相对概念。从广义上的区域概念来看，可以将区域划分为不同层次，但是不同层次的区域之间对比价值不高，因此区域竞争力强调的是处于同一层次的区域间的比较，如县域之间、省域之间的比较。

4. 不稳定性。区域竞争力的外在表现是某区域在特定方面所具有的优势，但是这种优势却并不代表可以持久。具体而言，区域竞争优势可通过获取相关资料进行分析，从而可以被学习、模仿，使得一个区域所拥有的优势地位被削弱，并最终导致竞争优势向其他主体发生转移。造成区域竞争力不稳定性的因素主要是区域创新能力的发展，通过创新形成区域特色经济，促进区域经济增长，从而增强区域经济竞争力。

5. 过程性。实践本就是一个从认识到行动再到认识的循环往复的过程，提升区域竞争力也是如此。对本区域竞争优势的了解、培育以及发挥竞争优势都需要时间的积累。同时，在伴随科学认识区域竞争的过程中，区域竞争力也在自主地或被推动地发生变化，这样的变化具有过程性。类比于哲学中事物的发展变化，可认为区域竞争力发展主要经过认识到形成、形成到稳定、稳定至衰退、衰退到再认识的循环过程。

二、区域经济竞争力的构成

区域经济竞争力的构成十分复杂，而且影响因素也很多。根据区域竞争力的影响因素，得出区域竞争力的一般构成，即：区域竞争力＝核心竞争力＋基础竞争力＋环境竞争力（如图9-1所示）。

区域核心竞争力主要由区域经济实力、科技竞争力、人力资本竞争力以及产业管理竞争力构成，并且在此基础上形成企业和产业的竞争力，核心竞争力的形成离不开基础竞争力和环境竞争力的影响。基础竞争力主要在基础设施以及国民

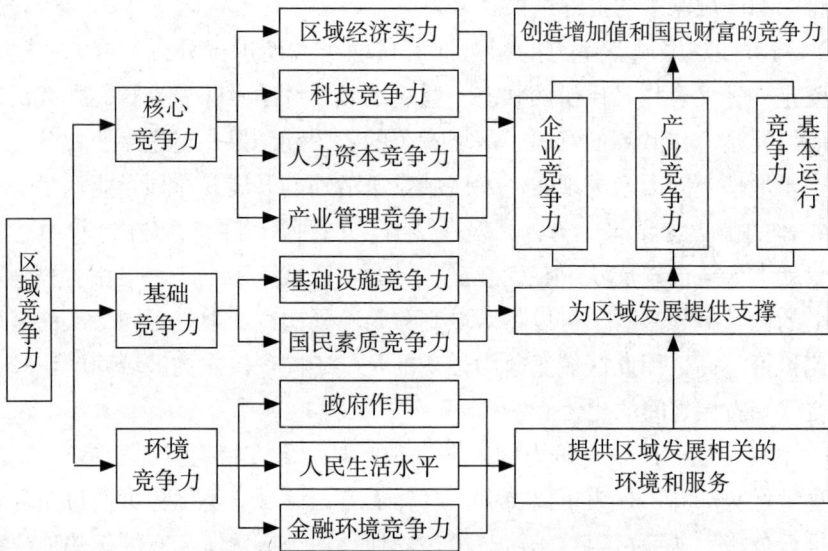

图 9-1　区域竞争力的构成

素质上为区域经济的发展提供支撑；环境竞争力的打造主要靠政府作用、金融环境竞争力以及人民的生活水平，政府的作用主要是通过一些财政政策来促进区域社会经济的发展，而且政府出台的一系列政策，比如减少外资进入壁垒、放松金融管制等，对吸引外资也产生了重要影响。除此之外，人民的生活水平也反映了当地居民生活质量的竞争力。在核心竞争力、基础竞争力和环境竞争力三力的相互作用和影响下，共同促进国民财富的增加，提高区域的竞争力。

三、区域竞争力的形成机理

区域竞争力形成机理是深刻理解区域竞争力的重要领域，是区域竞争力影响因素的探究、评价指标体系建立的基础。区域竞争力的形成机理与提升路径有着密切的关系，只有掌握区域竞争力的形成机制才能更好地进行提升路径的选择，因此，了解区域竞争力的形成机理对于提升区域竞争力是很必要的。

区域经济竞争力的形成就是在一定的经济总量基础上，先进的区域经济文化推动区域科技创新，并与资源（包括关键资源）相结合，不断生产出新产品甚至是自主创新的产品；新产品系列化推动了区域先进产业的发展，而随着先进产业的不断发展，其技术外溢性和产业关联性在促进区域先进产业集群形成的同时，对传统产业进行升级改造，形成了传统产业集群，从而使区域产业结构不断合理化；区域产业结构的合理化促进了区域贸易结构的合理化，为理顺贸易差额打下了基础，二者共同增强了区域贸易调控力，通过市场需求拉动了区域经济竞争力的提升。

区域竞争力表现为一个整体的系统的功能，区域竞争力是区域经济学研究中的一个新的领域，由此可以从区域的系统特性来研究区域竞争力的形成机理（如下图所示）。

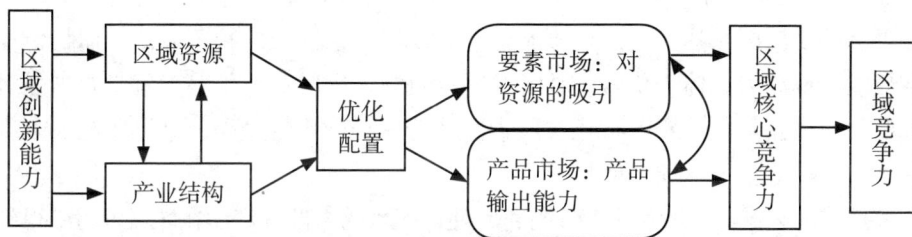

图 9-2　区域竞争力的形成

如图所示分析，区域竞争力实际上是一种合力，他是由各要素竞争力相互作用、相互影响而形成的[1]。从经济学的角度来分析，现实的中存在着大量的"富裕的贫困"现象，这在一定的程度上说明，一个区域有了资源优势，并不意味着就有了经济优势，在区域竞争力的研究中，二者并不是孤立存在的。区域资源竞争力是在区域创新能力和资源掌控能力的推动下而形成的，利用其掌握的关键性资源，使其与区域先进文化和创新能力很好地结合，从而形成其他区域无以复加的资源竞争力，提高区域生产产品的能力，尤其是新产品的生产。

中国的发展过程一直秉承着"去其糟粕，吸取精华"的理念，所以对一

---

[1] 冯英娟：《区域经济竞争力的形成及提升理论研究》，《东北师范大学博士学位论文》2007 年。

个区域来说，合理的产业结构是区域内先进产业与传统产业的并存，新产品的增多（尤其是自主创新产品），使区域逐步形成先进产业，又由于先进产业的技术外溢性和产业的关联性，从而形成先进产业集群，这些先进产业主导着区域经济的发展方向，成为区域经济发展的主体；而传统的产业在区域创新能力的引导下，进行升级改造，通过先进产业的技术外溢性提高传统产业的生产能力，从而为该区域的发展提供强大的经济支撑。先进产业与传统产业之间的相互作用及合理配比，使该区域的产业结构日趋合理，增强其产业竞争力。

区域资源和区域产业结构的优化配置离不开区域创新能力的作用。区域创新能力是一个区域所具有的一种潜力。Lall（1992）认为，区域创新能力是对需要的知识和技能的有效吸收、掌握和改进现有技术，以及创造新技术的能力。依靠区域创新能力充分发挥区域资源优势，发展高新技术产业，改造传统产业，依靠区域创新主体对区域生产要素进行优化组合，并将其引入生产系统，从而使该区域的产业结构不断优化，发展成该区域的特色经济，而特色经济最能体现能力、体现优势，并且孕育竞争力，发展竞争优势，就是要加强对区域要素的创新，使资源特色发展为经济特色、产业特色等，这样才能在未来的开放市场上立于不败之地。

形成的区域经济特色和产业特色，使该区域的大部分产品在区域贸易中得到更大的经济利益，并且使其贸易条件不断改善，在要素市场上吸引大量的资源流入该区域，进而使区域经济总量不断增长；在产品市场上增加产品的输出能力，形成强大区域产业竞争优势，即区域核心竞争力。在区域之间已处于竞争剧烈的阶段，一个地区要与周边地区必须形成具有比较优势的区域体系，才有助于形成不可复制的整体竞争优势和经济环境，并最终形成一个区域自身的竞争力。

从以上的分析中，可以看出区域资源优势、区域创新能力和区域产业结构对区域竞争力的形成都具有很大的作用，但他们之间又不是孤立存在的，区域资源和区域产业结构通过区域创新能力更进一步的融合，通过资源项目研究设计，发展壮大支柱产业，产生强大的产业竞争力，从而促使区域竞争力的形成。

四、区域竞争力的影响因素

区域竞争力涵盖内容广泛，区域竞争力综合了直接和间接的在区域参与全球经济活动中起作用的各种因素。一个区域要想获得竞争优势，提升自身的竞争力，就必须找到一些对区域竞争力具有重要影响力的因素。对于区域竞争力影响因素研究在世界范围内较有影响的就是世界经济论坛（WEF）和瑞士洛桑国际管理学院（IMD）携手共同研究和发布的各国国际竞争力报告。这两个机构对影响国家竞争力的因素存在不同认识。WEF将形成国家竞争力的因素归为开放程度、政府、金融、技术、管理、基础设施、劳动和法规制度8项。IMD则认为，一国经济发展现状和经济实力也是影响其竞争力强弱的重要因素，因此其早期的国家竞争力评价指标体系包括国内经济、国际化程度、政府政策及运行、基础设施、金融环境、科学技术、企业管理和国民素质8个准则。2002年以后，IMD调整了研究思路，更加突出经济系统运行效率的重要意义，将影响国家竞争力的准则调整为经济绩效、政府效率、商务效率和基础条件4项。在对区域竞争力的某个特定影响因素的研究包括：集群；人口、移民和场所；企业环境和网络；治理和制度能力；产业结构；区域创新系统；外国直接投资等。如：NEI等（1999）对大西洋两边国家所做的研究和分析均表明，在区域竞争力和经济发展治理及区域能力之间存在明显的联系。倪鹏飞（2002）的研究表明，基础设施是城市竞争力最重要的构成或影响力量；技术性基础设施对城市竞争力越来越至关重要。波特（2003）在研究美国区域经济发展水平差异时，发现集群的强度和创新的活力极大地影响着区域经济发展的水平。基于上述的分析，本书把影响区域竞争力的主要因素分为以下四个方面。

（一）区域集聚能力

区域集聚能力是区域竞争力的一个重要的组成部分，在经济高度发展的今天，区域经济的综合实力首先表现为区域在全球范围内吸引和有效配置资源的能力。对于区域竞争力来说，资源的最重要的意义不在于其天然禀赋，而在与其创造能力，具体体现在对资本、技术、人才等的吸引和集聚，以及在国际一体化过程中资源的跨区域流动和转移。通过利用该区域资源要素禀赋优势，遵循市场经济发展的规律，逐步形成经济后发优势，吸引集聚市场资源，从而形成一定的区域经济资源竞争优势。从产业构成的角度来看区域集聚，企业是产业构成的基础，产业集聚表现为相关企业的联合，形成布局的集中化。产业的集聚并不是一个静态的实体，而是一个不断的变动的组织过程，从经济学的角度来说，企业之间的联合是为了寻求利益最大化，从而能够有效地实现资源优化配置。产业的集聚过程离不开市场等相关组织的协调作用，按照波特（Poter）的定义，产业集聚是指在某一特定的区域内，以一个主导产业为核心，大量密切相关的企业以及支撑机构在空间集聚，从而形成强劲、持续竞争优势现象[①]。在产业集群的过程中，企业通过其外部性在区域集聚发展中起核心作用，集聚有利于促进区域经济结构的调整升级，产业集聚的逐步发展会形成区域优势产业，成为构筑区域核心竞争力的物质实体。分析近年来跨国公司对外直接投资的主要因素，发现区域集聚经济对跨国公司的直接投资具有较强的吸引力，波特的集聚经济理论也指出，产业的空间集聚不仅会带来产业的自然优势而且会带来技术溢出等外在优势。Luger等（1985）在对瑞典的海外直接投资的研究总也证实了这种效应的重要性，并且发现在高新技术产业中特别明显。

（二）系统的开放性

区域竞争力是就一个整体的系统功能来说的，系统开放程度决定生产要素合理流动和合理配置的程度，主要反映一个地区开放和参与世界贸易和资本市场的综合能力。开放的区域市场能充分利用全方位的信息资源，加强地区之间和国际之间的联系，通过吸收和引进先进知识、技术、制度以及管理等，加强与区域本身资源的融合和创新，提高其社会竞争力。区域开放程度高，生产要素流动性高，企业能够有效地引进、输出各种资源，合理地配置生产要素，从而降低企业生产成本，并且在开放系统的市场功能性下降低产品交易成本，提高其产业竞争力。

区域系统的开放在国际化水平下表现在以下两个方面：一是产品流动，二是资本流动。产品的流动体现的是一种全球的优势互补，在一个区域充分发挥了自己的产品优势或人力优势外，并能通过国际贸易弥补自身的劣势，对其效率的提高具有很强的增进作用。目前我国区域竞争的核心，主要是围绕着招商引资而进行的角逐和争夺，外商投资除了看重的区位因素以外，还有区域监管环境（即区域系统的开放性），这表现为在一个国家建立起一个企业以及运行一个企业的难易程度。所以要更多的吸引外资，政府就要放宽企业进入标准，取消更多的贸易壁垒，但以"让利竞争"为主的招商引资竞争模式应当终结或转型，因为他是在使国家或地区利益受损的情况下获得的短期投资，并不能真正的吸引外资大财团。但在加大外资吸引力度的同时也要警惕对外依存度过高所带来的威胁。

（三）区域整合能力

区域内部整合是形成区域竞争力的关键。区域整合能力的实质是指对现有

---

① Poter, M.E.: Clusters and new economics competition, Harvard Business Review, 1998.11.77-90.

的各种资源进行重组和归类，从而使其具有更大的经济价值或更高的经济效率，进而产生更好的经济效益[①]。经济整合能力与一个区域资源利用、产业结构布局、经济政策和发展模式等进行战略性重组和调整都具有极大的关系。在经济整合的过程中，各种要素之间存在着内在关联性和发展的互动性。从我国区域的经济发展来看，经济整合能力既包括公共政策的整合，也包括产业之间的互动、政府调控和市场机制的有效协调。公共政策的均衡统筹作用把区域作为一个系统，通过政策资源在系统内的合理分布，实现各个部分之间的协调互动、相互促进、共同发展；产业的互动通过市场信息、市场组织及市场规则等对经济进行整合；市场带动和政府调控是区域经济整合的基础。区域经济整合能力越强，其产业结构越趋于合理、资源利用效率越高、区域的集聚力越强，其竞争力也必然增强。

（四）科技创新能力

熊波特（1943）曾指出经济发展的动力是创新或"质量竞争"，而不是价格竞争；在《国际竞争优势》一书中，迈克尔·波特也指出，创新即通过认识和发现新的、更好的产业竞争模式并将其引入市场来创造竞争优势，提出要以创新扭转劣势，认为要寻找新的竞争优势，最重要的是创新[②]。创新包括制度创新、组织创新、技术创新等多个方面，从区域创新的角度来说，他是指发生在区域内的所有创新活动以及取得的创新成果，要提高其区域竞争优势，最重要的是区域创新的能力和质量。当前，全球经济竞争越来越激烈，经济实力和创新能力是国家竞争力的关键，在以知识经济为主导的模式下，科技创新成为了一个地区、一个国家经济增长与发展的主要推动力，当今综合国力的竞争，说到底是科技实力的竞争。而区域科技创新是一个以企业为主体，地方政府、教育科研单位、中介机构等构成的区域系统，他可以实现区域内科技创新资源的高效配置和结构优化，利用其特色性和动态性调整区域产业结构，发展特色经济，不断增强区域核心竞争力，从而使其获得持续竞争优势。

五、区域竞争力的理论基础

（一）比较优势理论

在比较优势理论产生之前，亚当·斯密的绝对成本理论是国际贸易的主导

[①] 周群燕：《区域竞争力的形成机理与测评研究》，《上海交通大学博士学位论文》2006年。
[②] ［美］迈克尔·波特：《国家竞争优势》，李明轩、邱如美译，华夏出版社2002年版。

学说，他认为各国之间分工和贸易的基础是绝对生产成本的差异。李嘉图的观点是在此基础之上提出的，他认为即使某区域在两种商品的生产活动中都处于劣势地位，但只要二者不利程度不同，即相比之下总有一种商品的生产具有相对优势，该区域就可以通过专业分工取得贸易利益。经历近两百年的发展，比较优势理论经历了由外生到内生、由静态研究向动态分析的发展过程，比较优势已经逐渐发展成为一个较宽泛的概念，主要指某一地区在经济发展中所独具的优势资源与有利条件，其中自然资源、劳动力、资本是基础性要素，区位条件、先进技术、智力资源则构成了实现途径，而政府效能、居民素质和法制化等决定竞争软环境，是交易效率外围保证。根据比较优势理论，各地区应利用相应的比较优势形成区域竞争力的要素，并充分依托有利地位展开竞争。

（二）新地理经济理论

该理论体系主要包括区位理论、贸易理论、收敛及发散理论等方面，主要从降低运输成本这一基础观察点出发，从规模经济、溢出效应等角度探讨企业的区位选择和区域范围内的经济增长模式。区位理论的领军人物克鲁格曼认为，国家或区域通过运输成本最小化实现规模经济效应，并提出一般性的外部效应是同供需总量关系紧密相关的。在此基础之上，还有学者指出，递减的联系成本支持产业集聚，并有人对区位竞争结果同产业聚集活动进行分析。贸易理论的研究者将地理因素和技术水平纳入其贸易模型，探讨贸易收益、技术收益、技术与区位决定专业化模式等问题，并认为自由竞争环境下的贸易会使参与贸易的各个国家受益，部分区域的技术进步会提高整体社会的福利水平。在收敛和发散理论方面，学者们从内生增长的角度探讨区域经济发展，高度重视人力资源和技术扩散，研究经济发展的途径，其理论结果对贫穷的国家和地区而言相对悲观[①]。

（三）竞争优势理论

竞争优势理论的提出可以追溯至 20 世纪 80 年代，当时在世界经济论坛组织的达沃斯年会上，与会的各国经济学家、企业家、官员就企业竞争、国际竞争和竞争优势等相关问题进行激烈讨论，极大地促进了国际社会对于竞争力理论的关注和研究。在竞争优势理论领域里主要是国家竞争理论，最具有代表性的学者是美国著名学家迈克尔·波特。

由迈克尔·波特创立的竞争优势理论在全世界范围内都具有颇深的影响

---

① 金碚等：《竞争力经济学》，广东经济出版社 2003 年版。

力，作为区域竞争力的理论基石，该理论受到了广泛认同。波特认为，一个国家或地区在产业上是否具有国际优势，取决于由该国生产率直接体现的国家竞争优势。竞争优势受到四个因素的交错作用，分别是要素条件、需求状况、支援与相关产业、企业战略。后于20世纪90年代初，波特将结构、竞争状态及机会、政府两个因素纳入理论体系，形成了著名的"国家竞争钻石体系"。

在该体系中，波特将国家作为支持产业或企业进行经济竞争的主体基础，注重知识技术、劳动素质、科技基础等后天要素的作用，而将资源禀赋等基础要素视为促进产业升级的动力与压力。企业战略没有绝对的好坏，关联性企业同产业支持因素一道形成紧密协作关系并成为区域间竞争优势。而较高的国内需求要求则是促使企业创新和改善的压力，利于竞争优势持续升级必须把握住转瞬即逝的关键机会。此外，对于政府而言，适当的角色应该是"鼓励改变、促进国内市场竞争与刺激创新"[①]。

目前，国内主流区域竞争力理论脱胎于竞争优势理论，多数学者认为比较优势理论建立于资源禀赋基础之上，具有一定局限性。还有学者进一步指出，竞争优势基于多因素的协同作用结果，是对比较优势的重大突破，能够较好地解释现代区域竞争。总体而论，二者并不直接排斥，是相互补充的关系，如赵修卫（2001）认为，比较优势和竞争优势是区域核心竞争力的两个基本组成因素，比较优势的主要贡献是造成某种差异性，如资源成本方面的差异，从而能在竞争中获得特别利益。而竞争优势强调的是一个国家和地区的内生能力，特别是创新力，其在核心竞争力中的地位相对于比较优势更重要。不少国家和地区在实际发展过程中，首先遵照比较优势理论，发展至一定阶段后，才更加注重竞争优势理论。

（四）创新理论

国际上对创新的研究源于熊彼特在1912年在《经济发展理论》一书中提出的创新理论，他创造性地指出"创新是一个经济学概念"，将创新作为经济发展的动力，在生产体系中引入一种新的生产要素。熊彼特的创新理论是对市场经济的发展和结构变化的有力解释，主要内容包括：创新活动的过程有发明、创新、模仿、扩散四个阶段；创新的动力是经济增长；创新的类型有增值创新、根本性创新、企业系统创新、区域系统创新；创新的特征是时代性、地域性、综合性；区域创新体系是一种开放式的系统，是国家创新体系的一个子

---

① 迈克尔·波特：《国家竞争优势》，李明轩、邱如美译，华夏出版社2002年版。

系统，他是相对国家创新系统来说的，与国家创新相比，区域创新更加依赖与当地的知识结构和存量，特别是地方性的隐性知识，这形成区域竞争优势的主要来源，且区域创新主体与当地政府和咨询机构等相互作用和结合，通过与其他地区的相互作用，形成广泛的合作和竞争。

在区域竞争研究领域中，不少学者充分利用创新理论，从创新活动的深层机制方面诠释层次了解竞争力的内涵，将行业获取优势竞争地位的首要因素归结于率先进行创新，并将区域推动技术革新、产业结构优化及新政策法规的颁布等行为都视为构成竞争优势的重要因素。

（五）新经济增长理论

所谓新经济增长理论，是指 20 世纪 80 年代中期兴起的以罗默、卢卡斯、斯科特等为代表的内生增长理论。该理论乃哈罗德—多马模式、以索洛为代表的新古典增长模式之后的经济增长理论研究的第三次高潮，使得经济增长理论经过 20 余年的沉寂后再次焕发生机，其核心是技术的内生化，主要内容有：技术进步是经济增长的核心；大部分技术进步是出于市场激励而导致的有意识行为的结果；知识商品可反复使用，无需追加成本。罗默的知识积累增长模式、卢卡斯的专业化人力资本增长模式、斯科特的资本投资增长模式及巴罗的政府支出增长模式都是新经济增长理论的突出代表。

区域竞争力研究同样离不开新经济增长理论。从持续发展的角度来看，对人才的培育和教育、对知识的积累和对技术的不断创新，是保证区域占领竞争优势地位的长期不变条件。同时通过政策支持较大规模进行研发投入也是必不可少的要素。

（六）新制度经济学理论

二十世纪七十年代，凯恩斯经济学对经济现象丧失解释力之后，新制度经济学兴起。他是一种侧重于交易成本的经济学，试图以主流经济学方式对制度因素进行分析。主要内容包括产权关系、交易费用、市场信息、契约安排等要素与经济增长的关系。新制度经济学认为：合理的制度安排能给人们提供稳定的收益预期，激励经济主体的经营和创新，并且即使在没有明显技术进步的一些国家，经济增长也可以通过制度创新过程来加以解释。科斯运用其首创的交易费用分析工具，对企业的性质以及企业与市场并存于经济世界事实做出了先驱性解释：交易费用的节省是企业产生、存在以及替代市场机制的唯一动力。

（七）区域经济学相关理论

区域经济学中的空间结构理论、集聚经济理论、地域生产综合体理论和区域经济发展梯度理论对区域竞争力的研究有直接贡献。空间结构理论是在古典区位理论上发展起来的，以各自经济客体的空间聚集程度和相互作用关系为基础，寻求空间中的最优组合。集聚经济理论主要研究区域内不同规模与性质企业地理上集中与分散的经济合理性问题，其中，有利于地域经济发展的有指向性集聚和经济联系集聚。地域生产综合体理论在前苏联时期创立，并得到广泛应用，以特定区域内的丰富资源为前提，提出将区域内的经济资源开发同主导产业专业化发展相联系，并建立聚集在主要生产过程周围的动力生产循环体系。区域经济发展梯度是指地区间经济发展的水平差异，该理论在经济发展的不平衡区域之间，于梯度转移和反转移层面得以广泛应用。

　　除以上理论体系之外，从事区域竞争力研究的学者还根据现实需要，批判地吸收了综合国力论、耗散结构论、重力熵模型等多元化学术观点，旨在形成切合实际、系统综合的分析框架。区域经济学相关理论揭示了区域产业布局与组织的一般规律，为区域竞争力研究建立了最一般的思维框架。然而，对区域竞争力的分析通常是在一定给定的资源、技术环境下进行的，这与区域经济理论环境不相符合，使之在区域竞争力研究中受到一定限制。

第三节　区域竞争力的分析模型及评价

一、区域竞争力的分析模型

（一）IMD区域竞争力模型

瑞士洛桑国际管理学院（IMD）认为，区域竞争力就是一个国家或一个公司在世界市场上生产出比其竞争对手更多财富的能力。IMD的早期模型把区域竞争力分解为八大方面，包括企业管理、经济实力、科学技术、国民素质、政府作用、国际化程度、基础设施和金融环境（见表9-1）。IMD区域竞争力理论分为国家竞争力和企业竞争力，企业竞争力是区域竞争力的核心。企业的根本目标是创造财富，企业的业绩在很大程度上取决于环境因素，企业竞争力与国家创造支撑持续增长的环境的能力密切相关。一个国家的竞争力环境中普遍存在着四种因素，即本地化与全球化、吸引力与扩张力、资产与过程、和谐与冒险，这四种因素是传统、实力和价值体系等共同作用的结果，他们深深地根

表 9-1　国家或地区竞争力的构成

指标大类	指标属性	具体指标
国内经济实力	对一国或地区内部经济实力的全面评价	国民生产总值、国内生产总值、国内总投资、国内总储蓄、通货膨胀率、经济增长率、各国或地区企业家们对经济运行状况和经济改革成功与否的评价等。
国际化程度	反映了一国或地区参与国际贸易和国际投资的状况	进出口总值、投资流量、贸易保护、利用外资额、对外开放程度。
政府作用	反映了政府政策有益于增强竞争力的程度	政府债务，政府预算盈余或赤字，官方储备，政府最终支出，企业家对政府透明度、治理腐败、保护环境的评价等。
金融环境	反映一国资本市场的发育状况和金融业的服务质量	实际短期贷款利率，国际市场投资，以及企业家对获取资金的难易程度、金融机构自主权的评价等。
基础设施	反映一国基础设施能力和满足企业发展需求的程度	自然资源自身的充足与再利用，一国信息、通讯和交通系统，包括电话、传真机的拥有数量等。
企业管理	反映企业管理再创新、盈利和责任方面的有效程度	劳动生产率，工资收入，安全生产，以及企业家对企业信息技术开发、新产品开发、全面质量管理的评价等。
科学技术	反映了与基础研究和应用研究密切相关的科学技术能力	企业研究与开发费用，工业部门科学家人数，专利、知识产权保护，国家科技投资等。
国民素质	反映了一国国民的总体素质和生活质量	人口总数、人口增长、人口结构、教育水平、就业、收入分配、生活费用、医疗水平等。

植于该国的深层次文化中，并体现出该国的文化价值特征（见表 9-2）。

　　IMD现在使用的模型，是在早期模型的基础上作了较大的调整后得到的。他用四个要素替代了原先的八个要素，他们分别是：经济表现、政府效率、商务效率、基础设施。每个要素又各自包括了五个子要素，经济表现包含经济实力、国际贸易、国际投资、就业和物价等子要素；政府效率包含公共财政、财政政策、机构框架、商务法规和社会框架等子要素；商务效率包含生产力、劳务市场、金融、管理实践、态度与价值等子要素；基础设施包含基础性基础设施、技术性基础设施、科学性基础设施、健康与环境和教育等子要素。

表 9-2　国家或地区竞争力环境

四种因素环境	概念或基本属性	差异或相互联系
本地化与全球化	本地化经济是指企业向本地（本国）最终消费者提供产品或服务的经济活动。全球化经济是指企业进行全球化国际经营的经济活动，生产最好与最终消费者同处一地，而且他能从国家化市场的比较优势特别是其经营成本上获得良好收益。	本地化经济以国内经济为导向，全球化经济以国际经济为导向。本地化经济与全球化经济在一个国家财富中创造中的贡献不同。西欧国家国内生产总值的三分之二由本地化经济所创造，三分之一则由全球化经济创造。一般来说，效果竞争力更多依赖于全球化经济，而大国则在更大程度上依赖的国内市场。
吸引力与扩张力	扩张力能使母国创造财富，但却没有创造应有的就业机会；吸引力能在东道国创造就业机会，但由于税收优惠等却减少了收益。	吸引力对就业、技术转移有重要意义，吸引力又是全球化经济与本地化经济的连接点，吸引力的培养已成为一些国家的一项根本性政策目标。吸引力与扩张力都不容忽视，应该协调平衡发展，形成一国自己的差异化优势。
资产与过程	资产是指土地、劳动力、自然资源等；过程是指资源的转化过程。	在资产方面具有优势的国家并不一定具有相应的竞争力，在资源方面匮乏但更多依赖转化过程的国家一样具有很强的竞争力。一般来说，过程比资产更具有竞争力。
冒险与和谐	冒险强调了个人在社会上或是国家在世界上的主体地位，突出了竞争生存意识；和谐则强调了个人与社会、国家与世界的相辅相成关系，突出了互动共存意识。	在全球化竞争环境中，我国既要强调和提倡竞争精神，敢于进取，敢于拼搏，更要提倡创建和谐社会，使我们的社会在和谐状态下向前发展。

（二）波特的钻石模型

美国哈佛大学教授迈克尔·波特是当今著名的竞争战略研究专家，20 世纪 80 年代，他连续出版了《竞争战略》、《竞争优势》、《国家竞争优势》三部著作，创立了竞争理论。他在《国家竞争优势》中提出了国际竞争力研究的"钻石模型"，并认为城市和区域更适合作为竞争优势分析的基本单元。不同层次的国际竞争力是多种不同因素综合作用的结果，共同构成了一个国家或区域（城市）的竞争优势。以产业国际竞争力为例，波特提出六大影响因素——四大直接因素和两大辅助因素。四大直接因素是要素状况，需求状况，相关产业和辅助产业，企业战略、结构与竞争；两大辅助因素是政府作用和机遇作用。这六大因素的相互作用构成一个动态的激励创新的竞争环境，即著名的"钻石模型"（见图9-5）。"钻石模型"得出对产业国际竞争力的整体评价，进而得出对国家竞争力的最终评价。同时，把国家范围缩小到一个区域或城市的话，

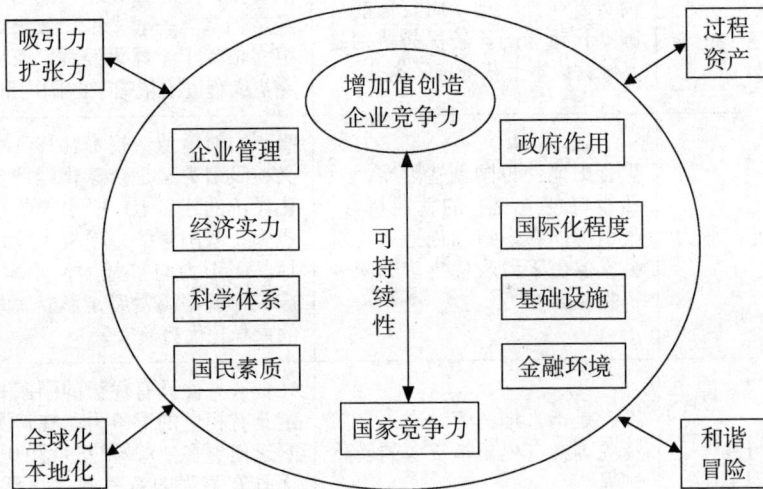

图9-3　IMD早期的区域竞争力模型

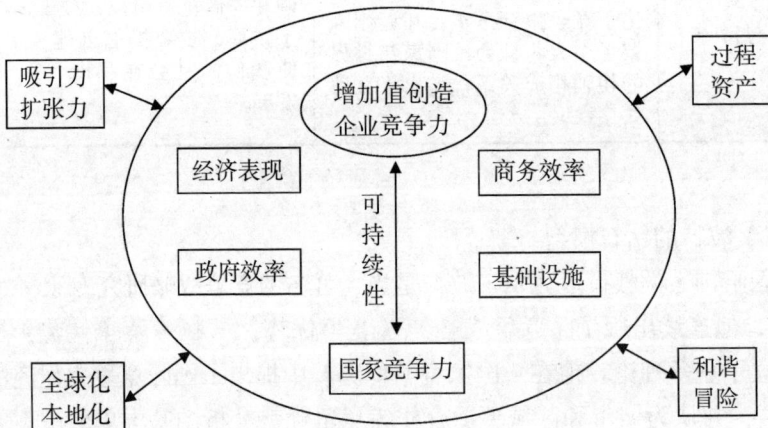

图9-4　IMD现在的区域竞争力模型

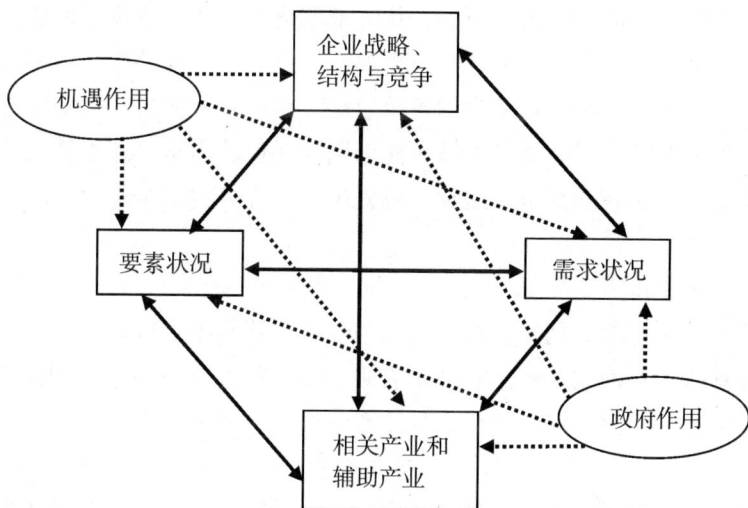

图 9-5　波特产业竞争力的钻石模型

由于区域和城市的经济也是由产业构成的，产业的竞争力强弱直接影响到区域和城市的竞争力，所以波特的国家竞争优势理论对区域和城市的竞争力研究同样具有很大的指导作用。

1. 要素状况

波特指出，要素可分为初级要素和高级要素。初级要素是指一个国家先天拥有的自然资源与人口数量等。高级要素则是指社会和个人通过投资和创造发展的要素。在经济全球化和以知识经济为特征的新经济时代，高级要素在区域竞争优势中的重要性日益得到加强。可以说，当前一个国家的竞争优势更多地体现在人力资源、科技开发、知识能力、信息化、网络化、金融服务、交通物流、文化传播等服务领域，传统的资源禀赋作用逐渐淡化，即对提升区域竞争力来说，重在"要素创造"而不是一般的"要素禀赋"。

2. 需求状况

在"钻石模型"中，需求状况是指国内市场的需求即内需。内需市场是产业发展的动力，主要包括需求的结构、需求的规模和需求的成长。国内市场的需求结构往往比需求规模更加重要。需求结构是指"市场需求呈现多样细分"。根据市场细分，某个小企业或小国家可以专攻市场需求的某一环节，这样也能够创造并维持较强的竞争力。虽然需求规模对产业的壮大发挥着重要作用，但从长远来看，这种规模效应不如内行而挑剔的客户需求对企业造成的压力大。

337

由精致的专门需求造成的竞争压力，从外部催化出企业进行创新的能力。一旦企业能够满足国内内行而挑剔的客户，那么当企业面对国外或其他不挑剔的客户时，就会比其他企业具有更大的竞争优势。需求状况的另一个重要方面是预期需求。如果本国客户的需求能够领先于国际客户的需求，那么就会使本国企业提前在相关方面展开竞争，这种"抢先进入"优势对于企业日后在国际上的成功至关重要。

3. 相关产业和辅助产业

相关产业是指因共用某些技术、共享同样的营销渠道或服务而联系在一起的产业或具有互补性的产业。在波特看来，这些相关支持性产业相互作用，以形成有效率的"产业集群"为标志，这对一个国家或地区至关重要。在《国家竞争优势》中，波特通过对10个国家的数据分析得出结论：每一个国家的经济崛起，必定伴随着相关产业集群的诞生，而只靠一个企业单打独斗是难以成功的。政府不能根据自己的意志凭空创造产业集群，产业集群是市场力量通过"钻石模型"的各因素相互作用自发形成的。政府的角色是为产业集群的发展提供良好的国内竞争环境，过度的政府干预和保护，往往会阻碍产业集群的健康发展。

4. 企业战略、结构与竞争

企业战略、结构与竞争是指如何创立、组织和管理公司，如何应对同行业竞争对手等问题。波特认为，企业的战略、组织结构和管理者对待竞争的态度，往往同国家环境、产业差异相关。一个企业要想获得成功，必须善用本国的历史文化资源，形成适应本国特殊环境的企业战略和组织结构，融入当地社会，并符合所处产业的特殊情况。影响企业战略、组织结构的因素有：各国政府设定的发展目标、企业自身目标、个人事业目标、民族荣耀与使命感所带来的诱因。波特对自由竞争特别崇拜。通过对经济发达的10个国家的实证研究，他认为，这些国家成功的一个很重要的原因就是自由竞争，自由竞争是国家竞争力的源泉。激烈的国内自由竞争，不仅能够提高本国企业的竞争优势，而且能够迫使本国企业开拓国际市场。对某一产业的政府保护措施，实际上最有可能导致的后果就是竞争力的丧失。

5. 机遇作用

机遇是可遇不可求的，对一个产业的竞争力而言，机遇可能与该国的环境无关，甚至同企业内部也没有关系，政府也难以施加影响。一般情况下，可能形成机遇的情形例如：生产成本突然提高、全球或区域市场的需求剧增、全球金融市场或汇率发生重大变化、科技发明创新的涌现或爆发战争等。机遇对不同国家的产业影响不同，对有些国家可能是难得的机遇，对另一些国家则可能是巨大的打击。机遇不是孤立发生作用的，而是与"钻石模型"的其他要素联系在一起，这也是机遇对不同国家影响各异的重要原因。

6. 政府作用

波特认为，政府不能凭空创造出有竞争力的产业，只能在钻石体系其他要素的基础上加以引导才能做到。政府的角色是为产业和企业的发展提供良好的环境，而非直接参与。对于生产要素，政府需要加大教育投资，与企业共同创造专业性强的高级生产要素。关于竞争，政府需要做的是鼓励自由竞争，严格执行反垄断法。政府对经济的另一大影响措施是政府采购，在这一点上，政府可以扮演挑剔客户的角色，这对国内企业产业升级和技术创新尤其重要。随着社会的发展，政府的作用越来越重要。

（三）双钻石模型

Moon、Rugman和Verbeke认为，波特在对加拿大和新西兰政府进行咨询时没有考虑到外部的因素，即忽视了发生在这两个国家的跨国经营活动，比如新西兰资源性产业和出口活动，所以他们因此提出了双钻石模型。在双钻石模型中，指出企业或者国家应该同时发展国内和国际钻石来获得全球的竞争力，达到生存、盈利和发展的目标[①]。图9-6是一个双钻石模型，外面的一个钻石代表全球因素，里面的钻石代表东道国国内因素。外部的全球钻石的大小是与一个固定的时间段相对应的，而内部国内钻石的大小则是根据国家的大小和其竞争力来变化的。中间虚线形成的钻石是国际钻石，表示的是由国内和国际变量共同决定的一个国家的竞争力。国内钻石和国际钻石的区别在于是否包含了跨国活动。

双钻石模型和波特的单钻石模型之间的主要区别在于：（1）一个国家可持续价值的增加可能来自于国内的企业，也可能来自国外的企业。在双钻石模型中，考虑到跨国投资所带来的东道国竞争力的增强，但是波特在对竞争的地理范围和竞争优势的所在地进行区分时，并没有考虑到跨国活动。（2）可持续性价值在涉及跨国公司的时候在地理范围上会扩展到多个国家，国家或地区在企业的跨国活动中可以进行优势互补，从而实现多地区、多国家的竞争力互补。

---

① 孙蛟、薛求知：《跨国并购与国家竞争力——"双钻石模型"》，《生产力研究》2006年第5期。

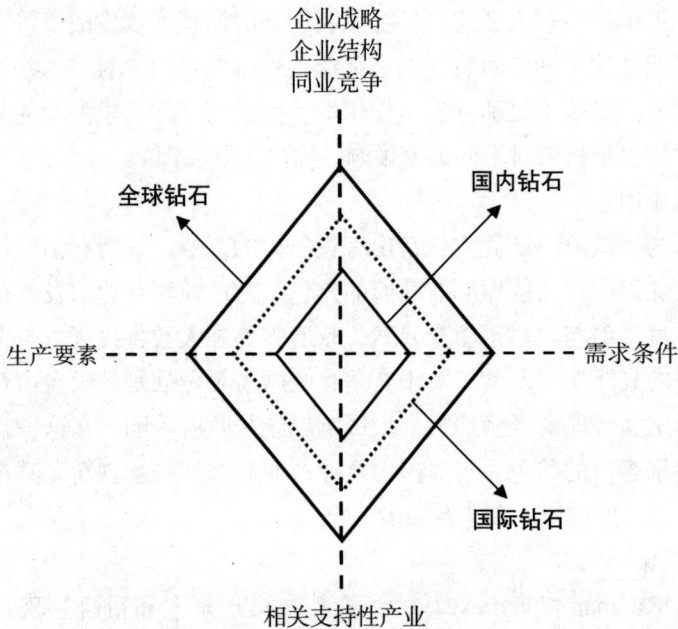

图 9-6　双钻石模型

而波特则认为，最为有效的全球战略就是尽可能多地将活动集中于一个国家，然后从这样一个国家为世界提供产品和服务。从波特的视角出发，全球企业只是一个出口者。

（3）双钻石模型和波特的单钻石模型相比，增加了国际自变量，变量主要有人均对外直接投资、人均对内直接投资、出口依赖性（GNP百分比）、出口的多元性、良好的空中交通系统、国际信息交流（人均对外沟通的分钟数）和对国外产品的放开程度等。

（四）城市竞争力的"弓弦箭"模型

国内学者倪鹏飞博士在其专著《中国城市竞争力：理论研究与实证分析》中首先提出了城市竞争力的弓弦箭模型（见图9-7）。倪鹏飞认为，在市场经济条件下，城市是一个相对独立的行为主体，城市为谋求利益参与竞争。他假定城市竞争力与城市价值收益完全正相关，决定价值的因素机制即为竞争力的构成因素和机制。城市产业综合竞争力即为城市竞争力。城市价值收益的获得及获得的多少决定于城市创造价值的能力，决定于城市的竞争力。

倪鹏飞认为，城市竞争力是一个综合的系统，他由许多子系统构成，其

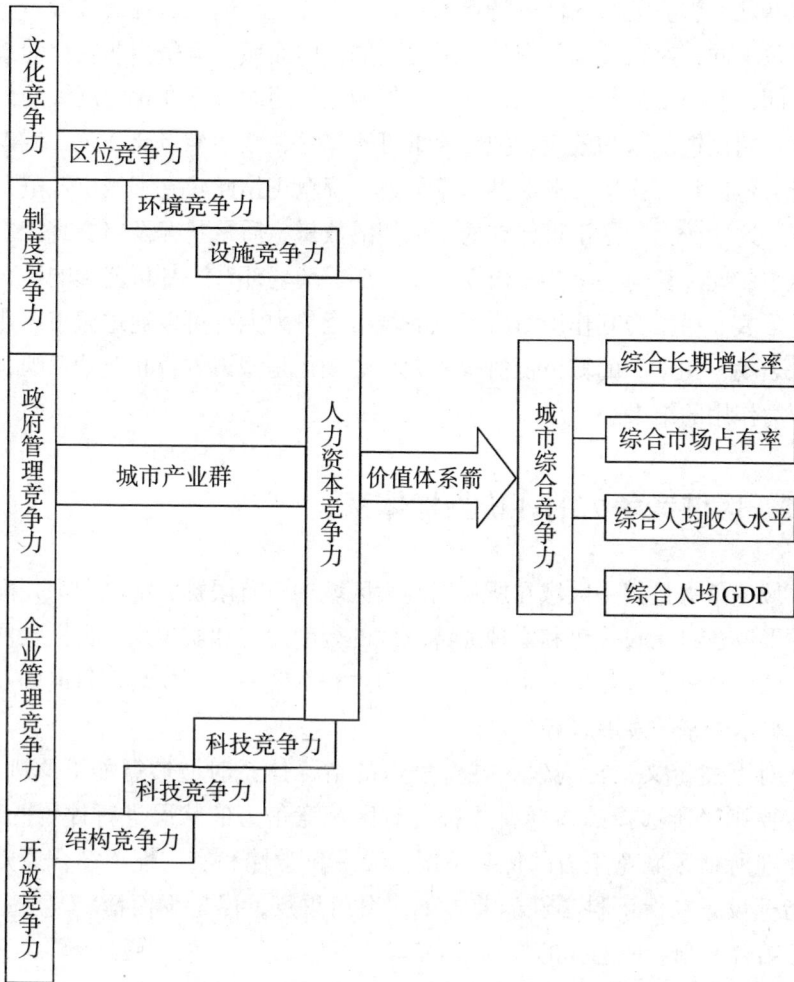

图 9-7　城市竞争力弓弦箭模型

构成是复杂的。城市竞争力的复杂子系统以其表现方式的不同可以概括为两类：即硬竞争力系统和软竞争力系统，而其中硬力和软力又由一些具体的分力构成，而城市竞争力即为这些力的函数。用公式表示即：城市竞争力（UC）=F（硬竞争力，软竞争力）；硬竞争力（HC）=人才竞争力+资本竞争力+区位竞争力+科技竞争力+环境竞争力+基础设施竞争力+结构竞争力；软竞争力（SC）=文化竞争力+制度竞争力+政府管理竞争力+企业管理竞争力+开放竞争力。

这些硬、软竞争力的性质特点不同，作用方式不同，所处的位置不同，用力的方位不同，对城市竞争力的贡献也不同，因而城市竞争力非线性的系统各要素之间，系统要素与整个系统之间不仅相互作用而且存在正向反馈的倍增效应，或负向反馈的饱和效应。把硬要素可比作弓，软要素可比作弦，城市产业比作箭，他们相互作用，形成城市竞争力。倪鹏飞据此建立了城市竞争力弓弦箭模型。这些分力都是不可或缺的，他们的数量、质量状况及组合直接影响城市竞争力状况。任何一个要素出现问题，形成薄弱环节，都可能影响综合竞争能力的形成。弓弦交互作用力所形成的城市竞争力大小可以通过城市产业价值收益来表现，图形中的城市价值构成大小的变化是城市收益状况的反映，是城市竞争力作用的结果。

二、区域竞争力的评价指标体系

区域竞争力是某一区域在所从属的大区域中对有限资源的吸引力，配置区内资源形成自身比较优势和实现经济成效的行动力，和实现未来良性发展的趋向力。区域竞争力是竞争力资源与竞争力过程的统一，不仅表现目前的发展状况，也显示未来的发展趋势。

针对上述定义，在构建区域竞争力的指标体系时应遵循如下原则：（1）目的性原则。所选择的指标要能符合对区域竞争力的状况进行评价的作用，要能体现所处区域竞争力的优劣情况。（2）科学性和实用性相结合原则。即要求指标设置在保证科学性的前提下，突出重点，尽量少而精。（3）定性与定量相结合原则。所选择的指标既要有测度区域竞争力的"硬指标"，又要有能说明问题但无法定量的"软指标"。（4）可操作性原则。各评价指标应信息集中，数据容易获得，计算方法简明易懂。（5）可比性原则。选择具有可比性的指标[①]。

目前，区域竞争力评价体系的构建中，主要用两套指标：一类是定性指标，另一类是定量指标，但大都将两类指标进行有机结合。前者的评价方法还不成熟、不可靠，主要依据专家系统，采用调查、打分方法来确定。后者则是建立三级或更多层次指标，通过统计年鉴进行数据收集和整理来分析区域竞争力。通过研究2000年以来现有文献对区域竞争力指标体系的构建发现，区域

---

① 徐宏、李明：《试论区域竞争力评价指标体系的构建》，《特区经济》2005年第5期。

竞争力的指标体系大都由八大二级指标构成，即经济实力竞争力、产业竞争力、对外开放竞争力、人力资本竞争力、基础设施竞争力、科学技术竞争力、生态环境竞争力和区域管理竞争力。同时采用频度分析法，每一个二级指标下又筛选出如下符合目标导向、使用频率较高的三级指标（见表9-3）。

表9-3　区域竞争力评价指标体系

一级指标A	二级指标B	三级指标C	
区域竞争力	经济实力竞争力	1	GDP
		2	人均GDP
		3	GDP年均增长率
		4	人均社会消费品零售总额
		5	全社会固定资产投资额
		6	储蓄存款余额
		7	农民人均纯收入
		8	城镇居民可支配收入
		9	恩格尔系数
	产业竞争力	1	第一产业比重
		2	第二产业比重
		3	第三产业比重
		4	工业化指数
		5	结构合理度指数
		6	大中型企业增加值占全国比重
		7	工业品国内市场占有率
	对外开放竞争力	1	进出口总额
		2	进出口总额占GDP比重
		3	国际旅游收入占GDP比重
		4	外商直接投资累计额
		5	外商投资占资本形成比重

区域竞争力	人力资本竞争力	1	人口自然增长率
		2	城镇化率
		3	万人拥有大专以上人口数
		4	文盲率
		5	每万人拥有在校大学生数
		6	教育经费占GDP比重
	基础设施竞争力	1	人均供水量
		2	人均发电量
		3	邮电业务量
		4	电话普及率
		5	每万人互联网用户数
		6	公路网密度
		7	铁路营业里程
		8	铁路网密度
	科学技术竞争力	1	科技人员数
		2	万人拥有科技人员数
		3	人均科技经费筹集
		4	R&D经费支出
		5	R&D经费支出占GDP比重
		6	专利批准数
		7	每万人专利批准数
		8	技术市场成交合同金额
	生态环境竞争力	1	耕地指数
		2	水资源指数
		3	森林覆盖率
		4	三废处理率

		1	人均地方财政收入
区域竞争力	区域管理竞争力	2	财政自给率
		3	地方财政收入占GDP比重
		4	非国有经济比重
		5	万人社会服务业从业人员数

目前区域竞争力评价体系的构建中，指标选取的一个明显特点是数量多、范围广。国内外学者在构建指标体系时，大多都能够根据自己所研究的内容，较为合理且全面的构建指标体系。尽管各有不同，但都能为自己的分析提供强有力的数据支撑。但我们认为，指标选取过多过广会产生一些问题。选取的指标太多太广，势必要削弱评价结果的针对性。对区域竞争力进行评价，目的不仅仅是为了区域管理者了解所属区域在全体区域序列中的排名，更重要的是让他们知道如何去提升区域的竞争力，为他们提供决策的依据。此外有一些很重要的指标，如反映区域影响力指标之一的企业知名度以及政府管理效率等，都无法从统计年鉴中直接获取数据，可以采取问卷调查和专家咨询等方式来获取，以弥补统计数据的缺陷，也是对统计数据的补充。

三、区域竞争力的评价方法

从目前的情况来看，针对区域竞争力的评价方法已经有十多种，且每一种评价方法都各有其特点。从确定权重上的不同来看，大体可以分为两类：一是主观赋权，二是客观赋权。"主观评价指标"主要采用专家从不同的角度对研究对象进行打分的方法，但却难以避免主观因素对评价结果的影响，如层次分析法（AHP）、模糊综合评判法等；"客观评价指标"所采用的方法虽避免了人为因素带来的偏差，但往往忽略了指标本身的重要性，甚至有时确定的指标权数与预期都不一致，如主成分分析法（PCA）、因子分析法、熵值法等。应该说，在研究区域竞争力的评价方法时，我们应该根据自己所建立的指标体系以及各指标的特点，选择一种或几种方法综合地进行研究。

（一）层次分析法（AHP）

层次分析法（The analytic hierarchy process）简称AHP，在20世纪70年代中期由美国运筹学家托马斯·塞蒂正式提出。他是一种定性和定量相结合的、系统化、层次化的分析方法。由于他在处理复杂的决策问题上的实用性和有效性，很快在世界范围得到重视。层次分析法的基本步骤是：

首先，建构区域竞争力指标体系的递阶层次结构。分析系统中各因素之间的关系，建立系统的递阶层次结构。在深入分析实际问题的基础上，将有关的各个因素按照不同属性自上而下地分解成若干层次，同一层的诸因素从属于上一层的因素或对上层因素有影响，同时又支配下一层的因素或受到下层因素的作用。最上层为目标层，通常只有1个因素，最下层通常为方案或对象层，中间可以有一个或几个层次，通常为准则或指标层。当准则过多时（譬如多于9个）应进一步分解出子准则层。

其次，构造成对比较阵。从层次结构模型的第2层开始，对于从属于（或影响）上一层每个因素的同一层诸因素，用成对比较法和1—9比较尺度构造成对比较阵，直到最下层。

再次，计算权向量并做一致性检验。对于每一个成对比较阵计算最大特征根及对应特征向量，利用一致性指标、随机一致性指标和一致性比率做一致性检验。若检验通过，特征向量（归一化后）即为权向量：若不通过，需重新构造成对比较阵。

最后，计算组合权向量并做组合一致性检验。计算最下层对目标的组合权向量，并根据公式做组合一致性检验，若检验通过，则可按照组合权向量表示的结果进行决策，否则需要重新考虑模型或重新构造那些一致性比率较大的成对比较阵。

（二）主成分分析法（PCA）

主成分分析（principal components analysis，PCA），又称主分量分析，主成分回归分析法。主成分分析是利用数学上处理降维的思想，将实际问题中的多个指标设法重新组合成一组新的少数几个综合指标来代替原来指标的一种多元统计方法。通常把转化生成的综合指标称为主成分，其中每个主成分都是原始变量的线形组合，且各个主成分之间互不相关，还要尽可能多的反映原来指标的信息。这样在研究多指标统计分析中，就可以只考虑少数几个主成分同时也不会损失太多的信息，并从原始数据中进一步提取了某些新的信息，因此在实际问题的研究中，这种既减少了变量的数目又抓住了主要矛盾。主成分分析法越来越成为人们广泛应用的多元统计分析方法。

在统计学中，主成分分析是一种简化数据集的技术。他是一个线性变换。这个变换把数据变换到一个新的坐标系统中，使得任何数据投影的第一大方差在第一个坐标（称为第一主成分）上，第二大方差在第二个坐标（第二主成分）上，依次类推。

概括起来说，主成分分析主要有以下几个方面的作用：（1）主成分分析能降低所研究的数据空间的维数。（2）有时可通过因子负荷的结论，弄清变量间的某些关系。（3）多维数据的一种图形表示方法。我们知道当维数大于3时便不能画出几何图形，多元统计研究的问题大都多于3个变量。要把研究的问题用图形表示出来是不可能的。然而，经过主成分分析后，我们可以选取前两个主成分或其中某两个主成分，根据主成分的得分，画出n个样品在二维平面上的分布情况，由图形可直观地看出各样品在主分量中的地位，进而还可以对样本进行分类处理，可以由图形发现远离大多数样本点的离群点。（4）由主成分分析法构造回归模型。即把各主成分作为新自变量代替原来自变量做回归分析。（5）用主成分分析筛选回归变量。回归变量的选择有着重的实际意义，为了使模型本身易于做结构分析、控制和预报，好从原始变量所构成的子集合中选择最佳变量，构成最佳变量集合。用主成分分析筛选变量，可以用较少的计算量来选择量，获得选择最佳变量子集合的效果。

对于评价方法的选取，不论是"主观赋权"的层次分析法，还是"客观赋权"的主成份分析法，尽管都能解决不同的问题且被大家所广泛接受，但也各有其缺点。因此，我们建议在分析时应采用两种以上的方法来形成组合评价，以避免单一方法所带来的缺陷。所谓组合评价，就是将不同的评价方法进行适当组合，综合利用各种方法所提供的信息，从而尽可能地提高评价水平和精度。

我们还应注意到，理论研究把竞争力静态地置于某一层面，但在更多的情况下，竞争力是一个动态变化的过程。因此，竞争力的研究不能局限于理论层面上的静态探讨，而要深入到竞争力的内部结构体系进行动态的评判，竞争力评价指标体系的建立正是适应了竞争力动态研究的需要将影响竞争力的一系列因素归入竞争力的评价体系。我们认为，应尽量对连续年份的区域竞争力进行分析，得出其在某一时间段内的发展趋势及变化，这样得出的结论才更具说服力和参考价值。

第四节　区域竞争力的提升途径

区域经济在全国经济总体格局中的地位日趋重要，区域竞争力的提升与发挥对整个区域经济的影响日益突出。富有竞争力的区域，在经济发展中能够获得更多的资源，实现更高的资源配置，经济发展水平普遍较高。因此，如何以现有的发展基础和不断变化的发展环境为出发点，突破制约因素的束缚，寻找区域经济竞争力的提升路径，是每一个地方政府关心的重点问题。归纳以来，区域竞争力的提升路径主要有：

一、集中优势资源，打造区域经济增长极

增长并非出现在所有地方，而是以不同强度首先出现在一些增长点或增长极上。增长极是围绕推进性的主导工业部门而组织的有活力的高度联合的一组产业，他不仅能迅速增长，而且能通过乘数效应推动其他部门的增长。资源稀缺性是区域经济发展中面临的现实制约，尤其是对于不发达地区来说更如此，将区域内有限的资源首先投向一类或几类规模大、创新能力高、增长快速、效益较高、居支配地位的带动性区域和产业上从而形成增长极，这是许多地区尤其是不发达地区比较可以的现实路径，有利于产生良好的聚集效应，并通过发挥增长极的"扩散效应"、"旁侧联系效应"、"涓滴效应"来带动周边区域的发展。

区域增长极的形成有一定的条件，即：在一个地区内存在具有创新能力的企业群体和企业家群体；必须具有规模经济效应，即发育成为增长级的地区需具备相当规模的资本、技术和人才存量，通过不断投资扩大经济规模，提高技术水平和经济效率，形成规模经济；要有适宜经济与人才创新发展的外部环境，既要有便捷的交通、良好的基础设施等"硬环境"，还要有政府高效率运作，恰当的经济政策、保证市场公平竞争的法律制度以及人才引进与培养等"软环境"。因此，一个地区要培育增长极，必须把选择好一个或几个推动性的主导部门与具有发展潜力的区位结合起来，集中资本、技术和人才集聚到这些地区和优势产业，使之尽快形成规模经济。要努力营造适宜经济与人才创新发

展的外部环境，高度重视具有创新能力的企业家群体的培养。

二、利用比较优势，创造竞争优势

区域竞争力的大小受比较优势和竞争优势两方面因素共同影响。比较优势归结为一国或地区的资源禀赋，更多的强调各个区域优势的潜在可能性和发展的有利条件，促进区域间的产业分工和产业互补，实现各区域间不同产业、产品之间的区际交换。竞争优势涉及区域之间同一产业的竞争，更多的强调区域优势的现实态势，是一个区域在某些方面比其他区域更能带来利润或效益的优势，这种优势来源于技术、管理、品牌、劳动力成本等，是比较优势、规模优势、技术优势、管理优势、品牌优势、成本优势的综合状态。比较优势并不等同于竞争优势，比较优势是客观基础，竞争优势是发展方向。发挥比较优势只是被动地适应资源禀赋特点，而创造竞争优势则是主动地催生新的比较优势或获得动态比较优势。各国和各地的经济发展经验表明，充分利用区域比较优势只是经济发展的基础，要提高区域经济竞争力，其核心是依赖于竞争优势的形成。因此，区域经济发展的关键是在依托比较优势的基础上，把发挥比较优势与提高竞争优势结合起来，通过加强人力资本投入和技术创新，塑造品牌，鼓励企业参与国际竞争、开拓海外市场等途径，将比较优势转化为竞争优势，通过不断创造新的竞争优势，加快推动产业升级，提高产业竞争力，争取在国际国内分工中占有更为有利的地位。

三、抓住区域特色，发展特色经济

不同区域间不仅存在气候、环境、土地、水、矿产等资源环境状况的不同，还存在人口结构、历史沿革、生产基础、产业水平等社会经济条件的不同，即都存在比较优势和比较劣势。抓住区域特色，走特色发展之路，就是通过培育、强化、创造区域经济的特色，从而在大区域内形成差异化、特色化的竞争优势。特色战略的核心在于其独特性和价值性，即我有他无，我强他弱，公众认同，效益突出。发展区域经济必须树立"不求其多，但求其特"、"不求其全，但求其佳"的特色经济新观念，扬长避短，注重依托各地的特色资源、特色产品、特色专业市场，大力发展有特色的项目，打造特色产业，通过特色来产生对资源的吸引力，抢夺竞争市场。需要指出的是，特色战略下的特色产业发展并不完全依赖于丰富资源的供给。有着丰厚的资源优势，未必就能形成特色经济，没有资源优势，未必就不能形成特色经济。由于在发展特色经济中，龙头企业能够开拓市场，引导生产，深化加工，提高收益，是特色产业的标志和形象。因此，发展特色经济的关键是通过"龙头带动战略"来发展区域特色产业。要建立以市场为导向，以科技为动力，以效益为中心，走布局区域化、生产专业化、服务社会化、管理企业化、龙头集团化的特色产业发展模式。

四、推进产业集聚，培育产业集群

产业集群是指在特定区域中，具有竞争与合作关系，且在地理上集中，有交互关联性的企业、专业化供应商、服务供应商、金融机构、相关产业的厂商及其他相关机构等组成的群体。产业在地理上的集聚，能够对产业的竞争优势产生广泛而积极的影响。从世界市场的竞争来看，那些具有国际竞争力的产品，其产业内的企业往往是群居在一起而不是分散的。当产业集群形成后，将可以通过降低成本、刺激创新、提高效率、加剧竞争等多种途径提升整个区域的竞争能力，并形成一种集群竞争力。这种新的竞争力是非集群和集群外企业所无法拥有的。也就是说，在其他条件相同的条件下，集群将比非集群更具有竞争力。

培育区域产业集群，首要的是根据各地的基础、优势和条件，选准未来在国内外市场中有可能形成产业集群的优势产业加以重点培育。其次，推进同一产业的相关企业及机构在地域上的集聚。产业聚集是形成产业集群的基础，这有利于相关企业和机构共享基础设施、劳动力市场、原材料市场，共同塑造区域品牌、共同开拓市场，产生聚集效应。为此，各地在招商引资和承接产业转移的过程中，一定要鼓励产业向园区集中，避免产业分散带来的多种弊端。要做到这一点，必须搞好产业园区的科学规划、合理布局以及基础设施和公共服务建设，为企业向园区集中创造条件。第三，积极推进产业集聚区上下游企业之间、大中小企业之间、企业与有关创新机构之间的有机联系，大力发展专业化分工和合作，形成一种既有竞争又有合作的合作竞争机制，打造产业链。第四，为以成本驱动为主的产业集群注入创新要素。当前，全国许多地方产业集群是以低成本为主的产业集群，面临生产能力过剩、附加值低、低价竞销、利润薄弱的挑战，根本的出路在于依靠科技和创新推进产业集群的升级。为此，应积极建设创新载体，引入创新要素，推进产学研合作，建设公共服务平台，完善科技服务体系，提高产业集群的创新能力。

五、加强科技创新，构建区域核心竞争力

随着经济全球化的发展和新一轮经济结构的深度调整，科技在经济发展中的地位更加重要，人力资本在总资本中的重要性日益凸显，区域之间的竞争更多的体现在科技和人才的竞争上。科技进步是决定区域竞争力大小的关键因素，是区域竞争力提升的核心动力源。人才是科技发展的载体，具备高质素水平的人力资本逐步成了生产力的核心，成为区间竞争的核心因素之一，区域竞争力的提升必须强调科技创新、注重人力资本开发。

科技创新是指创造和应用新知识和新技术、新工艺，采用新的生产方式和经营管理模式，开发新产品，提高产品质量，提供新服务的过程。科技创新涉及政府、企业、科研院所、高等院校、国际组织、中介服务机构、社会公众等多个主体，包括人才、资金、科技基础、知识产权、制度建设、创新氛围等多个要素，是各创新主体、创新要素交互复杂作用下的一种复杂涌现现象。提高区域科技创新能力要围绕产业发展对科技的重大需求，实施科技创新和产业化工程，大力推进协同创新，攻克一批关键技术、共性技术和核心技术；围绕产业链构建技术链，加强对科技资源的整合和有机集成，强化科技成果的转化、推广和应用；创新体制机制，加快形成以企业为主体、产学研相结合的技术创新体系，增强企业技术创新的动力和能力；加大科技投入，改革科技管理体制，完善区域科技服务体系，为科技创新创造良好的环境。同时，要实施人才战略，根据区域产业发展的需要，大力引进和培养一大批优秀科技人才，加强先进实用人才的培训，建立有效的人才激励机制，形成区域科技创新的强力支撑。

六、改善投资环境，构建区域环境竞争力

投资环境是指伴随投资活动整个过程的各种周围境况和条件的总和。主要包括影响投资活动的自然要素、社会要素、经济要素、政治要素和法律要素等，是一个地区的生产力、竞争力和发展力。按投资环境要素的物质形态属性不同，分为硬环境和软环境。硬环境是指那些具有物质形态的要素组合；软

环境主要是指没有具体物质形态的要素。因此，一个区域改善投资环境要从"软、硬"两方面着手。要大力推进交通、通讯、信息等基础设施建设，改善区域基础设施条件，加快推进区域信息化进程。政府要尊重市场规律，放松管制，完善市场规则，提高公共服务水平和政府行政效率，为区域竞争力的提升提供良好的软环境；要不断扩大对外开放，消除地方保护，加强国内外、城际间的经济、科技、社会、文化等领域的交流和合作，形成对外开放的良好形象。在改善投资环境的过程中，要注意把握投资环境改善的综合性、整体性、差异性、动态性特点，坚持投资环境优化的协同性原则、定向优化原则、按照国际规则和惯例改善投资环境的原则、平等互利原则、维护本国经济利益和国家安全原则。

参考文献

孙蛟、薛求知：《跨国并购与国家竞争力——"双钻石模型"》，《生产力研究》2006年第5期。

倪鹏飞：《中国城市竞争力：理论研究与实证分析》，中国经济出版社2001年版。

李莉、高志刚：《关于区域竞争力内涵、指标体系、评价方法的研究述评》，《新疆职业大学学报》2005年第9期。

徐宏、李明：《试论区域竞争力评价指标体系的构建》，《特区经济》2005年第5期。

仇保兴：《城市定位理论与城市核心竞争力》，《城市规划》2002年第7期。

况伟大：《城市竞争力研究综述》，《经济学动态》2004年第10期。

冯英娟：《区域经济竞争力的形成及提升理论研究》，《东北师范大学博士论文》2007年。

周群艳、田澎、田志友：《区域竞争力的形成机理及其网络层次分析法测评模型》，《系统管理学报》2008年第1期。

张斌、梁山：《区域竞争力初探》，《经济师》2005年第11期。

左继宏、胡树华：《区域竞争力的指标体系及评价模型研究》，《商业研究》2005年第16期。

李路阳：《提升城市竞争力的关键在哪儿？》，《国际金融》2004年第19期。

倪鹏飞：《中国城市竞争力与基础设施关系的实证研究》，《中国工业经济》2002年第5期。

肖红叶、李晶：《我国区域国际竞争力研究》，《河北大学学报》2003年第1期。

郭秀云：《灰色关联法在区域竞争力评价中的应用》，《决策参考》2004年第11期。

王秉安：《区域竞争力研究述评》，《福建经济管理干部学院学报》2003 年第 3 期。

芦岩、陈柳钦：《国内区域竞争力研究综述》，《上海财经大学学报》2006 年第 4 期。

王秉安、陈振华等：《区域竞争力理论与实证》，航空工业出版社 1999 年版。

陈德宁：《区域竞争力理论的提出与发展》，《广州大学学报》（科学社会版）2003 年第 12 期。

王秉安：《区域经济竞争力战略原则及其应用的探讨》，《福建行政学院福建经济管理干部学院学报》2002 年第 1 期。

王红梅：《产业集群：区域经济发展的战略选择》，《兵团党校学报》2009 年第 6 期。

吴苏燕：《虚拟战略对传统经营和技术开发模式的变革》，《国际技术经济研究》2001 年。

陈朝宗、张春霞：《提升县域经济竞争力的战略思考》，《福建行政学院福建经济管理干部学院学报》2003 年第 3 期。

魏后凯：《比较优势、竞争优势与区域发展战略》，《福建论坛》（人文社会科学版）2004 年第 5 期。

《区域经济分析评价及提升对策研究》，《哈尔滨工业大学经济管理学院》2004 年。

迈克尔·波特：《国家竞争优势》，华夏出版社 2002 年版。

第十章　区域经济政策

区域经济政策是一国经济政策体系的重要组成部分，是中央政府调节和控制区域经济运行的重要手段。区域经济政策在优化资源的空间配置，调整区域经济结构和区域经济布局，促进区域经济协调发展方面发挥着重要的作用。本章主要论述我国区域经济政策的产生、目标，以及手段与工具。

第一节　区域经济政策的产生

一、区域经济政策的含义和层次

（一）区域经济政策概念界定

区域经济政策（regional economic policy），又称"区域发展政策"、"区域经济发展政策"、"区域政策"。区域经济政策有广义和狭义之分。广义的区域经济政策是指那些政策初衷并非解决区域问题，但在实践中产生明显的地区性效应的宏观经济政策，如金融、财政、投资、外贸、价格、收入分配、人口与就业等方面的某些政策。狭义的区域经济政策是指直接针对区域差距和问题区域而制定与实施的政策。通常所指的区域经济政策是指狭义的区域经济政策。

（二）区域经济政策的基本层次

依据政策实施主体的不同，区域经济政策可以分为超国家层次的区域经济政策、国家层次的区域经济政策和亚国家层次的区域经济政策。

超国家的区域经济政策，主要是指区域性组织制定的涉及该组织内部成员国经济发展的相关政策。就超国家的区域经济政策而言，比较成熟的有欧洲经济共同体区域经济政策，以及美洲经济圈、欧盟、东盟经济圈等的有关政策。

亚国家层次的区域经济政策是指一国内部地方政府为解决其所管辖范围内的区域差异问题而制定的针对本区域的经济政策。

国家层次的区域经济政策最早始于20世纪20年代的美国和英国，并在60

年代末和 70 年代初趋于成熟。他属于特定的、不同于一般的国家宏观经济政策的范畴。主要是指为解决本国区域经济问题而制定的一系列经济政策。如我国"一五"和"二五"期间生产力布局向内地推进、三线建设、改革开放后对沿海地区的倾斜政策、西部大开发、东北老工业基地的改造，都是国家层次区域经济政策。

国家层次的区域经济政策与亚国家层次的区域经济政策联系紧密又有所区别。首先，两者是相互影响的。亚国家层次的区域经济政策通常会受到国家层次的区域经济政策的约束，而国家层次的区域经济政策也会受到亚国家层次的区域经济政策实施的效果的影响；其次，亚国家层次的区域经济政策可能直接影响国家层次的区域经济政策的实施。因为，国家层次的区域经济政策的资源来源于地方经济的健康、快速发展。只有地方区域经济政策实施好了，地方经济能够稳定、健康地发展，才能为国家区域经济政策提供源源不断的财政资源。

其次，二者的区别明显。从作用对象的角度来看，国家层次的区域经济政策作用的对象是整个国家内的各个区域，中央政府在制定政策时往往要同时考虑几个大的区域，因而要处理的区域问题更加广泛更加复杂些，亚国家层次的区域经济政策的作用对象则仅仅是其行政上管辖的范围，因此地方政府要面对的区域问题相对较为单一。从政策目标上看，前者立足于区域差异，旨在控制差距，协调区际关系，实现生产力布局均衡。而后者立足于资源禀赋，旨在发挥地区优势，调整产业结构以及促进资源合理开发利用和环境保护。当然，从政策的工具和手段来看，两者也存在着一些区别。总的来讲，国家层次的区域经济政策的工具和手段比亚国家层次的区域经济政策要丰富些，而且受决策审批程序复杂的制约，国家层次的区域经济政策实施也相对容易一些。

通过以上分析，可以看出，研究国家层次的区域经济政策带有普通意义。本章所研究的区域经济政策主要是指国家层次的区域经济政策。

（三）区域经济政策的含义

根据区域经济政策的概念界定，结合区域经济政策理论研究成果，区域经济政策概念应该包括以下基本内涵：

（1）区域经济政策是由中央政府、国家立法机构等组织，负责制定、实施、监督与评价的。决策主体是中央政府、国家立法机构等组织。

（2）区域经济政策是由一系列具体的政策组成的。按工具性质分，区域经济政策可分为激励政策（又称"胡萝卜政策"）和控制政策（又称"大棒政策")。前者是对特定区域的发展予以直接或间接支持的各种政策工具组合；后者是对特定区域的发展实施一定限制的各种政策工具组合。

（3）区域经济政策的作用对象是问题区域。所谓"问题区域"是指由中央政府根据客观实际，并依据一定的规则和程序确定的要重点援助的区域。主要指那些发展水平低的落后区域、老工业区和资源枯竭的萧条区域，以及人口及经济活动过度集中区域膨胀区域。

（4）权衡和协调"公平"和"效率"这两个目标是各国区域经济政策面对的基本问题。所谓"公平目标"或"均衡目标"，就是要促进国内各区域相对平衡发展，缩小区域经济差异，实现区域平等；所谓"效率目标"或"增长目标"，就是要促进资源要素在国内各区域优化配置，提高整体经济增长效率。

（四）区域经济政策的基本特征

区域经济政策通常是中央政府有目的地针对某些类型的区域问题，而采取的倾斜政策，调整资源空间布局，从而促进区域经济发展和区域格局的协调。他是有别于微观经济政策和宏观经济政策的一种经济政策。从区域经济政策内涵，可以看出，区域经济政策不同于一般经济政策的4个突出的特征。（1）高度权威性。即指区域政策的制定、实施、监督与评价是中央政府、国家立法机构等来进行的。也就是说，区域经济政策始终是一个"来自上面"的政策。（2）区域倾斜性。即通过中央政府的集中安排，差别对待不同类型区域。也就是说，只有当各区域受到不同水平的政府支持或权利让与时，区域经济政策才得以存在。如果所有区域或地区受到政府同等支持或获得相同的权利，区域经济政策是不存在的。（3）有限性。这体现在两个方面，一是区域经济政策的作用领域是有限的。区域问题不仅包括经济问题，而且还包括社会、政治、环境、文化等诸多领域的问题。但区域经济政策所涉及的主要涉及经济领域，因此，他发挥的作用面不会包罗万象，要解决区域问题，还需要配套其他政策。二是区域经济政策的作用效果是有一定的局限性的。区域经济政策不是解决区域问题的"灵丹妙药"，如果区域经济政策出现决策失误或实施过程出现失误，那么区域经济政策就会产生负面影响，导致经济效率损失或社会公平缺失。（4）阶段性。区域经济政策是针对区域问题而设计的。在经济发展的不发达、中等发达和高度发达等不同阶段，区域问题的类型和性质是不一样的。不同的区域问题需要采用不同的区域政策，一劳永逸的区域经济政策是不存在的。因此，适时更新、转换区域经济政策，是区域经济政策阶段性的要求。

这里应该强调的是，高度权威性和区域倾斜性这两个特征，是区域经济政策区别于一般经济政策的显著特点。一项政策若不具备这两个特点，都不能称为区域经济政策。

二、区域经济政策的产生

（一）市场经济体制国家区域经济政策的产生与发展

20 世纪 20 年代末至 40 年代是区域经济政策的萌芽期。这一时期区域经济相关理论尚是一块空白，但政府已经开始认识到干预经济发展的空间布局的重要性。其直接动因有两点：一是落后地区的长期贫困；二是萧条区域的持续衰退。直到 20 世纪 20 年代末 30 年代初，美国的大部分的工商业活动基本上集中在东北部地区，而南部是以农业为主的落后地区，自美国第一次工业革命以来，这种产业格局仍然没有发生根本性变化。1929—1933 年的经济大危机，使美国经济受到重创，南部落后地区遭受的打击更为沉重，失业率远高于全国平均水平，原有的区域差距有进一步扩大之势。在这种背景下，罗斯福总统为了改变区域经济的这种不均衡状态，开始把扶持落后地区发展作为其"新政"的一个重要内容，并采取通过增加联邦政府的转移支付，将高收入地区的一部分收入转移到低收入地区的措施来刺激落后地区发展、缩小地区差距。这一政策被以后的历届美国政府延续下来，成为美国政府解决区域差距的主要手段。从 20 世纪 30 年代起，美国还开始尝试综合开发治理落后地区，其中具有代表性的是 1933 年 5 月通过的《麻梭浅滩与田纳西河流域开发法》。针对陷入困境的田纳西河流域，1941 年美国成立了田纳西河流域管理局，并依法制定了完整的流域开发计划。通过几十年的综合开发治理，1980 年田纳西河流域的人均收入已经从不足全美平均水平的一半发展到接近全美的平均水平。这是美国运用区域经济政策治理贫困地区的一个成功范例。此外，为了缩小区域经济差距，自 20 世纪 50 年代开始，美国联邦政府开始全面推行积极的区域经济政策，从区域机构设置和区域划分两个方面展开区域经济政策规划的工作，以促进落后地区的发展。美国联邦政府设置的区域政策机构主要有经济发展署和经济分析局。经济发展署主要负责实施对问题区域的援助和确定问题区域框架；经济分析局主要负责区域分析与区域划分。经济分析局在确定标准区域的基础上，确定问题区域——经济开发区。20 世纪 50 年代，经济分析局把美国各州划分为 8 个标准区域，并在此基础上确定了经济开发区。

英国的区域经济政策可追溯到 1928 年的"工业转移规划与青少年转移规划"与 1934 年的"特别地区（发展与改善）法"。这是第一个针对区域问题的立法，旨在解决巨大的区际失业差异。当时，从失业率方面看，伦敦与东南部的失业率接近 14%，而在西北部、苏格兰和东北部，失业率超过了 25%，威尔士则超 36% ①。面对如此大的区域差异，英国政府通过上述立法将确立苏格兰、东北沿海地区、西坎伯兰与威尔士南部这四个地区确定为特别地区，并向该地区投入 200 万英镑的政府支出用于特别基础设施建设。它标志着区域经济政策在英国的诞生。

英国 20 世纪 30 年代经济危机带来的长期萧条引起英国的社会动荡，曾经的 19 世纪工业活动核心的区域也遭到不利影响。在这种情况下，英国成立了皇家工业人口地理布局委员会。1940 年，该委员会于公布了现今仍闻名遐迩的"巴洛报告"。该报告为二战后至 20 世纪 60 年代的区域政策提供了一个框架，之后的区域经济政策都是按这一框架制定的。

20 世纪 40 年代前，之所以被称为区域经济政策萌芽期，是因为这一时期，无论是美国联邦政府干预落后区域经济的举措，还是英国中央政府推动萧条区域改造与振兴的行动，都是在干预经济的理由没有得到完全、普遍接受的背景下展开的。而且这一时期的区域经济政策也很不完善。主要表现为：问题区域框架还没完全明确；区域经济政策仅局限于小部分地区，尚未引起广泛重视；区域经济政策工具，以及监督与评价机制仍未建立或完善。但是，这一时期的区域经济政策实践为区域经济政策在世界各国的全面兴起打下了良好的基础。

西欧大陆国家区域政策始于 20 世纪 50 年代，盛行于 20 世纪 60 年代以后。经济危机带来的大萧条，使得西欧大陆国家的失业及随之而来的贫困人口剧增，在传统工业地区，这种影响更为严重。于是，自由放任的政策思路受到一些政治家的质疑，要在国家或区域内应尽量避免萧条重演之类的反萧条观点受到吹捧，一些西欧国家也做出了某些反萧条的尝试，最引人注目的是瑞典在 1931—1935 年间实施的一个非常积极的公共支出政策。20 世纪 50 年代区域政策在欧洲全面兴起，意大利于 1950 年建立了南部开发基金，率先在欧

---

① 张可云：《区域经济政策——理论基础与欧盟国家实践》，中国轻工业出版社 2001 年版，第 35 页。

洲大陆制定与实施了区域政策，随后德国（1951年）、荷兰（1951—1952年）与爱尔兰（1952年）迅速仿效英国与意大利的做法，20世纪50年代中期法国开始实施类似的区域政策，50年代末，丹麦与比利时也着手制定与实施区域政策。

（二）计划经济体制国家区域经济政策的产生与发展

在计划经济体制国家，如早期的苏联和东欧社会主义国家，计划经济遍布整个社会的方方面面。二次世界大战后，这些社会主义国家为了适应计划经济发展需要，中央政府作为资源配置主体，服从并服务于全国经济发展的总体要求，必须对分布于全国各区域的资源、要素进行统一的调配和使用，对各区域实行有计划的分工，以发挥各区域在全国经济发展中的作用。因此，在国民经济发展政策中不可避免地要有专门针对区域经济发展的政策内容或专项政策。这应该是计划经济体制国家区域经济政策的最初形态。所以，严格来讲，区域经济政策最早出现在计划经济体制的国家。1920年，被视为最早尝试对区域发展进行干预的当时的苏俄，就制定了世界上第一个国民经济长远规划，即俄罗斯电气计划，这也是第一个区域化的计划。此后，苏联在经济区划、生产力布局方面作了大量的尝试，形成了由全苏生产力布局总纲要、各共和国地域计划、经济区域规划等构成的比较完整的区域政策计划体系和一整套复杂的区域计划方法。在这一政策体系中，区域计划的主要功能有：（1）通过生产力的合理布局，实现社会资源在空间上的有效配置和开发利用；（2）通过计划指标的区域分解，确保国民经济的计划的完成；（3）通过区域社会经济生活的全面计划，指导区域发展方式；（4）确定国家发展重点，加快不发达地区的发展，逐步缩小区际差异。

虽然苏联的区域经济计划，是为适应国民经济总体要求而制定的，并不是针对区域问题而制定的区域经济政策，但他成为计划经济体制国家区域经济政策的雏形和解决区域经济问题的政策范本。第二次世界大战后，新成立的社会主义国家应发展经济需要，大多借用了苏联的发展模式，按照全国经济发展的总体要求，对全国各区域的资源、要素进行统一的调配和使用，并对各区域实行有计划的分工。

由此可见，无论是市场经济体制国家和计划经济体制国家，都会产生以解决区域经济问题，促进国民经济持续、稳定增长为目的的区域经济政策。这是社会经济发展的必然产物。从区域经济政策起源来看，苏联、东欧等社会主义国家和西方资本主义国家，两者是有区别的。在计划经济体制下，区域经济政策是国民经济总体规划的一部分，政策覆盖全部区域，而在市场经济体制国家，区域经济政策是为了纠正"市场缺陷"而出现的，一般仅针对所谓的"问题区域"。

（三）我国区域经济政策的产生与发展

20世纪50年代，我国从苏联引进生产力布局理论，着手对我国的生产力布局问题进行了研究，揭示社会主义生产分布的变化规律，为制定和实施国家经济发展计划提供理论依据。1956年，毛泽东发表的《论十大关系》中关于"沿海工业和内地工业的关系"，以及"中央和地方的关系"的论述，可以视为我国开启区域经济政策的基本宣言。

新中国成立初期，我国经济体制为高度集权的计划经济，资源配置主体为政府，资源配置的主要机制为政府的计划，资源配置所遵循的主要原则是非经济性原则，因此，区域经济政策实行的是均衡发展战略。改革开放以后，为了加快实现工业化，我国实行的非均衡战略，即通过制定一些倾斜性的区域政策，促进一些地区的优先发展。比如沿海开放政策、沿边开放政策等。这种政策调整带来了20世纪80年代我国沿海地区经济的高速增长，同时，随着我国改革开放的进一步深入以及中国特色的市场经济体制的建立和不断完善，中央指令性计划的资源配置功能逐渐弱化，市场机制的功能逐步得到加强。同时，地方政府逐步成为具有独立利益和决策权利的经济主体。

由于我国广大的国土和千差万别的自然条件，我国区域问题显得相当复杂，随着区域经济利益与自主机制的强化以及区域经济迅速发展，我国开始出现了一系列的区域问题。如区域经济差距逐渐拉大，区域间摩擦和冲突不端升级，产业结构趋同分工弱化，持续存在大量贫闲人口和贫困地区等问题。1999年11月召开的中央经济工作会议，把调整地区经济结构，实施西部大开发、促进区域经济、城乡经济协调发展．作为今后国民经济进行战略性调整的重要内容，摆在突出的位置。党的十六大又提出了振兴东北老工业基地的战略任务，由此，东北振兴成为一种国策，与西部大开发一起成为东西互动的两个车轮。加快东北老工业基地调整、改造和振兴的步伐是新时期提高我国综合实力的迫切需要，也是市场经济发展规律的客观要求。一方面，国家通过发展重化学工业援助老工业基地，不仅可以解决东北老工业基地的历史遗留问题，而且可以缓解这些地区的企业破产、职工下岗和贫困等沉重的社会问题。另一方面，还能够促使东北老工业基地产生新的增长极，降低老工业基地由于改变产业发展重心而产生的巨大沉淀成本。

三、区域经济政策产生的动因

区域经济政策的产生是国民经济发展的必然和共性所致。区域经济政策目标的动因有经济因素、社会因素、政治因素、环境因素，同时也可能是这些因素交互作用的结果。

第一，经济因素。区域经济政策的最主要目的就是解决区域经济差异问题。而区域经济差异问题主要是存在区域贫困与富裕问题、区域经济发展水平落后与发达问题。虽然区域经济差异是区域经济发展中的一种客观存在的普遍现象，而且在一定限度内，是推动区域经济发展和竞争的动力之一，但是，如果区域经济差异得不到控制，甚至不断扩大，就会导致区域之间经济发展关系失衡而出现供给能力不配套、市场需求不足、区际经济摩擦与冲突增多，区域经济秩序竞争无序。这不仅制约各区域的经济发展，而且整个国民经济发展也将受到损害。所以，国家从促进区域经济发展、保障国民经济发展的稳定性出发，必须运用区域经济政策，对区域经济进行干预，引导或指导、规范各个区域的经济发展，协调他们之间的经济关系。

第二，社会因素。区域经济政策要考虑很多社会因素，主要包括就业问题和社会福利差异问题。从社会公正角度看，每个有工作能力的人都应该享有同等条件的就业机会，但在发达国家，劳动力失业现象经常发生，在发展中国家，劳动力待业也现象普遍存在。就业问题既是经济问题，又是社会问题，无论是从稳定社会秩序还是促进经济发展来考虑，解决区域就业问题有着至关重要的意义。此外，缩小区域社会福利差异，是各国区域经济政策的主要内容。在发达国家，区域社会福利差异问题主要存在于穷人居住地区和富人居住地区之间。为了避免激化社会矛盾，发达国家往往在社会制度许可的范围内做出某些调整来缩小这种差异。在发展中国家，区域社会福利差异问题主要存在于城市地区和乡村地区之间。长期以来，在这类国家中，往往是以牺牲农业为代价来促进工业的发展，导致工农关系、城乡关系紧张，长此以往，不可避免地将引发或加剧发达区域与欠发达区域、衰退区域之间，城市与乡村之间的社会矛盾和冲突。因此，有必要运用区域经济政策，合理调控各个区域的经济发展，特别是加快欠发达区域和衰退区域的经济发展，提高该地区人民的收入水平，改善生活和社会福利，由此来缓解区域之间的社会矛盾和冲突，维护社会公平，保持社会的稳定。

第三，政治因素。区域之间的经济矛盾、社会矛盾往往在国家的政治生活中反映出来，而且，还会因此而产生或强化以维护经济、社会利益为目的的区域性政治集团。所以，在一些国家，为了平衡国家各政治集团的势力，或者在竞选中获得更多的选票，常常运用区域经济政策来反映和满足区域利益集团的要求，以取得政治上的优势地位或维持国家的政治稳定。而且，在国际环境动荡不安的背景下，各个国家也会利用区域经济政策来调整国家经济的战略布局，有目的地培植和布局战略力量，以防因布局集中或位置不当而遭到敌方的攻击。

第四，环境因素。协调人和自然的关系是区域经济政策的重要内容。在经济发展的过程中，人类在向大自然不断索取的过程，也是其不断破坏其赖以生存的自然环境的过程。目前各国人口、资源、环境、生态严重失调，人地关系处于剧烈的对抗中。在区域开发中，一些区域因种种原因滥采资源、浪费资源、破坏环境，是当地经济发展因此而受到严重制约，甚至陷入困境。尤其是，跨区域的资源环境问题对经济和社会发展影响更大。对于这些问题，国家也需要运用区域经济政策，协调区域之间在资源利用、环境保护方面的行动，为区域和国家的可持续发展创造良好的条件。

需要指出的是，区域经济政策的产生是多种因素共同作用的产物。在不同国家或者同一国家不同经济发展阶段上，各个因素在区域经济政策中所占的地位是不同的，因而，在不同的时期或者不同的情况下，区域经济政策总目标是有一定的差异的。

第二节　区域经济政策的目标

区域经济政策目标是指区域经济政策在解决区域问题时所要实现的目的或达到的目标，他对具体区域经济政策工具的选择、实施以及政策评价具有导向作用。从世界各国区域经济政策实践来看，区域经济政策目标具有不同的层次和等级水平，有总目标和分目标之分。从区域经济发展的基本内容和政策效应上分，可以把区域经济政策目标分为总目标和子目标。

一、区域经济政策的目标分类

（一）区域经济政策总目标

区域经济政策总目标是区域经济政策的总纲，是区域经济发展战略思想的具体体现，又是选择区域经济政策工具的依据之一。1981年，英国贸工部的一份咨询文件指出：区域政策的初始目标是使地区达到一定的收入水平和就业水平并获得自我发展能力。这表明区域经济政策目标至少包括的三个方面：一是区域基本实现自我发展；二是区域人民收入水平达到一定高度；三是区域就业水平达到一定高度。

从区域经济政策的产生和发展历史，可以发现区域经济政策的根本动因就在于解决国内的区域经济不均衡问题，或者促进国家与国家的跨国界的区域经济合作。而在区域政策实践过程中，越来越多的国家将区域政策的总目标确定为缩小区域收入水平与就业水平差距，但这只是规定了政策目标方向，实际操作时还应有具体的目标做支持。

但是，区域经济政策是具有多种目标的，各种目标具有不同的层次和等级。确立具体的区域经济政策总目标，常常以经济目标为主，兼考虑其他方面的因素。多种目标并不完全统一，甚至目标之间还存在冲突。比如有的目标的取向是提高效率，有的目标的取向则是追求公平。因此，从总体上说，区域经济政策总目标可以归纳为两大类，即效率目标和公平目标。所谓追求社会公平目标，就是在国民经济发展过程中，通过采取各种经济手段、工具，逐步缩小区际间经济发展差距，实现区际相对均衡发展，促进全社会的和谐与稳定。所谓追求效率目标，就是要求用可能获得的各种资源取得最大的经济效益，即追求整个国民经济较高的增长速度和良好的宏观经济效益。

公平目标和效率目标之间存在着反向关系。为了实现公平目标，国家要将有限的资源更多地投向经济欠发达区域，而这些区域的经济效率相对低下，因而又可能影响整体国民经济的增长速度；反之，为了实现效率目标，国家应更多地将资源集中在经济效益较好的发达区域，必然会导致经济欠发达区域发展更趋困难，从而拉大发达区域和欠发达区域的差距。

一般来讲，区际之间存在差距可以体现区域经济增长效率，但是区域经济发展差距过大，又不利于实现整个国家的社会公平，所以，必须把区域经济发展差距限定在一定的范围内，经济增长效率和社会公平双重目标才有可能同时实现。

经验证明，适度的差距范围应控制在：最高是不影响区域经济增长和整个国民经济发展，最低是使该区域的人们可能承受并不至于发生民族的或社会的问题。

公平目标和效率目标孰先孰后，孰重孰轻，两者如何权衡和协调始终是区域经济政策必须需要面对的首要重大难题。大多数学者主张在制定区域经济政策时，应统筹兼顾，根据本国国情和国民经济的发展阶段特点，确立效率目标与公平目标的地位。世界各国的经验表明，确定区域经济政策总目标时应遵循以下原则。

一是区域经济差异的状况。如果一个国家区域之间经济差异不断扩大，以致对全国总体经济发展造成障碍，甚至有可能引发社会或政治危机，那么，区域经济政策就应选择社会公平为主要目标；反之则应把效率目标放在首位。

二是国家经济发展所处的阶段。威廉姆森的"倒U形理论"认为，区域经济发展差距的出现、扩大、缩小以及消失是一个周期性规律变化过程：在经济发展的初期阶段，区域间的差距呈扩大趋势；在经济发展的中期阶段，区域差距趋于稳定；到经济发展的后期阶段，区域差距则趋于缩小。若国家经济发展处于不发达阶段或成长期，应该更多地把效率目标作为区域经济政策的主要目标；若国家经济发展处于发达阶段或成熟阶段，已经具备了解决区域经济差异所需的经济条件，那么就应该把公平目标作为区域经济政策的主要目标。

三是不同区域经济发展的实际情况。面对不同的区域的不同区域问题，区域政策应该立足于本地区实际在欠发达区域，首先以追求效率为主要目标；而在发达区域，则应更多地关注公平目标。

四是国家财力和社会资金积累能力。区域经济政策目标选择是效率导向型还是公平导向型，很大程度上还取决于国家和社会可运用的财力、物力状况，因为公平目标的实现需要财力物力等物质基础作保证。

五是未来经济的发展前景。根据未来经济发展趋势，预测可能出现的问题，确立区域经济政策目标，可以提高目标实现的可能性和效益。如果经济处于繁荣阶段，则应以效率为主导目标，抢抓机遇，加快发展；反之，经济处于萧条时期，则应以区域公平为主导目标，这样可以缓解社会矛盾，同时又可刺激需求的增长。

需要指出，不同国家基于不同国情，区域经济政策目标具有差异性，即使是同一国家，由于不同时期所面临的区域问题不同，区域经济政策目标也往往不同。

（二）区域经济政策子目标

区域经济政策子目标也可称为区域经济政策的具体目标，是指中央政府针对不同区域问题制定具体区域经济政策拟达到的目的。由于区域经济政策的实施会影响到区域的社会、经济、政治、文化、生态环境等多方面的变化，使得区域经济政策的子目标往往不尽相同，概括起来可以分为四类，即经济目标、社会目标、政治目标和生态环境目标。每一类子目标中又包含若干具体目标。一般分为以下几类。

1. 经济目标。旨在解决区域经济可持续发展问题。具体目标主要包括：实现生产力的合理布局，促进落后地区经济增长、萧条地区的复兴，化解膨胀地区经济增长的矛盾，缩小区域间经济水平的差异，推进区域产业结构调整，实现区域分工协作和地区经济一体化等。

2. 社会目标。旨在解决社会不公平问题。具体目标主要包括：提高社会保障程度，促进落后地区的科技、教育、文化和卫生等各项事业的发展，缩小区域社会发展水平差异，缩小区际生活质量的差异等。

3. 政治目标。旨在解决区域政治问题。具体目标主要包括：保障国家主权和国防安全，维护社会稳定，促进民族团结和民族发展，保障少数民族地区以及边疆地区的安全与稳定等。

4. 生态环境目标。旨在解决区域生态环境问题。具体目标主要包括：引导和规范资源的开发活动，加强环境保护，整治国土资源，协调区域之间的资源合作开发，生态环境的治理、保护和资源可持续发展等。

区域经济政策的子目标是动态的、交错并行的，且随着经济发展阶段的更替而不断发生变化的。这些子目标相互促进和制约，构成了区域经济政策的目标体系。比如，在经济发展的初级阶段，经济目标占据主导地位，随着经济发展进入高级阶段或成熟阶段，社会目标、生态环境目标将占据重要位置。但是，任何一个国家确立的区域经济政策子目标必然是多重而非单一的。

二、区域经济政策的目标量化

确立区域经济政策总目标，既要从总体上处理好均衡目标与增长目标的关系，又要从技术上重视区域经济政策子目标的设计与量化。所谓"区域经济政策的目标量化"，是指用数字形态描述区域经济政策所要达到的具体目标，即目标的具体化、数字化。区域经济政策目标的量化指标是刻画区域政策总目标内涵的量化依据，也是客观评估区域经济政策效应的重要手段。许多国家在制定区域经济政策时常用的量化指标体系有，失业率、迁移率（迁出率和迁入率）、人均收入水平（人均国民收入和人均国内生产总值）、经济增长率、环境质量等等。由于我国与西方国家区域经济政策的子目标不同，因此量化指标也不尽相同。除了都采用包括收入水平、经济增长率等指标来衡量地区经济发展的差异外，我国还经常采用政府投资在各地区的分配比例、主要产业在地区经济中的比重等指标；而英、法等西方国家则主要使用失业率、迁移率（包括迁出率和迁入率）等指标。

三、区域经济政策的目标模式

所谓区域经济政策的目标模式，是指中央政府根据本国实际，在一定经济思想或理论指导下建立起来的较为稳定的区域经济政策目标的结构框架和实施程序。由于各个国家的国情和社会经济发展战略有着很大的差别，他们在制定国家区域经济政策时，所要达到的区域经济政策调控目标往往是各不相同的。根据当前世界各国区域经济政策实践来看，区域经济政策的目标模式主要有三种，即区域均衡发展模式、区域优先发展模式和区域发展援助模式。

（一）区域均衡发展

该模式的理论基础是区域平衡发展理论。该理论的政策主张是，各地区、各产业应保持同步发展，注重对落后地区、不发达产业的投资，通过平衡部署生产力，以实现各地区、产业的平衡发展。区域均衡发展政策目标模式要求，一个国家的中央政府，应该按照"兼顾效率与公平，并以公平为主"的原则，通过制定与实施旨在限制发达地区的经济发展和加快大部分尚未开发地区、欠发达地区的经济发展的国家区域经济政策，以期在较短时期内实现全国范围内的区域均衡。这就要求国家对较发达地区或领域采取更少支持或更多限制措施，对尚未开发地区、欠发达地区采取多一些支持政策以保持国民经济的均衡发展。由于各个国家面临不同的区域问题，因而采取的措施也有所区别。下面仅就美国、德国，以及我国的主要做法作简单介绍。

1.美国实施区域均衡发展目标模式的主要做法

（1）制定区域开发规划，建立健全区域开发法律制度。1933年5月美国国会通过了《麻梭浅滩与田纳西河流域开发法》，对美国7块集中连片的贫困落后地区进行开发试点。1961年颁布了《地区再开发》，在全国范围内促进落后地区的经济发展，并依法成立了地区再开发管理局。1965 年，美国政府又颁布了《公共工程和经济开发法》、《阿巴拉契亚区域开发法》等一系列法规，成立了经济开发署，进一步加强了对困难地区的经济援助。

（2）提供财政援助，加大落后地区的资金投入。一是军事订货促进新兴工业发展。通过倾斜性地向南部地区军事订货，使南部地区新型工业发展迅速发展起来；二是财政补贴农业。美国 1933 年颁布"农业调整法"，通过价格支持带动了南部大部分地区农业的巨大发展。到 20 世纪 70 年代初期，联邦政府仅在价格方面的补贴就多达 1000 亿美元左右；三是政府出资兴办公共设施，改善落后地区投资环境。如在困难地区综合利用开发水资源，以电力销售收入支持本流域的工农业的发展；在困难地区建立发达的交通运输网络系统，为本地区工业的复苏与兴起打好基础。总之，在 1966—1991 年间，美国经济开发署通过公共工程和设施建设计划，对困难地区的 8111 个公共设施提供财政援助，援助金额达 43.28 亿美元。这些援助对落后地区的经济发展起到一定的促进作用。

（3）制定优惠政策，引导人才流动。同美国西部开发以优惠的土地政策等吸引大批移民的迁入一样，在西南部开发中，也通过一系列政策措施促进北部人口向西、南移动。具体做法：一是给迁移户发放迁移补贴费；二是为迁移户提供就业培训费；三是为迁移户提供就业机会或信息；四是通过税收和信贷的优惠，鼓励私人在南部地区投资；五是加大落后地区的教育投资。

（4）以科技推动生产力发展。20 世纪 30 年代发端于斯坦福大学及其周围地区的科技研究与开发活动，与 20 世纪 60 年代美国掀起的高技术革命，使得加州圣何塞市的圣克拉拉县变成了世界闻名的硅谷。硅谷高科技园区对工业创新和科研成果的孵化作用为美国西部乃至整个美国的经济发展做了生动的示范。此后，美国各地相继建立了十几个类似的园区。使美国南部地区在二战以后迅速崛起，成为"阳光地带"。

2. 德国实施区域均衡发展目标模式的主要做法

（1）以法律形式确定区域均衡发展的根本要求。比如，德国《联邦基本法》规定：联邦各地的发展和居民生活水平应该趋于一致；《联邦空间布局法》规定：联邦和州共同出资（各占 50%），对落后及结构薄弱地区的开发给予补贴。

（2）通过财政收入平衡及财政补贴促使各地区均衡发展。财政平衡包括横向财政平衡和纵向财政平衡两个方面。横向财政平衡的主要做法是法人税的分配、税款的转移和联邦特别拨款，其目标是使各州人均税收平衡化。纵向财政平衡的做法与横向财政平衡类似,目的是促进州与乡镇之间的财政平衡。

财政补贴的有两类:一是直接补贴,包括对落后地区跨地区销售其产品的企业给予投资补贴,给予工业部门结构转变较大的地区特定资助,为工商业企业及原东德地区的自由职业者低息贷款,等等。二是间接补贴,即政府为改善地区基础设施条件而采取的低息贷款。主要用于地区修路、供电、供水、垃圾处理及工业用地开发等。

3. 我国实施区域均衡发展目标模式的主要做法

改革开放前的近 30 年里,我国采取的一直是区域均衡发展目标模式。毛泽东曾在 1956 年发表的《论十大关系》中,对实现区域均衡发展目标模式有过很充分的论述,其核心内容就是,强调地区之间的平衡发展。在区域布局与投资分配上,突出内地,有计划地推动生产力布局的大规模推移。正是依据这种发展战略,我国将 50% 以上的基本建设资金投向内地,在落后的内地区域进行大规模的开发建设,企图拉平沿海地区与内地的经济技术发展差距,以实现区域经济的平衡发展。这种区域均衡政策保证了我国生产力布局由沿海向内地扩展,在一定程度上对改变我国生产力布局的不平衡局面,促进内地的经济发展和巩固国家安全等方面曾起过一定的积极作用。但这种区域均衡发展目标模式由于是在我国当时经济实力有限,财力不足的前提下实施的,结果导致投资分散,重点不突出,国民经济发展迟缓,效果不甚理想。

(二)区域优先发展

该模式的理论基础是区域经济梯度推进理论和增长极理论。由于不发达国家市场机制不完善,资本稀缺,信息不充分,这就需要这些国家根据实际情况,集中有限的财力,选择若干个条件较好的区域寻找比较优势进行集中投资,重点建设,通过极化效应把这些区位条件优越的地区发展成为经济增长中心,不断增强这些地区经济和实力的发展水平使之成为高梯度地区,然后通过这些增长极扩散效应,影响和带动低梯度地区经济发展。

实施区域优先发展目标模式,最为典型且较成功的范例当属被世界公认的"东亚奇迹"——"亚洲四小龙"(韩国、新加坡、中国台湾和香港)。这些国家和地区由于人均自然资源和人口规模的制约,工业化水平在 20 世纪 50 年代初期很低,经常遇到财政赤字增大、外贸收支不平衡、人均国民生产总值只有 100 美元左右、通货膨胀过高的难题。在没有选择的情况下只好放弃政府的积极干预,而由企业作自由的选择。企业从利用其劳动力丰富的优势出发,发展劳动密集型产业,具有较强的竞争力,企业遵循利润最大化目标，充分利用经济中现有要素禀赋的比较优势选择技术和产业获得较高的利润，进行了较快的资本积累，使要素禀赋结构的提升速度加快，产业结构和技术结构得以更快地升级，最终进入发达经济的行列。他们的成功让人们把目光投向区域优先发展目标模式，进入 20 世纪 80 年代以后，许多发展中国家吸取了东亚"四小龙"经济发展的成功经验，逐步放弃原先的区域均衡目标模式，开始确立区域优先发展的区域经济政策目标模式。其中，泰国、马来西亚、菲律宾、印度尼西亚等东盟国家，由于与东亚"四小龙"相距很近，在国情方面与他们有许多共同之处，因而是最先从中受益的国家。由于韩国和中国台湾采取经济政策比较接近，所以下面着重介绍这韩国、新加坡、和中国香港以及我国内陆的主要做法。

1. 韩国实施区域优先发展目标模式的主要做法

为适应区域优先发展目标模式的要求，韩国政府主要制定了如下政策。

（1）财政政策

20 世纪 60—70 年代，韩国为支持经济增长，扩大了财政支出。例如采取了"高收购，平价销售"的"粮食价格双轨制"，使农民的收入得到保证。

（2）克服通货膨胀政策

20 世纪 70 年代，由于两次石油危机的冲击，加之进口原材料价格上涨、需求膨胀和工资上涨等因素，使韩国经济一直受到持续的通货膨胀的困扰。经济发展的初期，政府采取严格管制价格，尤其是专卖商品的价格来控制通货膨胀。20 世纪 80 年代初韩国政府又执行紧缩短预算政策，如削减预算、实行零售预算及冻结政府官员的工资等，以减少预算赤字而引发的通货膨胀。

（3）基础设施建设

韩国在 20 世纪 60 年代以后，随着经济的进一步发展，原有的交通、通信及能源基础设施已不敷使用，基础设施"瓶颈"现象也日益突出。同时，面对货币升值与劳工成本上升，出口形势日益严峻，外需减少的严峻形势，韩国耗资约 1600 亿美元以开发西海岸为中心，掀起了新的一轮交通、通信及工业基础基地的基础设施建设。韩国正是通过沿海主要港口附近建立出口加工区，集中了国内的人力、财力和物力，使得韩国的进出口总额在很短的时间里迅速增长，从而带动了国民经济的迅速发展。

2. 中国香港实施区域优先发展目标模式的主要做法

（1）自由贸易政策

香港的自由贸易政策体现在多个方面。第一，对进出口贸易一般没有管制，只有一小部分商品如武器弹药、纺织品成衣及某些食品等受到"管制"；没有反倾销和反补贴立法；没有采取单边或双边的"自愿"出口限制或其他"灰色区域措施"；对进口或过境的货物也未实行歧视性的原产地规则。第二，对进出口的一般商品不征收关税，只是对烟草、酒类、甲醇及碳氢油4类货品征收进口税。第三，外贸企业经营自由。任何外贸企业都可以在相对平等的条件下自由竞争，优胜劣汰。第四，金融市场自由开放，没有外汇管制，资金、黄金和外币进出自由，外地人员来港投资办企业等也相当自由。

（2）金融政策

香港金融业发展经历了从外汇管制政策向金融自由化政策转变的过程。香港在1973年1月前是英镑区成员，实行外汇管制政策。20世纪70年代初，随着香港经济实力的增强，要求金融业相应发展并为之提供广阔的发展前景。英国于1972年6月宣布英镑浮动，并将英镑区缩减为以联合王国和爱尔兰共和国为限。香港因此自动脱离了英镑区，从此，香港解除了对英镑的外汇管制，香港的外汇市场成为充分自由的市场。港币自由兑换，资金流动和进出自由，外汇、黄金、证券、期货等市场都实行开放。1984年6月，1913年，港英当局撤销了制定的外国钞票（禁止流通）条例，准许市民用外币进行交易。

1983年10月实行港元与美元挂钩，采取7.80港元兑1美元的固定汇率制，一直坚持至今。20世纪70年代以来，香港迅速发展成为亚太区的金融中心。形成了一个以国际金融资本为主体、以银行业务为中心、各类金融市场齐全的金融体系。香港金融中心有力地推动和支持了香港经济的发展，对国际金融市场也发挥了重大的影响作用。

（3）财政政策

长期以来，香港奉行以审慎理财、严格法律监管为核心的财政政策，量入为出，不搞赤字财政，坚持预算平衡。财政支出不超过本地生产总值的15%，支出增长基本低于收入增长，政府无须靠举债来筹措资金。结果使香港积累了丰厚的财政储备。从而避免了赤字财政引起的诸多负面影响。但进入后过渡期以来，香港财政政策开始发生了变化。扩张性财政政策的取向非常明显。

3. 新加坡实施区域优先发展目标模式的主要做法

1959年新加坡自治前，经济并不发达。20世纪60—70年代新加坡的经济得到快速发展和腾飞，这在很大程度上取决于实施区域优先发展目标模式所实行的引进外资的一系列经济政策。

（1）鼓励和吸引外资的税收政策。制定优惠的税收政策，包括确立免税期，降低税率和特别税务，对外投入高科技领域和出口项目的优惠政策、灵活的工资政策和自由的外汇政策，从而全力保证了外商的利益和投资利润。

（2）有选择引进外资的政策。新加坡在鼓励和吸引外资的同时，也对外资加以引导和限制。20世纪70年代末，外资主要集中在制造业和石油冶炼等。到20世纪80年代新加坡政府主要引导外资投向金融、旅游及服务机构、会议中心等。但公共事业，即交通、通信、广播事业则被限制外资投入。

（3）推行多边引进外资。防止一国垄断或对其产生过多地依赖。

（4）鼓励建立合营企业。让国家、外资、私人资本共担风险，共享利益。

4. 我国实施区域优先发展目标模式的主要做法

我国自改革开放以后，尤其是进入20世纪80年代以后。区域经济政策目标模式发生了根本性改变，"六五"计划（1981—1985年），就明确提出要积极利用沿海地区的经济技术区位优势，充分发挥他们的特长，带动内地经济进一步发展；"七五"计划（1986—1990年）明确把全国划分为东部、中部、西部三大经济地带，提出了按三大地带序列推进区域经济发展的战略思路。可以说，一直到20世纪90年代中后期，我国总体上由以平衡为目标的均衡模式逐步转向以效率为目标的优先发展模式。这种模式划分了三大地带，确定了区域经济发展按东中西部三大经济地带梯度推移的战略思路，并实施了一系列向东部区域倾斜的政策措施：

（1）对外开放向东部倾斜政策

从设立深圳、珠海、汕头和厦门4个经济特区到开放14个沿海开放城市和5个沿海经济开放区，在东部沿海地区由点到线、由线到面、由南向北形成面积32万平方公里、人口1.6亿的广大开放地带。

（2）优惠政策向东部倾斜政策

一是对经济特区政府赋予较大的经济管理权限。其项目审批权相当于省一级政府；对于不属于中央统一管理的工作，有权灵活处置；对属于中央统一管理的工作，由国务院主管部门根据特区特殊情况制定特殊管理办法。

二是赋予特区企业充分的经营自主权。

三是对特区企业实行优惠税率及特殊的关税政策，特区内的行政机关、事业单位和企业，符合有关规定的免征关税和工商统一税。

四是投资者可按照协议规定取得一定期限内的土地使用权，也可以利用招标和拍卖方式取得土地使用权。

五是对来特区工作、探亲和旅游的外国人实行特殊的入境签证手续。

此外,国家还对沿海开放城市从财政、税收、信贷、投资等方面给予了一系列的优惠,如在对外开放上,扩大当地政府利用外资的审批权限和对外经济活动的自主权,减免外商投资企业的所得税和关税,扩大当地政府对外贸易的自主权和外汇留成比例,等等。

(3)投资布局向东部倾斜政策

1981—1985 年间,东部沿海地带 11 省区市的工业基本建设投资占全国的比重由"五五"期间的 44%提高到 46%;1986—1989 年间,几乎所有的沿海省份的投资份额都有所提高,投资份额前 6 名的省市依次为广东、上海、辽宁、山东、江苏和北京,全部都是东部沿海的省份;1995 年,在全国的全社会固定资产投资 19445 亿元中,东部地带为 12188.4 亿元,占 62.7%。[①]

(4)改革试点向东部倾斜。国家的许多改革方案和措施,或是先在东部区域试行和实施,或是较多地考虑东部区域的情况和需要,也对东部区域的经济发展产生了有利的促进作用。

(5)完善基础设施建设政策。国家通过制定有利的财政、货币政策,在东部集中有限的财力,择取有限的目标集中突破,完善了各项基础设施建设,建立了相应的管理体制,创造有利于东部优先发展的软环境。

由于我国区域优先发展政策目标模式的成功实施,加快了东部沿海区域经济的发展,使东部区域特别是东南沿海区域成为推动我国国民经济持续高速增长的最重要的力量。同时,通过一系列的传递、扩散机制和示范效应,也在一定程度上带动了中西部区域经济的开发和发展,促进了内地区域经济的繁荣,各区域经济都得到了快于改革前的增长。被公认为世界经济发展史上的奇迹。

(三)区域发展援助

区域发展援助目标模式是指一国中央政府针对具有一种或多种区域问题而且难以依靠自身力量解决这些问题的问题区域采取的一系列援助性政策工具组合。该模式的理论基础是"市场失灵"理论和福利经济学的相关理论。"市场失灵"理论认为,市场机制不能解决失业差异、区域间收入和财富的分配不公、生产和消费的负外部性以及区域利益主体的信息不对称等方面,因此,需要解决区域问题需要国家干预;根据福利经济学的相关理论,区域效用可能性曲线与社会福利函数的切点能实现社会福利最大化,所以区域援助政策的目标

---

① 邹东涛主编:《发展和改革蓝皮书——中国改革开放 30 年(1978-2008)》,社会科学文献出版社 2008 年版。

是追求社会公平。区域发展援助政策目标模式要求，各国中央政府制定的一系列区域经济政策，对经济发展方面存在严重障碍的"问题区域"进行具体的发展援助，使其尽快克服发展的障碍，走出困境，缩小或消除与发达区域与繁荣区域的发展差距。

无论达国家，还是发展中国家，总有一部分地区在经济发展方面存在着严重的障碍。有些地区或许原先的经济发展比较正常，但因外部条件发生了变化，导致有的产业逐渐衰落，而新的产业又未能及时发展起来，从而导致当地的经济发展陷入了困境。例如，英国的利物浦，在大英帝国兴盛的时期曾是世界上最大的造船基地之一。但在进入 20 世纪 50 年代以后，随着英国的造船业大量向日本、韩国等新兴工业化国家转移，利物浦的处境日渐困难，陷入了长期的经济萧条。类似情况的地区，还有美国的煤炭产地与冶金工业区阿巴拉契亚和法国的铁矿产地阿尔萨斯等地。而更多的地区之所以在经济发展方面存在严重的障碍，则是因为这些地区自身缺乏经济发展的某些必要条件，本身属于国家经济发展明显滞后的地区。例如，美国的印第安人保护地和澳大利亚的土著居民保护地，英国的苏格兰高地、法国的不列塔尼和诺曼底半岛、日本的北海道、俄罗斯的西伯利亚、马来西亚的沙捞越和沙巴、巴西的亚马孙平原等地区，以及中国的中西部某些地区。从社会发展的角度来看，一部分地区经济发展的严重滞后，将带来一系列难以解决的社会问题，引起严重的民族矛盾，直至影响整个国家的统一和领土安全。一般来讲，影响地区经济发展的内部条件和外部条件，在短时间内都是不可能被改变的。因此，仅仅依靠经济系统自身的调节及地方政府的努力，是很难消除这个地区的经济发展障碍的。在这种情况下，有关国家的中央政府，必然要把解决这些地区的经济发展问题当作自己的重要任务，通过制定相应的国家区域经济政策、采取一切可能的手段来对这些地区的经济发展进行援助。从世界各国来看，中央政府将区域发展援助作为制订国家区域经济政策主要目标模式的情况十分普遍。如在美国，20 世纪 30 年代建立的田纳西河谷地管理局和20 世纪 60 年代建立的阿巴拉契亚等 10 个区域委员会，以及分布于洛基山地的许多印第安人保护区，都是联邦政府在实施区域发展援助的过程中建立的。在英国，中央政府对利物浦这样出现了严重的经济衰退的老工业城市，以及对苏格兰、威尔士少数民族聚居的地区也都有一定程度的区域发展援助。在中国，自新中国建立以来中央政府就一直将区域发展援助目标模式与区域均衡发展目标模式或区域优先发展目标模式同时使用。我国实施区域发展援助的地区大多数是东北和中西部地区。20世纪50年代到60年代，中央政府组织的对黑龙江省的三江平原、新疆维吾尔自治区的天山南麓和北麓、云南省的西双版纳等地的大规模垦荒行动，就是在区域发展援助的目标模式下实施的。进入20世纪80年代以来，为促进"老、少、边、穷"地区的经济发展，中央政府实施区域发展援助目标模式的政策力度明显加大，所采取的许多措施已经形成制度规定。主要措施有：一是中央财政对新疆、西藏、内蒙古、宁夏、广西等5个民族自治区及一些少数民族人口较多省份实行定额补贴。二是通过财政扶持为落后地区提供基本公共产品，并对落后地区实行以区域为主的适度财税政策，支持落后地区的发展。三是按照国家政策和生产力合理布局的要求，逐步扩大政策性银行对中西部区域的贷款比重。四是优先在中西部区域安排基础设施的建设项目；五是国家对贫困地区和少数民族地区有计划、有重点地安排一些有利于开发利用当地资源和带动区域经济发展的建设项目。六是鼓励和引导国外投资者到中西部投资，开发利用当地的能源、矿产资源、旅游资源及发展加工工业，从事基础设施建设。

第三节　区域经济政策的手段与工具

区域经济政策手段是区域经济政策的重要组成部分。任何区域经济政策目标只有通过选择、确定和运用适当的政策手段才能实现。区域经济政策的手段包括使用什么工具、采用什么方法实现区域经济政策的目标。

一、区域经济政策手段

（一）区域经济政策手段的类型

区域经济政策手段是指为实现区域经济发展目标所采取的各种措施。由于区域经济政策目标是多重的，区域经济政策手段也多种多样，同一政策目标，也可以采取多种政策手段。区域经济政策手段有多种分类方法，从作用的范围看，区域经济政策手段可区分为宏观政策手段和微观政策手段；从性质上看，区域经济政策手段分为支持性政策手段（又称"胡萝卜"政策），和限制性政策手段（又称"大棒"政策）；从对经济和社会发展的不同作用方式看，可以分为经济手段、行政手段和法律手段；从作用的内容看，可分为区域补偿政策、区域发展政策、产业布局政策、公共投资政策；从作用的特点看，可分为直接政策手段和间接政策手段。其中：

——支持性政策手段。包括资金援助、技术援助、政策优惠等手段。

——限制性手段包括如对大城市控制规划、限制人口向大城向流动、一些行业实施投资许可证制度、对某些行业征收特别税等等。

——经济手段。包括利用价格、税收、利率等杠杆间接调节地区关系，也包括直接制定区域倾斜政策。

——行政手段。主要以中央政府以行政命令的方式以行政命令、行政文件、行政会议的方式，对区域发展问题施以影响的方式。如制止某一产业在各地区的重复建设；以行政文件的方式制定扶贫计划、人口迁移计划，以行政会议的方式解决地区间不协调的问题等。

——法律手段。即通过运用法规法令的形式对区域经济的发展等做出硬性规定。

——区域补偿政策。是指中央政府扶持欠发达地区发展的各项政策的总和。

——区域发展政策。主要是指政府为促进地区间发展水平的相互衔接，利用政府直接投资或引导间接投资，诱导资本和技术向不发达地区转移的政策。包括：以国家财政投资，政策性贷款支持不发达地区从事国家鼓励发展的建设项目；鼓励发达地区产业向不发达地区转移；在欠发达地区有计划、有重点地安排一些有利于当地资源开发，并带动地区经济发展的骨干项目等。

在区域经济政策的实际应用中，宏观政策手段与微观政策手段，支持性政策手段与限制性政策手段往往交织在一起形成一个有机的体系。通常，要实现既定的区域经济政策，需要综合运用各种区域经济政策手段。因此，下面仅介绍宏观政策手段和微观政策手段的主要内容。

（二）宏观政策手段

宏观政策手段主要包括中央政府对不同地区采用有差别的财政、税收、货币、信贷政策等，其主要目的是改变总收入和总支出的区域格局。

1. 财政政策。他是世界上大多数国家的中央政府普遍实行的一种区域经济政策。其核心内容是，中央财政部门向某些特定地区的地方政府，主要是经济发展水平比较低的欠发达地区的地方政府，提供一些额外的财政资金，通过调整财政收入和支出，来达到促进经济发展和缩小地区差异目的的。

2. 税收政策。他也是世界上大多数市场经济国家的中央政府常采用的一种区域经济政策。他是通过对区域间货币和资本的供给与流通调控来影响区域经济发展的空间格局。其核心内容是，中央财政部门向经济需要更快发展的某些特定地区的全部企业或部分企业实行有限度的税收减免，为该区域的企业提供更多的发展机会，使得他们能够尽快地形成增长极或经济极化区，并通过其扩散效应带动周边地区甚至整个国家国民经济的发展。

3. 产业政策。是指中央政府根据区域经济发展总体要求，制定的对产业活动的投资和经营控制而采取的区域政策。区域产业政策一般分为影响产业结构的产业结构政策，影响产业内部企业之间关系的产业组织政策和促进地区技术进步的产业技术政策。其主要目标是，根据区域经济差异和区域经济优势，确定主导产业部门，形成不同区域的产业特色和合理的区域产业分工格局，促进区域产业结构的合理化。产业技术政策包括技术引进政策和技术开发政策。落后地区由于缺乏资金、人才等，其技术进步的主要途径应当是技术引进。通过制定倾斜性的区域产业政策，引进高新技术和适用技术，促进区域经济发展。[①]

4. 投资政策。他是中央政府针对区域基础设施和生产性项目建设惯常采用的一项区域经济政策。由于中央政府具有投资决策权，因而国家的区域投资政策往往被列入国家的中长期经济计划成为其中一个重要组成部分。其主要目的是，中央政府利用其投资决策权重点支持特定区域的经济发展。在计划经济国家，基础设施和大部分生产性项目建设所需的资金全部来自财政支出，但在市场经济国家，生产性项目建设所需的资金一般都来自于私人机构，中央财政用于基础设施建设的支出也只占很少一部分。因此，相对于计划经济国家而言，市场经济国家的国家区域投资政策的力度要小得多，主要起到引导投资的作用。

5. 货币政策。是指中央政府为调控金融机构贷款投向而实施的一项国家区域经济政策。由于各国货币体系的高度一体化，货币政策应用于局部区域面临诸多障碍。因此，货币政策用于区域经济目的并不多见。但这项国家区域经济政策，曾经在计划经济与市场经济并存的中国出现过，并一度在调控区域经济活动方面起到了十分重要的作用。[②]

6. 对外开放政策。主要是建立经济特区、开放城市和有关地区，通过一部分的地区对外开放，并施以特殊的优惠和政策引导，从而促进该地区的对外贸易和扩大利用外资，使该地区形成增长极，并以此带动周边地区的经济发展，

---

① 郝寿义等：《区域经济学》，经济科学出版社 1999 年版，第 495 页。
② 郝寿义等：《区域经济学》，经济科学出版社 1999 年版，第 495 页。

最终达到促进全国的对外开放和经济发展的目的。区域对外开放政策主要包括区域贸易政策和区域利用外资政策两个方面。区域贸易政策包括关税、进口配额、进出口许可证、出口补贴、出口信贷等一系列政策手段。由于地区差异和专业化的存在，这些政策手段均具有明显的区域影响。从国际实践看，区域贸易政策权力都集中于中央政府。[①]

（二）微观政策手段

微观政策手段则主要包括劳动力重新配置和资本重新配置的政策手段。旨在影响劳动力和资本的区域配置。因为区域经济政策的主要目标是尽可能把资源要素引向落后地区和萧条地区，以促使劳动力和资本向欠发达地区转移，培育萧条地区的内生发展能力。所以，在很多情况下，劳动力重新配置和资本重新配置的微观政策主导区域经济政策的目标。

（1）劳动力重新配置手段。主要包括劳动力在原地重新配置和区域间重新配置政策。前者主要指职业培训、职业教育、远距离通勤补助等；后者包括迁移政策、激励流动政策和提高劳动力市场效率的政策等。

（2）资本重新配置政策。主要是税收和补贴政策。包括对厂房和建.筑物补贴、资本补贴、降低贷款利率、投资税收减免、降低地方税费及土地价格、对核心区布局产业提高税率等；对就业方面的工资补贴以及医疗卫生、教育和各种基础设施方面的补助等；包括出口退税和价格补贴政策；对企业研发、普及和推广技术进行补贴等；对落后地区的民营企业和国有企业的财政援助（减免税以及补贴）等等。

二、区域经济政策工具

区域经济政策工具，是指为实现区域经济政策目标而运用的、针对区域问题的具体措施。根据丁伯根原则[②]，要达成区域经济政策目标，必须组合多种区域经济政策工具。

---

① 陈鸿宇：《区域经济学新论》，广东经济出版社 1998 年版，第 213 页。
② 荷兰经济学家、1969 年诺贝尔经济学奖得主丁伯根在《经济政策：原理与设计》（1962）一书中提出，实现 IV 个独立的政策目标，至少需要相互独立的 IV 个有效的政策工具。这一观点被称为"丁伯根原则"。

（一）区域经济政策工具的分类

根据文献考察，我国学者通常将区域经济政策工具划分为区域财政政策、区域产业政策、区域公共投资政策、区域金融政策、区域外贸政策、区域就业政策以及区域行政手段、区域法律手段等八大类。这种分类明细，也具可操作性，但大多重叠交织。本书侧重分析以下三种代表性的区域经济政策工具分类法：

1. 传统的区域经济政策工具三分法

英国区域经济学家阿姆斯特朗和泰勒认为，区域经济政策工具主要是用以影响个人和企业的区位选择或改变特定区域的收入和支出水平。因此，区域经济政策工具可分成三个大类：一是微观政策工具，包括劳动力再布局政策、资本再布局政策两个部分；二是宏观政策工具，包括贸易、财政和货币政策向区域下放与中央宏观政策调控两个部分；三是协调政策工具，包括辖区内的协调和辖区间的协调两个部分（见表10-1）。

阿姆斯特朗与泰勒的分类方法代表了传统的区域经济政策工具分类理论的主流，其实质是将传统经济政策工具在区域经济上的延伸。他们的区域经济政策工具分类法经1985年、1993年、2000年三次修订，内容不断丰富完善，因此，这种分类较为全面。但这种分类法也存在明显的缺陷：模糊了区域经济与一般经济的边界，将部分宏观经济政策纳入到区域经济政策工具之内，同时财政政策的内容又在微观、宏观政策工具重叠交叉出现。

2. 区域经济政策工具六分法

陈耀（2000）在考察分析世界各国区域经济政策实践的基础上，提出了区域经济政策工具类型六分法。即将最常用的区域经济政策工具分为公共投资、转移支付、经济刺激、直接控制、政府采购和公共区位六类（见表10-2）。

其中，公共投资、转移支付、经济刺激是最重要且常用的工具类型；经济刺激是最具灵活性、多样性的工具。陈耀的"六分法"是对我国现行区域经济政策工具实践的总结和概括，他既全面也具可操作性，但缺陷是其所划分的类型过于多、杂，而且有的类型是重叠的，所体现的政策工具组合框架的系统性较欠缺。

3. 功能性质区域经济政策工具分类

张可云（2005）根据各种区域经济政策工具在解决区域问题中的具体功能，区域经济政策奖励工具又称"胡萝卜"政策，包括直接援助（拨款、优惠贷款和减免税收等）和间接援助（基础设施建设、建立工业与科技园区）两种。区域经济政策控制工具又称"大棒"政策，包括直接控制和间接控制两

表 10-1 阿姆斯特朗-泰勒的区域经济政策工具分类（金峰等，1992）

微观政策工具	劳动力再布局政策	迁移政策	
		流动政策	
		改善劳动力市场效率政策	
	资本再布局政策	税收与补贴	对投入
			对资本、土地与建筑物
			对劳动力
			对其他
		对产出	
		对技术	
		改善资本市场效率政策	
		管理控制	
宏观政策工具	贸易、财政与货币政策向区域下放		
	中央宏观政策控制	区域倾斜的税收与支出政策	自动稳定器
			有目的的倾斜
		区域倾斜的货币政策	
		区域倾斜的关税与其他贸易控制政策	
协调政策工具	辖区内协调	不同微观政策间的协调	
		微观与宏观政策间的协调	
	辖区间协调	中央与区域开发机构间政策协调	
		区域可以机构同地方间政策协调	

种。直接控制即直接禁止有悖于区域经济政策目标的特定经济行为；间接控制即规定在特定区域的经济活动必须交纳高额税收或获得许可证。

表 10-2　区域经济政策工具的分类（陈耀，2000）

类　型	操作形式
公共投资	公共基础设施（包括新城和工业园区）
	农业基础设施项目
	环境改善项目
	区域发展基金
	国有公司
转移支付	专项转移支付（有条件补助）
	一般转移支付（无条件补助）
经济刺激	工业投资补贴
	就业或工资补贴
	租金补贴
	居住区调整补贴
	所得税、进口设备关税、出口利润税收减免
	区位调整的税收返还和特许权
	运费调整和补贴
	特别折旧率
	优惠政策
	信贷担保
	社会保险支付特许权
	土地征收和抵偿
	低价出租或出售厂房
	技术援助、培训和信息咨询服务
直接控制	新建扩建企业许可证制度
	城市功能区划分
政府采购	对落后地区公司的强制性采购比例
公共区位	政府机构和公营企业单位的扩散或区位调整

区域政策工具

奖励工具　　控制工具

直接援助　　间接援助　　直接控制　　间接控制

拨款　优惠贷款　减免税收　　基础设施　工业与科技园区　　禁止　　许可制度　课税

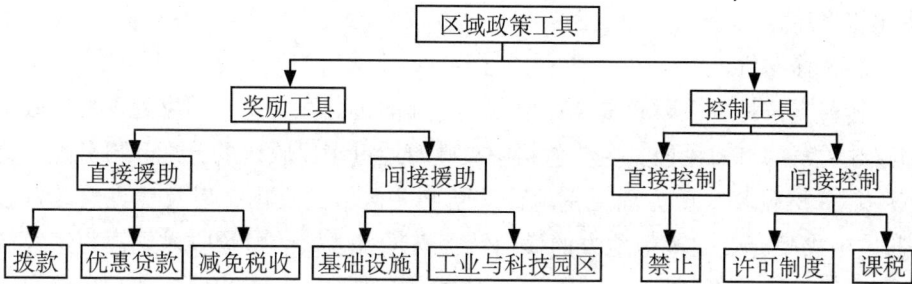

图 10-1　根据功能性质划分的区域经济政策工具分类（张可云，2005）

张可云的功能性质分类法是对"巴洛报告"（The Barlow Report）提出的"胡萝卜"和"大棒"区域经济政策工具框架的扩展，凸显了各种工具的主要功能和性质，体现了以区域为中心组合区域经济政策工具的理念，功能明确且边界清楚，对要素流动的导向性十分清晰。但其缺陷是忽视了政策协调工具的作用。

（二）区域经济政策工具的作用机制

1.公共投资

公共投资是一种政府行为。与私人投资价值取向主要按投资回报率选择投资区域不同，公共投资的价值取向是按政府的政策目标进行投资区位选择。公共投资主要有三种投资方向，即社会性基础设施、经济性基础设施和产业项目。社会性基础设施投资是指对教育、文化卫生、广播、电视等领域的基础设施的投资，其目的是改善区域居民的社会福利，同时通过投资在本地引发的乘数效应促进本区域经济发展；经济性基础设施投资主要是指对能源、交通、电信等领域的基础设施的投资。其目的是降低企业在能源、运输、通信方面的成本，提高企业的生产效率，从而激励企业进行投资活动，最终促进区域经济的发展。社会性基础设施投资与经济性基础设施投资都不以营利为目的。产业项目投资不属于公共物品投资的范围，他是追求赢利的投资活动。作为区域经济政策工具的产业项目投资一般集中在资源开采、研发中心、集成装配厂等投资规模较大、技术较复杂、产业集成度较高的产业链环节上，这些投资项目不仅构成区域投资的一部分，还能通过其所提供的中间产品吸引众多企业在其周边投资设厂，形成产业集群，促进区域经济的发展。在市场经济体制较完善的发达国家，公共投资一般以社会性基础设施投资为主，在我国，用于经济性基础设施的公共投资占较大比重，而且用于产业项目的公共投资的比例也还相当高。

2. 转移支付

转移支付是中央财政资金在地方政府间的再分配，这是国家处理各级政府间财政关系的有效手段。主要包括中央政府通过国民收入的分配和再分配，将其一部分财政收入单方面无偿地让渡给某些区域的支出，以及地方财政资金（通过中央政府）向其他地方的横向转移支付。区域的财政收入规模与其经济发展水平密切相关，因此，欠发达区域的财政往往入不敷出。为实现各级政府财政的基本平衡，中央政府通常需要通过纵向和横向的转移支付，来调整中央政府与各级地方政府之间，以及地区之间的财政不平衡。

3. 优惠与补贴

优惠主要指税收优惠，是指中央政府对特定区域内的企业（包括个体业主）或居民进行经济活动的应纳税收的减免、退返等。补贴是中央政府对特定区域内企业或居民的特定经济活动给予的资金补助。通过优惠与补贴，通过提高区域企业的平均利润率水平，吸引外地企业的投资，通过提高企业的利润水平从而提高其积累能力，并激励其将所得利润进行再投资。因此，优惠与补贴是区域经济政策中最普遍采用的通过吸引资本与劳动力流动从而支持区域发展的政策工具。

4. 课税与收费

课税与收费是与优惠与补贴相对应的一种控制性的政策工具。主要用于对膨胀区域的发展进行抑制的政策工具。课税与收费主要是对特定区域企业的经济活动征收额外的税款或费用的行为，比如拥挤税、能源税、增容费等。额外的课税与收费能给企业形成成本压力，降低企业的利润率水平，从而促使对成本较敏感的企业向非拥挤的落后区域迁移。

5. 金融与技术支持

金融支持是指对受援助地区的企业有选择地提供与项目相联系的贷款，从而降低受援助地区企业的融资门槛和融资成本，以此来刺激和吸引企业到受援地区进行投资。技术支持是指对受援助地区提供免费的或低价的技术信息、技术培训、技术使用授权和技术转让，以及政府研究开发基金向受援助区域的倾斜性分配等，从而改善受援助地区企业的技术水平，增强其该地区自主发展的基础和技术创新的动力。

6. 许可管制与放松管制

许可管制是由中央政府做出的规定个人和机构必须遵守与服从的要求或某

些活动，不遵守或不服从管制将受到惩罚，其具体形式主要有规章、标准、许可、禁止、法律秩序和执行程序等，内容涉及信贷管制、外商投资领域管制、户籍与出入境管制、外贸（边贸）与进出口管制等。他是政府实现对区域经济控制的工具之一。作为区域经济政策工具的许可管制，可提高企业与居民进入或继续留在特定区域的壁垒，而放松管制则可降低这种壁垒，从而影响经济发展资源在区域之间的配置。许可管制与放松管制的直接成本较低、效果较明显，是财政实力较弱的发展中国家常用的政策工具之一。

7.价格干预

价格干预是中央政府对特定区域的资源价格进行干预，以影响该区域企业的生产成本与居民的生活成本，从而引导资金与劳动力资源在区域间的配置。这是转型国家的重要政策工具之一。

8.政府采购

政府采购，是指各级国家机关、事业单位和社会团体，使用财政性资金以购买、租赁、委托或雇用等方式获取货物、工程和服务的行为。政府采购既是一种对公共采购管理的制度，有着极强的政策性，是现代政府用于执行产业政策、区域政策、贸易政策的常用政策工具之一，也是一种政府行为，他的购买力巨大，对社会经济具有十分明显的影响。作为区域经济政策工具的政府采购主要通过在区域间分配政府的商品和劳务采购合同，来扩大受援区域产品的市场份额，从而可以带动其经济发展。

（三）区域经济政策工具的选择与组合

区域经济政策工具组合是在区域经济政策工具分类基础上形成的。合理选择与组合不同的区域经济政策工具，实现区域经济政策工具的协调是促进落后区域发展的关键。一个国家常常可利用多种区域经济政策工具，即使是对同一类型区域的发展也是如此。从理论上分析，任何区域经济政策工具都有其优点与缺点，而且对区域经济政策手段分类也存在多种不同意见。所以，绝对好或者坏的区域经济政策工具组合实际上是不存在的。在实际操作中，区域经济政策手段会根据区域问题的变化而作相应调整，而政府从众多区域经济政策工具中选择工具组合的动机有时只是依据政治等其他非经济方面的考虑，因此，所选择的政策工具并不一定是解决特定区域社会经济问题的最佳方案。

区域经济政策工具的选择是一个非常复杂的问题。关注就业的人认为，应该将能创造最多就业机会的企业引入落后区域。但也有人批评创造工作机会是对区域经济政策目标的一种狭隘的、短视认识。认为他只考虑了创造短期就业，而不是创造财富，况且，即使创造工作机会是首要目标，也很难预言何种产业、企业与项目能创造最多的工作机会。此外，区域政策工具的长期与短期效应是不同的。区域政策工具应该着眼于长期效应，即区域经济政策应该支持具有长期发展前景的产业，即使是这种产业创造的工作机会少。

赞同增长极理论的人认为，应该重点支持区域关键产业的发展。关键产业是联系前后产业、处于主导地位的产业。这种产业能快速推动问题区域的经济增长，是增长极中的"增长发动机"。对此，也有人质疑，选择关键产业的方法并不完善。哪些产业最适合于在增长极发展，以哪种标准选择增长极区位，增长极自立发展的门槛，高增长极的区位优势需要多大规模的程度的社会基础设施和公共基金能的支撑，增长极对技术进步率的影响能否量化和测算，等等问题都是增长极工具选择需考量的因素。

而支持产业多样化理论的人认为，区域产业支持的重点是产业多样化。区域产业多样化理论认为，区域产业过于单一会使区域经济不能适应长期结构变迁，还可能会导致周期敏感性、工作机会与人均收入等方面的差异，因而，区域政策工具应该能使区域产业多样化。这种观点与同传统的区域生产专业化理论以及增长极理论是相反的。由此说明，区域政策工具的选择既存在理论上的争论，也存在实际上的操作困难。

通常，区域政策工具的选择与组合方法主要有两种：一是制定综合区域政策；二是制定区域政策包。综合区域政策是政府制定的综合政策、规划、专项产业规划等中所包含的区域经济政策，包括区域产业政策、区域财政政策、区域金融政策和区域合作政策等。综合区域政策将主要区域政策工具组合在一起，实现特定的综合目标（见图10-2）。

值得注意的是，这些政策不是并列的，不同国家和地区各有侧重。比如，日本重视产业政策，美国重视财政政策，而欧盟重视区域合作政策。

区域政策包是针对具体的区域发展项目或项目组而选择与组合的一揽子区域政策工具。这一揽子区域政策工具是相互配合的。例如，欧盟的共同体支持框架与共同体举措就是将同类项目规划纳入区域政策包的支持范围。

在实际运用时，一些区域政策工具的效应可能会产生相互抵消，如前面讨论的劳动力补贴与资本补贴的效应就存在明显的矛盾。特别是在区域政策资源为多个部门所掌握时，矛盾与冲突是不可避免的。因此，许多国家都会通过基金工具来统一安排区域经济政策。所谓区域经济政策基金工具，就是中央政府将各种区域政策资源纳入一个基金框架中进行统一安排的方法。这是一种协调

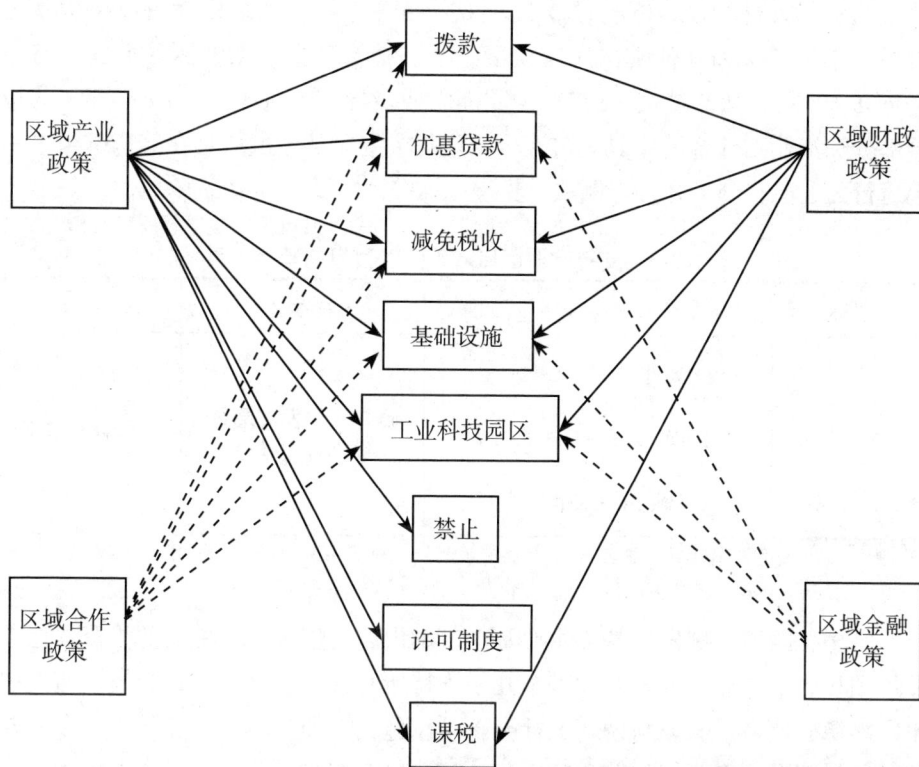

图 10-2　综合区域政策工具组合

政策工具矛盾比较有效的措施。在许多国家，没有相应的基金工具的支持，许多政策工具组合会相互矛盾并可能发生明显的冲突。

区域经济政策基金工具主要源于财政预算，另外还有在资本市场筹资或在社会上集资。基金工具由专门的管理机构负责，基金安排一般是针对问题区域的，旨在解决区域问题。规范的区域政策一般要求各种政策工具的具体操作在基金框架内进行。欧盟的区域政策基金工具非常规范，这里以欧盟为例来说明基金工具是如何运用的。

欧盟的区域政策基金工具欧盟总预算可大致分为如下七类[1]：①共同农业政策；②结构运行（包括结构基金、聚合基金与欧洲经济区金融机制）；③内

---

[1] 张建平、李红梅、田东霞等：《区域经济理论与实践》，中央民族大学出版社 2007 年版。

部政策；④外部行动；⑤行政支出；⑥储备；⑦赔偿。结构运行以结构基金为主，聚合基金和其他支出所占份额很小。结构基金包括欧洲区域发展基金（ERDF）、欧洲社会基金（ESF）、欧洲农业指导与保证基金（EAGGF）的指导部分和渔业指导金融工具（FIFG）。这几个主要基金虽然是在结构基金中一起运行的，但有分工并各有侧重（见表10-3）。

表 10-3　支持欧盟区域政策经济目标的基金工具

目标	目标 1	目标 2	目标 3
涉及的基金	欧洲区域发展基金 欧洲社会基金 欧洲农业指导与保证基金 （指导部分） 渔业指导金融工具	欧洲区域发展基金 欧洲社会基金	欧洲社会基金

资料来源：欧洲委员会。转引自：张可云：《区域经济政策》，商务印书馆，2005 年版，第 298-299 页。

其中，欧洲区域发展基金主要资助基础设施、创造工业机会的投资、地方发展项目和小企业，区域开发基金几乎支持所有开发领域，包括交通、通信技术、能源、环境、研究与创新、社会基础设施、培训、城市改造与工业布局转移、乡村开发、渔业、旅游业和文化；欧洲社会基金主要是通过资助培训措施和招工援助体系，促进失业的社会弱势群体重返工作岗位，重点放在解决失业问题、人力资源开发和改善劳动力市场上；渔业指导金融工具主要是帮助渔业部门调整与现代化，重点放在保持渔业资源与利用的平衡、提高渔业部门的竞争力与促进以渔业为主的地区的发展上；欧洲农业指导与保证基金的指导部分主要向乡村发展和农民提供援助，重点是扶持落后区域的农村发展。

欧盟区域经济政策的基金工具是针对不同的用途和目标进行划分的。每一种基金有着自己特定规模的资金总量、具体的管理规则和资金运用方式。同时他们也遵守欧盟与各成员国之间达成的各种协议，并以各种项目为依托在不同成员国之间分配资金，从而实现欧盟预算资金的再分配。这样，各种基金很好地协调配合，从而构成了一个相对完善的基金工具体系。

参考文献

陈栋生:《区域经济学》,河南人民出版社 1993 年版。

张可云:《区域经济政策》,商务印书馆 2005 年版。

张可云:《区域经济政策——理论基础与欧盟国家实践》,中国轻工业出版社 2001 年版。

安虎森等:《新区域经济学》,东北财经大学出版社 2010 年版。

张秀生:《区域经济学》,武汉大学出版社 2007 年版。

栾贵勤等:《区域经济学》,清华大学出版社 2008 年版。

张丽君:《区域经济政策》,中央民族大学出版社 2006 年版。

第十一章　区域经济发展战略

本章主要介绍区域经济发展战略的若干基本原理，阐述国内外较为流行的几种区域经济发展战略模式，探讨制定区域经济发展战略规划的主要内容、类型以及方法。

第一节　区域经济发展战略原理

一、区域经济发展战略的提出

战略一词最早是种军事术语，主要是指战争的方略、谋略的意思。19 世纪德国杰出的军事理论家克劳塞维茨认为："战略是为了达到战争目的而对战斗的运用"。总体上来说，战略是指导战争全局的计划和策略。而在以后的发展中，战略一词逐步从军事领域移植到经济、政治、社会等领域，出现了经济战略、政治战争、社会战备等提法。

经济发展战略的提出，与发展经济学的出现有关。二次世界大战后，亚非拉三大洲广大的殖民地、半殖民地及附属国纷纷在政治上独立，而政治独立后面临的首要问题就是经济发展，这些国家于是又纷纷开始通过不同的道路与方式，探索加快经济发展的途径。这些国家虽然在自然条件、经济结构、社会制度、意识形态等方面各不相同，但他们在经济发展的过程中都遇到过许多相同的问题、经历和经验教训，迫切需要从经济学理论上加以概括和总结，用新的理论来解释和指导经济发展的实际工作，以便少走弯路，加快发展的速度。西方发达国家的一些经济学家为适应这一需要，用他们所熟悉的西方经济理论框架来研究发展中国家的经济发展问题，随后发展中国家的经济学家也开始加入这一研究行列，于是便逐渐形成了一门发展经济学。

由此可见，发展经济学是二次大战后形成的一门新兴综合性经济学科。他虽然以西方经济学为基础，使用了一些西方经济学的原理与方法，但这并不否定发展经济学成为一门独立的学科。他研究一个国家或地区经济如何从不发达形态演进到发达形态；研究这个发展的过程与因素，以及应采取的战略与政策；通过各种发展理论和战略，经济结构和政策变革的比较，探索发展中国家的发展规律。因此，这是一门涉及经济、政治、文化和社会全面变革，涉及多种学科的新兴的经济学。

发展经济学在探讨落后国家的发展过程中，产生了各种有关经济发展的理论与学说，这当中发展战略问题又是最突出的内容，经济发展战略也就由此成为人们所熟知的概念。最早使用经济发展战略这一概念的是美国发展经济学家赫希曼，他在 1958 年出版了《经济发展战略》一书。这是当代经济学中较早专门论述经济发展战略并明确提出这一概念的著作。而后来，这一概念便逐渐为经济学界普遍接受，并日益成为理论界的研究重点。

在《经济发展战略》一书中，赫希曼不同意各产业部门齐头并进的平衡增长理论，而主张不平衡增长战略。他认为发展是一种不平衡的连锁演变过程。"事实上，发展确实是按照主导部门带动其他部门增长，由一个行业引发另一个行业增长的方式进行的。……这种翘翘板式的增长，与各业齐头并进的'平衡增长'相比，好处是给诱导性投资决策留有充分的余地，因此使我们主要的稀有资源得到节约"。

一个部门的建立为什么能动其他部门的增长？赫希曼认为，一个产业的建立会带来新的不断扩大的购买市场和销售市场。有两种诱发机制会对直接生产活动发生作用。一种是后向联系效应，即一个生产中间产品的企业或产业的建立，会导致为其提供原材料或零部件及动力等上游产业的建立和发展，如织布产业的建立，会诱导植棉、纺纱产业的建立与发展。另一种是前向联系效应，即一个生产中间产品的企业或产业的建立，将导致利用其产品作为某种新生产活动的半成品投入的下游产业的建立与发展，如织布行业的建立会诱导印染、服装行业的建立与发展。

赫希曼还分析了发达地区与欠发达地区之间的关系，提出了淋下效应和极化效应。作为增长极的发达地区的淋下效应，是指发达地区对欠发达地区的经济、技术、信息的扩散作用和辐射作用。而极化效应则是指经济、技术向增长极的集中趋势，如欠发达地区的技术人员、管理人员向发达地区的流失。

虽然赫希曼在《经济发展战略》一书中，只是提出了经济发展战略这个概念，分析了一些有关经济发展战略的理论问题，并没有建立起经济发展战略学的理论体系，其内容也还有待完善，但这不能否定他在经济学发展中的地位。他在发展战略学的形成中是一部开创性的著作。

二、区域经济发展战略的特征

从整体上来看，区域经济发展战略呈现以下几个特征。

一是主体性。从哲学的意义上来说，发展战略体现了主体与客体的相互关系。他表明发展战略是人们在正确认识经济发展客观规律的基础上，对未来经济发展进行科学的预测、筹划、分析，并制定出一系列方案和策略等，以加快经济发展进程。所以在本质上，发展战略是人们的一种自觉行为，而这种行为又是具有合理性的行为，因为他是符合客观规律性的行为。

二是全局性。发展战略研究的不是个别性问题和局部性问题，而是全局性的问题。毛泽东同志在《中国革命战争的战略问题》一书中提出，"战略问题是研究战争全局性的规律性的东西"，"凡属带有要照顾各方面和各阶段的性质的，都是战争的全局"。就一个国家或地区经济来说，发展战略并不是不研究个别企业与行业的问题，而是从整体上来研究涉及经济全局的企业与行业问题，如产业结构、经济布局、重大项目的选址、宏观经济总量、部门比例关系等；并不是不研究个别经济问题，而是要研究影响到国民经济全局的重大经济问题等等。

三是长期性。一般来说，涉及和影响全局的经济问题都不会在短期内迅速地得到解决，而会持续较长的时期。新中国成立后，从 1952 年，我国开始编制国民经济与社会发展"五年计划"，以加强对长期经济发展过程的调节与控制。但严格地说，"五年计划"还不是真正的发展战略规划，他只是发展战略中的一个子项目，因为发展战略规划涉及的是更长时期的发展过程。改革开放后，我国高度关注发展战略问题，邓小平根据对实现小康社会的战略构想，提出了中国跨世纪的"三步走"现代化发展战略。党的十三大确认了这一战略，即我国经济建设的战略部署大体上分三步走。第一步，实现国民生产总值比 1980 年翻一番，解决人民的温饱问题。第二步，到 20 世纪末，使国民生产总值再增长一倍，人民生活达到小康水平。第三步，到 21 世纪中叶，人均国民生产总值达到中等发达国家水平，人民生活比较富裕，基本实现现代化。1997年，当全国人民即将完成"三步走"战备的第一、二步目标时，党的十五大提出了新"三步走"战略，"展望下个世纪，我们的目标是，第一个十年实现国民生产总值比 2000 年翻一番，使人民的小康生活更加宽裕，形成比较完善的社会主义市场经济体制；再经过十年的努力，到建党一百年时，使国民经济更加发展，各项制度更加完善；到世纪中叶建国一百年时，基本实现现代化，建成富强民主文明的社会主义国家"。

四是对策性。发展战略一方面描绘了宏伟的长期发展目标，另一方面为了保证这一目标的实现，还会提出许多相关的对策与措施。例如，我国在制订国民经济和社会发展"十年规划"和"五年计划"时，都要从经济、政治与社会协调发展的角度，从制度建设、体制改革、政策体系、意识形态等方面，规定出相应的任务与措施，这既是发展战略的重要内容，也是实现战略目标的基础性工作。当然，与战略目标相比，战略措施更具有现实性、务实性和配套性。

三、区域经济发展战略中的若干重要关系

制定一个科学的、符合现实的发展战略，要正确处理好以下一些重要关系。

第一，经济增长与经济发展。

关于这两个概念的含义，西方经济理论中有一个演变的过程。在早期阶段，西方经济理论曾一直把经济发展与经济增长当作同义语，而不加区分地交替作用。到了 70 年代以后，在经济理论中开始严格区分这两个概念。例如，1980 年出版的《新大英百科全书》将经济发展和经济增长分列为两个辞条，经济发展是相对于不发达经济而言，经济增长则主要用于发达经济的分析。在含义上，两个概念也区别开来。经济增长是指国民生产总值或人均国民生产总值的提高，当一个国家或区域的产品与劳务增加了，人们就可以把这看成是经济得到了增长。经济发展是指一个国家或地区按人口平均的实际福利的增长过程，他不仅是财富的增加，而且还表现为人们生活质量的提高。这涉及经济、文化、社会等方面条件的改善，包括消费模式的变化、文化教育程度的提高、医疗卫生条件的改善、良好的精神状态等等。

经济理论上的这种变化源于经济实践的变化。二战后，发展中国家大多把国民生产总值的增长作为首要目标。在 50 年代和 60 年代，许多发展中国家确实达到了增长的目标，但是大部分人的生活水平却依然没有变化，收入分配不平等日益加剧，失业问题也越来越严重，贫困现象没有得到根本改变。1966 年，罗伯特·克劳尔（R·Clower）在美国出版了《没有发展的增长》一书，这是作者研究利比亚经济后提出的一个论断。利比亚当时的经济增长主要是外国厂商拥有橡胶种植园的初级产品出口的增长。由于没有结构变革，其他部门没有

出现相应的增长，又由于缺乏制度变革，也未能把实际收入的所得分到人口的各个层次，因而出现了没有发展的增长。这一论断在发展经济学中产生了很大反响。他提醒人们不要把经济发展等同于经济增长，因为经济增长意味着更多的产出和更高的生产效率，而经济发展则意味着大多数人能够参与和分享收入的增长。

所以，从总体来看，经济发展与经济增长的关系表现在两个方面。一方面，经济增长是经济发展的基础，没有经济增长就不会有经济发展，但同时有经济增长并不一定会带来经济发展，二者不完全是正相关的关系；另一方面，经济增长是经济发展的重要内容，但并不是唯一的内容，因为经济发展是一个更宽泛的概念，他包含了经济增长，但并不局限于经济增长，还包含了制度、体制、结构、环境等方面的因素。因此，不发达国家与地区在促进经济发展的过程中，既要加快产出的增长，也要不断在经济体制、产业结构、收入分配、社会福利、文教卫生、群众参与等方面进行改进与完善，使大多数群众都能享受增长带来的好处与利益。

第二，经济体制与经济发展。

从一般意义上来说，经济体制是指为合理配置资源而进行决策和执行决策的各种机制、规则和组织所构成的体系。这表明，经济体制的基本职能是为了合理配置资源，而在配置资源的过程中，由于所处的环境与条件不同，经济体制的属性和运行特征又会有差别。从现实来看，经济体制的类型有两大类，即计划经济体制和市场经济体制。由于经济体制属性的不同，其配置资源的方式也是完全不同的。

经济体制与经济发展的关系，可以从以下两个方面来分析。

首先，经济发展战略对经济体制的选择能起到一定的约束与规范作用。例如，早在苏联建国初期，苏联国内经济衰败，国外承受着许多资本主义国家的封锁和围攻，因而苏联面临的首要问题是要加快经济发展的步伐，迅速实现工业化，这样才能从经济上保持和强化苏联革命政权的生命力。基于这样一种历史现实，苏联选择了赶超型、非均衡式的发展战略，其内容就是国民经济发展以工业化为中心，特别是优先发展重工业。为了保障这一战略的实现，苏联不得不强化政府的职能与主导作用，建立了高度集权式的计划经济体制，以调动全社会的资源集中用于满足工业化的需要，甚至不惜牺牲和削弱其他部门的发展。从这一点来看，传统的计划经济体制的形成，除了苏联当时所面临的国际与国内形势外，为了满足和支撑当时的经济发展战略的需要也是一个重要原因。

其次，经济发展总是在一定的经济体制下进行的，因而经济体制对经济发展也有影响作用。（1）经济体制影响到经济发展的决策，经济体制的属性决定了发展战略的决策，是以政府为主导还是以企业为主导。在计划经济体制下，政府在发展战略的决策中起决定性的作用；而在市场经济体制下，虽然制定发展战略是政府的职能之一，但发展战略的决策则更多地反映了企业的需求。（2）经济体制影响到经济发展的方式。在计划经济体制下，政府是经济发展的主角，是配置资源的主体；而在市场经济体制下，政府只是起引导的作用，市场是配置资源的主体。（3）经济体制影响到经济发展的结果。在计划经济体制中，一般会采取以政府力量为主、以行政手段为主、以非均衡方式为主的发展战略，他的优点是能集中全社会的资源用于某些重点部门的发展，并能很快取得成效，但结果是耗费大、代价高，不利于国民经济的整体发展，不利于调动企业的积极性。在市场经济体制下，一般会采取以企业力量为主、以经济手段为主、以均衡方式为主的发展战略，这种战略虽然不会很快出现成效，但他有利于调动企业的积极性，耗费低、效率高。

第三，经济发展的速度与质量。

在不发达国家与地区中，一般来说发展的愿望比较迫切，发展的重点过于集中到加快速度上，把追求发展的速度作为首要目标。从他们所处的环境与形势来看，这是可以理解的，但他们的结果往往是高投入、高耗费、低产出、低效益，愿望与结果有很大的反差。我国几十年建设，也走过了同样的道路，付出了很高的代价。改革开放后我国开始调整原有的发展战略，力求经济发展过程中速度与质量的统一。

经济发展的质量要以发展速度为基础，没有一定的速度就没有质量。但另一方面，发展速度一定要以质量为目标，没有质量的发展速度必然是低效或无效的速度。提高经济发展的质量，一是要以技术进步为基础，把"外延式"的经济发展转变为"内涵式"的经济发展；二是要以调整和优化产业结构为关键，在不投入或少投入的情况下，通过盘活现有资源，保持经济的稳定与协调发展；三是要以增加效益为最终目的，提高经济发展的质量必然表现为提高经济效益，表现为在一定的投入与耗费水平上，不断增加产出和效益，使经济能够持续、健康、协调地发展下去。

第二节　区域经济发展战略模式

一、平衡发展战略

发展经济学家对平衡增长这个术语有不同的解释。一些人把他解释为在落后部门或产业投资以便与其他部门或产业齐头并进，另一些人则以为这是指同时在所有部门和产业投资，还有的人则仅仅在农业和工业平衡发展的意义上使用这个术语。

下面主要介绍平衡战略的倡导者纳克斯的理论。

纳克斯的平衡增长战略理论源于他的恶性循环理论。他认为，不发达经济中存在各种贫穷的恶性循环，阻碍着经济的发展。贫穷的恶性循环意味着在不发达经济中，存在一些互相依赖和作用的因素和力量，他们的循环周转使国民长期处于贫穷状态。举个简单的例子，一个穷人因为吃不饱而营养不良、身体虚弱。身体差导致劳动能力弱，能挣的钱少。收入低又使他处于吃不饱穿不暖的贫穷状态。所以贫穷的恶性循环可以用一句俗话来概括：一个国家之所以穷是因为穷。

纳克斯分别从需求和供给两方面考察了不发达经济中两种基本的恶性循环。他们是：（1）人均收入低→需求不足、市场狭小→投资低→资本形成少→劳动生产率低→收入低；（2）收入低→储蓄低→投资低→资本不足→劳动生产率低→收入低。从这些恶性循环可以看出，贫穷是不发达的一个重要原因，但贫穷的自我维持和循环是不发达的一个更加重要的原因。

需求不足、市场狭小是恶性循环中重要的一环，纳克斯试图从市场问题入手，寻找打破这种恶性循环的战略。但他认为，单个的投资决策不能解决这个问题。纳克斯援引了罗森斯坦—罗丹提出的那个鞋厂的著名例子。他指出，在整个经济的生产力和购买力没有提高以前，鞋的市场销路必然有限，制鞋业的扩展会因为缺乏足够的需求而受阻。但有一条打破恶性循环、消除市场瓶颈的道路，那就是掀起资本在各个部门同时投资的浪潮，以平衡增长的战略创造需求、扩大市场。因为这样做的话，一个产业部门既是原料或消费品的供应者，又是其他部门原料和消费品的购买者。各产业部门充分发挥和利用需求的互补性，互为顾客、互为市场，就能创造和扩大市场，消除需求方面的障碍。在供给方面，由于各部门劳动分工的发展、垂直和水平联系的加强、社会基础设施的充分利用以及规模经济的收益而提高了劳动生产率。这样，就创造了从恶性循环向良性循环转化的可能和条件。

平衡增长的战略不仅要求资本品部门和消费品部门之间、资本品部门和消费品部门内部有一个适当的比例，取得一定的平衡，而且要求工业和农业、直接生产部门和基础设施部门、面向国内的生产部门和面向国外的生产部门之间取得一定的平衡。因此，平衡增长的战略实际上包含了综合性发展规划的思想。

平衡增长的战略遭到以赫尔希曼为代表的一部分经济学家的反对和批判。

二、不平衡增长的战略

作为平衡战略对立面的是不平衡增长的战略。赫尔希曼、辛格、金德尔伯格、罗斯托等发展经济学家都主张不平衡增长。他们认为，发展中国家不具备全面增长的资本和其他资源，平衡增长是不可能的。投资只能有选择地在若干部门进行，其他部门通过利用这些部门投资带来的外部经济而逐步得到发展。

赫尔希曼在《经济发展的战略》一书中系统地论述了平衡增长的理论和战略。他认为，发展的路程好比一条"不均衡的链条"，从主导部门通向其他部门，从一个产业通向另一个产业，从一个企业通向另一个企业。经济发展通常采取踩跷板的推进形式，从一种不均衡走向新的不均衡。因此发展政策的任务不是取消而是要维持紧张、不成比例和不均衡，使不均衡的链条保持活力。不发达经济取得经济增长的最有效的途径是采取精心设计的不平衡增长战略，首先选择若干战略部门投资，当这些部门的投资创造出新的投资机会时，就能带动整个经济的发展。

赫希尔曼指出，一般来说，新的投资工程上马时，他总要利用以前的工程创造的外部经济，同时他自己也创造能被以后的工程利用的新的外部经济。但投资工程可以划分为两大类：一类是对外部经济利用多创造少的具有收敛级数性质的投资；另一类是对外部经济利用少创造多的具有发散级数特性的投资。发展政策当然要鼓励、促进利用少创造多的发散性投资，但实际状况往往是两类投资交叉进行。

赫尔希曼认为，包括教育、公共卫生、交通、运输和水、电等公共事业在内的社会公共投资为直接生产活动创造了外部经济，如电力的廉价供应鼓励各种小企业的建立。这类投资具有发散的性质。相对来说，直接生产部门的投资具有收敛性质。直接资助农业、工业和商业的社会公共投资使直接生产部门的各项投入变得便宜，从而减少了这些部门的生产成本。社会公共投资是鼓励直接生产部门私人投资所必需的，是私人直接投资的前提条件。这样，社会公共投资应该优先于直接生产部门促进不平衡地增长。当然，社会公共投资和直接生产部门投资孰先孰后，还取决于一国的具体条件。政治压力通常使政府投资从直接生产部门向社会公共投资部门转移，而对利润的追求使投资流向直接生产部门。因此，事实上存在两种发展途径：一是社会基础设施过剩条件下的发展；二是社会基础设施短缺条件下的发展。前一条发展途径更连贯、更平稳，赫尔希曼把他称为"自我推进"的发展途径并加以提倡。但无论哪一条发展途径，投资在社会基础设施部门和直接生产部门都是交叉进行、蛙跳式前进的。

赫尔希曼还具体考察比较了各种不平衡发展的效率。任何投资都会产生向前连锁和向后连锁效果。向前连锁效果鼓励下面几个生产阶段的投资，向后连锁效果则刺激前面几个生产阶段的投资。选择向前、向后连锁最大的工程项目，能对经济发展产生最大的刺激和影响。通过投入产出表，这样的项目是不难发现的。为什么一些不发达国家都致力于发展钢铁工业呢？除了一些好大喜功、不切实际的动机外，一般说来是因为钢铁工业的综合连锁效果最大。农业等一次产业生产的向前向后连锁效果都较小，尤其是从事农副产品出口生产的"出口飞地产业"，对不发达经济的就业和国民收入没有多大影响。但那些被称为"进口飞地产业"的产业部门，由于处于最后的生产阶段，他们产生的向后连锁效果大，影响的范围广，对国民经济的发展具有较大的促进作用，因此，应该优先建立和发展处于最后生产阶段的产生。

总之，在赫尔希曼等主张不平衡增长战略的经济学家看来，经济发展道路上充满了技术、设备和产品短缺的障碍和瓶颈，因此只能以踩跷板的方式前进，所谓平衡的恢复只是压力、刺激和强制的结果，不平衡是常态。

三、梯度推移战略

梯度推移战略的主要内容是，一个国家不仅地势有梯度，而且经济技术发展也有梯度。由于我国经济发展的不平衡，形成了一定序列的技术梯度，大致可以分为三级。第一级梯度即沿海发达地区，这里技术水平先进，工业基础和经济力量雄厚，与国际水平差距小，有条件吸收和发展先进技术。第二级梯度即我国内陆腹地，这一地带的大多数地区是"中间技术"，一般水平。第三梯度即内地和边远不发达地区，这些地区虽然资源十分丰富，但由于历史的原因，技术力量薄弱，资金短缺，开发也较慢，大片地带仍处于"传统技术"、经济落后的水平上。所以，应当让沿海的先进地区首先掌握世界先进技术，然后按梯度逐步向"中间技术"地带、"传统技术"地带转递，这样花费少而获利大。通过转递的加速，而逐步缩小地区差距。

梯度推移战略的提出，有其一定的客观依据。从理论上来看，地区生产力的发展水平受自然资源、地理位置、科学技术、经济基础等多种条件的制约，由于这些条件的不同，不同地区的生产力状况和经济发展水平必然存在着不平衡性。生产力的发展是一个双向运动过程，其一，就一定范围内的生产力水平的纵向运动来说，总是由低向高逐步提高的；其二，就不同地区、部门、企业之间的生产力水平的横向运动来说，是由高向低逐步推移的，由先进带动后进，同时又促进先进向更先进发展。因此，从整体来说，生产力的发展是一个不断增长的趋势，但就局部来说，有一个由高到低的横向推移趋势。再从实践上来看，历史上，由于封建制度的延续和帝国主义的侵略，新中国成立前我国地区间的经济水平有很大的差距。在社会主义经济建设的几十年中，为了消除经济布局畸轻畸重的局面，国家对内地和边远地区投资很大，建设了许多大型基建工程。但从根本上来说，地区之间经济发展水平的不平衡是任何时候都存在的，目前我国的经济水平总体分为先进的沿海地区、中等的内陆地区和落后的边远地区，是符合我国现实情况的。如果要人为地拉平地区间的经济水平，按地区平均配置生产力，这就会违背客观规律的要求。

但另一方面，对梯度推移战略的理解不能绝对化，他本身也有一定的缺陷。第一，三级梯度中的不同地区之间存在有"反梯度"现象。从总体上看，我国经济水平形成了东部、中部和西部三个不同的梯度，而在每一级梯度内的各个省、市、自治区的发展水平，也存在着差异和不平衡性。因此，在经济落后的边疆地区中，有些省、区的经济发展水平高于沿海和内地的某些省份；反过来，在经济发达的沿海地区中，有些省份的经济发展水平低于内地和边疆地区的某些省、区。第二、三级梯度的不同行业之间也存在有"反梯度"现象。从总体上说，沿海地区是发达地区，内陆地区是欠发达地区，边疆地区是不发达地区，但这并不是说沿海地区的所有行业的技术水平都是先进的，内地和边疆地区的所有行业的技术水平都是落后的。例如，四川的锦绣行业和电子行业、山西的采煤行业等，其技术水平高于沿海地区的同行业，居全国同行业技术水平的制高点。第三，梯度推移理论忽视了经济跳跃发展的可能性。在世界历史和中国历史上，都有过经济跳跃式发展的实例，落后的国家超过了先进的国家，落后的地区超过了先进的地区，而梯度推移理论没有注意到这些历史情况。

四、跳跃发展战略

跳跃战略的主要内容是，经济发展既可能按一定的序列进行，也可能按跳跃、突发的方式进行。所谓"跳跃"式的发展，指的是一个国家或地区吸收和采用新的科技成果，使国民经济的某些产业部门打破通常的发展序列和惯例，跳过某些传统的和中间的发展阶段，直接建立在最新技术的基础之上，在最短的时期内跨入先进行列；或者是在客观条件已经具备的情况下，利用新技术革命的最新成果，集中力量建立和发展一些新兴的产业部门，很快地达到先进的技术水平，缩短或消灭与经济发达国家或地区之间的差距。

跳跃战略的提出，也有一定的客观依据。从理论上来看，事物的发展是平衡与不平衡的统一，平衡是暂时的，不平衡则是经常的，而跳跃发展的可能性就源于事物发展的不平衡性。从实践上来看，在世界经济史上，一些国家跳跃发展的例子屡见不鲜。例如，第一次世界大战之前，各个资本主义国家的工业发展是极其不平衡的，一些国家在短期内跳跃地赶上和超过了另一些国家，这时发展最快的是美国、德国和以后的日本，而英国和法国则相对地落后了。在1870—1913年期间，英国和法国的工业生产分别增长了1.3倍和1.9倍，而德国增长了4.6倍，美国增长了8.1倍。工业发展的这种不平衡性，加剧了各主要资本主义国家在世界经济中的地位的变化。1870年，英国在世界工业生产中居第一位，约占总生产量的1/3。19世纪80年代美国赶上了英国而居世界第一位，约占世界工业总量的30%以上。1900—1910年间，德国又超过英国居世界第二位。法国则同英国一样，他在世界工业生产中的比重一直在不断下降。再如，近年来韩国、新加坡以及我国的香港、台湾，在某些行业引进和采用新技术革命成果，带动了整个经济的起飞，迅速地缩小了与发达国家的差距，被誉为"亚洲四小龙"。

但是，对跳跃式战略的理解也同样不能绝对化。在经济发展的过程中存在着跳跃的可能性，而这种可能要成为现实则需要具备一系列的条件，一是要有丰富的自然资源，二是要有开发和利用这些资源的技术条件和经济条件，三是产品的销路广泛，或者说这种产品的潜在社会需求量很大。目前的学术界中，我国西部地区的理论工作者大都对梯度理论持否定态度，对跳跃理论则持赞同态度。应当看到，西部地区有着丰富的自然资源，由于经济不发达而长期未能得到大规模的开采和利用，这是西部地区经济发展的一大优势，但西部地区生产力水平低，缺乏资金、物资、技术和管理经验，缺乏技术人员和熟练劳动力，因而仅仅凭借自然资源的优势而进行经济跳跃发展，尚不具备现实性。西部地区应当与东部发达地区开展各种形式的经济协作，以本地区丰富的自然资源换取东部地区先进的技术和设备，逐步提高自己的加工能力和管理水平，使东西部地区相互促进、共同发展。这是我国东西部地区结合的一个最现实的选择。通过以上的分析我们可以看出，这两种发展战略模式各有长处和短处，有一定的前提条件，他们只是在前提条件具备了的条件下，才能发生作用。事实上，从方法论的角度来说，由于地区的各种历史和现实的条件是不同的，地区经济发展的基本点是不同的，因而发展地区经济的方式也是不同的，不仅地区的经济发展战略是不同的，而且同一地区不同时期的经济发展战略也是不同的。由于地区各个时期的经济基础、发展方向、要克服的薄弱环节、要解决的主要问题是在不断变化的。因此，不存在一个适用于任何地区、任何时期的经济发展战略模式。重要的是，应当历史地、具体地分析本地区的条件和特点，根据不同时期国内和国际的经济形势，因地制宜地选择自己的发展战略模式，这是地区经济发展的一条正确途径。

第三节　区域经济发展战略规划

在确定了区域经济发展战略模式之后，接下来的事情就是每一个地区怎样根据本地区的条件，确定主导生产方向，建立有特色的地区经济结构，制订地区的总体发展战略规划，因地制宜地建设和发展地区经济。在制定地区的发展战略时，首先要从多种角度全面地分析本地区的各种资源情况，在此基础上科学地确定地区的支柱产业部门，然后以这些主导部门为核心配置相关的配套部门，同时抓好全区的农业生产，在国家的支援和其他地区的各种形式的协作下，实现地区经济迅速起飞和持续推进的目的。为了科学地制订地区的发展战略规划，必须做好以下几个方面的工作。

一、充分地调查、了解和认识地区的区情

地区的发展既要防止不顾地区的特点，一味搞一刀切和一个模式的做法，也要反对主观臆断、不经科学论证的盲目行动。这里首要的前提，是要从历史与现实相结合的观点出发，进行全面的实际调查，摸清本地区的各种资源条件，掌握大量的第一手材料，从中分析自己的优势和劣势，以及地区经济发展的有利条件和不利条件。在上述分析的基础上，确定发展的重点和薄弱环节，设计出支持重点部门和强化薄弱环节的实施方案，保证地区经济长期的稳定的发展。在考察地区的区情时，应主要注意以下几个方面。

（一）自然条件。首先要进行广泛的地质勘探，探明地区内拥有的矿产的种类、品位、储量、分布等等，自然资源是地区经济发展的自然基础，探明自然资源是发展地区经济的重要依据之一。其次，清楚地了解本地区的地理位置和地形，选择自然资源开采的方式和规模，安排区内的工业布局和企业的最优区位。再次，摸清本地区的气候条件，根据温湿度、降雨量、降雪量等，选择适合本地区生长的农作物品种，促进农业的发展。最后，还要摸清本地区的水文情况，水资源丰富的地区可以发展水电站，可以灌溉农田，还可以发展水上运输，缺水地区则要采取措施加以解决，以保证各种生产活动的顺利进行。

（二）经济技术条件。（1）技术装备程度，如自动化、机械化、半机械化、手工劳动等生产方式在整个地区生产中所占的比重，在机器装备中传统机器和现代机器所占的比重等等。（2）技术熟练程度，如职工的平均技术水平、工厂的技术人员在全体职工中所占的比例、每年技术革新和技术发明项目的数量及所带来的效益等等。（3）管理水平，如管理人员的素质，管理人员在全体职工中的比例，管理手段的现代化程度，如是否已采用投入产出规划等现代管理方法、是否装配电脑、电子计算机等先进的管理工具等等。（4）资金和物资的供求状况，测算每年的资金供应量和需求量，求出每年的缺口数量；对每一种物质进行分别的考察，清楚地掌握哪一种物资供应充足，哪一种物资供应短缺以及充足或短缺的数量等等。（5）城市与农村的关系，一方面是城市工业每年的产值和增长速度，衡量工业的发展状况和城市的经济实力；另一方面是农业生产的情况如各种农产品的年产量、劳动生产率的水平等。测算农村每年能向城市提供多少剩余农副产品、剩余劳动力和工业原料，以及能分离出来多少土地等等，城市每年又能向农村提供哪些工业品、每种工业品的数量等，在此基础

上确定经济区的规模和发展方向。（6）区域之间的关系，如本地区同其他地区之间技术、经济协作的各类、形式、广度和深度，本地区可以向其他地区提供哪些技术和优势产品，同时需要从其他地区得到哪些技术、生产资料和消费资料等等，这是地区经济发展的一个重要的外部条件。

（三）社会条件。（1）人口状况、人口的数量及增长速度，儿童、青年、成年、老年人口在人口总量中的比例等。通过人口总量和人口构成变动情况的分析，掌握现在和未来劳动力的数量和变化趋势。（2）生产性基础设施状况，如物资的仓储能力；情报信息业的发达状况和信息搜集、处理、传递手段的技术水平；商业和服务业网点的数量与分布，每万人居民中商业和服务业网点的数量，商业和服务业工作人员占全体职工的比例；供水、供电、排水等等的状况；邮电通信业的年业务量，传输工具和手段的现代化程度；每年的交通运输量，交通线路分布的密度，交通工具的结构是否合理等。（3）生活性基础设施，如住宅建设状况，每人平均住房面积，自来水、煤气等等的供应状况；道路的总长度、等级、分布状况等。（4）社会公共福利事业，如文化体育卫生方面，图书馆、影剧院、公园、体育场、医院的数量，其工作人员在全体职工中的比例，设备的技术水平等；科研方面，科研人员的数量和技术水平，每年科研成果的完成情况，具有中高级职称的科研人员在全体科研人员中的比例，科研设备的现代化程度，年平均科研经费的数量，每项科研成果投入生产过程中后带来的平均经济效益等等；教育方面，大专院校和中专学校的数量，这些学校中教师的数量及构成，每年毕业的中专生、大专生的数量以及与社会需要量的差额等等。（5）上层建筑方面，政府机构的改革与设置状况，政府机关的人员编制数量，每年的行政经费数量等等。了解以上几方面的情况，是为了分析这几个方面是否与地区经济方面相适应，和地区经济力量能否支撑这几个方面的发展。

二、合理确定主导部门或支柱产业，建立合理的地区经济结构

地区经济是在社会劳动地域分工基础上形成和发展起来的生产区域，他以利用某种自然资源生产某种产品为目的，这种产品的生产就是经济区的主导行业。由于各地区所拥有的自然资源不一样，开发和利用自然资源的主导部门也就不同，因而在这方面不能强求一律，各地区应选择适合本地条件的主导部门，发展地区经济。但过去我们却不是这样。在工业中强调"以钢为纲"，各

地区都要大办钢铁，一些没有煤矿和铁矿的地区千方百计也要上马，这不仅阻碍了其他部门的发展，而且造成了人力、物力、财力的巨大浪费。在农业中强调以粮为纲，各地区都要种粮，林业区毁林种粮，牧业区毁草种粮，渔业区围湖造田种粮，其结果"全面发展"成为空话，粮食没有上去，生态平衡也受到破坏。

选择主导部门，不仅要根据本地区的自然条件，还要根据本地区的经济技术条件。自然资源是地区优势的基础，但自然资源只是潜在的优势，要使潜在的优势变为现实的优势，还需要一定的技术条件和经济条件。一个地区虽拥有自然资源，但如果没有技术力量和经济力量去开采和利用他，那么显然就不能盲目上马，而应当首先满足经济发达地区的需要。上海是我国经济发达地区，号称"第三世界"中的"第一世界"，技术加工能力强，经济管理水平高，同样的自然资源在这里能获得较高的经济效益。但是，上海缺乏自然资源，原材料和燃料等要靠外地调进。近年来，在发挥地区优势的口号下，一些地区盲目发展小烟厂、小酒厂、水水泥厂等，"五小"工业遍地开花，但这些地区技术水平低，加工能力低，"五小"工业经济效益差，消耗与浪费大，而且由于这些地区截留了资源，使上海等一些经济发达地区的技术力量得不到正常的发展，从全国来看，这就使国民经济受到很大损失。

主导部门确定之后，还要设置一些配套产业部门、基础设施部门以及相应的农业生产类型。在区域经济中，各部门和各企业并不是毫无关联地聚集在一起，他们之间在技术上、工艺上和经济上有着密切的联系，正是这种内在的联系使他们构成了一个区域经济体。

长期以来，由于忽视区域规划理论的研究及其他原因，不少地区盲目追求部门齐全，自成体系，只要是本地区需要的产品，不管条件如何，不管花费多少，千方百计也要上马。这些地区发展地区经济，不是将相互协作关系密切的部门和企业联系在一起进行成组布局，而将一些互不相干的企业和行业硬性地搭配凑合在一起。在这种区域经济结构中，各部门、各行业和各企业之间缺乏有机联系，不能形成一个完整的经济群落，综合经济效益很低。在这种结构中，部门或行业之间没有主导与从属之分，区域经济的发展没有明确的方向。即使有主导部门，但那些与主导部门毫无技术和经济联系的部门与企业，同主导部门争原料、争能源、争水源，严重影响了主导部门的发展。在这种情况下，部门之间不是联合为一体从而形成聚集效益，而是互相阻碍、互相掣肘，使地区经济优势得不到发挥。可见，按照部门之间的内在联系，建立合理的区域经济结构，对于地区经济的发展有着十分重要的意义。

以主导产业部门为中心，以产业链的时序配置外围产业部门，按内在的经济联系来构造区域经济的结构，在实践上具有十分重要的意义。据国外有关料统计，将产业部门和企业成组配套布局可以使基建费用大大减少，一般可以节约城市工业用地 10%—20%，交通运输线缩短 20%—40%，工程管网减少10%—20%。如果再把生产过程中运输费用的减少、原料的节约、废料的综合利用、产品质量的改进等等考虑在内，那么他们所带来的社会经济效益的提高则更为可观。因此，地区的这种结构体现了劳动节约、社会劳动分工等经济规律的要求。同时，这样的结构是以本地区的各种条件为基础的，所以这有利于自然资源的开发和利用，有利于经济优势的发挥和经济能量的释放，是地区经济稳定发展的可靠基础。

这种地区的结构，还体现了地区经济的专业化生产和必要的综合发展相结合的原则。以主导产业部门为中心形成地区经济整体，这些主导产业部门一般都是具有全国意义或区际意义的专业化生产部门，而地区经济专业化的本质，决定了地区之间必须进行各种协作，因而这种地区的结构就不是过去那种自给自足的封闭式地区经济体，而是开放式的地区经济体。而且，这些主导产业部门还体现了地区的经济优势，体现了地区自然资源的特点和产品生产的特点，因而这种地区的结构就不是过去那种"中而全"式的地区经济体，而是"中而特"式的——具有自己特色的——地区经济体。另一方面，根据社会劳动地域分工的要求，地区经济应当向专业化方向发展，但这并不是说本地区需要的所有产品都要依赖于外区的供应。对于人民群众生活中需要的大宗产品如粮食、日用消费品等等，大部分应当由本地区生产，生产部门所需要的一些基础设施也应当由本地区建设，以便充分地利用自己的自然和经济资源，减轻对交通运输的压力和国家调拨的负担。因此，在地区的结构中，设置相关性产业部门和基础性产业部门，这是地区经济综合发展的要求。当然，这里所说的地区经济的综合发展，指的是一定程度的综合发展，而不是指整个地区经济的综合性发展，因为整个地区经济的综合发展实际上就是指自给自足的地区经济体。

三、制订经济发展战略的实施方案

地区的发展战略模式确定之后，就要相应地制定发展战略的实施方案，因为发展战略一般都是长期的远景规划，是以后几十年地区发展的指导性纲领，他必须通过短期的阶段性计划加以具体化，才能在经济发展过程中实现，所以，经济发展战略的内容一是选择发展战略模式，二是制定战略的实施方案。实施方案一般包括战略目标、战略重点、战略步骤、战略对策等几个部分。

战略目标。在确定战略目标时，一般要遵循以下一些原则：（1）可能与现实相统一的原则，战略目标的确定要立足于现实，要切实可行，不要主观臆断地搞盲目的跃进，也不要过于保守地压低速度；（2）经济、科技、社会发展相统一的原则，经济发展要依赖于科学技术的进步，所以经济的发展和科技的发展应协调一致；另一方面，经济发展必然会引起社会各个领域的变化，同时又需要上层建筑、思想意识等方面的支持，所以经济的发展又要同社会发展协调一致；（3）局部与全局相统一的原则，地区经济发展目标应当参照国民经济的发展目标，并与之相协调；（4）经济效益与生态效益相统一的原则，经济发展不能破坏生态环境，要保护生态平衡。战略目标的种类分为单项目标和综合目标两种，单项目标指部门的目标，如工业的增长速度与产值、农业的增长速度与产值等，综合目标指的是社会总产值、国民收入、财政收入等。战略目标在层次上又可以分为高方案、中方案、低方案三种，高方案是通过对各种有利条件作乐观的估计来确定战略目标，属于理想性方案；中方案是对各种有利条件和不利条件进行综合分析，然后再确定战略目标，并留有一定余地，属于现实性方案；低方案是充分考虑到可能遇到的风险，对战略目标的实现留下过多的余地，属于保守性方案。制订三种方案的目的是为了进行选择，根据地区不同发展阶段和发展时期内各种条件的变化，从中选择最优方案。

战略重点。战略重点包括两部分，一是生产优势产品和拳头产品的支柱行业，二是处于薄弱环节的产业部门。一般来说，战略重点部门都是十几年内地区经济发展的关键，所以要集中力量予以重点发展。

战略步骤。一般将战略步骤分为三个阶段：准备阶段、经济起飞阶段、全面推进阶段。准备阶段主要是打好基础，积蓄力量，为经济的起飞和发展创造条件。这一阶段的主要任务是理顺各种经济关系，调整产业结构，重点发展基础设施部门，争取财政收支平衡并逐步增加财政收入。经济起飞阶段的主要任务，是要抓好技术革新、技术改造和技术引进，改进现有生产部门的技术装备，重点是提高支柱产业部门的劳动生产率，拿出大量的投资投入支柱产业部门。全面推进阶段的主要任务，是采取各种措施稳定和加速经济的发展，优势产品和拳头产品应向高、精、尖方向发展，同时还要大力开发新产品，尽快地将新技术革命的成果运用于生产过程，建立一批新兴的产业部门如信息技术、生物工程和新能源、新材料的开发利用等等，尽快实现各产业部门的机械化和自动化，带动地区经济的全面振兴和繁荣。

战略对策。他是为了实现战略目标而采取的一系列办法、政策和措施等等。例如为了发展支柱产业而实行一些优惠政策，为了克服薄弱环节而制定一些保护政策，为了解决资金短缺问题而采取一些办法来吸收社会闲置货币等等。制定战略对策必须审时度势，抓准问题的症结，求得问题的迅速解决，促进地区经济的发展。

第四节　区域经济发展规划的类型

区域是一个融自然、经济、社会于一体的复杂的开放的综合系统，其异质性的存在使得区域经济发展的目标、原则、任务不同，而且具体的内容和措施也有所不同。在制订区域经济发展规划时，应充分考虑区情和域情，依据区域自身的基础和特定制定不同类型的区域经济发展规划。因此，为了强化对区域经济发展规划的认识，提高区域经济发展规划的质量，我们需要搞清区域经济发展规划的结构类别，理清不同类型的区域经济发展规划之间的关系。按照不同的划分角度，区域经济发展规划有如下类型。

一、按照规划的内容划分

依据规划的内容进行分类，区域经济发展规划可分为区域国民经济发展综合规划、区域开发规划、区域空间结构规划三类。

（一）区域国民经济发展综合规划

区域国民经济发展综合规划是某一地区经济发展的总体纲要，他规定了一段时期内该区域经济社会全局发展的总方针、总目标、总任务及其实现的途径和具体措施等。区域国民经济发展综合规划是一个概念性规划，他从全局的角度出发，谋划区域经济社会整体发展的方向和对策等。

整体性是区域国民经济发展综合规划的显著特征，但是区域的异质性特点常常会导致国民经济发展综合规划的内容并不完全适用所有区域。要解决这一矛盾，就要求在制定区域发展综合规划的时候，应基于区域存在的客观界限范围和自身特点，坚持分区指导的原则，以提高综合规划的适用性。

另外，区域国民经济发展综合规划具有明显的时效性特征。在规划时段内，当区域经济发展的条件、环境发生巨大变化之时，或区域经济发展面临重大转折之时，抑或遭遇重大冲击之时，不应固守区域国民经济发展综合规划的条款内容，而应依据新阶段下的新情况进行及时调整发展目标、发展任务和发展对策等，以更好地发挥区域国民经济发展规划的作用。

（二）区域开发规划

如果说区域国民经济发展综合规划是概念性、战略性的规划，那么区域开发规划就是操作性、实践性的规划。区域开发规划以综合规划为指导，着重解决区域的发展问题，或开发与再开发的问题，设计发展途径、论证项目上马的可行性，并提出可操作的政策建议。其主要任务是确定区域经济社会发展和生态环境改善的目标；综合评价区域发展的制度、资源、经济现状等环境条件；选择合适的产业结构、组织、布局模式。依据区域开发规划的内涵和任务，可将其分为区域国土规划、区域产业规划、区域经济布局规划三类。

1. 区域国土规划

区域国土规划主要是通过综合布局安排各项物质生产建设和非物质生产建设事业，全面协调国土资源开发、利用、整治、保护四方面的关系，力图实现经济的发展与人口、资源、环境和谐统一的状态。区域国土规划有综合规划与单向规划两类，其涉及了自然条件和国土资源的综合评价；社会、经济现状分析和前景预测；国土开发整治的目标和任务等等诸多方面内容，几乎涵盖了区域规划的所有内容。

2. 区域产业规划

区域产业规划是地区产业中长期发展的设计，包括产业发展条件评价、产业发展目标的定位、产业结构的组合、产业发展现状与前景的评价与预测、产业发展政策的制定等等。其主要任务有明确区域产业分类、评价分析本区域产业结构的现状与问题、选择专业化和主导产业部门、培育和发展优势产业集群等。区域产业规划的阶段性和区域性较强，这体现为：同一时间段，由于区域资源禀赋和发展水平的差异性，不同区域的产业结构就不同，产业发展的目标也不同；而且，同一区域在不同的经济发展阶段，所选择发展的产业也有较大差异。

3. 区域经济布局规划

与区域产业规划协调部门的比例关系不同，区域经济布局规划是将地区经济社会发展的多种因素进行空间组合配置，协调区域间的比例关系，促进区域的协调发展。他主要解决一个区域内，发展哪些产业、所发展产业的规模结构以及这些产业的空间布局问题。明确区域经济布局规划要解决的问题后，需要编制区域经济布局规划，在编制具体的规划内容时，需把握三个重点：其一，是明确区域开发方式。这需要在充分认识区情、域情的基础上，结合实际情况，选择增长极核开发、点轴开发以及网络开发等开发方式。其二，是明确不同区块主体的功能。受资源环境承载能力、现有开发密度以及发展潜力等因素的影响，一个区域内部可能包含优化、重点、限制和禁止多种类型的小区块，而不同功能区的开发模式和力度不可能相同。因此，在编制区域经济布局规划时，需充分考虑主体功能区与开发方式的关系。其三，是确定区域开发的策略措施。这要求规划制定者，不仅要制定一般性的、全局性的政策，还要制定特殊政策协调当期与中长期项目发展的关系以及不同主体功能区之间的关系。

（三）区域空间结构规划

区域空间结构规划的编制是为了促进区域生产、生活地域结构的合理化，他涉及的内容较多，主要有区域城镇体系规划和基础设施规划两类。

1.区域城镇体系规划

城镇体系规划的编制源于人口、资本等生产要素以及产业向城镇的聚集。城镇体系规划是区域生产要素和各类产业在地理空间上进行布局组合的具体形式，是区域空间结构规划的重要类型之一。在编制区域城镇体系规划之前，需要充分了解不同城镇的性质、职能、规模结构以及城镇体系的现状与演变过程，而且要能准确把握城镇化的发展模式，并准确预测其发展水平。编制区域城镇体系规划的内容是：通过城镇体系的历史现状与问题分析，以及对城镇体系发展区域条件的评价，在研究区域人口及其分布和预测城镇化水平的基础上，制定城镇体系的发展战略，确定城镇体系的等级规模结构、职能分工结构和空间布局结构，最终确立以城镇为中心的社会经济网络结构，配置城镇体系的支持系统，最后给出城镇发展的政策建议。

2.区域基础设施规划

基础设施是为社会生产和居民服务提供服务的物质设施，是经济社会发展的必要物质基础，具有基础性、不可贸易性、整体不可分性、准公共物品性等特点，主要有滞后型、同步型、超前型三种模式。按照服务性质标准，基础设施主要分为三类：其一，是生产性基础设施，主要包括服务于生产部门的供水、供电、道路和交通设施、仓储设备、邮电通信设施、排污、绿化等环境保护和灾害防治设施；其二，是社会基础设施，指服务于居民的各种机构和设施，如商业和饮食、服务业、金融保险机构、住宅和公用事业、公共交通、运输和通信机构、教育和保健机构、文化和体育设施等；其三，是制度保障机构，如公安、政法和城市建设规划与管理部门等。

一般而言，基础设施应与经济社会发展水平同步或超前。因此，在编制基础设施规划之前，应对区域基础设施的现状与发展条件进行科学评价，并依据经济社会发展的状况预测基础设施未来的需求规模，确定各种基础设施的数量、规模及其布局体系。另外，还应充分考虑地震等重大自然灾害发生的可能性，对基础设施的质量给予硬性规定，并给出科学的、可行的应急方案。

二、按照规划的区域属性划分

一般认为，区域的属性决定着区域规划的属性。依据区域的地域结构和自身性质，区域规划大致可以分为自然区划、行政区划、社会区划以及经济区划四个类别。

（一）自然区划

一般而言，我们将具有相似的自然特征，内部有紧密联系，且能够独立形成一个系统的地理单元称之为自然区，如西北干旱区、青藏高原区、东南季风区等。不同的自然区之间，因气候、地貌、资源、区位等条件有较大区别，而表现出明显的差异性。自然区划就是基于自然区的相似性、紧密联系性、独立性及其之间的差异性，对各个自然区的基本条件及其特征与发展潜力进行科学的评价，并以此为基础不断优化资源的配置利用，选择与自然区条件相适应的产业，形成具有自身特色的经济结构和发展模式，形成合理的区域分工协作结构，促进个自然区的协调发展。我国现有的自然区划主要有山区规划、草原规划、流域开发规划以及沿海地带规划等。

（二）行政区划

行政区是国家统治系统的重要组成部分，是为了对国家政权职能实行分级管理而划分出来的地域单元。行政区划是国家为了方便对领土范围内不同地区的经济社会管理，而将全国的领土划分为不同级别的若干地域单元，并通过在划分的地域单元内部设立各种行政管理机构，实现对地区经济社会系统的管理职能。严格来说，行政区划属于上层建筑范畴。在行政区划的具体编制工作中，应坚持政治原则、经济原则、社会原则和生态原则的协调统一，尽可能实现行政区的行政管理与经济管理职能的有机协调。

（三）社会区划

从社会学的角度出发，我们将由民族、风俗习惯、文化传统等社会因素中的某个或某部分的相似性而形成的成片区域称之为社会区，如维吾尔族聚居区、回族聚聚区、藏族聚居区等。社会区划就是依据民族、语言形式、建筑风格等一系列的人文社会指标，对社会因素具有高度相似性的地区予以划分。我国现有的社会区划主要有少数民族地区、潮汕地区、客家地区等。

（四）经济区划

与行政区不同，经济区是以经济联系为基础的区域经济综合体，是某种生产的空间形式体现，其区域位置有一定的范围界限，他具有显著的内聚功能、扩散功能和中枢功能。经济区划是为促进区域间的合理分工，实现区域的协调发展为目标，坚持依托各级经济中心、合理利用自然资源、均衡布局生产力、尽量保持与行政区相统一、坚持生产指向性的原则，有计划地建立与加强区内各部门间、各子区域间的经济联系，指导区域经济更好、更快地发展。从不同的角度来看，经济区划有不同的类型。从经济活动范围的角度看，可分为综合经济区划和部门经济区划；从区划目的角度看，可以分为理论型经济区划和实践型经济区划；从时序的角度看，可以分为现状经济区划和远景经济区划；从规划层次的角度来看，可以分为国家级经济区划、跨省经济区划、省级经济区划、省内经济区划、县域经济区划；从地域功能的角度看，可以分为单一功能区划和多功能综合区划等等。

三、按照规划的时限划分

任何规划都只是对未来一段时间内事物发展态势的总体安排，具有明显的时效性特征。区域经济发展规划也是如此。按照规划的实现期长短，区域经济发展规划可分为短期规划、中期规划和长期规划三类。

（一）短期规划

短期规划是按照长期规划和中期规划的战略方针，针对区域现阶段的状况和目标任务，而制定区域开发和空间布局所做的具体的行动性规划，规划期限一般为3—5年。短期规划通过对中长期规划的目标进行阶段性分解，以具体的问题和任务为突破口，制定出详细地行动方案，为实现中期规划的目标打下前期基础。与中长期规划相比，短期规划具有较强的可操作性和灵活性，可以依据经济发展阶段的变化适时进行调整，对规划的行动方案和阶段性任务进行修正，以更好地推动中长期规划目标的实现。

（二）中期规划

很显然，中期规划的由来是由于其规划期限介于短期和长期规划期限之间，其规划期限一般为 5—10 年。中期规划是连接短期规划和长期规划的桥梁和纽带，他是依据长期规划的精神要求，对长期规划各项远景目标进行的阶段性分解，是区域制定短期规划的重要参考依据。尽管中期规划没有短期规划那么强的灵活性，但是他依然可以依据规划执行的阶段性状况和短期规划的实现情况，进行相应地调整，提高其指导性和适应性。

（三）长期规划

长期规划的规划期限一般为 20 年及以上，是规划期限最长的一类规划，因此也被称为远景规划。长期规划侧重于勾画区域未来发展的宏观蓝图，注重区域发展的战略方向、战略方针、战略布局以及战略政策与措施等问题的研究，更加强调区域发展轮廓的重要性，以实现对中短期规划提供理论支撑和方向指导。鉴于长期规划的战略性、方向性、指导性与策略性，长期规划一经制定应尽可能保持其稳定性和一致性，而不能频繁变更，以免影响中短期规划的制定、执行以及区域经济的波动。

第五节　区域经济发展规划的方法

区域经济发展规划是区域未来发展的框架与方向进行的整体筹划与安排。这种对区域发展整体认识的谋划与安排是以科学的评价方法和严格的编制程序为基础的。因而，明晰编制的区域经济发展规划各种方法是有必要的。目前，常用的区域经济发展规划方法主要有多方案比较分析法、系统分析法、综合平衡分析法和数学模拟分析法。

一、多方案比较分析法

多方案比较分析法借助系统工程思想为基础，糅合地理学与规划学的知识，从经济、社会、技术等角度对多个方案进行论证，并以此为基础对各个方案进行比较选优。区域经济发展规划过程中，针对每一目标都会有多种可能的实现路径，如何选择最优实现路径，就需要借鉴多方案比较分析的方法。区域经济发展规划方案的论证评优，至少应从经济、社会、技术和生态四个角度予以实现。具体来说，区域经济发展规划方案的比较分析主要有以下几方面。

（一）产业与经济布局方案的比较分析

比较内容主要有：一般产业、主导产业、优势产业的选择、规模、数量及其区位；工业区的布局、性质、内容及其规模；新老工业区的功能衔接及其承载的产业；基础设施组织；住宅区、商业区以及工业区的位置关系等等。

（二）土地综合利用方案的比较分析

比较内容主要有：区域土地的自然、经济条件评价；区域土地规模的数量是否能够满足各行业、各部门的发展需要；土地的开发是否可以循环利用；土地开发的经济效益是否达到了最大等等。

（三）相关部门技术经济论证方案的比较分析

比较内容主要是：不同专业部门规划方案的协调性，比如水利、电力部门规划与其他规划是否协调；交通运输部门与其他规划是否协调；环保部门的规划与其他部门是否协调等。

（四）资源综合利用方案的评价分析

比较内容主要有：区域资源的数量与质量评价是否客观、科学；资源利用方式是否合理；资源利用效率是否充分；废弃资源是否回收利用；资源配置是否高效；资源产出能力是否较高等等。

5.生态环境保护方案的比较分析

比较内容主要包括：区域生态环境质量、环境污染来源、成因、程度的现状评价是否客观、科学；区域生态环境质量变化趋势的可能性是否全面；改善区域生态环境质量的措施是否可行；生态环境质量标准的制定是否得当等等。

二、系统分析法

系统分析法来源于系统科学，由美国的兰德公司最先提出。他是基于系统的角度研究客观世界的思想，将需要解决的问题视为一个系统整体，对构成系统的各种要素进行综合分析，找出可行方案的一种咨询方法。由于区域是由自然资源、环境、人口、土地等要素组成的复杂系统，区域经济发展规划的编制涉及各种区域因素的组合，系统分析法的整体性、联系性、分解协调性以及动态性特征使其自然而然地成为规划者经常使用的方法之一。一般而言，系统分析法有三个基本步骤：系统问题的提出、系统方案的提出、系统方案的评价选择。

（一）系统问题的形成

系统问题的形成又分为问题的限定与目标的确定两个部分。问题的限定是要明确问题的性质、问题存在的范围、问题的程度、问题的特征、问题发生的时间以及问题产生的原因等，同时要区分整体与局部问题，抓住问题的要害，对症下药。对于目标的确定，尽可能的要满足指导方针，并尽可能地使用指标量化，以为系统方案的评估打下基础。在区域经济发展规划中，相当于确定区域发展过程中所遇到的问题，并确立解决此问题的总体要求，以及解决此问题要达到的程度，即区域经济发展的总体目标和具体目标。

（二）系统方案的提出

系统方案的提出分为信息搜集、研究分析与提出备选方案三个阶段。信息搜集阶段，要求方案编制者通过访谈、调查和查阅资料等方法尽可能全面地、准确地搜集数据和信息，以更好地、准确地、深入地把握问题。信息搜集工作完成后，就进入了研究分析阶段，方案编制者通过整理前期搜集的各种信息，更加了解问题的现状和原因，可以有针对性地提出备选方案。备选方案的提出是最为重要的一环，基于信息搜集与研究分析的结果，方案编制者应针对需要解决的问题提出可行性的策略设计，并进行反复论证。对应到区域经济发展规划中，就是区域经济发展现状的评价分析、区域经济发展存在的重大问题及其解决方案。

（三）系统方案的评价选择

系统方案的评价选择是系统比较分析法的最终环节，该阶段就是采用演绎法或归纳法针对多种可能的备选方案进行综合评价，选出最客观的、最可行的方案。对方案进行综合评价时应充分考虑其经济性、社会性、生态环境相容性、可操作性、现实性、规划性、安全性等，以尽可能地选出最优的、最可行的方案。在区域经济发展规划中，就是对区域经济发展规划的备选规划稿进行评价选择。

三、综合平衡分析法

综合平衡分析法是在系统分析方法的基础上，不断将系统分析结果加以综合，最后形成统一认识的一种方法，他是区域经济发展规划中最基本的、比较常用的一种规划方法。综合平衡分析法旨在从国民经济总体上反映和处理人力、物力、财力资源与社会生产各部门、各环节之间的关系。在区域经济发展规划编制的过程中，综合平衡分析的使用是为了通过协调供给与需求关系，实现整体平衡发与局部均衡、单项均衡的结合，促进国民经济的健康发展。具体来说，综合平衡的主要内容有以下几个方面。

（一）原材料、燃料和电力平衡

根据各区域的资源禀赋和经济发展特征，对主要的原材料资源进行平衡计算，以确定各产业在本地区的最优发展规模；基于充分利用区域内外资源的原则，以区域自身的燃料构成和需求量为主要依据，并充分考虑区外提供燃料资源的可能性和运输成本，确定本地区燃料资源的盈缺，拟定各部门发展的规模和措施；以区域的电力需求总量为基准，依据电力资源的分布状况和发电技术的高低，选择电力来源和电力输送方式，确定拟上马电力工程项目的类型与规模。

（二）水和土地资源平衡

根据区域水资源的禀赋状况，水资源的平衡主要是为了解决生产用水与生活用水的比例以及区域水资源需求与供给之间的矛盾。这一矛盾的解决主要通过水利枢纽工程的合理规划协调区域内外水资源的供给，通过技术进步不同提高水资源的净化能力，形成水资源的循环供给模式。依据区域国土资源总量和开发利用现状，土地资源平衡为了缓解各部门生产、居民生活等方面对土地资源需求量不断扩大而区域土地资源供给量一定的供需矛盾。这一矛盾的解决，需要明晰区域现有土地资源的未开发、已开发和可能开发的数量，明确区域内部各主体对土地资源的需求趋势，通过合理的国土资源开发利用规划，一方面要不断提高土地空间开发的程度和密度，尽可能实现滩涂、荒漠、山体等土地资源的综合利用；另一方面要从整体上协调各生产部门、生活部门的用地需求，遏制土地需求的过快增长。

（三）劳动力资源平衡

不同区域之间、不同产业之间、城镇与乡村之间总会存在着劳动力供给过剩与不足的现象，这就要求区域经济发展规划的制定者应从不同角度充分考虑劳动力资源的供需平衡。规划制定者应能充分把握区域内部各产业、城与乡之间的劳动力供给、需求、素质及其构成等现状及其发展趋势，并充分考虑区域外劳动力输入的可能性，以此为基础制定区域各部门的可能发展规模，协调各产业、城与乡各项事业的发展。

（四）交通运输平衡

交通运输是经济发展的重要保障与必然要求。交通运输业平衡要求规划制定者依据现有的交通运输状况，在科学预测经济发展未来趋势和客货流量变化的基础上，合理规划区域交通运输布局，调整区域交通运输结构，配置改善区域交通运输方式，科学管理区域运输力量，尽可能保证交通运输与经济发展同步或超前发展。

（五）粮食平衡

粮食既是人们赖以生存的物资，也是重要的工业辅料或原料。粮食平衡不仅要求粮食供需的当期平衡，也要求粮食供需的代际平衡，还要求粮食供需的区域平衡。区域经济发展规划制定者在对粮食供需进行平衡时，应充分把握人口发展规模和速度，并估算农业生产的潜力和工业生产对粮食的可能需求，充分协调不同角度下的粮食平衡。

（六）公共事业平衡

科技、教育、文化、卫生、社会保障等公共事业的发展水平是经济现代化程度的重要标志。搞好公共事业的平衡，规划者要清晰认识当前科教文卫等公共产品供给和需求的现状、质量高低及其未来发展趋势，不断繁荣公共事业，尽可能增加公共产品供给，协调公共产品供给的空间均衡。

（七）生态环境平衡

生态环境是影响人类社会生产和生活的各种自然作用的总和，关系到经济社会发展的延续性。生态环境平衡主要指经济发展与生态环境之间的矛盾协调。解决这一矛盾，就要求规划制订者能够客观地、评价区域的生态环境现状、存在的问题及其原因等问题，能够充分考虑当代人与后代人的需求，并以此为基础科学制定解决生态环境问题的可行性方案，不断协调区域生态环境与经济发展的矛盾，维持生态的代际平衡。

四、数学模型分析法

区域经济发展规划是一个决策和控制的过程，在这个过程中，数学模型是提高区域规划效率和可靠性的有力工具。数学模型是依据经济社会现象特有的内在规律，进行适当的简化假设，运用数学工具，得到的一个数学结构，最终实现对经济社会现象的量化评价。在编制区域经济发展规划时，以规划理论为指导，结合数学模型工具，能够清晰表现区域内部各因素的关系，揭示区域系统演变的规律，这就形成了区域经济发展规划模型。由于规划模型有多种，而规划目标的多样性意味着仅仅依靠一个规划模型不能完成对规划方案的评价，由此便催生了区域经济发展规划模型系统。

区域经济发展规划模型系统包括了多种规划模型，按照模型功能可分为数据统计分析模型、投出产出模型、系统仿真和预测模型、城市体系模型、空间相互作用模型、优化调控决策模型、最优规划模型、区位模型以及综合评价模型等。根据上述模型的应用范围又可以分为三类：其一，是侧重于区域组成要素的相互作用和功能进行分析，探求区域发展变化的原因，并构建合理结构的区域结构功能分析模型，如数据统计分析模型、投入产出模型、区位模型、空间相互作用模型等；其二，是依据经济发展的历史轨迹和发展过程中各要素变化的相互关系进行总体变化预测的经济社会发展预测模型，如系统仿真和预测模型等；其三，是侧重于对备选方案可能产生的效果进行评价和决策的决策分析模型，这类模型主要有优化调控决策模型、最优规划模型、综合评价模型、成本效益分析模型等。

参考文献

崔功豪等：《区域分析与规划》，高等教育出版社 1999 年版。

丁任重：《经济区的理论与实践》，陕西人民出版社 1988 年版。

方创琳：《区域发展战略论》，科学出版社 2002 年版。

何芳：《区域规划》，百家出版社 1995 年版。

胡序威：《区域与城市研究》，科学出版社 1999 年版。

李成勋：《经济发展战略学》，北京出版社 1999 年版。

栾桂琴等：《区域经济学》，清华大学出版社 2008 年版。

聂华林等：《区域发展战略学》，中国社会科学出版社 2006 年版。

孙久文：《区域经济规划》，商务印书馆 2004 年版。

周起业等：《区域经济学》，中国人民大学出版社 1989 年版。

张秀生：《区域经济学》，武汉大学出版社 2007 年版。

［美］赫希曼：《经济发展战略》，经济科学出版社 1991 年版。

第十二章　区域可持续发展

发展是人类社会的永恒主题。二战后以来，发展理论的演进大体上经历了三个阶段：20 世纪 50 至 60 年代中期，主要是单纯地追求经济增长；60 年代末至 70 年代中期，转为注重经济社会协调发展；70 年代末，可持续发展理论开始兴起。按照 1987 年联合国"世界环境与发展委员会"（WECD）《我们共同的未来》对"可持续发展（Sustainable development）"的著名界定，可持续发展意指"既满足当代人的需要，又不对后代人满足其需求构成危害的发展"。区域可持续发展，则是以特定区域为对象研究该区域如何实现可持续发展，核心是要实现特定区域内人口、资源、环境、发展的持续协调共生问题。

第一节　区域可持续发展的基本理论

一、可持续发展思想的由来

1. 可持续发展思想的提出与内含

可持续发展的思想可以追溯到 1972 年瑞典的斯德哥尔摩联合国人类环境会议，后来又经过世界各国 20 多年的研究和探索才逐渐完善并形成理论的。

1972 年斯德哥尔摩联合国人类环境会议是世界各国政府代表第一次大范围地辩论环境与发展问题的会议。经过发达国家与发展中国家两大阵营的激烈争论，大会形成共识，认为即使经济发展要持续下去，人类环境也必须加以保护。这次会议还导致了联合国环境规划署（UNEP）和各国环境保护部门的创立，对开创全球环境保护事业新纪元打下了基础。

在联合国环境规划署的委托下，国际自然保护联盟于 1980 年推出《世界自然保护大纲》，第一次提出了可持续发展的概念。在大纲指导下，世界上相继有 50 多个国家制定了本国的自然保护大纲。1981 年，该联盟又推出了《保护地球》重要文献，对"可持续发展"概念作了阐述，认为可持续发展的目标是"改进人类的生活质量，同时不要超过支持发展的生态系统的负荷能力。"

　　20 世纪 80 年代初，为了解决当时人类的三大挑战——南北问题、裁军和安全、环境与发展，联合国大会成立了由曾任联邦德国总理勃兰特、瑞典首相帕尔梅和挪威首相布伦特夫人为首的三个高级专家委员会，分别发表了《我国共同的危机》、《我们共同的安全》、《我们共同的未来》三个纲领性文件。在《我们共同的未来》中，不仅对可持续发展做了日后被全世界普遍接受的定义（即"既满足当代人的需要，又不对后代人满足其需求构成危害的发展"）。而且制定了全世界实现可持续发展的"战略任务"。该文件指出，"现在是采取保证使今世和后代得以持续生存的决策的时候了。我们没有提出一些行动的详细蓝图，而是指出一条道路，根据这条道路，世界人民可以扩大他们合作的领域。"[①]该文件指出的道路，进而为 1992 年联合国环境与发展大会的成功召开，提供了强有力的理论依据。

　　1992 年巴西里约热内卢召开的联合国环境与发展大会是人类共同走可持续发展道路的一个里程碑。里约环发会议通过了《21 世纪议程》、《里约宣言》、《森林问题原则声明》、《联合国气候变化框架公约》、《联合国生物多样性公约》等文件。这些文件都是以可持续发展思想为指导指定的，而且第一次把可持续发展问题在全世界由理论和概念推向行动。

　　里约环发会议后，国际上以及世界各国对可持续发展继续展开探索。1994 年 9 月召开的世界人口与发展大会明确指出："可持续发展问题的中心是人。"同年，中国政府发布了《中国 21 世纪议程》，指出："可持续发展以人为本。"主要包括三层含义：1. 可持续发展的核心是人本身的全面发展；2. 可持续发展是"为人"的发展；3. 可持续发展是必须由充分发展的人来实现的发展。中国有的学者对这一定义作了补充，认为可持续发展是不断提高人群生活质量和环境承载能力的、满足当代人需求又不损害子孙后代满足其需求能力的、满足一个地区或一个国家需求又未损害别的地区或国家人群满足其需求能力的发展。还有从自然—社会—经济"三维结构复合系统"出发定义可持续发展的，认为可持续发展既不是单指经济发展或社会发展，也不是单指生态持续，而是指自然—社会—经济复合系统的可持续，因而可持续发展可定位为能动地调控自然—经济—社会的复合系统，使人类在不突破资源与环境承载能力的条件下，促进经济发展、保持资源永续利用和提高生活质量。

---

① 世界环境与发展委员会：《我们共同的未来》，世界知识出版社 1989 年版，第 16—17 页。

2.可持续发展与经济发展的联系与区别。

从某种意义上说，正是人们对经济发展问题的反思，使人类的发展观发生了突破性进展，从单纯追求经济发展转向寻求经济、社会、人口、资源、环境的协调发展。从两者的联系看，他至少包括以下三个方面。

1.经济发展是可持续发展的前提和基础。传统的经济发展方式以高消耗、高投入、高污染为特征。这种发展方式虽然满足了一部分人的高水平享受，却过度消耗了自然资源并破坏了生态平衡；一些国家和地区发达起来，却在更多的地方加剧了贫穷和落后。而新的可持续发展方式，应当在经济发展的同时，不破坏经济发展所依赖的资源和环境基础。但是，强调经济可持续发展，也不能放弃经济发展。尤其对于发展中国家来说，更是如此。没有一定的经济发展，就不可能提高社会生产力，不可能提高人民生活水平，不可能缩小与发达国家的发展差距，更不可能因此而保护资源环境基础，最终也不可能实现可持续发展目标。

2.可持续发展必须转变传统经济发展方式。经济发展是可持续发展的前提，而传统经济发展方式又是不可持续的，因此，问题的关键在于实现经济发展方式的根本转型。在工业化和城市化过程中，人口不断膨胀；耕地、淡水、森林和矿产等自然资源被大量消耗；生态系统遭到严重破坏，水土流失加剧，沙漠化蔓延；水污染、空气污染、土壤污染等现象日益严重。显然，继续沿用传统经济发展方式反而将把人类引向生存和发展的困境。所以，应当转变经济发展方式，使经济发展的同时避免损害人类生存的资源和环境基础。

3.适当的经济政策是可持续发展的保证。生态环境问题的解决，除了转变经济发展方式，还需要适当的经济政策为保障。世界银行1992年《世界发展报告》认为，在正确的政策和适当的机制引导下，经济增长可以通过三种方式有助于环境问题的解决：第一，当收入增加时，有些环境问题会减少。因为收入的增加为公共服务提供了资金来源，当人民不需为生存担忧时，就能够为保护环境提供投资。第二，有些环境问题会随着收入的增加在开始时恶化，但会随着收入的进一步增加而减轻，过去一些年大气质量的变化证明了这一点。第三，随着收入的增加，也有些环境指标不断地恶化，如二氧化碳排放量一直在随经济增长而增加。但是这些方面并非不能改善，其改善同样不能离开经济实力的增长。所以，并非所有的经济发展都必须以牺牲环境为代价，只要采取适当的经济政策和相应的有效措施，完全可以在发展经济的同时，保护好我们赖以生存和发展的环境。这种适当的经济政策包括适当的经济发展战略、适当的产业政策、区域政策、投资政策、贸易政策等各个方面。而且，在经济发展过程中，还可以通过利用经济手段来推进可持续发展，如将环境成本纳入各项经济分析和决策过程，改变过去无偿使用环境并将环境成本转嫁给社会的做法。[①]

当然，两者也有区别，主要表现在两个方面：第一，一般的经济发展主要面临的是资源的稀缺性问题，强调在资源稀缺性的条件下有效低配置资源，而可持续发展主要关注的是资源枯竭和不可再生问题，强调在既满足当代人需求，又不损害后代人满足其需求的能力的"代际"公平条件下有效配置资源。第二，一般的经济发展没有指出吸纳经济增长所耗费的各种生产要素的代价，特别是资源耗费的代价。可持续发展则关注要实现经济增长的代价，尤其是过度耗费自然资源的代价。[②]

二、区域可持续发展的特点、研究范畴与微观基础

1. 区域可持续发展的特点

根据刘思华的观点，区域经济可持续发展的特点主要有：

（1）持续性。区域经济各子系统的可持续发展是首要特征。区域经济各子系统主要包括区域社会子系统、区域经济子系统和区域生态子系统。区域经济发展的可持续性特点，首先取决于生态子系统的可持续性，其次是经济子系统和社会子系统的可持续性。

（2）协调性。认为区域系统中生态、经济、社会三个子系统在结构、功能上相协调，才可实现区域经济可持续发展，协调发展是区域经济可持续发展的题中之义。

（3）整体性。区域经济可持续发展是一个整体性过程，一个可持续发展进程，必然同时伴随着有各方面的改进和进步。

（4）开放性。区域经济系统需要多层次相互交换物质、能量、信息中获得可持续发展能力。封闭条件下人与自然的结合总是低水平的，而只有在开放中，包括自然资源在内的各种资源才能得到优化组合，可持续发展的各种条件才能建立。

（5）梯级性。区域经济可持续发展过程必然将分为不同阶段，从而导致区

---

① 聂华林等：《现代区域经济学通论》，中国社会科学出版社 2009 年版，第 379-380 页。
② 罗勇：《区域经济可持续发展》，化学工业出版社 2005 年版，第 4 页。

域经济可持续发展的过程呈现若干梯级。[①]

2.区域可持续发展研究的范畴

可持续发展的核心是要正确处理人与人、人与社会、人与自然的关系，因此，可持续发展研究是一个横断的跨学科研究领域。

罗勇认为，区域可持续发展研究的范畴主要是：

（1）区域的形成及其对可持续发展的影响。应该从历史唯物主义的角度，辩证地探讨和总结区域形成的历史条件和带来的不可持续问题。同时，要充分认识到，区域可持续发展水平和经济水平一样，与区域结构呈现相互影响的函数关系。

（2）如何安排区域可持续发展。研究表明，可持续发展的自组织能力在不同区域的分布是非均衡的，因而实现可持续发展有多种模式。根据区域的不同情况选择合适自身的发展路径，应该是区域可持续发展的主要内容。

（3）区际可持续发展的联系和统一。不同区域之间的可持续发展密切相关、相互影响，因此，区际可持续发展的关系也是区域可持续发展研究的重要内容，目的是要在充分协调、发挥各区域不同优势的基础上，提高区域可持续发展的整体效益，实现最优的整体可持续。

（4）区域可持续发展的管理和政策。包括不同区域的可持续发展政策和模式，区际可持续发展的协调与管理等。这也是区域可持续发展研究的重要内容。[②]

3.区域可持续发展的微观基础

区域经济可持续发展的微观基础是企业行为的绿色化。[③]

18世纪工业革命以来，人类创造了丰富的物质文明成果，但也带来了自然资源枯竭和生态环境恶化的代价。在工业经济时代，自然资本具有公共物品特性，是经济系统的外生变量。但随着自然资本越来越稀缺，其经济外部性正趋于经济内部性，他已不仅仅是公共物品，而且是决定企业生存的重要因素（Lovinset al，1999）。以节能、健康为主要内容的绿色战略不仅将产生巨大的经济效益，而且能创造全新的产业模式。

企业绿色创新的主要内容包括：第一，生产过程绿色化，即"清洁生产"。

---

① 刘思华：《可持续区域经济发展论》，中国环境科学出版社2002年版，第6-8页。
② 罗勇：《区域经济可持续发展》，化学工业出版社2005年版。
③ 陆国庆、高飞：《区域经济可持续发展的微观基础》，《生产力研究》2003年第1期。

他强调三个观念：清洁能源、清洁生产过程和清洁产品。第二，绿色产品设计。即在产品设计时就要尽可能考虑到产品使用寿命结束后可以进行拆卸、分解，零部件可以翻新和重新使用。第三，绿色包装。即使用绿色标签，降低包装成本，拒绝使用对环境有害的包装材料。第四，绿色营销。指在产品销售过程中，宣传绿色观念，引导和强化消费者的绿色意识。

陆国庆认为，对不同的产业和企业而言，绿色创新的内容和动机是不同的（陆国庆，2001）。如传统化学工业（农药、化肥、日用化工等）和造纸工业等产业的衰退在很大程度上石油生产过程的污染过重以及产品本身对环境破坏性过大等原因造成的。生产过程绿色化和产品绿化设计则是企业客服产业衰退的根本措施。传统机械制造业的衰退在很大程度上是由于产品使用过程中能耗高、排污多等原因所致。因而产品开发商的绿色化是产业创新的重点。

近年来，许多国外企业热衷于生态创新（Ecoinnovation）。所谓生态创新就是公司的全体员工通过改善公司的环境质量来提高公司的绩效（Ramus and SLcger，2000）。职员的生态原创性（Ecoinitiatives）主要体现在：提高废物利用、及时解决环境问题以及提高生态效率等。衰退产业绿色化创新无疑会明显地提高企业绩效，改善衰退产业的生存能力。但绿色化不单纯是为了经济效益，也有伦理和法律方面因素。有实证分析表明，企业绿色创新的动因有三个，竞争、法律和生态责任（ecological reponsibiliy）（Bansal and Roth，2000）。绿色创新不只影响产业的市场需求并成为企业可持续发展的基本战略，并且将愈来愈成为经济社会可持续发展的重要因素。甚至成为一国经济竞争力的制约因素。[①]

三、关于可持续发展的几个重要理论

区域可持续发展理论流派众多，例如人地系统理论、生态足迹理论、资源承载力理论、外部性理论、能值理论、生态价值理论等。人地系统理论是经济地理学研究区域可持续发展一种有代表性的理论；生态足迹理论和资源承载力理论则侧重于对生态系统相对于经济社会发展的承载能力做出定量评价；外部性理论意在从人性和制度根源上探寻区域经济不可持续的原因和解决方案；能值理论是借鉴自然科学尤其是物理学知识研究和评价区域可持续发展的理论；

---

① 聂华林等：《现代区域经济学通论》，中国社会科学出版社 2009 年版，第 385 页。

生态价值理论则是包括了基于价值视角探讨区域可持续发展问题的各种理论。这里我们简略介绍人地系统理论、生态足迹理论和外部性理论。

（一）人地系统理论

所谓人地系统，是包括地理环境和人类活动两大子系统交错构成的动态开放复杂的巨系统。所谓人地关系地域系统，是以地球表层一定地域为基础的人地关系系统，即人与地在特定地域中相互联系、相互作用而形成的某种动态结构。将人地关系上升到可持续发展的高度，该理论遂成为一种区域可持续发展理论。按照人地关系地域系统理论，可持续发展实质上就是要协调区域内的人地关系。

根据申玉铭（2007年）的论述，区域人地系统可图示如下。

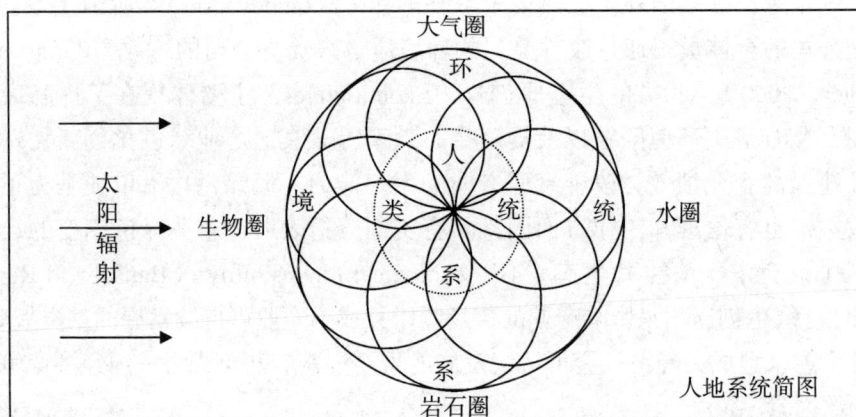

人地系统简图

区域人地系统结构由三个关系圈层结构而成，核心圈层是人类社会，包括组织、文化和技术等方面，是系统的调控、管理、决策中心；第二圈层是环境系统圈层，包括人口、资源、环境、发展（PRED）四个方面，是内部介质；第三圈是外部环境圈，由大气圈、生物圈、水圈、岩石圈等组成，是区域人地系统的基础支持系统。三个圈层之间，三个圈层内部，以及区际的三个圈层之间相互作用，构成了区域人地系统的各种复杂关系。其中，正确处理好人地系统中的组织与技术、资源与环境、人口与发展之间的矛盾是调控好系统功能的关键。

人地关系地域系统理论具有较为坚实的理论基础，对人地关系地域系统的形成过程、结构特点和发展趋向，人地系统中各子系统相互作用的强度、潜力、后效和风险评价，人与地两大系统间相互作用和物质能量传递与转换的机理、功能、结构与调控，地域资源环境的人口承载力，一定地域人地系统的动态仿真模型等问题都能做出比较深入系统的研究，对于区域开发、区域规划和区域管理等能够提供较为科学的理论根据。但是，对于导致人地关系不协调的人性与制度根源缺乏分析，对于人类社会本身缺乏深入研究，是其不足之处。

（二）生态足迹理论

生态足迹（Ecological Footprint）理论是由加拿大生态经济学家William Rees于1992年首先提出的。该理论把人类行为对于自然环境的影响，形象地比作人类留在自然环境上的巨大脚印。脚印大小以标准化的生态生产性土地面积（Ecologically Productive Area）[①]来衡量。该理论理论一般把生态性生产土地分为六类：农耕地、牧草地、林地、建设用地、海洋/水域和化石能源用地。

其基本假设有：

第一，人类能够估计自己大多数的能源与资源消费量，以及产生的相应废弃物数量。

第二，这些消费物及废弃物，能够折算成生产或消纳他们的生态生产性土地面积。

第三，不同的生态生产性土地面积通过均衡因子可以折算转化为标准化面积，并可累加。

第四，不同类型土地的使用互相排斥。

第五，生态系统能够供给的生态承载能力同样可以用标准化的生态性生产面积来表示。

第六，人类对生态生产性土地面积的需求可以超过生态系统可能提供的生态生产性土地面积。这意味着可能出现生态赤字。

基于上述假定，生态足迹理论评价区域发展可持续性的基本思路如下。

[①] 生态生产又称生物生产，指生物为维持自身生命存在而从外部环境获取物质和能量并把他转化为新物质的过程与结果。生态性生产土地，即是指具有生态生产能力的土地或水体。

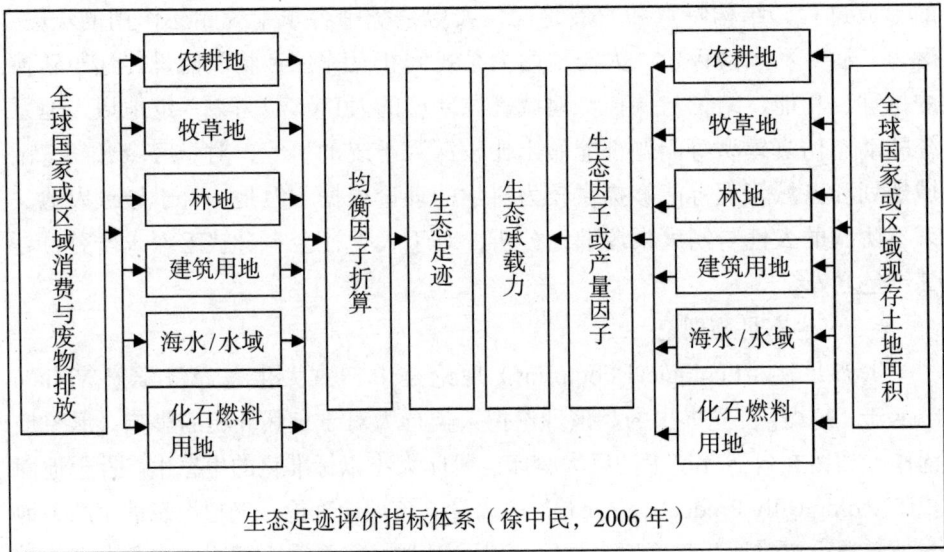

生态足迹评价指标体系（徐中民，2006 年）

生态承载力（Ecological Capacity）小于生态足迹，即为生态赤字（Ecological Deficit），表明该地处于不可持续的发展状态。生态承载力大于生态足迹，则称为生态盈余（Ecological Reserve），表明该地区的发展具有相对可持续性。生态盈余越大，可持续程度越高。这个思想形象而深刻，为定量测量人类行为对生态环境的影响提供了较为科学的理论工具。[1]

（三）经济外部性理论

经济外部性理论是研究区域可持续发展问题时运用较多的一种经济学理论。该理论从区域环境的物品性质入手，基于对人性的"经济人"假定，力图找寻发展是否可持续性的制度根源，以及找寻促进可持续发展的制度设置与政策手段。根据该理论，经济外部性现象可能导致生产者的个别成本与社会真正的机会成本不一致，从而导致产品的过量供给或供给不足，区域发展不可持续的环境问题或生态问题，就主要与经济外部性有关。

根据该理论，经济外部性影响区域的生态环境问题主要有两条基本路径：

第一，经济正外部性不能得到补偿而影响"好"的环境物品的供给。因为环境物品一般被视为公共物品，因而在对环境或生态的消费中，既不会产生因增加一个消费者而造成消费效用的降低，也不能将该地域的其他消费者排除在

---

[1] 韩宝平：《基于生态足迹理论的区域科学发展研究》，中国矿业大学出版社 2009 年版。

外。在这种情况下，理性消费者会对"好"的生态环境隐瞒偏好，进而会造成环境物品生产者的效益外部化，产生"好"的环境物品供给不足。

第二，经济负外部性得不到惩戒而造成人类对生态环境的危害加剧。比如关于生态足迹的具体计算方法，可参见韩宝平：《基于生态足迹理论的区域科学发展研究》，中国矿业大学出版社2009年版。声、废水、废气等污染物品，如果其危害没有计入生产企业的成本，由此产生的收益却全部归生产者，理性生产者就不会产生治污动力，进而造成环境恶化。

根据安虎森等人的观点，环境问题还具有如下特性。[1]

其一，区域固定性，环境多属于区域的固有资产，环境是随历史变迁而形成的一种资产。自然景观、城市景观等有不可代替的区域固有特征，而且一旦破坏，有不可逆转、难以修复的特点。

其二，环境具有全球性，随着经济全球化和环境问题的全球化，如温室效应、酸雨、沙漠化、海洋污染等环境问题，已超越了某个区域或某个国家的范畴，演变为全球性问题。因此，环境在某种意义上可称为全球公共物品。

其三，环境为世代间共有资产、共用物品。可持续发展的定义正是从这种特性而给出的。可持续发展为"既满足当代人的需求又不危及后代人的需求的发展"。

外部性问题如何解决？自马歇尔以来，经济学家对外部性问题进行了广泛深入的探讨。在科斯（Ronald Coase）之前，受到广泛认同的是庇古（A.C.Pigou）的思路。庇古认为，"在单纯竞争的条件下，有可能运用津贴和税收纠正投资所造成的边际社会和边际私人净产量价值之间出现偏差的错误。"[2]但1960年科斯发表《社会成本问题》一文，提出外部性问题的根源在于产权没有界定清晰。只要产权明晰，外部性可以内部化，并且，当事人之间的产权交易会导致资源的最优配置。这就是所谓"科斯路径"。

第二节　人口、资源、环境与区域发展

如前述，如果把人类社会系统与自然环境系统纳入一个统一体来考察，区

---

[1] 安虎森：《区域经济学通论》，经济科学出版社2004年版，第367页。
[2] 庇古：《福利经济学》，金镝译，华夏出版社2007年版，第7页。

域可持续发展的核心内容就是要实现人口、资源、环境与发展的协调。因此，本节分别讲述人口、资源、环境与区域发展的关系。

一、人口与区域发展

1. 马尔萨斯人口理论

马尔萨斯（Thomas Robert Malthus）人口理论至今仍有广泛影响，对于分析区域可持续发展问题亦有重要作用。在人口与经济增长的关系上，马尔萨斯的基本观点可以概括为：人口增长是经济增长和生活水平提高的阻力，只有通过抑制人口增长才能实现经济增长和收入增长。

"马尔萨斯人口论"主要体现于马尔萨斯的《人口原则》和《政治经济学原理》中。在《人口原理》中，他从"两个公理"出发：第一，食物是人类生存所必需；第二，两性间的情欲是必然的，并且几乎会保持现状。进而提出"两个级数"：人口在无妨碍时将以几何级数增加，但食物等生活资料只能以算术级数增加。由于人口增长速度快于食物增长速度，随着时间推移，人口规模将超过食物供给量，食物不足则会引起贫困、恶习等现象。故人类应当通过抑制人口增长而使人口与食物间保持平衡。抑制的办法包括积极抑制和道德抑制。积极抑制是通过提高人口死亡率的办法，比如战争、饥荒、瘟疫等等，来使人口和生活资料之间保持平衡。道德抑制，则是让人们通过自身的主观努力限制生殖本能，比如禁欲、不婚、不育等等。按照马尔萨斯的理论，多余人口总会是要以某种方式消灭掉，人口不能超出相应的农业发展水平，这又被人称为"马尔萨斯陷阱"。[①]

马尔萨斯人口论是近代第一个论述人类社会如何可持续发展的系统理论，他认识到生活资料的增长对于人口增长的限制作用，人口增长应当与生活资料增长相匹配，人类应当适当控制人口规模，这些理论观点至今都有其一定的合理之处。

马尔萨斯人口论一直以来也引起了激烈争论。归纳起来，批评的意见主要有：首先，没有考虑到"罪恶"与"贫困"的社会制度因素。马克思曾就此给予了严厉批判。马克思认为，马尔萨斯所谈论的抽象人口规律只存在于还没有人类干涉的动植物世界，这种抽象的人口规律在现实社会并不存在。实

---

① 周志太：《外国经济学说史》，中国科技大学出版社 2009 年版。

际上，工人在生产出资本积累的同时又以日益扩大的规模生产出使其自身变成为相对过剩的人口，这恰恰是资本主义社会特有的人口规律。其次，马尔萨斯人口论发表在英国工业革命刚刚开始的时代，对工业发展对于人口增减的影响还缺乏充分估计。第三，从区域的角度看，马尔萨斯也没有考虑"人口移动"这种方式对于缓解人口压力的作用。事实上，大量人口移民恰恰成了英国摆脱"马尔萨斯陷阱"的重要手段。第四，马尔萨斯只是看到了人口增长对于经济增长的单向抑制作用，而没有看到人口增长对于该地区经济增长的促进作用。

2.凯恩斯的人口理论

在人口与经济增长的关系上，凯恩斯提出了与马尔萨斯截然相反的观点。他认为，人口减少是经济发展的阻力，应当增加人口从而增加有效需求，因而人口增长是经济增长的一个重要动力。

其实，1930年之前的凯恩斯同样是一个马尔萨斯主义者。1919年，他出版《和平的经济后果》一书，认为一战结束后欧、美的人口增长将会给这些地区的经济增长投下阴影。1922年，在《一个经济学家的人口观》中这种思想表现得更为清楚。1930年，凯恩斯发表《货币论》，才开始担心人口增长缓慢对于经济增长的消极作用，认为这是导致投资不足的重要原因。

1933年，凯恩斯发表《马尔萨斯——剑桥的第一个经济学家》的演讲，对马尔萨斯人口理论开始了全面反思和对自己的人口理论进行系统阐明。他指出，马尔萨斯一生关注两大问题：贫困问题和失业问题，但凯恩斯认为，自拿破仑战争以后，经济上的主要问题已经由贫困问题转向失业问题，而失业问题的根源在于有效需求不足。凯恩斯进而认为，经济增长取决于有效需求，而有效需求主要由人口增长和生活水平决定。并且，欧洲的人口增长趋势已经由人口急剧增长转变为人口规模稳定或人口缩减状态，如果人们生活水平的提高不能弥补人口增长减慢的影响，就会导致有效需求减少，进而引起有效需求不足。按照凯恩斯的说法，人口衰退确实有可能避开马尔萨斯的所谓人口过剩魔鬼，但是如果没有消费水平提高与之相抵，则又会出现一个叫失业的魔鬼。因此，凯恩斯的结论是：当今马尔萨斯的人口魔鬼已被锁起来了，但马尔萨斯的失业魔鬼却破门而出，我们当前正遭到失业魔鬼的威胁，并且，这后种威胁正有增无减。

3.适度人口论

当代法国的人口学家和经济学家阿尔弗雷·索维是适度人口论的代表。他指出，所谓经济适度人口就是指能得到最大经济福利的人口。经济福利以生活水平为标准，而生活水平可以按人口平均产量规定。索维还从动态角度分析了经济适度人口率。他认为人口增长既会给社会和家庭带来经济负担，但也会给社会及家庭带来经济效益。能带来最小负担和最大经济效益的人口增长率就是经济适度人口增长率。

人口增长与资源、环境的关系可以用著名的逻辑斯缔方程表述：

$$dN/dt = rN\left[(K-N)/K\right]$$

上式中，N 为种群个体数，r 为瞬时出生率与瞬时死亡率之差，K 为环境容量。K 值的单位用人口数量表示。微分 dN/dt 表示时刻 t 种群的变化趋势或速率。其中，由于 r 与 K 是常数，所以决定 dN/dt 值的是 $K-N$；K 与 N 的差异越大，即实际种群数量与环境差异越大，dN/dt 就越大，即种群的增长速率越快。所以，种群增长的速率既决定于环境容量，也决定于种群当时已有的个体数量。对于普遍生物种群而言，K 是一个常量，是增长的极限。N 越接近于 K，增长越慢，当 $N = K$ 时，种群增长为零。人与其他生物的根本区别之一，在于人类能够改变环境，把普通的自然空间改造成适合人类生活的生存空间，因此，对于人类而言 K 是一个变量，K 值的大小取决于生产力水平的高低。例如，人类不断发现新地域，拓宽了生存空间，土地产出率的提高会提高特定空间的承载能力，这二者都是使环境容量 K 值扩大的因素。然而，K 值变化也有极限，这个极限就是地球的承载力。所有能利用的空间、资源、能量都被利用，这就是地球的承载力，也就是人口增长的最大极限。

在可持续问题中，中心矛盾是 K 与 N 的关系问题。随着需求和人口的增长，人类行为圈（N）也会逐步接近其可用的持续圈（K）。如果人类活动一方面使人类自身行为圈不断扩大，另一方面却又使人类自身可用持续圈逐步缩小就会形成生态危机。当人类的行为圈逐步接近持续圈边缘，解决危机的办法主要有两种：一种为技术的解决办法，通过技术革新扩大人类的持续圈，即扩大 K 值；另一种办法是非技术解决办法，在人类可用持续圈不变的情况下，订立一些法规、条约等来限制人类社会的非可持续发展行为，即限制 N 值，以此缓解 N 与 K 值的矛盾。[1]

---

[1] 陈德敏主编：《区域经济增长与可持续发展：人口、资源、环境经济学探索》，重庆大学出版社 2000 年版。

二、资源与区域发展

本部分主要论及三个问题：第一，资源与区域可持续发展的基本前提；第二，资源约束与区域可持续发展；第三，资源诅咒与区域经济的可持续发展。

1. 自然资源是实现区域可持续发展的基本前提

根据马克思的观点，自然资源是实现区域发展的基本前提。自然资源不仅为人类提供生活资料，往往还是人类的劳动对象；人类最初的劳动工具，如弓箭、石刀等，都直接来源于自然物，一切劳动工具都是直接或间接来自于自然物。马克思把自然资源分为两大类：生活资料的自然富源和劳动资料的自然富源。前者如土壤的肥力，渔产丰富的水等等；后者如奔腾的瀑布、可以航行的河流、森林、金属、煤炭等。[1]自然界中的阳光、空气、河流、湖泊、海洋、土壤等等都具有某种使用价值。[2]自然条件优劣是影响劳动生产率高低的重要因素，因为不同的自然资源会增加或减少社会必要劳动时间。如何实现自然资源的合理利用？马克思的根本思路是："社会化的人，联合起来的生产者，将合理地调节他们和自然之间的物质变换，把他置于他们的共同控制之下，而不让他作为盲目的力量来统治自己；靠消耗最小的力量，在最无愧于和最适合他们人类本性的条件下来进行这种物质变换。"[3]即强调了制度性变革对于可持续发展极端重要的作用。

马克思的相关论述对于我国各区域实现可持续发展仍有重要的现实意义。我国是资源大国，同时又是资源弱国。主要特点是：总量较大但人均资源量较小；地区分布不平衡；资源的内部结构也不尽合理。改革开放以来，我国经济高速发展，资源需求迅猛增长，而资源利用效率较低，浪费严重，更加剧了资源的短缺。可以说，水、土地、能源、矿产等资源，都已对我国的可持续发展形成了严重制约。2012 年，中国共产党第十八次全国代表大会，提出了 2020年全面建成小康社会的目标。可以预料，随着我国经济规模继续扩大，城市化加快推进，居民消费结构升级，资源的供需矛盾将可能越来越大。如何解决资源相对不足的问题，已成为一个严峻的问题。

---

① 马克思:《资本论》第 1 卷，人民出版社 1975 年版，第 560 页。
② 马克思:《资本论》第 1 卷，人民出版社 1975 年版，第 54 页。
③ 马克思:《资本论》第 1 卷，人民出版社 1975 年版，第 926~927 页。

2. 资源约束与区域可持续发展

那么，区域经济发展如何缓解和破解资源约束呢？马克思说："我们统治自然决不像征服统治异族人那样，决不是像站在自然界之外的人似的，相反地，我们连同我们的肉、血和头脑都是属于自然界和存在于自然之中的。"[①]恩格斯也说："我们不能沉醉于人类对自然的胜利，对于这样一个一个的胜利，自然已经对我们进行了报复。"[②]也就是说，区域经济发展只能限定在自然界客观条件允许的范围内。从理论上讲，区域可持续发展遵从资源约束，主要有三个方向。

第一，加快构建资源节约型社会，这是根本途径。区域就是构建我国资源节约型社会的空间立足点。这就首先要求，要摒弃传统思维与发展模式，树立和落实以人为本、全面协调可持续的科学发展观。在此基础上，坚持开发与节约并重、节约优先的原则，努力降低资源消耗，提高资源利用效率。当前，由于我国高投入、高消耗、高排放经济发展方式的根本转型尚任重道远，因而应当紧紧围绕经济发展方式的根本转变，尽快建立和健全构建资源节约型社会的体制和机制，节约水资源、节约土地、节约能源、节约原料，加强综合利用，发展循环经济，加快产业调整，推进技术进步，完善政策措施，形成利于资源节约的经济增长方式和消费模式，实现我国区域经济社会的可持续发展。

第二，统筹利用国际国内两个市场，解决本地资源不足问题。由于我国又是一个资源弱国，在构建资源节约型社会的前提下，仍然需要充分利用国际国内两个市场，支撑资源不足地区的可持续发展。比如能源安全问题。目前，我国石油的对外依赖程度已超过50%，随着经济快速增长和人民生活水平提高，我国对能源的依赖程度还将不断提高，保证能源安全已成为21世纪我国经济社会可持续发展的一个重要问题。

第三，根据资源承载力引导本区域可持续发展。技术水平的提高和资源节约型经济的体制机制形成需要一个过程，而生活水平的提高却具有刚性需求；而统筹国际国内市场解决本地资源不足也可能面临着一些地域性限制。在既面临本区域对于资源的刚性需求，又无法通过国际国内市场有效解决时，就只能依据本地资源承载力来引导区域发展。比如，以我国西北干旱地区的城市化问题来说，新世纪以来，我国加快实施西部大开发战略，但西北干旱区城市化进

---

① 《马克思恩格斯选集》第4卷，人民出版社1975年版，第383-384页。
② 《马克思恩格斯选集》第4卷，人民出版社1975年版，第374页。

程受到水资源短缺及用水结构不合理的双重约束。一些研究者专门研究了甘肃河西走廊的城市化，结果表明，按照城市发展的阶段性规律，在不考虑政策和户籍制度变化等因素的前提下，河西走廊未来城市化水平最高可达47%左右。因此，河西走廊干旱区只能在水资源约束下实现区域可持续发展，其城市化方针亦应当具有符合本地特点的特殊性：应采取禁止发展特大城市，有选择地培育一个大城市，积极发展中小城市，科学发展小城镇。[①]

3.资源诅咒与区域经济发展

资源丰富是区域经济发展的重要有利条件，对于一国或地区初始发展能起到关键作用，比如美国、加拿大、澳大利亚等国就是例子。但是丰裕的自然资源也可能对经济的持续发展形成阻碍，造成长期经济增长乏力，以及产生与资源相关的各种经济社会问题，经济学界一般把这种现象称为资源诅咒（Resource Curse），或者形象地称为荷兰病（Dutch Disease）。[②]

国际经济学界对于资源诅咒现象的关注大约开始于20世纪80年代。当时，越来越多的资源丰裕国家或地区陷入增长陷阱，而一些资源相对稀缺的经济体，如"东亚四小龙"（中国香港、中国台湾、新加坡、韩国）的经济增长却超过了世界平均水平。20世纪80年代内生经济增长理论也开始对索洛增长模型的"趋同过程"和"赶超假说"提出了质疑。于是大量的实证研究开始比较不同类型国家或地区经济增长速度的差异。1993年，Auty第一次提出"资源诅咒"（Resource Curse）概念。随后，Sachs和Warner（1995，1997，2001）接连发表文章，对这一假说进行实证检验。结果表明，资源禀赋与经济增长之间确实存在显著的负相关关系。其他研究（比如Glyfason，1999；Wood and Berger，1997；Stijns，2000；Hamilton，K.，2003），尽管方法不同，也都证明了资源丰裕程度与经济增长的负相关。

要避免区域发展陷入资源诅咒，关键是要弄清资源诅咒现象的传导机制（Transmission Mechanisms）。研究表明，常见的传导机制主要有荷兰病、寻租和腐败、轻视人力资本、可持续发展能力衰退。

[①] 申玉铭、方创琳、毛汉英：《区域可持续发展的理论与实践》，中国环境科学出版社2007年版，第110-119页。

[②] 20世纪50年代，荷兰沿海发现了大量天然气，迅速成为天然气出口国。但其他工业却逐步萎缩，廉价资源带来的财富也使得荷兰创新动力萎缩，其他部门失去国际竞争力。以致80年代初期，荷兰经历了一场前所未有的经济危机。有的经济学家将这类现象称为荷兰病。

第一，"荷兰病"。荷兰病的主要表现是，由于资源丰裕，进而产生资源型产业结构单一，资源部门扩张的同时伴随着制造业萎缩，从而降低资源配置效率。在我国，一些能源大省产业结构主要以采掘工业和原材料工业为主，产品加工链短，中间产品比例高，"挤占"了技术含量或附加值高的最终产品工业。也就是资源部门的扩张在一定程度会"挤占"制造业和高端服务业，其表现实则与荷兰病类似，这是值得注意的。

第二，寻租与腐败。这主要发生在产权不清晰、市场规则不健全、法制不完善等情况下，丰富的自然资源往往会诱使"机会主义"的资源使用行为及寻租活动，造成掠夺性开采与资源浪费。在我国，现行资源开发管理的制度安排使国家资源产权的虚置或弱化，对资源使用权缺乏约束，造成一些地区资源开发权属纠纷频繁，资源开采过度，规模利用率低等现象，破坏了资源产业的良性循环和宏观经济正常运行，不利于该地区可持续发展。

第三，轻视人力资本投入。资源型产业与制造业或高端服务业等其他产业相比，对人力资本投入的需求相对较低，容易导致该地区人力资本积累不足，从而难以支撑持续高速经济增长。在我国，也存在一些对资源经济过度依赖的地区，人力资本投入无法得到额外收入补偿，人们受教育意愿普遍降低，而较高知识水平和技能的劳动者流出，资源产业扩张产生了"挤出"人力资本积累的效应，这也是对区域可持续发展极为不利的。

第四，资源开发加大了环境压力，也会对区域可持续发展造成严峻挑战。特别是在资源临近枯竭时，还会引发了该地区大量失业和其他社会不稳定问题。在我国，2000年大约有178座矿业城市，其中约有95座对矿业依赖程度极大，矿业产值占全国矿业总产值的62%。如果按资源枯竭程度，可将该类城市分为发展型、警戒型和危机型城市。其中，发展型矿业城市约有20个，危机型矿业城市约有20个，其余均为警戒型矿业城市。这充分表明，资源丰裕地区的可持续发展已经成为我国必须面对和解决的一大课题。

三、环境与区域发展

本部分主要论及三个问题：第一，我国生态环境的严峻性。第二，从区域视角探讨我国生态环境问题的体制机制原因。第三，从区域视角探讨如何完善我国生态环境建设的体制机制。

1. 我国生态环境问题的严峻性

前引恩格斯的话："我们不能沉醉于人类对自然的胜利，对于这样一个一个的胜利，自然已经对我们进行了报复。"[①]这句话同样表明了环境对于区域可持续发展极为重要的意义。

"十五"和"十一五"期间，我国的生态建设取得了巨大成就。但与西方先进国家比较起来，生态环境水平仍然差距巨大。这里以每立方米空气颗粒物含量为例，见下表：

每立方米空气中颗粒物含量（直径不足 10 微米的颗粒物）

国家和地区	2000 年	2004 年	2005 年	2006 年	2007 年	2008 年
世界	63.04	55.45	52.49	49.87	47.12	45.92
中国	85.46	80.19	76.24	73.81	68.71	65.61
印度	92.88	73.97	67.25	64.15	59.66	59.23
日本	32.93	30.4	30.2	29.04	28.83	27.14
美国	24.2	22.63	22.01	21.04	20.52	19.4
巴西	31.68	27.2	24.78	22.7	21.41	20.83
德国	22.41	18.84	18.47	18.03	15.94	16.2
俄罗斯联邦	27.41	20.13	18.63	17.36	15.63	15.9

资料来源：2011 年世界经济年鉴。

上表可知，中国每立方米空气中颗粒物含量不仅远高于美、日、德等发达国家，甚至也远高于南非、巴西、俄罗斯等发展中国家。2000 年，我国每立方米空气中颗粒物含量为世界平均水平的 1.36 倍，到 2008 年，却进一步扩大为 1.43 倍。

我国生态环境建设面临巨大的区域差异。下表反映了 2010 年我国水资源的区域差异。

[①]《马克思恩格斯选集》第 4 卷，人民出版社 1975 年版，第 374 页。

我国各省、市、区人均水资源状况　　立方米/人

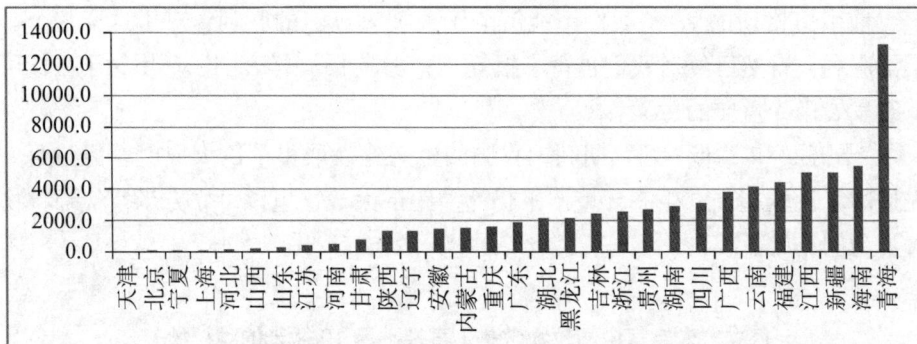

资料来源：《中国统计年鉴2011》。

　　我国水资源的人均占有量呈现南多北少、西多东少的格局，这与我国的经济发展格局极不匹配。于是，一些城市超常开采地下水，造成了严重的生态压力。

　　由于我国经济增长的环境代价太大，也造成了一些地区环境事故频发。据统计，我国2009年各地"突发环境事件"累计418件，2010年累计420件，[①]2011年达到542件。[②]事实表明，环境问题不仅已经成为影响我国各地区可持续发展的重大问题，而且还成为影响各地社会稳定的重大问题。

　　2. 从区域视角看我国生态环境问题的体制机制原因

　　保护生态环境必须依靠制度。概括起来，从区域的视角来看，我国生态环境问题的体制机制原因主要有：

　　（1）生态环境建设的区域目标责任机制不完善

　　主要表现在：第一，目标责任分解体系还不尽合理、不完善。比如降低能耗强度指标的区域分配。从"十一五"时期，我国就开始将降低单位GDP的能源消耗量作为节能减排目标纳入规划之中，并进一步分解为各层级地区的节能减排指标。但是，当时节能减排指标分解没有考虑到根据区域平衡发展的要求对各地节能减排目标进行相应调整。四川、重庆、贵州等西部省份规定应当降低20%，而广东、福建等沿海省份却只需降低16%。《节能减排"十二五"规划》也仍然存在区域目标分解基准的严重问题。第二，尚未建立起完善的

---

①《中国统计年鉴（2011年）》，http://www.stats.gov.cn/tjsj/ndsj/2011/indexch.htm。
②《中国统计年鉴（2012年）》，http://www.stats.gov.cn/tjsj/ndsj/2012/indexch.htm。

统计监测体系。我国在生态建设领域的统计监测体系有了很大进步，比如"十二五"期间，"地表水国控断面"个数由759个增加到970个，其中，七大水系国控断面个数由419个增加到574个。但是，由于我国相关统计体系不完善，一些地区"官出数字、数字出官"现象仍然存在。第三，关于未完成目标的责任处理。在"十二五"相关专项规划中，有关生态建设的目标责任完成情况在地方领导干部综合考核中到底应占多大权重，仍然缺乏明确说明。第四，由于目标责任分解本身就存在问题，也导致事后的考核结果难以真正有效运用。比如，新疆维吾尔自治区没有完成"十一五"的节能减排任务，国务院事后就给出了"另行考核"的说法。目标责任不清晰，不仅不利于行政责任的履行，而且不利于市场交易机制的运用。

（2）环境市场体系不完善

借鉴科斯的理论，在最终将全国生态环境目标分解成为各区域各经济主体的目标责任后，各经济主体就可以通过交易来实现诸如二氧化硫、氨氮排放量、氮氧化物、化学需氧量等污染物减排和温室气体减排的最低成本化。市场会自动实现由减排成本最低的经济体来承担实际减排任务，从而形成最优的实际减排结构。但要实现这一点，需要有完善的排放权交易市场体系。目前，我国除了天津排放权交易所、北京环境交易所、上海环境能源所外，武汉、杭州、昆明等地的节能减排交易所也相继成立。不过，还普遍缺乏规范的排放交易制度与机制。江苏省等省也开始尝试运用市场机制，实施二氧化硫和化学需氧量排污指标初始价格与收费办法，开展太湖流域和电力行业排污指标有偿分配和交易。但总体来说，我国环境交易市场严重滞后，不适应生态文明建设的需要。

（3）生态环境建设宏观调控手段和机制的重大缺陷

恩格斯说，"政治、法律、哲学、宗教、文学、艺术等的发展是以经济发展为基础的。但是，他们又都互相影响并影响到经济基础。"而恩格斯特别提到，"例如，国家就是通过保护关税、贸易自由、好的或者坏的财政制度发生作用的。"[①]而我国生态环境建设宏观调控手段存在的问题主要有：第一，关于价格机制。我国资源产品至今没有实现由市场定价。这也是我国长期以来经济增长建立在资源高耗费、高排放基础上的根本原因。第二，在财税政策方面。我国虽然也提出了实行煤炭、原油、天然气资源税由从量计征改为从价计征的

---

① 《马克思恩格斯文集》第10卷，人民出版社2009年版，第668页。

政策、开征环境保护税、完善和落实可再生能源税收优惠政策、重大节能工程项目和技术开发项目的资金补助和贷款贴息政策等等。但一方面,一些财政税收政策还只是处于"研究"之中,比如开征环境保护税、鼓励发展节能型小排量汽车财税政策;另一方面,这些政策也存在力度不足的问题。第三,关于资金投入机制。在有关生态建设的各专项规划中,国家已经关注当前存在着中央预算内投资和中央节能减排专项资金对节能减排重点工程和能力建设的支持力度不足等问题,但问题的关键还在于:是要形成各经济主体加大生态投入的内在激励。第四,存在一些明显的政策偏误。比如,在"产业政策"有一条"加快淘汰落后产能",但是,什么是"落后产能"?却缺乏科学界定,结果往往只看企业规模。比如相关部门规定的钢铁企业门槛标准是普通钢 100 万吨,特钢 50 万吨,遭到淘汰的多是民营钢铁企业。这其实只是简单的行政手段,应该运用市场调控的方式,以经济标准实现淘汰。

3. 从区域视角看生态环境建设体制机制的完善

根据体制机制存在的问题,改进方向大体如下:

(1)构建和完善生态环境的区域目标责任考核体系。

在中国的特定背景下,由于地方政府存在着追求地区经济增长的内在激励,因此,地方政府承担促进完成本行政区域生态建设任务的行政责任尤其重要。第一,加强对目标责任分解体系研究的支持,改善目标责任分解体系。关键是要改进目标分解基准,应当以各地减排指标的承担对于各地经济增长呈"中性"影响为基准。本章作者曾在一项研究中以节能指标为例证明,这个办法是能够找到的。基本思路是根据各地区不同的减排边际成本,进而可以求出在"倒逼"各地区均降低相同的GDP增长率情景下的节能指标。在此基础上,我们再引入其他因素进行"矫正"。而在现有分解体系下,川、滇、黔等西南省份仍然存在目标责任过重的问题。第二,进一步完善生态文明建设的统计、监测体系。一些经济主体缺乏必要的计量器具,缺乏专门人才,计量数据在线采集滞后;在减排监管能力建设方面,也还没有建立起覆盖全国省、市、县三级节能监察体系,队伍建设滞后。要加强经济主体的生态统计监测基础设施建设,加强各地区各级政府的监管能力建设。第三,改进目标责任考核方法,让公众参与政绩考核机制。按照周黎安的说法,改变地方官员的考核指标体系也是目前改变地方官员政绩扭曲竞争的一种思路。一种更为根本的解决办法是让政府服务的对象——公众参与考核机制,以根本改变地方政府只注重完成上级指标而忽略本地群众显示偏好的情形。同时,要改进政府本身的考核方法。要进一步完善考核的"三结合"制度，把地区目标考核与行业目标考核相结合、五年目标考核与年度目标考核相结合、年度目标考核与进度跟踪相结合。要强化考核结果的运用，尽可能避免事后的"另行考核"情况。

（2）构建和完善中国特色社会主义生态文明建设的市场调节机制

构建生态环境市场体系的中心环节，是要降低交易成本。否则，市场机制同样不是资源优化配置的有效机制。要尽可能降低生态环境市场交易费用：第一，合理配置市场网点。市场网点的设置存在空间优化配置的问题。市场网点不能过多，否则没有充分利用其规模效应；市场网点也不能过少，否则就会因缺乏竞争产生效率损失。第二，大力发展生态交易第三方机构。因为生态环境交易的标的是一种非常特殊的商品，与普通交易市场买卖双方能够看到商品本身，就商品质量做出感官上的判断不同，他往往看不见、摸不着，因此，需要特别强调交易应当在可认证、可核查、可计量的基础上进行。认证、核查、计量要有权威性，就不能依赖于交易双方本身，需要发展权威的中介机构才能实现。这不仅是保持交易公正性的重要前提，也是节约交易费用的必要途径。第三，推动标准化运行。从理论上分析，大力发展第三方机构有利于降低交易成本，但这仅仅是降低交易成本的一个必要条件，并非充分条件。以清洁交易机制为例，除了交易中存在信息成本外，还有项目文件编写成本、谈判成本、审定成本、注册成本、监测成本、核查和核证成本、风险成本等等。如果项目文件的编写、审定、监测、核查等环节没有一定的技术标准，无论对于第三方机构，或者是对于其他相关交易主体，交易过程势必陷入混乱而不能进行。因此，从逻辑上说，市场交易体系亦需要制定各种标准，推动标准化运行，这和其他类型的市场需要各类技术标准是一致的。第四，构建生态市场交易保险体制。排放权交易成本大致包括信息成本、常规成本和风险成本。前面诸措施，比如发展第三方机构、推动标准化运行等，固然也有利于在一定程度上减轻风险，但无论如何不能杜绝风险。随着交易的展开，生态期货交易、生态期权交易也将开展起来，同样需要构建完善的保险制度。

（3）完善生态文明建设的政府宏观调控手段和机制

政府宏观调控是一个复杂的体系，包括税收政策、价格政策、投资政策、金融政策、生态补偿政策、产业政策、土地政策、信息政策、技术政策、产品标识政策等等。根据前述问题，解决思路应当：第一，完善财税政策，加强对生态经济主体的外在激励。我国目前还缺乏完善的环境市场体系，故无论从长期还是从短期来看，政府的财税政策都是一种必不可少的重要激励手段。但如前述，一些地区的财税政策还只是处于"研究"之中，比如开征环境保护税等等，这些需要尽快制定出来。在温室气体减排国际压力增大和我国成为最大温室气体排放国的背景下，应当试点开征碳税。2010 年 6 月，新疆首先进行资源税改革试点，对天然气按产品销售额 5% 计征资源税。但是，我国目前推行的资源税改革只是在资源价格已经上涨的前提下改变计征办法，因此是价格变化影响税收变化，而非税收变化影响价格变化的路径，对资源品的使用抑制作用是有限的。因此，必须继续深入推进资源税改革，使资源税尽可能地反映资源稀缺状况与生态成本。第二，根本改变能源资源的定价机制，尽快建立市场定价机制。1987 年，邓小平在谈到物价改革时明确指出："过去，物价都由国家规定"，这是"违反价值规律的做法"。[①]但是如前述，一直以来我国能源资源类产品价格并没有放开。在价格管制下，当前我国资源品价格成本价低于国际同等价格是较为普遍的现象，这是高消耗、高排放增长方式一直不能扭转的根源。要根本改变这个状况，必然要求我们建立起能源资源的市场定价机制。第三，纠正政策偏误。前面曾论述过"淘汰落后产能"只以规模定淘汰的简单做法。过去，我们有一个通称——"五小"企业。1999 年秋天，中共十五届四中全会明确提出要关闭"五小"企业。当时一般认为，由于存在外部不经济，"五小"资源耗费严重，社会成本大，而产品由私人成本定价，市场机制失灵，"五小"企业占了便宜，因此需要借助"看得见的手"将其淘汰。在 1999 年及其后几年，这种以规模论社会效益的看法或许还有一定道理，因为当时没有更好地将社会成本计入私人成本的手段。但是，在已经产生了衡量企业生产社会成本的各种必要手段时，再以规模大小作为淘汰标准就不合适了。我们应当综合考虑企业生产对于环境的影响，以经济手段解决"淘汰"问题。第四，还要抓紧研究政策的具体化。目前来看，我国生态环境建设的一个问题是好的设想很多，但缺乏具体化。比如节能产品认证制度、能效标识管理制度、能源审计制度、银行绿色评级制度、推行政府绿色采购、制定和完善环境保护综合名录、探索建立国家生态补偿专项资金、研究制定实施生态补偿条例、建立资料信息库、企业信贷征信系统纳入企业环境违法信息的政策等等，都是一些很好的设想，但多数还缺乏可操作性方案。2011 年湖南省制定了《行政机关综合能耗、电耗定额及计算方法》、《商场、超市综合能耗、电耗定额及计算方法》、《节能与减排在线监测系统设计技术导则》等五项节能减排地方标准，可以每

[①]《邓小平文选》第三卷，人民出版社 1993 年版，第 262—263 页。

年节约标准煤 9.35 万吨、节约电 3.23 亿千瓦时。这说明，将好的设想尽快具体化，真正落到实处，是非常必要和重要的。

第三节 生态经济与区域经济

建设生态文明，是实现人类永续发展的根本路径。面对资源约束趋紧、环境污染严重、生态系统恶化的严峻形势，必须树立尊重自然、顺应自然、保护自然的生态文明理念，把生态文明建设放在更加突出的地位。生态文明的核心内容，是发展生态经济。在区域的范围内，生态经济有三层基本的含义：区域经济的生态化、区域生态的经济化、生态建设成本最小化。区域生态经济建设是一个系统工程，应当将生态经济有机融入区域经济发展战略、区域经济增长方式转型、优化区域发展空间等各方面和全过程。

一、生态经济与区域经济发展战略

区域经济发展战略是指对一定区域作出的具有长期性、全局性、高层次的宏观谋划，是对发展方向有计划、有组织的决策。[①]其主要内容大体包括战略目标、战略方针、战略重点、战略步骤和战略措施。由于各区域客观存在的区际差异，派生出区域发展战略的地域性；由于各区域的相互关联，派生出区域发展战略的协调性；由于区域经济发展涉及区域内人口、资源、环境、经济、社会等领域的复杂结合，派生出区域经济发展战略的综合性；同时，由于区域内部的层级性，派生出区域经济发展战略的层级性。

如果以此来理解区域经济发展战略的内涵，实际上就是区域经济发展的顶层设计。要实现区域经济与区域生态的相互交融共生，以及要实现区域生态建设成本最小化，首先必须将生态经济的理念和要求融入区域经济发展战略的各方面和全过程。

1. 在指导思想上凸显生态建设的重要地位

指导思想是区域经济发展战略的灵魂。由于区域经济发展战略的层次性和

---

① 杨筱：《生态建设与区域经济发展研究》，西南财经大学出版社 2007 年版，第 87 页。

地域性，决定了区域经济发展战略的指导思想应当根据国家层面经济发展战略的要求和本地区的客观实际。在《中国21世纪可持续发展行动纲要》、中共中央《关于制定十一五规划的建议》等文件中，我国就开始明确了生态建设的重要地位。国民经济和社会发展"十二五"规划纲要进一步明确提出，要坚持把建设资源节约型、环境友好型社会作为加快转变经济发展方式的重要着力点，深入贯彻节约资源和保护环境基本国策，节约能源，降低温室气体排放强度，发展循环经济，推广低碳技术，积极应对全球气候变化，促进经济社会发展与人口资源环境相协调，走可持续发展之路。在中国共产党第十八次全国代表大会上，作为执政党的中国共产党又提出，要坚持节约资源和保护环境的基本国策，坚持节约优先、保护优先、自然恢复为主的方针，着力推进绿色发展、循环发展、低碳发展，形成节约资源和保护环境的空间格局、产业结构、生产方式、生活方式，从源头上扭转生态环境恶化趋势。这些思想应当及时体现在各个地区的经济发展战略中，同时，各地区应当根据本地区特点，制定适合本地区的生态经济发展战略。四川省就着手编制了《四川生态省建设规划纲要（2006—2020年）》，以"建设西部经济强省、构筑长江上游生态屏障"为基本出发点，以西部经济强省、西部文化强省、法治四川、和谐四川、开放四川为区域发展基本战略定位，提出实现由西部经济大省向生态经济强省飞跃，反映出鲜明的区域特点。

2. 明确区域生态经济发展目标。

战略目标是指导思想的具体量化，为将指导思想转换成实际行动提供了具体指向。在我国，生态建设目标必须列入国民经济与社会发展规划，才有可能真正将他落到实处。其依据主要有两点：第一，在理论依据方面，生态环境物品往往具有公共物品性质和经济外部性，进而产生市场失灵，因而需要政府运用看得见的手加以矫正。第二，在现实依据方面，我国实行民主集中制下中央集权与地方分权相结合的政治经济体制。中央的集中统一，保证了中央一旦下定加强生态建设的决心，各级地方政府能够积极贯彻执行；各地的地方积极性，尤其是各级地方政府对于本地经济建设的强大影响力，又决定了必须将中央的生态建设目标科学分解成各级地方政府的工作目标，否则，国家生态建设目标极有可能在地方经济的快速发展浪潮中被"软化"。换句话说，作为西方市场国家应对外部性难题的经典办法——"庇古路径"和"科斯路径"，固然有一定程度的合理性，但中国政府不能照搬"庇古路径"和"科斯路径"，而必须结合我国实际情况找到符合中国实际的生态建设道路。

在我国"十二五"规划纲要中，已经明确把耕地保有量保持在18.18亿亩、单位工业增加值用水量降低30%、农业灌溉用水有效利用系数提高到0.53、非化石能源占一次能源消费比重达到11.4%、单位国内生产总值能源消耗降低16%、单位国内生产总值二氧化碳排放降低17%、主要污染物排放总量显著减少、森林覆盖率提高到21.66%等作为战略目标。根据上述理由，在区域经济发展战略中，相关生态目标同样应当成为重要内容。生态目标层层分解，最终将成为各经济主体的行为目标纳入生产者的生产函数或消费者的效用函数之中。也只有这样，生态约束才可能进一步由过去经济发展的外生变量演变成为内生变量，最终形成在社会主义市场经济体制调节下各经济主体的自觉行为。社会主义市场经济体制下"计划"与"市场"的有机融合，既保证了生态建设的执行效率，又保证了生态建设的经济效率，即实现生态建设的成本最小化。

3. 明确区域生态经济发展战略重点。

区域经济发展的核心内容是区域产业发展，产业结构的调整与升级是区域经济发展的关键。按照产业经济学，区域产业结构重塑关键是要根据本地资源禀赋优势和产业发展趋势，选择和发展具有较强发展后劲、关联带动作用强的主导产业和支柱产业。在当前，尤其是注重推动战略性新兴产业、先进制造业健康发展，加快传统产业转型升级，推动服务业特别是现代服务业壮大，合理布局建设基础设施和基础产业。在支持发展主导产业和支柱产业时，必须严格生态指标，不能以牺牲生态环境为代价片面追求经济增长，这对于经济发展水平相对较低而又承担生态屏障作用的西部贫困区域来说尤其重要。总的来说，就是要实现人口适当控制、资源永续利用、环境不断改善、生态良性循环的有机结合。

二、生态经济与区域经济发展方式转型

发展仍是解决中国所有问题的关键。改革开放以来，我国的经济建设与社会发展取得了重大进展，国内生产总值从1978年居世界第10位到2010年发展为居世界第2位。但是，中国经济发展的不平衡、不协调、不可持续性问题依然突出，资源环境约束加剧，制约科学发展的体制机制障碍较多，深化改革和转变经济发展方式依然任务艰巨。

1995年制订"九五"计划时，中央首次提出要从根本上转变经济增长方式。2005年中央关于制订"十一五"规划的建议中，再次强调转变经济增长方

式。中共十七大报告明确强调要加快转变经济发展方式，十七届五中全会进一步把加快转变经济发展方式作为"十二五"时期我国经济社会发展的主线。由"转变经济增长方式"到"转变经济发展方式"，反映了我们对经济社会发展规律认识的深化。按照西蒙·库兹涅茨的说法，"一个国家的经济增长，可以定义为向他的人民供应品种日益增加的经济商品的能力的长期上升"。[①]但人们逐渐从经济实践中发现，有些国家GDP增长了，经济社会却并未相应发展，出现了环境污染、资源浪费、社会事业发展滞后、贫富分化严重、社会矛盾加剧等问题，导致"有增长而无发展"的情况。[②]因此，人们开始将经济增长与经济发展作为既有联系又有区别的两个概念区分开来：经济增长是指社会物质生产的发展，而经济发展既包括社会物质生产的发展，也包括人们物质福利的改善，还包括环境质量的提高等。[③]所谓经济增长方式，一般是指通过生产要素变化包括数量增加、结构变化、质量改善等，实现经济增长的方法和模式。所谓经济发展方式，其内容既包括经济增长方式的内容，还包括产业结构、收入分配、居民生活以及城乡结构、区域结构、资源利用、生态环境等方面的内容。两者既有区别又有联系，转变经济增长方式是转变经济发展方式的基础和前提。

当前对于中国经济发展成就的解释有三大方向。第一，从凯恩斯主义的需求角度来分析，认为中国经济发展是由消费、投资、政府支出和净出口这"四驾马车"（或消费、投资、进出口"三驾马车"）共同拉动的。第二，从新古典经济学的供给角度来分析，认为中国经济发展是由劳动力和资本（包括物质资本和人力资本）的投入以及全要素生产率的提高共同推进的。第三，很多研究者，尤其是中国的马克思主义者，强调制度变革对于中国经济发展的重要作用。认为如果撇开制度变革，就无法解释1978年十一届三中全会前后在消费、投资、出口等领域，或者是在劳动、资本、技术等生产要素领域的巨大反差。上述解释都有一定的合理性。尤其是，中国的发展成就印证了改革的根本动力

---

① 《诺贝尔经济学奖获得者讲演集》中国社会科学出版社1986年版，第97页。

② 联合国在《1996年人类发展报告》指出了五种有增长无发展的情况：一是无工作的增长，即经济增长并未提供更多的工作机会，甚至恶化了就业形势；二是无声的增长，即经济增长未能带来民众参与和管理公共事务的可能性；三是无情的增长，即经济增长导致了收入分配格局的恶化；四是无根的增长，即经济增长对文化的多样性造成破坏，国家失去了自己的文化根基；五是无未来的增长，即经济增长对生态环境造成了破坏，经济增长不可持续。

③ 卫兴华：《经济发展方式与经济增长方式的关系》，《人民日报》2011年2月14日。

作用。这表明，要实现当前中国经济发展方式的转型，实现区域生态与区域经济的协调发展，根本的还是要取决于制度性变革。同时，要通过在消费、投资、政府支出等领域的政策杠杆，将生态经济要求全面融入区域经济发展进程之中，并兼顾发展环境友好技术，提高全要素生产率。

1. 实施创新驱动战略

1995 年 5 月，在《中共中央国务院关于加速科学技术进步的决定》中首次提出了实施科教兴国战略。"把经济建设转移到依靠科技进步和提高劳动者素质的轨道上来，加速实现国家的繁荣强盛。"1996 年，第八届全国人大四次会议在《国民经济和社会发展"九五"计划和2010年远景目标》中，正式将"科教兴国"确定为我国的基本国策。2012 年，中国共产党的第十八次全国代表大会，在科教兴国战略的基础上，正式提出了创新驱动战略，指出，必须将科技创新"摆在国家发展全局的核心位置。"

经济建设与生态文明建设，最终都要依靠科技进步。应当说，改革开放以来，我国生态技术水平有了明显提高。比如，2010 年与 2005 年相比，我国钢铁行业干熄焦技术普及率由不足 30% 提高到 80% 以上，水泥行业低温余热回收发电技术普及率由开始起步提高到 55%，烧碱行业离子膜法烧碱技术普及率由 29% 提高到 84%。[①]生态建设技术支撑体系亦初步形成。但是，从我国各区域经济运行实际来看，生态建设科技研发运用机制还存在明显问题。其一，企业是我国经济主体，也是"三废"及温室气体的主要排放者，应当成为生态科技创新的主体，但我国企业生态科技创新动力不足，人才缺乏，能力不强。尤其是钢铁、水泥、非金属制品、造纸等行业的中小型企业，科技创新本身具有先天缺陷，却恰恰可能是污染大户。其二，产、学、研未有机结合。由于科技成果的市场化体系欠缺，导致高校和科研院所的科技研究往往并不需要以企业的科技需求为导向。其三，一些地方政府基于GDP因素或其他考虑，往往对本地高污染企业监控不足，部分企业缺乏改进技术的动力。其四，我国目前的知识产权保护体系不完善。其五，生态科技运用的风险化解机制不完善，生态科技孵化园、科技风险投资、政府政策支持等方面仍然滞后，需要加以完善。要深化科技体制改革，着力构建以企业为主体、以市场为导向、产学研相结合的生态技术创新体系，强化生态前沿技术研究，提高生态科技成果转化能力，抢

---

① 《节能减排"十二五"规划》，http://www.gov.cn/zwgk/2012-08/21/content_2207867.htm。

占生态科技战略制高点，促进区域农业向"双高一优"（高产、高效、优质）的现代农业转变，促进研发先进制造技术、节能降耗技术、清洁生产技术、先进信息技术等共性技术，推进信息化与工业化深度融合，培育新的经济增长点。

2. 发展循环经济

所谓循环经济，是以资源高效利用和循环利用为核心，以"减量化、再用化、循环化"①为原则，以低消耗、低排放、高效率为基本特征，符合可持续发展理念的经济增长模式。发展循环经济，是实施区域可持续发展战略的重要途径。

对于循环经济与区域经济的关系，胡锦涛在2003年中央人口资源环境座谈会上曾指出："要加快转变经济增长方式，将循环经济的发展理念贯穿到区域经济发展、城乡建设和产品生产中，使资源得到有效的利用。"在区域经济发展中，应当按照自然生态系统的循环模式，将经济活动有效组织成一个"资源利用—清洁生产—资源再生"接近封闭型的物质能量循环，保持经济生产的低投入、低消耗、高质量，将生态环境的破坏减少到最低程度。要针对区域产业链的全过程，通过产业结构重组，达到系统整体合理，提升环境容量，实现区域经济体系的生态化转型。

3. 走新型工业化道路

所谓新型工业化，就是坚持以信息化带动工业化，以工业化促进信息化，就是科技含量高、经济效益好、资源消耗低、环境污染少、人力资源优势得到充分发挥的工业化。我国在十六大上正式提出了要走新型工业化道路。生态经济建设必须与新型工业道路相融合，有两个基本的理由：其一，我国能源资源消耗和污染排放主要与工业生产有关。其二，工业生产至今仍然是我国经济增长最重要的火车头。下表反映了1992年以来我国经济增长中三次产业的贡献率。

之所以从1992年作为观察起始年，是因为我国在该年提出了构建社会主义市场经济体制，市场调节开始居于主导地位。上表明显反映出了我国经济增长的工业驱动特征，2010年，工业对于经济增长的贡献率为48.5%，第三产业仅为39.3%；2011年，工业对经济增长的贡献率为44.7%，第三产业为43.7%。

---

① "减量化"原则（reduce），即是指最大限度减少对不可再生资源的开采与利用，实现资源利用最小化。"再利用"原则（reuse），即是要实现"废物"利用最大化，或者使资源产品使用效率最大化。"再循环"原则（recycle），是指要实现污染排放最小化的目标，比如，通过对"废物"的多次回收利用，实现废物多级资源化和资源的闭合式良性循环。

1992 年以来我国三次产业贡献率　　　单位：%

年份	国内生产总值	第一产业	第二产业	#工业	第三产业
1992	100.0	8.4	64.5	57.6	27.1
1995	100.0	9.1	64.3	58.5	26.6
2000	100.0	4.4	60.8	57.6	34.8
2005	100.0	5.6	51.1	43.4	43.3
2010	100.0	3.8	56.8	48.5	39.3
2011	100.0	4.6	51.6	44.7	43.7

经济增长的工业驱动特征和工业作为消耗大量资源排放大量污染的主力军，决定了走新型工业化道路在生态经济转型中极端重要的作用。

新型工业化道路有四个典型特征：其一，新型工业化模式是一种"以信息化带动工业化，以工业化促进信息化"、"信息化与工业化深度融合"的工业发展模式。其二，新型工业化模式是一种"科技含量高、经济效益好"的模式。通过加快科技进步以及先进科技成果的推广应用，可以优化资源配置，降低生产成本，提高科学技术在经济增长中的贡献率，带动区域工业化在更高起点上迅速发展。第三，新型工业化模式是一种"资源消耗低、环境污染少"的模式，有利于解决我国资源的区域分布不平衡、人均资源量小、生态环境承载力不够等区域发展的瓶颈问题。第四，新型工业化模式也是一种"人力资源优势很到充分发挥"的模式。[1] 从这个角度看，走新型工业化道路，也是当前我国区域经济增长可持续发展的必由之路。

三、生态经济与区域经济空间结构

区域经济空间结构是指在特定经济区域内人类经济活动的空间分布状态及结构形式。优化区域经济空间结构，根本目的是为了实现各种资源的空间优化配置，降低区内经济活动成本，提高区域经济效益。从生态环境的角度，不同地区有不同的生态承载力，不同空间经济结构也有不同的生态建设成本。因

---

[1] 杨筠：《生态建设与区域经济发展研究》，西南财经大学出版社 2007 年版，第 138-139 页。

此，优化空间经济结构就不仅要考虑区域经济效益，也要考虑生态效益，尽可能实现经济效益、社会效益和生态效益相统一，促进区域可持续发展。

根据我国仍然存在城乡二元经济结构的现实和推进城乡一体化的客观要求，我们将区域生态空间优化的着力点放在生态城市构建和推进生态建设城乡一体化两个方面。因此，本部分主要介绍和分析三个问题：第一，介绍区域经济空间结构的内涵与构成；第二，分析生态城市的构建；第三，推动生态建设城乡一体化。

1. 区域经济空间结构的内涵与构成

区域经济空间结构主要由经济中心、经济网络和经济腹地三个基本要素构成，或者通常说，由点、线、网络、面构成。

区域经济空间结构的点，是指经济活动的空间集聚而形成的点状形态，比如工厂、商店、学校等工业网点、商业网点、服务网点等等。城市作为人类的经济社会活动集聚地，也是区域经济空间结构的重要网点和支撑点。由于集聚的规模不同、功能不同，规模不等的点相互连接将会形成点的等级体系和复杂的功能体系。区域经济空间结构中的线，是指经济活动的线状分布形态。根据经济活动的性质，主要有：交通线（公路、铁路、水运、航空等）、通信线（邮政、电信等）、能源供给线（各种能源设施）、给排水线（各种水利设施）和城镇连绵线等等。其中，城镇连绵线是一种综合性的线，又称为经济轴线，在区域经济发展中具有特殊意义。所谓区域空间经济结构的网络，是相关的点和线相互连接而形成的网状空间形态。如交通站点和交通线连接而成的交通网络，还有如通信网络、能源供给网络等等。区域经济空间结构中的面则是指区域内经济活动在地理空间上表现出的面状分布状态。比如，有农业空间分布呈现出的域面、各种商品市场所形成的域面等等。这些具有经济意义的点、线、网络、面的不同组合，形成了不同的区域经济空间结构形式。在优化区域经济空间的同时优化区域生态空间，关键是要抓住城市这个"点"，和城乡一体化这个"面"。

2. 构建生态城市

城市化进程是区域经济发展程度的重要标志，也是对一国社会发展程度衡量的重要标志。截至2012年，我国城市化率仅为53%，与发达国家通常70%的城市化水平有明显差距。推进城市化进程已成为未来一段时期内我国扩大内需的最大潜力所在。加快我国城市化步伐，是进一步发挥城市的中心作用、缩小区域差距、消除二元结构、促进社会公平的必然选择，也是提升区域经济效益的必然途径和优化区域生态空间的重要抓手。

据统计，我国有大小城市 660 多个，建制镇 2 万多个。其中地级以上城市共 288 座，百万人口以上城市 127 座。城市在我国经济社会发展中的核心和引领作用，可见下表。

地级及以上城市国民经济和社会发展主要指标（2011 年）

指标	全国总计	地级城市合计（市辖区）	占全国比重（%）
土地面积（万平方公里）	960.0	64.4	6.7
总人口（万人）	134735.0	39806.6	29.5
地区生产总值（亿元）	472881.6	293025.5	62.0
固定资产投资总额（亿元）	311485.1	154751.8	49.7
进出口总额（亿美元）	36418.6	36137.4	99.2
社会消费品零售额（亿元）	183918.6	113787.6	61.9

2011 年，地级及以上城市以占全国 6.7% 的土地面积，承载了占全国 29.5% 的人口，地区生产总值占全国的 62.0%，固定资产投资占全国的 49.7%，进出口总额占全国的 99.2%，社会消费品零售额占全国的 61.9%。

但是在另一方面，由于工业密集、人口密度大、资源消耗高，城市也成了废水、废物、废气"三废"污染最重要的排放源，给生态环境造成了极大压力。下表反映了 2011 年我国主要城市的废水排放情况。

主要城市的废水排放总量（2011 年）　　单位：万吨

城市	废水排放总量	城市	废水排放总量	城市	废水排放总量
北京	145469	杭州	96219	重庆	131450
天津	67147	合肥	40213	成都	84467
石家庄	54230	福州	36069	贵阳	14508
太原	19205	南昌	40492	昆明	45335
呼和浩特	13754	济南	29794	拉萨	2088

沈阳	41055	郑州	47307	西安	40770
长春	26767	武汉	76666	兰州	16102
哈尔滨	41901	长沙	42271	西宁	10174
上海	214155	广州	141610	银川	17703
南京	82769	南宁	36355	乌鲁木齐	24195

资料来源:《中国统计年鉴（2012年）》。

　　根据上表，我国北京、天津、上海三个直辖市的年度废水排放量在2011年分别达到14.5亿吨、6.7亿吨、21.4亿吨，人均年排放量分别达到72.05吨、49.55吨、91.25吨！我国仍将处于工业化和城镇化快速发展时期，但我国的生态资源底本薄弱，目前年人均可再生淡水资源只有2134立方米，为世界平均水平的1/3。工业化和城镇化要占用大量耕地，而我国平原只占总面积的11.98%。国际上将30%作为土地强度（一个地区已使用建设用地占土地总面积的比例）警戒线，但"十一五"期末珠江三角洲的土地强度已达40%，北京为18%，上海为29%，天津为25%，全国耕地守住18亿亩红线面临巨大压力。城市的生态环境问题，已不仅关系到城市自身，更是区域性和全国性问题。

　　生态城市建设概念是在联合国教科文组织发起"人与生物圈计划"研究过程中提出的，主要指"生态健康的城市"。我国学者王如松从城市建设的角度将他界定为"在生态系统承载能力范围内运用生态经济学原理和系统工程方法改变生产和消费方式、决策和管理方法，挖掘城市区域内外一切可以利用的资源潜力，建设一类经济发达、生态高效的产业，体制合理、社会和谐的文化以及生态健康、景观适宜的环境，实现社会主义市场经济条件下的经济腾飞与环境保护、物质文明与精神文明、自然生态与人类生态的高度统一和可持续发展"。也有研究者从区域经济发展的角度，把他界定为："城市的资源配置和各种经济活动的空间分布状态及空间组合形式符合生态自然规律、人与自然协调的共生系统，以达到生态保护、经济发展和社会进步三者高度和谐的发展系统"，并认为生态城市包含以下几方面内容：社会生态化、经济生态化、自然生态化和他们相互作用共同构成的社会—经济—自然复合生态化，其中，自然生态化是基础，经济生态化是条件，社会生态化是目的，复合生态化是前提。[①]

在我国，江西省宜春市 1986 年首先提出了建设生态城市的目标，1988 年正式开始试点工作。1999 年，海南省率先获得国家批准建设生态省，2001 年，吉林和黑龙江又获准建设生态省。随后，陕西、福建、山东、四川也先后提出建设生态省，约有 20 多座城市如天津、广州、上海、宁波、昆明、成都、贵阳、长沙、扬州、威海、深圳、厦门、铜川、十堰等也先后提出建设生态城市的目标。2003 年，国家环保总局发布了《生态县、生态市、生态省建设指标（试行）》，统一规定了生态市建设指标体系，包括经济发展、环境保护和社会进步三大方面共 28 项具体指标，对污水处理厂、工业废水达标率、城市生活污水处理率、空气环境质量、生活垃圾无害化处理率、区域环境噪声、绿化覆盖率、人均公共绿地等都做出了具体规定。2007 年，国家环保总局又根据中共十七大精神，公布了《生态县、生态市、生态省建设指标（修订稿）》。修订稿与试行稿比较起来，指标虽大幅减少（由 28 项减少到 19 项），但更符合经济社会发展和生态建设实际，操作性更强，加强了约束力度（明确分为"约束性指标"和"参考性指标"，19 个指标中有 15 个为"约束性指标"），进一步规范了生态城市建设，促进了生态省市建设协调、有序开展。

3. 推动生态建设城乡一体化

随着农村经济快速发展，农村环境形势日益严峻，这是新世纪以来我国环境形势一个新特点。我国是世界上化肥、农药使用量最大的国家。据统计，目前我国化肥平均施用量已是发达国家化肥安全施用上限的 2 倍，但平均利用率仅 40% 左右；2011 年，全国累计生产农药 264.8 万吨，同比增长 21.4%，平均 18 亿亩农田每亩近 3 斤。化肥、农药流失加剧了土壤、地表水和地下水污染。我国现有水土流失面积 356.92 万平方千米，占国土总面积的 37.2%。在畜禽粪便污染方面，农村大量规模化畜禽养殖场和专业村由于布局不尽合理、缺乏治理手段，畜禽养殖废弃物处理滞后，已威胁到城乡居民饮水安全。农村生活污水、生活垃圾污染源量大面广，广大农村缺乏污水和垃圾处理设施。人口进城、污染进村，环境治理城乡一体化进程远远落后于城乡一体化一般进程，已成为推进我国工业化、城市化、农业现代化良性互动、同步发展的一大障碍。

恩格斯较早提出了"城乡融合"的认识。他说，"通过消除旧的分工，进行生产教育，变换工种，共同享受大家创造出来的福利，以及城乡融合，使全体

---

① 杨筠：《生态建设与区域经济发展研究》，西南财经大学出版社 2007 年版，第 191 页。

成员的才能得到全面的发展。"[①] 1993 年，我国学者马世骏较早提出了"城乡一体化"进行生态建设的构想。2000 年，洪大用亦开始从城乡之间控制手段、控制过程的二元性探讨农村环境问题。之后，他又从社会学视角探讨了二元社会结构再生产与农村面源污染的关系，并指出城镇化对于面源污染控制的局限性（洪大用、马芳馨，2004 年）。最近十年来，随着农村环境问题加剧，开始有更多的学者进行相关研究。一些学者强调了改革城乡二元结构对于生态环境治理的重要性（温铁军，2008；路明，2008），一些学者开始具体探讨城乡二元结构对于我国生态环境的影响（娄连惠、李宾，2009；李宾、张象枢，2012），也有学者尝试提出城乡统筹发展的环境保护对策（朱德明、赵海霞，2005）。

中共十八大提出了如何推进当前城乡一体化的总体部署："要着力在城乡规划、基础设施、公共服务等方面推进一体化，促进城乡要素平等交换和公共资源均衡配置，形成以工促农、以城带乡、工农互惠、城乡一体的新型工农城乡关系。"生态建设城乡一体化应当按照这个城乡一体化总体部署，结合当前城乡生态建设实际积极稳步推进。

1. 加强城乡生态建设规划一体化。要在宏观调控的战略高度上，把城乡经济、社会和生态整体考虑，同步推进城乡经济增长方式转变和产业结构调整，同步推进城乡污染防治和生态建设。在生态建设规划的战略思想、战略目标、战略重点、战略步骤、政策手段上，要破除先城市后农村、重城市轻农村的思维定式和工作惯例，促进城乡环境平等，改变农村生态建设被动、从属、次要地位，实现基础设施向农村延伸，公共服务向乡镇覆盖，生态文明向农民辐射。

2. 以工补农、以城带乡，建立城市向农村、工业向农业的补偿机制。从1998 年我国首次提出建立公共财政制度以来，中央和地方大力调整和优化财政支出结构，通过实行粮食直补和综合直补、取消农业税、对农村义务教育阶段的贫困学生实行"两免一补"、推广新型农村合作医疗制度改革等多种渠道加大对"三农"的资金支持。近年来，城乡污染加速向农村转移，农村生态建设能力不足，加大城市对于农村生态建设中的支持力度，既是补偿过去几十年对农业与农村生态环境巨额欠账的需要，也是补偿城市污染向农村转移造成农村生态恶化的需要。要按照公共财政向农村覆盖的要求，解决农村环境治理的资金渠道或资金来源，新增财力要向农村倾斜，并重点支持农村环保投入。

3. 改革农村环境行政管理体制，加强农村环境立法和监督。要从农村、农

①《马克忠恩格斯全集》第 1 卷，人民出版社 1975 年版，第 224 页。

民、农业的特殊性出发，构筑完善的农村环保法律体系。加紧对农村环境保护条例、农业污染物排放标准、农产品有害物含量标准以及其他相关法规、标准的制定和修订工作。严格依法行政，加强执法监督，切实保证相关法律法规在农村的实施。要加快改变一些环境职能部门只管城市不管农村的城乡分割的组织管理体制，建立健全乡村一级的环境保护机构和管理制度，加强农村环境监测机构建设。

4. 搞好新农村建设，加快改善农村生产生活条件。新农村建设是推动城乡一体化的重要载体。只有让广大农民平等参与现代化进程、共享现代化成果，全面改善农村生产生活条件，使农村生态建设与经济建设相互促进，相互渗透，相互约束，进而增强农村经济的自身发展能力和农村环境的自身建设能力，生态建设的城乡一体化才有可能真正实现。例如，农村基础设施建设要以水利为重点，不仅大幅增加投入，也要完善建设和管护机制，全面加强农田水利建设。要继续推进农村电网改造，加强农村饮水安全工程、公路、沼气建设，继续改造农村危房，同时继续实施农村清洁工程，开展农村环境综合整治等等，最终实现把农村建设成为经济繁荣、设施完善、环境优美、文明和谐的社会主义新农村。

参考文献

吴传钧：《人地关系地域系统的理论研究及调控》，《云南师范大学学报》2008 年第 2 期。

申玉铭：《区域可持续发展的理论与实践》，中国环境科学出版社 2007 年版。

韩宝平：《基于生态足迹理论的区域科学发展研究》，中国矿业大学出版社 2009 年版。

安虎森主编：《区域经济学通论》，经济科学出版社 2004 年版。

聂华林等：《现代区域经济学通论》，中国社会科学出版社 2009 年版，第 379–380 页。

刘思华：《可持续区域经济发展论》，中国环境科学出版社 2002 年版，第 6–8 页。

陈德敏主编：《区域经济增长与可持续发展：人口、资源、环境经济学探索》，重庆大学出版社 2000 年版。

杨筠：《生态建设与区域经济发展研究》，西南财经大学出版社 2007 年版，第 87 页。

朱德明：《城乡统筹发展的环境保护对策》，《经济研究参考》2005 年第 71 期。

马克思：《资本论》(第 1 卷)，人民出版社 1975 年版。

《马克思恩格斯选集》(第 4 卷)，人民出版社 1975 年版。

后　记

　　本书是"中央高校基本科研业务费专项资金"项目（项目批准号：JBK120506）和西南财经大学"211工程"三期建设项目的研究成果。选题确定以后，我们联合了国内部分大学和科研院所如西南财经大学、中央财经大学、云南财经大学、广东金融学院、国家税务总局党校、四川省社会科学院、四川省委党校等单位的一些专家教授成立了课题组。课题组成员多次研究讨论了本课题的研究思路和写作方案。在本书的写作过程中，由主编提出写作大纲，课题组成员讨论每一章的具体写作内容。全书的编写分工如下：第一章由张景华撰写；第二章由徐承红撰写；第三章由王圣军撰写；第四章由宋一淼撰写；第五章由陈健生撰写；第六章由蓝定香、刘渝阳撰写；第七章由周文、陈跃撰写；第八章由王娟撰写；第九章由张克俊、桑晚晴、龙京局、崔论之撰写；第十章由唐兵撰写；第十一章由丁任重撰写；第十二章由黄世坤撰写。我们在写作过程中参考了部分学术界已有的研究成果，所引用资料都用脚注和文后参考文献标明。此外，本书初稿得到了校内外许多专家的指导，在此一并表示感谢。由于水平有限，书中存在着许多缺点和不足，希望得到同行和读者的指教。

策　　划:张文勇

责任编辑:张文勇　孙　逸

图书在版编目(CIP)数据

区域经济学/丁任重 主编. —北京:人民出版社,2017.9

ISBN 978 - 7 - 01 - 017327 - 6

Ⅰ.①区… Ⅱ.①丁… Ⅲ.①区域经济学-研究生-教材 Ⅳ.①F061.5

中国版本图书馆 CIP 数据核字(2017)第 023593 号

区域经济学

QUYU JINGJIXUE

丁任重　主编

人 民 出 版 社 出版发行

(100706　北京市东城区隆福寺街 99 号)

涿州市星河印刷有限公司印刷　新华书店经销

2017 年 9 月第 1 版　2017 年 9 月北京第 1 次印刷

开本:710 毫米×1000 毫米 1/16　印张:29

字数:500 千字　印数:0,001-3,000 册

ISBN 978 - 7 - 01 - 017327 - 6　定价:59.80 元

邮购地址 100706　北京市东城区隆福寺街 99 号

人民东方图书销售中心　电话 (010)65250042　65289539